U0792100

财智睿读

高等继续教育财经专业精品教材系列

公司金融

Corporate Finance

王俊籽　主　编　石丽君　副主编

中国财经出版传媒集团
经济科学出版社
Economic Science Press

图书在版编目（CIP）数据

公司金融/王俊籽主编．—北京：经济科学出版社，2020.8
高等继续教育财经专业精品教材系列
ISBN 978－7－5218－1810－9

Ⅰ.①公…　Ⅱ.①王…　Ⅲ.①公司－金融学－成人高等教育－教材　Ⅳ.①F276.6

中国版本图书馆 CIP 数据核字（2020）第 159052 号

责任编辑：李一心
责任校对：靳玉环
责任印制：李　鹏　范　艳

公 司 金 融
王俊籽　主　编
石丽君　副主编
经济科学出版社出版、发行　新华书店经销
社址：北京市海淀区阜成路甲 28 号　邮编：100142
总编部电话：010－88191217　发行部电话：010－88191522
网址：www.esp.com.cn
电子邮箱：esp@esp.com.cn
天猫网店：经济科学出版社旗舰店
网址：http://jjkxcbs.tmall.com
北京季蜂印刷有限公司印装
787×1092　16 开　22.5 印张　380000 字
2020 年 8 月第 1 版　2020 年 8 月第 1 次印刷
ISBN 978－7－5218－1810－9　定价：45.00 元
（图书出现印装问题，本社负责调换。电话：010－88191510）
（版权所有　侵权必究　打击盗版　举报热线：010－88191661
QQ：2242791300　营销中心电话：010－88191537
电子邮箱：dbts@esp.com.cn）

前　言

党的十八大以来，以习近平同志为核心的党中央坚定不移地实施科教兴国战略和人才强国战略，党的十九大明确提出要“办好继续教育”，为落实这一要求，推动高等继续教育提质增效、内涵式发展，同时也为了适应互联网技术快速发展带来的教育领域教学模式和学习方式的新变化，山东财经大学在原有成人高等教育财经专业精品教材系列的基础上，重新组织编写制作了新的高等继续教育财经专业精品教材系列。

该系列教材的编写制作，在内容上紧扣财经类专业课程设置和教学大纲，科学、系统地涵盖了专业教学的基本内容，适用于经济、管理学科，尤其是经济学、会计学、金融学和工商管理等专业高等继续教育的教学，对指导和帮助学生获取专业基础知识和基本技能具有较强的针对性；在形式上，注重突破传统纸媒局限，将课程内容中的重点、难点等用微课的形式加以呈现，实现教师授课“一扫即现”，知识点讲解深入浅出，满足学生在学习传统网络课程的基础上利用互联网进行移动学习、远程学习、在线学习等信息化学习需求，为学生提供更直观、更便捷的学习方式。

另外，这套教材的作者都是多年从事一线教学的教师，经验丰富，了解学生的学习特点和需求，在篇章安排及体例设计方面融合了国内外相应领域优秀教材的编写方法，每章开头提示“本章要点”，结束进行“本章小结”，前后呼应，并根据章节重点内容设计相应的练习题，对知识点加以巩固，符合学生学习的认知规律。该系列教材在使用范围和地域上，具有广泛的适应性。

《公司金融》是高等继续教育财经专业精品系列教材之一。在金融学专业的课程体系中，《公司金融》是一门专业必修课程，是一门以公司制企业金融活动为研究对象的微观金融学课程。在规划设计教材内容时，我们紧扣公司制企业经营过程中金融（或财务）的活动主线，重点研究公司的投融资管理及相关决策，按照公司金融理论与公司金融分析工具的逻辑起点，系统阐述资本项目投资决策、公司融资决策、资本成本与资本结构决策、股利决策、营运资本管理等内容。本教材共分为十章内容，既可满足金融学专业本科生教学使用，也可作为会计学及其他经济管理专业的本科教学需要，同时对从事上市公司经营业务的相关人员也具有一定的参考价值。

在本教材编写过程中，注重突出与办学定位、人才培养目标的一致性与适应性，遵循继续教育的一般规律，按照高等继续教育财经专业教学的特殊要求，科学安排教材内容。本教材具有以下特色：

1. 突出专业知识的应用性。本教材在对知识内容的设计中，既注重作为金融学必修课的教学内容的完整性与连贯性，又强调课程内容要反映金融新业态下专业知识应用性的需求，因此，设计了财务报表及其财务分析、投资项目资本决策、长期融资策略、股利分配策略，以及财务困境预测等应用性知识内容，以满足学生在掌握基本理论、基本知识的基础上对实践能力、应用性能力的培养需求。

2. 侧重掌握知识的规律性。作为继续教育学习使用的专业教材，本教材侧重从学生学习和掌握的角度编写内容，阐述知识点。为了便于学生掌握，编者在全面、系统介绍的同时，在写作方法上力求言简意赅、深入浅出，在内容安排上遵循学生掌握知识的规律性，尽量做到由浅入深、循序渐进。

3. 强调知识内容的实用性。为了有助于学生对各章节内容的理解和掌握，本教材每章都针对性地录制了重点内容的微课，学生通过扫描二维码即可学习。同时，每章设计了大量的图表、例题，每章结尾还设计了对重点内容的本章小结，以及种类多样的思考与练习题，便于学生检验知识掌握、应用的程度。

本教材由山东财经大学王俊籽担任主编，山东财经大学燕山学院石丽君担任副主编。具体分工为：第一章、第六章、第七章、第八章、第九章，以及附录由王俊籽编写；第二章、第三章、第四章、第五章由石丽君编写；第十章由威海市职业中等专业学校王钺编写。本教材由王俊籽拟订总体框架、编写原则、编写体例，并对全书进行统纂定稿。

本教材由多年在一线从事教学实践的教师编写，是在参阅大量国内外书籍、杂志、网站等文字资料的基础上对公司金融的总结和升华。在此，特向所有的原作者致谢！由于编者业务知识和所掌握的资料有限，书中难免有错误、遗漏之处，恳请各位专家和读者批评指正。

编　者
2020年7月

目　录

第一章

公司金融导论

本章要点

- ✧ 企业组织形式
- ✧ 公司制企业的基本特征
- ✧ 什么是公司金融
- ✧ 公司金融的内容
- ✧ 公司金融的目标
- ✧ 公司金融的研究对象

本章从企业组织形式角度，阐述公司制企业的基本特征，并以公司制企业为研究对象，探讨其在金融市场上投资、融资和收益分配中的金融活动。

公司金融的学科内涵与基本内容

第一节 企业组织形式

一、企业的定义及功能

企业是依法设立的，以营利为目的，运用各种要素（土地、劳动力、资本、技术等），向市场提供商品和服务，自主经营、自负盈亏、独立核算的法人或其他社会经济组织。

企业作为国民经济的重要组成部分，发挥着越来越重要的功能。

1. 企业是市场经济活动的主要参与者

创造价值是企业经营行为动机的内在要求。市场经济条件下，企业的生产状况和经济效益直接影响社会经济实力的增长和人民物质生活水平的提高，只有培育大量充满生机与活力的企业，社会才能稳定、健康地发展。

2. 企业是社会生产和服务的主要承担者

社会经济活动的主要过程即生产和服务过程，大多是由企业来承担和完成的。企业在组织社会生产过程中必然要在社会上购买其他企业的商品，再把本企业的产品销售出去，形成了服务（包括商品流通）的过程。离开了企业的生产和服务活动，社会经济活动就会中断或停止。

3. 企业是经济社会发展的主要推动力量

企业的发展对整体社会经济技术的进步具有重大的推动作用。加快企业技术进步，加速科技成果产业化，培育发展创新型企业，是企业发展壮大的重要途径。

二、企业的组织形式

什么是公司

典型的企业组织形式有三种：个人独资企业、合伙企业和公司制企业。

1. 个人独资企业

个人独资企业（proprietorship），又称为个体业主制企业，是指由一个自然人投资，全部资产为投资人个人所有，全部债务由投资人个人承担的经营实体。

个人独资企业具有创立容易、经营管理灵活、不需要缴纳企业所得税等优点。

但个人独资企业也具有明显的缺点：（1）企业所有者对企业债务负无限清偿责任。当企业损失超过业主最初对企业的投资时，需要用业主个人的其他财产偿债；（2）企业所有权的转移较为困难；（3）企业资金来源有限，难以从外部获得大量资金用于经营；（4）企业的寿命有限，受业主正常或非正常变动的制约。

2. 合伙企业

合伙企业（partnership）是指由两个或两个以上的自然人（有时也包括法人或其他组织）合伙经营的企业。

合伙企业包括两种类型：普通合伙企业和有限合伙企业。

普通合伙企业由普通合伙人组成，每个合伙人都对企业的债务负无限连带责任，每个合伙人的行为都代表整个企业而不是个人，合伙人之间要订立书面或口头形式的合伙协议。

有限合伙企业由普通合伙人和有限合伙人组成，普通合伙人对合伙企业债务承担无限连带责任，有限合伙人以一起认缴的出资额为限对合伙企业债务承担有限责任。有限合伙企业至少要有一个普通合伙人，由普通合伙人执行合伙事务，有限合伙人不执行合伙事务，不得对外代表有限合伙企业。

合伙企业是由合伙人遵循自愿、平等、公平、诚实信用原则订立合伙协议，共同出资、合伙经营、共享利益、共担风险的营利性组织。合伙企业的生产经营所得和其他所得，按照国家有关税收规定，由合伙人分别缴纳所得税。

合伙企业除业主多于一人外，其优点和缺点与个人和独资企业极为类似。所以一些企业尽管在刚成立时以独资或者合伙的形式出现，但发展到某一阶段后都将转化成公司的形式。

3. 公司制企业

公司制企业（corporation），又称为股份制企业，是指由一个以上投资人（自然人或法人）依法出资组建，具有独立法人财产，自主经营、自负盈亏的法人企业。它有独立于公司所有者之外的自身财产，能独立承担民事责任和享有民事权利。

在我国，根据现行《公司法》，其形式分为有限责任公司和股份有限公司两种类型。

有限责任公司简称有限公司是指由两个或两个以上股东共同出资，每个股东以其所认缴的出资额对公司债务承担有限责任，公司以其全部资产对公司债务承担责任的企业法人。

股份有限公司简称股份公司是指其全部注册资本由等额股份构成并通过发行股份（或股权证）的方式募集资本，股东以其所认购的股份对公司债务承担有限责任，并享有相应的权利，公司以其全部资产对其债务承担责任的企业法人。

有限责任公司和股份有限公司的区别主要有：（1）公司设立时对股东人数的要求不同。设立有限责任公司的股东人数可以为 1 人或 50 人以下；股份有限公司规定，应当有 2 人以上 200 人以下为发起人。（2）股东的股权形式不同。有限责任公司的权益总额不表现为等额股份，股权是通过投资人所拥有的比例来表示的；股份有限公司的权益总额划分为等额股份，股权是由所持有多少股份来表示的。（3）股份发行方式不同。有限责任公司不能向社会公众发行股票募集资金，对股东只出具一张书面的出资证明书；股份有限公司可以向社会公开发行股票。（4）股份转让限制不同。有限责任公司股份不能随意转让，若要转让，须经全体股东同意，现有股东拥有优先购买权；股份有限公司的股票可以依法交易或转让，但不得退股。

与独资企业和合伙企业相比，公司制企业具有以下基本特征：

公司制企业的优点：

（1）所有权的流动性强。所有者权益被划分为若干等额股份，每个份额都可以单独流通转让。

（2）有限债务责任。公司债务是法人债务，不是所有者的债务，所有者仅以其在公司中的投资额对公司债务负责，公司的债权人对公司所有者个人的财产没有索取权。

（3）无限存续。一个公司在其最初的所有者和经营者退出后仍然可以继续存在。

（4）容易筹资。公司制企业具有资本市场的优越地位，融资渠道较多，更容易筹集所需资金。

公司制企业的缺点：

（1）组建公司成本高。《公司法》规定设立公司需要提交一系列的法律文件，花费时间较长；公司成立后，需要接受严格的监管，需要定期提交各种报告。

（2）双重税负。公司作为独立的法人，其利润需缴纳企业所得税；利润分配给股东后，股东还需缴纳个人所得税。

（3）存在代理问题。公司制企业所有权和经营权分离后，作为代理人的经营者可能为了自身利益而损害委托人所有者的利益。

以上三种企业组织形式中，个人独资企业占企业总数的比重较大，但绝大多数的商业资金是由公司制企业所控制。合伙企业由于存在与独资企业类似的弊端，也很难从市场上占据较大的资金份额。而公司制企业，特别是股份公司，因股东对公司债务仅承担有限责任和通过股票自由买卖转移股权，使其能够公开募集资金，更有利于融资，从而成为现代企业的一种典型组织形式。本书的研究对象是公司制企业。

第二节　公司金融的目标

公司金融的目标取决于公司的目标。前已述及，公司的目标就是创造盈利（或称价值），盈利不但体现了企业的出发点和归宿，而且直接影响到其他目标的实现程度，并有助于其他目标的实现。因此，公司金融的目标就是为实现企业创造财富或者价值这一目标服务。

公司金融的目标即企业经营的目标，理论界有四种观点：即利润最大化、股东财富最大化、公司价值最大化、相关者利益最大化。

公司金融的目标

一、利润最大化

一般而言，评价一个公司是否盈利往往使用实现了多少利润表示，利润越多意味着公司创造的财富越多，以利润最大化来衡量公司的盈利水平有其科学的成分。公司追求利润最大化，就必须讲求经济效益，加强管理，改进技术，提高劳动生产率，降低产品成本，这些措施都有利于资源的合理配置。

但是，利润最大化目标存在以下缺陷：

（1）没有考虑利润实现时间和资金时间价值。投资项目收益现值的大小，不仅取决于未来值总额的大小，还要受取得收益时间的制约。随着时间延续，同样有时间价值的增值，即今天的 100 元与未来的 100 元不等。利润最大化目标忽视了这一点。

（2）没有考虑风险因素。以利润最大化作为公司经营目标时，可能促使经理人不顾风险去追求高额利润。利润与风险相伴，高利润往往需要承担更高的风险，这将使公司经营风险增大，从而损害投资者利益。

（3）没有考虑利润与投入资本之间的关系。实现同样利润总额的公司可能存在不同的投入资本，由于投入资本不同，由此产生的盈利不具有可比性。

（4）易导致公司无法进行有价值的长期投资。利润最大化是即期目标，通常按年计算，围绕此目标进行的财务决策重点关注年度指标，即短期效益。而长期投资项目即使经测算净现值为正值的项目，往往前几年仅有投入没有产出，在追求利润最大化目标时，往往为了短期利润而不惜牺牲长期利益，这对于公司的长远发展不利。

二、股东财富最大化

股东价值最大化是现代财务理论公认的公司目标。股东财富最大化有时也称为股东价值最大化。该目标认为，公司是属于股东的，公司价值也即股东的财富价值。由于股东财富由其所拥有的股票数量和股票市场价格两方面确定，在股票数量一定时，股票价格达到最高，股东财富也就达到最大。

与利润最大化观点相比，股东财富最大化的优点主要有：

(1) 考虑了货币的时间价值。由于当期利润和未来利润都会影响股票价格，这在一定程度上能够克服企业追求短期利润的行为。

(2) 考虑了风险因素。通常，股价会对风险做出比较敏感的反应。

(3) 对于上市公司而言，股东财富最大化目标比较容易量化，便于考核和奖惩。

股东财富最大化目标也存在如下缺点：

(1) 通常只适用于上市公司，非上市公司难以应用，这是因为非上市公司无法像上市公司一样获得准确的公司股价。

(2) 片面地强调了股东利益，而忽视了公司其他相关者（如债权人、员工、经理人员、客户等）的利益，存在顾此失彼的问题。

(3) 影响股价的因素有很多，既有财务因素也有非财务因素；有公司内部因素，也有来自公司的外部因素，因此，股价并不能完全准确地反映公司财务管理状况。

三、公司价值最大化

公司价值也称为企业价值，是指公司资产的价值。对其度量的方法有两种：一是会计计量上的账面价值，是公司资产基于历史成本计量的价值；二是金融度量上的市场价值，它包含公司所有者权益和债权人权益的市场价值，通常指企业所能创造的预计未来现金流量的现值。未来现金流量包含了资金的时间价值和风险价值两个因素，因此，现金流量的现值就是以资金的时间价值为基础对现金流量进行折现计算得出的。

（一）关于公司价值的衡量

在理论上，公司价值的估值模型为：

$$V = \sum_{t=1}^{n} \frac{CF_t}{(1+K)^t} \qquad (1-1)$$

式中，V 表示公司价值；CF_t 表示公司资产第 t 年所创造的收入现金流量；K 表示公司的加权平均资本成本；t 表示取得收入现金流量的年份；n 表示预期期限。

公式（1－1）意味着：公司价值的确定，是把公司未来资产获取的收入现金流量，以公司平均资本成本为折现率计算后的现值。

在公司价值的计算中，有三个因素决定着公司价值的大小：即未来资产的收入现金流量、公司平均资本成本，以及资产价值增长预期期限等。

1. 未来资产的收入现金流量

公司通过对资产的经营运作创造的现金流量是公司经营结果的体现，通常用净现金流量表示，它是现金流入量减去现金流出量的差额。公司创造现金流量的活动主要有经营活动、投资活动和筹资活动，其中经营活动创造的现金流量最能代表公司对资产的经营管理实力，是公司价值的最重要表现，因此，良好的经营活动能够为公司创造更多的收入现金流量。收入现金流量越多，公司价值越大。

2. 公司平均资本成本

资本成本是公司作为筹资者使用投资者的资本所付出的代价。从筹资者的角度来说，资本成本是资本使用费，体现为使用股东的资本需要付出股利，使用债权人的资本需要支付利息。从投资者的角度来说，资本成本是投资者要求获取的资本报酬，即投资者让渡资本使用权后期望获取的预期收益率，它是投资风险的函数。公司筹资的方式有很多种，但不论以何种方式筹资，其资本成本都包含在这两部分中：即权益资本成本和债务资本成本，公司总成本是这两项资本成本的加权平均值。由于公司是在金融市场上筹集资金，作为投资者的股东和债权人承担的风险大小不同的，按照风险收益理论，承担的风险越大所要求的风险报酬越高，反之亦然。体现在从投资者角度衡量资本成本的预期收益率则会随着风险的大小而同向变动，当风险越大时，预期收益率越高，公司筹资所付出的资本使用费则会越高，公司价值则越低。

3. 资产价值增长预期期限

价值增长预期反映了一项投资所形成资产发挥作用的期限长短，它体现了资产的时间价值。当一项投资形成的资产能够运营创造收益的时间越长，该项资产带来的累计收入现金流量就越多，从而公司价值就越大。

由此可知，公司价值最大化目标要求企业通过采取最优的财务政策，充分考虑资金的时间价值和风险报酬关系，在保证公司长期稳定发展的基础上使公司总价值达到最大。

（二）公司价值最大化目标的优点

（1）考虑了公司取得报酬的时间，并能够使用时间价值进行计量，确保了公司价值的可计量性。

（2）考虑了风险和收益之间的关系。在公司价值的估算模型中，以公司平均资本成本作为贴现率将资产未来创造的收入现金流量贴现为现值，一方面体现了投资者对承担风险的预期收益率的要求权；另一方面又充分体现了公司价值计量中的资金时间价值。

(3) 将公司长期、稳定的发展和持续的获利能力放在首位，能够克服公司追求利润上的短期效益而忽视长期效益。

(4) 以价值代替价格，避免了更多外界因素的干扰，有效地规避了公司的短期行为，这样既能反映股东对短期利益的要求，又能反映股东对长期利益的要求。既考虑到了资金的时间价值因素，又考虑到了风险因素，因而更能反映股东对投资利益的要求。

四、相关者利益最大化

现代企业是由多边契约关系形成的利益共同体，要确立公司金融的目标，必须考虑哪些利益关系对公司发展产生影响。在市场经济条件下，公司要公平地对待各方面的利益相关者，如债权人、股东、管理人员、雇员、客户、供应商、社区，甚至政府等，并且要尽到公司的社会责任。在确定公司金融目标时，不能忽视这些相关者群体的利益。

在以相关者利益最大化为经营目标的公司中，一般而言，公司融资结构中债务融资（银行借款和发行公司债）的比例非常高，大银行等债权人和公司形成战略伙伴关系，对公司的经营往往有相当大的控制权。同时，在股票市场上，公司发行的股票以法人股居多，持有股票是为了控制资源，而不是为了短期获利。同时，政府对公司的干预比较多，公司往往需要承担相当的社会责任。

（一）相关者利益最大化目标的内容

具体包括以下几方面：

1. 相关者利益最大化能满足雇员的利益要求

雇员进入公司的动机是获得经济利益的满足，即赚取更多的薪水，而雇员这一目标的实现是以公司的长期稳定发展和公司盈利为前提的，因此，相关者利益最大化目标与雇员利益最大化目标相一致。如果公司不以相关者利益最大化作为目标，不顾风险，片面追求利润绝对额的增加，一旦不利的事实发生，遭受损失的不仅是股东，雇员也在其中。

2. 相关者利益最大化能满足经理人的利益要求

经理人员是公司董事会从经理人市场招聘的，经理人受聘进入公司的动机有二：一是要成就一番事业；二是要赚取一定薪水。而无论是成就事业还是赚取薪水，其前提必须是进入的公司有一个稳定发展的经营方针，否则无法实现其动机。公司是否有稳定发展的经营方针，取决于公司决策层制定的经营目标，而相关者利益最大化目标的制定有助于公司稳定发展经营方针的形成。

3. 相关者利益最大化能满足债权人的利益要求

债权人对公司承担的债务要求能够按期、足额地还本付息，而相关者利益最大化目标要求公司经营活动既要考虑盈利水平又要考虑风险，即在确保经营安全的前提下合法经营实现盈利，这与债权人的利益要求是一致的，因而能够确保债权人的利益。

4. 相关者利益最大化能满足社会利益的要求

社会利益最大化的实现条件是社会资源的优化配置，即社会资源流向经济效益好的经济单位，实现最优的资本增值，其衡量标准是正的净现值，可见，相关者利益最大化目标与社会利益目标要求是一致的。

（二）相关者利益最大化目标的优点

1. 有利于公司长期稳定发展

该目标注重公司在发展过程中考虑并满足各利益相关者的利益关系，在追求长期稳定发展的过程中，站在公司的角度上进行投资研究，避免只站在股东的角度进行投资可能导致的一系列问题。

2. 有利于实现公司经济效益与社会效益的统一

该目标兼顾了公司、股东、政府和客户的利益，能够体现公司合作共赢的价值理念，有利于实现经济效益与社会效益的统一。公司在寻求自身发展和利益最大化的过程中，由于要维护客户及其他利益相关者的利益，并在赚钱的同时还需承担一定的社会责任，就会依法经营、依法管理，正确处理各种财务关系，自觉维护和确保国家、集体和社会公众的合法利益。

3. 较好地兼顾了各利益主体的利益

该目标是一个多元化、多层次的目标体系，它可以促使公司各利益主体相互作用、相互协调，并在使公司利益、股东利益最大化的同时，也能使其他利益相关者达到利益最大化。如股东股价上涨；债权人可以风险最小、利息最大；员工获得工资福利；政府获得社会效益；等等。

第三节 公司金融及其研究内容

一、什么是公司金融

公司金融对应的英文是 corporate finance，它可以译为公司金融，也可以译为公司理财、公司财务等。严格地说，公司金融的研究内容与公司理财的内容并不完全相同。公司理财研究的主要内容是融资、投资和股利政策；而公司金融的研究重点是融资和投资，股利政策则被视作是一种融资的“延续”，是融资来源。公司金融主要研究公司的投融资管理，是金融学的一个重要分支学科。

根据《新帕尔格雷夫经济学大辞典》的定义：“金融学是经济学的一个分支，但具有不同的中心问题和方法论。其中心问题是资本市场的运营，资本资产的供给和定价。其方法论是使用相近的替代物给金融契约和工具定价。”这种使用相近的替代物定价的方法就是无套利（no arbirage）定价方法。编写该词条的是已故美国麻省理工学院斯蒂芬·罗斯教授，他提出“finance”的四大研究课题是：“有效率市场”“收益和风险”“期权定价理论”“公司金融”。因此可见，公司金融是金融学科的一个重要组成部分。

关于公司金融的概念我国学术界的理解也不尽相同，有学者认为公司金融应定义为与企业有关的一切金融活动；有学者则认为公司金融应包括公司内部的资金管理。前一个概念范围过于宽泛，后一个概念则过窄。本书结合金融学经典理论和大多数学者的观点，认为比较合适的定义是：公司金融是指公司在生产、经营过程中主动进行的资金筹集与资金运用行为。

公司金融的研究对象是以公司形式为主的企业，企业的金融活动首先是通过各种途径筹集资金，获取资金的使用权，然后在生产经营过程中把资金转变为非现金资产，如固定资产、原材料、无形资产等。厂房、原材料等资产投入后经过工人的生产劳动变成产品，产成品完成到市场去销售，最后转变为现金或应收账款等。销售产成品获取的销售收入一般情况下应该大于生产产品的原始投入，即生产成本，扣除生产过程中所发生的各种人工费、管理费、销售费用等之后，剩余部分就是资产的增值部分，即利润。资产增值的一部分以支付税金、股利等形式流出公司的生产经营环节，另一部分则留存于公司之中，继续参与公司的生产经营活动。公司的资金就是这样不断地循环、周转，由此构成了公司运行过程中的金融活动。

由此可见，公司的整个生产经营活动就是资金的筹集、运用和管理的过程，通过对资金的有效管理，合理提高各类金融资源的利用效率，以实现公司金融的目标。

二、公司金融的研究内容

根据对公司金融的定义，公司金融所要研究和解决的内容主要表现为融资、投资，以及营运资金管理等金融活动。

借助于公司某一时点的资产负债表（参见图 1－1）可以了解到公司经营活动、财务状况，也可以进一步理解公司金融的基本内容。资产负债表的左边是公司的资产，分为流动资产和非流动资产两种类型。流动资产是指存续时间较短的资产，如应收账款、存货；非流动资产相对于流动资产而言是存续时间较长的资产，如固定资产、无形资产等。公司通过运营资产才能产生效益，因而资产是公司的经济资源。资产负债表的右边反映公司的融资方式，公司一般通过借款和发行股票融资，称为负债和所有者权益。负债根据期限分为流动负债和非流动负债两大类；所有者权益又称为股东权益，等于公司的资产价值与负债之间的差额，代表股东对公司资产的剩余索取权。公司选择不同的筹资方式就会形成不同的资本结构，从而对股东价值以及公司整体价值造成影响。资产负债表的左右两方代表着公司资产使用方和供给方两个主体的金融活动，中间的符号意味着双方具有的隐形关系。

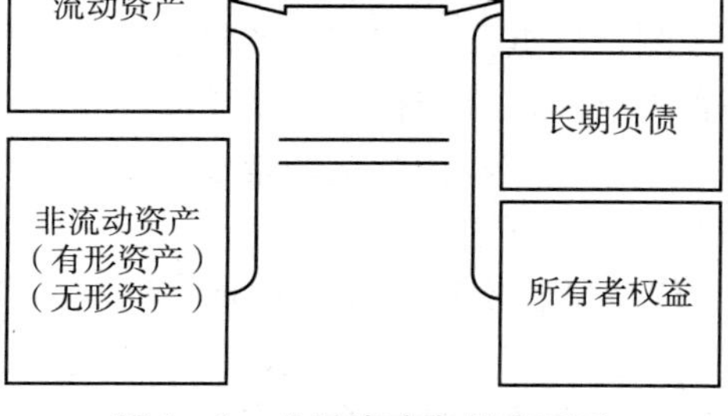

图 1－1　公司资产负债表图示

（一）公司融资

公司的金融活动始于融资。当公司在金融市场上向资金提供方筹集资金后，就形成了如资产负债表右方的融资结构，或称为“资本结构”。融资活动贯穿公司成长的全过程：公司设立时，需要筹集注册资金；公司日常经营，需要充足的流动资金；公司有了好的投资项目，需要长期资金支持；公司规模扩张，需要新的资金投入；公司债务到期，需要还债资金；向股东分配股利，需要新增现金流。可以说，融资是公司日常经营过程中的一项经常性的理财活动。

在公司的融资活动中，如果公司融入的是债务资本，就需要向债权人还本付息；如果融入的是股权资本，虽然在公司存续期内不用向股东偿还本金（在公司解散时要偿还本金），但要向股东支付股利。可见，公司融资活动不仅包括获取资金，还包括向资金提供方偿还本息，支付股利。从资金运动的角度看，公司取得资金，表现为现金流入；公司还本付息和支付股利，则表现为现金流出。由融资活动所形成的现金流入和现金流出称作融资现金流。

公司从不同渠道筹集到的资金，都要承担相应的融资风险和融资成本，因此，公司要科学合理地做出融资决策，控制融资风险，制定对融资现金流的长期规划，提高资金的使用效率，做到适时和适量。

（二）公司投资活动

发现投资机会，测算投资收益，制定投资战略，是所有公司在创立之初和面对未来成长机会时会面临的问题，投资成功与否是决定一个公司生死存亡的关键。采取什么样的投资战略，主要是长期资产投资决策，便成了公司重要的金融问题之一。

公司的投资战略涉及资产负债表的左边，长期资产尤其是固定资产投资往往具有不可逆的特征，因此需要使用“资本预算”描述固定资产的投资和管理过程，在投资之前须对固定资产形成之后可能产生的现金流进行预测，并据此与固定资产投资所发生的现金流出进行比较，以决定是否进行固定资产投资。由于长期资产投资的未来现金流入具有不确定性，因此资本预算是非常复杂的投资决策方法，是长期资产投资决策的重要依据之一。

20 世纪 70 年代以来，实物期权或称真实期权从价值观念上对传统资本预算产生了冲击。实物期权理论认为，固定资产投资是否具有价值并非完全取决于现金流入和现金流出的比较，长期资产投资价值还应该包括持有长期资产实物资产所拥有的实物期权的价值。

公司投资活动可以分为多种类型：

（1）按照投资对象的性质，可以分为实物投资与金融投资。实物投资是对生产经营活动、公司并购、购买产权、专利等投资；金融投资是指在金融市场上购买股票、债券等金融资产。

（2）按照投资对象的性质，可以分为固定资产投资和流动资产投资。固定资产投资包括购置厂房、设备等；流动资产投资是指购买原材料、备件等投资。

（3）按照投资对公司未来的影响，可以分为战术性投资和战略性投资。战术性投资主要是为了获得投资收益，投资规模小，期限短，投资风险比较小。而战略性投资是对公司未来发展产生重大影响的投资，所需资金规模较大，投资期限长，风险较大。

（三）营运资本管理

营运资本管理又称为短期财务管理。在公司日常的经营活动过程中，经常需要确定配置多少流动资产能满足正常运转？需要多少短期现金流支付其到期账单？采购原材料保证生产需要使用现金采购还是赊购？类似这些营运资本的管理问题，涉及资产负债表左右两边的上方，即流动资产和流动负债，营运资本管理就包括流动资产管理和流动负债管理等问题。

营运资本是指公司在流动资产上的投资金额减去流动负债的数额，净营运资本即是流动资产增加额减去流动负债增加额的差额，差额为正，表示现金流出；差额为负，表示现金流入，因此，公司提高现金流量，可以减少净营运资本的增量。公司营运资本管理就是要协调流动资产与流动负债的变动量，以提高营运资本的效率。

从流动资产存量管理要求看，流动资产中的每个项目都需要保持一个合理的量，这个合理的量基于持有量预测与成本收益分析。从流动资产流量管理要求看，流动资产中的每个项目都需要增强变现能力，才能提高利用效率。其中，现金、应收账款等项目流动性很强的资产由于价值经常发生变化，必须经常性地予以关注；经营中的现金流入量和现金流出量易在时间和金额上不对等，需要不断进行协调，以保证公司日常经营的资金需求。因此，营运资金管理中保证公司正常经营至关重要。

从流动负债管理而言，短期融资构成了公司的流动负债，在短期融资决策中，首先要以融资成本最小化选择短期融资方式，由于低融资成本的商业信用等短期资金是有限的，因此，需要以可得性原则选择短期资金，即按照融资成本由低到高的原则选择短期资金。

由此可见，营运资金管理就是要合理安排流动资产和流动负债的比例，调整二者之间的配置结构，以提高流动资产周转效率。实现公司营运资金的有效管理的主要原则是：使投资于应收账款、存货等非营利资产的短期资金数量最小化；使持有预收货款、应付账款、应付资金等低成本负债项目结构多元化、资金数量最大化。

第四节 公司金融环境

在金融市场上公司是一个重要的交易主体。影响公司金融决策的外部因素有很多，如金融环境、税收环境、法律环境、会计环境等，但是从财务的角度看，金融环境是最基本的环境因素。它为公司融通资金提供来源，为公司选择各种资本运作方式、实现价值创造奠定了基础。可见，金融环境影响着公司的投融资行为，了解金融环境有助于公司进行有效的投融资决策。

一、金融市场

（一）金融市场概述

金融市场是指资金供应者和资金需求者双方通过一定的金融工具进行交易进而融通资金的场所。狭义而言，金融市场是金融资产进行交易的场所，这个场所既可以是有形的，也可以是无形的。金融市场中的交易对象是金融资产，是一切代表未来收益和资产合法要求权的凭证，亦称为金融产品。广义而言，金融市场是指以金融资产为交易对象而形成的供求关系及其机制的总和，它包含了金融资产在交易过程中所产生的各种运行机制，如价格机制、发行机制、监督机制等。因此，金融市场是一个由多种要素构成的有机统一体。

金融市场的构成十分复杂。它是由许多不同的市场组成的一个庞大体系。按照不同的划分标准，金融市场有如下几种：

(1) 按照期限为标准，金融市场分为货币市场和资本市场。货币市场又称为短期金融市场，是融通短期（期限在一年以内）资金的市场。货币市场包括同业拆借市场、商业票据市场、回购协议市场、优银行承兑汇票市场、大额可转让存单市场和短期政府债券市场等。资本市场又称作为长期金融市场，是融通长期（期限在一年以上）资金的市场，资本市场包括中长期信贷市场和证券市场。中长期信贷市场是金融机构和工商企业之间交易的贷款市场。现在业界越来越多的观点将资本市场等同于证券市场，即通过证券的发行与交易进行融资的市场，包括股票市场、债券市场、基金市场、保险市场和融资租赁市场等。

（2）按照功能为标准，金融市场分为发行市场和流通市场。发行市场又称为一级市场，主要处理金融工具的发行与最初购买者之间的交易。流通市场又称为二级市场，主要处理现有金融工具转让和变现的交易。此外还有第三市场、第四市场等场外市场的划分。其中：第三市场又称为柜台外市场，是非交易所会员在交易所以外进行交易而形成的市场；第四市场是投资者和证券出售者直接进行证券交易的市场。本章将着重介绍一级市场和二级市场。

（3）按照融资对象为标准，金融市场分为资本市场、外汇市场和黄金市场。资本市场以货币和资本为交易对象；外汇市场以各种外汇金融工具为交易对象；黄金市场则是集中进行黄金买卖和金币兑换的交易市场。

（4）按所交易金融工具的属性，金融市场可分为基础性金融市场和金融衍生品市场。基础性金融市场以基础性金融产品为交易对象，如商业票据、企业债券、企业股票等的交易市场。金融衍生品市场以金融衍生产品为交易对象，金融衍生品属于以原生金融工具为基础创造出来的新的金融工具，包括远期合约、期货、期权和互换等。

（5）按照地理范围为标准，金融市场可分为全国性金融市场和国际性交易市场。

（二）一级市场

一级市场即发行市场，一级市场并不为公众所熟识。筹集资金的公司或政府机构将其新发行的股票和债券等证券销售给最初购买者的过程不是公开的。在一级市场上投资银行是协助证券首次售出的重要金融机构，投资银行通过承销证券，在确保公司证券能够按照某一价格销售出去之后，再向社会公众推销发行证券。

股票交易市场分为有组织的证券交易所市场（场内市场）和场外市场，以及新兴的第三市场和第四市场。其中，股票一级市场是指股票的初级市场也称发行市场。在这个市场上，投资者可以认购公司发行的股票，通过一级市场发行人筹措到公司所需资金，而投资人则通过购买公司股票，成为公司股东。购买的股票上市流通后，则进入二级市场进行股票交易。

1. 金融一级市场的主要特点

（1）发行市场是一个抽象市场。证券买卖活动并非局限在一个固定场所。

（2）发行是一次性行为，其价格由发行公司决定，并经过有关部门核准。投资人以同一价格购买股票。

2. 股票一级市场的发行方式

股票发行方式也即股票经销出售的方式。由于各国金融市场管制不同，金融体系结构和金融市场结构不同，股票发行方式也有所不同。我国股票市场的发行制度经历了审批制、核准制、注册制（目前只在科创板试行）等变迁，目前仍以核准制为主。在核准制下，股票一级市场的发行方式主要有：

（1）按照发行与认购的方式及对象，股票发行分为公开发行与非公开发行。公开发行又称公募，是指事先不确定特定的发行对象，面向社会公众公开发行推销股票。非公开发行又叫私募，是指发行公司只对特定的发行对象推销股票。非公开发行方式主要在以下几种情况采用：以发起方式设立公司；内部配股；私人配股；等等。

（2）按照是否有中介机构（证券承销商）协助，股票发行可分为直接发行与间接发行。直接发行又叫直接招股，亦即发行公司自主发行，是股份公司自己承担股票发行的一切事务和发行风险，直接向认购者推销出售股票的方式。间接发行又叫委托发行，是指发行者委托证券发行中介机构出售股票的方式。股票间接发行的方式又分为代销发行、助销发行和包销发行三种方式。

（3）按照不同的发行目的，股票发行还可以分为有偿增资发行和无偿增资发行。有偿增资发行是认购者必须按股票的某种发行价格支付现款，方能获得新股票。一般公开发行的股票和私募定向发行的股票都采用有偿增资的发行方式。无偿增资发行是指股份公司在将公司盈余结余、公积金和资产重估增益转入股本资本金的同时，发行与之对应的新股票，分配给公司原有股东，而原有股东无须认缴股票价款。

（三）二级市场

二级市场也称为证券交易市场、证券流通市场、次级市场等，是指对已经发行的证券进行买卖、转让和流通的市场。二级市场是公开发行或私下发行有价证券进行买卖和交易的场所。换句话说。二级市场是任何金融商品的交易市场，可为金融商品的最初投资者提供资金的流动性。二级市场在新证券发行后即存在，一旦新发行的证券进入证券交易所（如我国上海证券交易所和深圳证券交易所），也就是做市商开始出价和提供新证券之后，投资者便可以比较容易地进行买卖交易。

各国的股票交易市场都是二级市场，我国的二级市场具有如下特点：

1. 二级市场以证券投资者为主要参与者

二级市场的参与者主要是证券交易人以及准备购买证券的货币持有人，还有部分证券发行人和证券中介机构。但后者的职责在于辅助投资者进行和完成交易，而不是证券交易活动的独立参与者。

2. 二级市场是一个公开、集中交易的市场，披露各种交易信息，受到严格管制

我国证券交易所市场经过近三十年的发展，已形成多层次的股票市场。在市场结构方面，我国股票市场已从原来的单一主板市场，发展成现在的主板、中小板、创业板、新三板、科创板等多层次市场。

3. 二级市场与证券发行市场相互依赖

二级市场以发行在外的证券为交易对象，而不是尚未发行的证券，因此，二级市场依赖证券发行市场，证券发行市场是证券交易市场的前提。由于我国股票发行多数采用借助证券交易所的交易网络，采取“网上发行方式”，使得证券发行市场也对证券交易市场存在依赖性。证券发行市场与证券交易市场的关系异常复杂，无论是所发行证券的种类、价格、数量及发行规模等，均在一定程度上受制于证券交易市场情况。.

（四）公司与金融市场

尽管公司在产品市场和商品市场上互相争斗，但所有的公司都是金融市场的主体之一。一方面公司以资金需求者的身份参与金融市场，从盈余单位融入资金，是金融市场上最大的资金需求者；另一方面又以资金供给者的身份参与金融市场，向赤字单位融出资金，又形成金融市场上的资金提供者。可见，公司与金融市场有着密切联系。图 1－2 展示了公司与金融市场的具体联系。

从图 1－2 可知：

1. 金融市场是公司融资的场所

公司设立时，需要筹集到与公司性质相适应的最低数额的资本，这部分资本由公司投资者投入；公司开展生产经营活动，仅仅依靠投资者投入的资本是不够的，还需通过负债融资或者增资扩股筹集资金。公司融资活动都需要通过金融市场进行，如图 1－2 中的①所示：

公司通过股票市场发行股票筹集股本；公司通过债券市场发行公司债券、通过间接金融市场向金融机构借款、通过票据市场发行商业票据等向债权人借入资金。可见，公司融资活动离不开金融市场，金融市场是公司融资的场所。

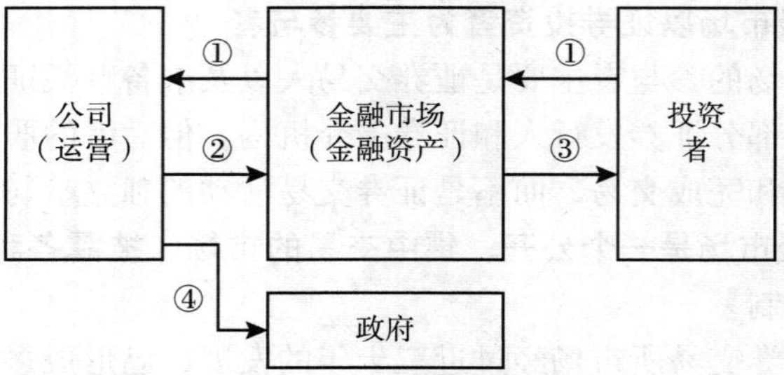

图 1－2　公司与金融市场关系

2. 金融市场是公司投资的场所

公司存在闲置资金时，为提高资金利用效率，往往需要在金融市场上进行有价证券投资，如图 1－2 中的②所示。在多元化经营前提下，公司除了进行生产经营活动外，有时也需要将部分资金用于对外股权投资或债权投资，各类投资活动都需要借助于金融市场完成。可见，公司投资活动离不开金融市场，金融市场是公司进行金融投资的场所。

3. 金融市场为投资者价值增值提供了便捷的渠道

公司在运营后产生了现金，在留存一部分利润用于在投资外，另一部分利润以利息或者股利的方式向投资者支付投资回报，如图 1－2 中的③所示。同时，公司还会按照有关法律的规定向国家缴纳所得税，如图 1－2 中的④所示。可见，通过金融市场可以将公司创造的价值转换成为各类投资者的价值，从而实现价值增值。

4. 金融市场为公司投融资活动提供决策信息

金融市场是公司投融资决策所需信息的重要来源。如市场利率的变化反映了资金供求状况和宏观经济情况的各种变化，证券市场的行情则反映了投资者对公司经营状况的评价与预期，这些信息都为公司进行投融资决策提供了重要依据，是公司投融资活动有用的决策信息。

二、金融工具

金融工具通常是指形成一方的金融资产并形成其他方金融负债和权益工具的合同，是一种书面文件，具有法律效力。借助金融工具，资金从供给方转移到需求方，因此金融工具也是完成资金融通的工具。金融工具一般分为基本金融工具和衍生金融工具两大类。常见的基本金融工具具有企业持有的现金，从其他方收取现金或其他金融资产的合同权利、向其他方交付现金或其他金融资产的合同义务等。衍生金融工具又称派生金融工具，是在基本金融工具基础上，通过特定技术设计形成的新金融工具，常见的衍生金融工具包括远期、互换、期货、期权合同等，种类复杂，具有高风险、高杠杆收益等特点。

一般认为，金融工具具有流动性、风险性、收益性的特征。其中，流动性是指将金融工具在必要时迅速转变为现金而不致遭受损失的能力。风险性是指购买金融工具的本金和预定收益遭受损失的可能性，一般包括信用风险和市场风险。收益性是指金融工具能定期或不定期地给持有人带来收益的特性。

金融工具的主要类别如下：

（一）短期金融工具

短期金融工具是指由政府、金融机构、公司等主体发行的期限在一年以内（含一年）的债务产品。短期金融工具主要利用货币市场完成发行，进行交易。非金融公司利用短期金融工具，一般需要通过金融机构才能完成交易。短期金融工具有同业拆借、短期国债、中央银行票据、短期融资券、国债回购、大额可转让定期存单、商业汇票、银行本票和支票等代表性产品。

（二）定息类金融工具

定息类金融工具是指由政府、金融机构、公司等主体发行，期限在一年以上，通常支付固定利息或收益的债务产品。主要包括债券、定期存单和贷款。定息类工具也称债务性证券，持有此类证券就代表拥有对证券发行人的债权，发行人则是债务人。定息类工具与短期金融工具同属债务产品，区别主要在于到期期限上。定息类金融工具的代表性产品主要有如下几种：国债、金融债券、公司债券、可转换债券、定期存款和中长期贷款等。

（三）权益类金融工具

权益类工具也称权益性证券，是指由公司、金融机构等主体发行的，代表在企业中享有所有者权益的证券。普通股和优先股是常见的权益类证券。持有此类证券就代表拥有证券标的物的财产。有限责任公司的股权、股份公司发行的股票都属于权益类证券。以股票为基础发行和交易的认股权证、指数基金等产品也属于权益类工具。

（四）证券投资基金

证券投资基金是一种实行组合投资、专业管理、利益共享、风险共担的集合投资方式。即通过发行基金单位，集中投资者的资金形成独立财产，由基金托管人托管，由基金管理人管理。与股票、债券等不同，证券投资基金是一种间接投资工具。近几年来，由于我国金融市场快速发展，金融工具日益增多，社会财富快速积累，社会的财富管理需求急剧增加，证券投资基金已经成为大众化的资产管理工具。证券投资基金大体包括以下几类：按照基金的组织形式，可分为公司型基金和契约型基金，目前我国基本为契约型基金；按照基金的运作方式，可分为封闭式基金和开放式基金；按照投资对象的不同，可分为货币市场基金、债券型基金、股票型基金和混合型基金等类型。

三、金融机构

金融机构是指专门从事货币、信用活动的中介组织。狭义的金融机构泛指经营性金融机构，即取得金融监管部门颁发的金融许可证，从事相应金融业务的金融企业。广义的金融机构指从事金融业务，协调金融关系、维护金融体系正常运行的机构，按其地位和功能分为三大类：经营性金融机构、金融监管机构和货币管理当局（中央银行）。

目前，我国已基本建立了以国有金融机构为主体，各类金融机构分工合作的金融组织体系，逐步形成了银行、证券、保险分业经营、分业监管的金融体系。

我国在2009年，由中国人民银行发布了《金融机构编码规范》，明确了我国金融机构的涵盖范围，界定了各类金融机构的具体组成。2014年9月，中国人民银行正式发布该编码规范（JR/T 0124－2014），作为金融行业标准，统一了我国金融机构分类标准。根据《金融机构编码规范》，我国金融机构可分为货币当局、监管当局、银行业存款类金融机构、银行业非存款类金融机构、证券业金融机构、保险业金融机构、交易结算类金融机构、金融控股公司、境外金融机构、其他金融机构十类。后八类可统称为经营性金融机构。十类金融机构概况参见表 1－1。

表 1－1　　　　　　　　我国金融机构的构成

类型	组成
货币当局	中国人民银行、国家外汇管理局
监管当局	中国银行保险监督管理委员会、中国证券监督管理委员会
银行业存款类金融机构	银行、城市和农村信用合作社、财务公司、村镇银行
银行业非存款类金融机构	信托投资公司、金融资产管理公司、金融租赁公司、汽车金融公司、贷款公司、货币经纪公司等
证券业金融机构	证券公司、证券交易所、期货公司、证券登记结算公司、证券投资基金公司
保险业金融机构	财产保险公司、人身保险公司、再保险公司、保险资产管理公司、保险经纪公司、保险代理公司、保险公估公司、企业年金
交易及结算类金融机构	交易所、证券结算类机构
金融控股公司	中央金融控股公司、其他金融控股公司
境外金融机构	境外央行
其他	小额贷款公司

资料来源：《金融机构编码规范》，中国人民银行网站。

（一）经营性金融机构

金融机构的多样化是市场经济发展和经济结构多元化的客观要求。社会融资渠道和国民收入分配格局的变化，经济主体的多样化，金融市场的快速发展，需要建立各类金融机构为不同层次经济主体的经济活动服务。

1. 银行业金融机构

银行业金融机构是指经营存款、放款、汇兑、储蓄等金融业务，承担信用中介的金融机构。主要包括银行业存款类金融机构和银行业非存款类金融机构。银行业存款类金融机构是接受个人或机构的存款并发放贷款的金融中介机构，主要包括银行、城市和农村信用合作社、财务公司、村镇银行等。其中，银行是指三家政策性银行和各类商业银行。银行业非存款类金融机构是指不能够接受个人或机构的存款，但可以发放贷款的金融中介机构，主要包括信托投资公司、金融资产管理公司、金融租赁公司、汽车金融公司、贷款公司、货币经纪公司等。

2. 证券业金融机构

证券业金融机构是指为证券市场参与者（发行人、投资者）提供中介服务的机构，是直接融资过渡中的重要中介人，承担着沟通资金供求双方的职责。我国的证券业金融机构包括证券公司、证券交易所、期货公司、证券登记结算公司、证券投资基金公司等。

3. 保险业金融机构

保险业金融机构是指专门经营保险业务的机构，这类保险公司以收取保险费为条件，向投保人或投保人指定的受益人提供某类风险的保障。我国保险业金融机构主要分为财产保险公司、人身保险公司、再保险公司、保险资产管理公司、保险经纪公司、保险代理公司、保险公估公司、企业年金，以及在华开业的外资保险公司、中外合资保险公司等。

（二）金融监管机构

我国金融监管机构有中国银行保险监督管理委员会、中国证券监督管理委员会。前者是中国银行业和保险业的监管机构，负责对银行业和保险业实施监督。后者是中国证券业的监管机构，负责对证券业和期货业进行监管。

（三）中央银行

中国人民银行是我国的中央银行，根据《中国人民银行法》规定，中央银行承担着制定和执行货币政策、保证社会对该国货币的信心、保持货币币值的稳定等职责，随着我国经济的发展，促进经济增长和充分就业也成为中央银行的职责。这意味着当出现金融危机和影响金融系统流动性的事件时，中央银行应当施加影响，使经济体系保持流动性。如果一家银行发生清偿困难，并传递到其他银行，就会影响货币的稳定。这时，中央银行往往被迫作为最后贷款人给困难银行提供支持，以保持公众对银行体系的信心。中央银行对货币政策工具的运用会在第一时间影响金融市场和各类金融工具的市场表现。因此。保持对中央银行货币政策和中央银行运用货币政策工具的关注，是公司金融管理的基本要求。

本章小结

1. 企业是依法设立的，以营利为目的，运用各种要素（土地、劳动力、资本、技术等），向市场提供商品和服务，自主经营、自负盈亏、独立核算的法人或其他社会经济组织。典型的企业组织形式有三种：个人独资企业、合伙企业和公司制企业。公司制企业具有所有权流动性强、有限债务责任、无限存续、容易融资等优点，本书的研究对象是公司制企业。

2. 公司金融的目标取决于公司的目标。公司的目标就是创造盈利（或称价值），而公司金融的目标就是为实现企业创造财富或者价值服务。在理论界，公司的目标有四种观点：即利润最大化、股东财富最大化、公司价值最大化、相关者利益最大化。其中，公司价值是预期公司未来所创造的收入现金流量用资本成本进行贴现后的现值。其数学表达公式为：

$$V = \sum_{t=1}^{n} \frac{CF_t}{(1+K)^t}$$

相关者利益最大化目标具体包括以下内容：相关者利益最大化能满足债权人、股东、管理人员、雇员、客户、供应商、社区，甚至政府等需求，并且能够尽到社会责任。

3. 公司金融主要研究公司的投融资管理，是金融学的一个重要分支学科。本书结合金融学经典理论和大多数学者的观点，认为比较合适的定义是：公司金融是指公司在生产、经营过程中主动进行的资金筹集与资金运用的行为。

4. 公司金融所要研究和解决的内容主要表现为融资、投资，以及营运资金管理等金融活动。其中，公司的金融活动始于融资。融资是公司日常经营过程中的一项经常性的理财活动。公司从不同渠道筹集到的资金，都要承担相应的融资风险和融资成本，因此，公司要科学合理做出融资决策，控制融资风险，制定对融资现金流的长期规划，提高资金的使用效率，做到适时和适量。

5. 公司的投资活动成功与否是决定一个公司生死存亡的关键。采取什么样的投资战略，主要是长期资产投资决策便成了公司重要的金融问题之一。营运资本管理包括流动资产管理和流动负债管理等问题。公司要合理安排流动资产和流动负债的比例，调整二者之间的配置结构，以提高流动资产周转效率。

6. 金融市场是指资金供应者和资金需求者双方通过一定的金融工具进行交易进而融通资金的场所。金融市场的构成十分复杂。它是由许多不同的市场组成的一个庞大体系。按照不同的划分标准，金融市场有如下几种：一是按照期限为标准，金融市场分为货币市场和资本市场；二是按照功能为标准，金融市场分为发行市场和流通市场；三是按照融资对象为标准，金融市场分为资本市场、外汇市场和黄金市场；四是按所交易金融工具的属性，金融市场可分为基础性金融市场和金融衍生品市场；等等。我国金融市场上资本市场形成了多层次的结构，其中，发行市场又称为一级市场，主要处理金融工具的发行与最初购买者之间的交易；流通市场又称为二级市场，主要处理现有金融工具转让和变现的交易。

7. 公司经营活动离不开金融市场，公司与金融市场具有密切的关系。这种联系体现在：（1）金融市场是公司融资的场所；（2）金融市场是公司金融投资的场所；（3）金融市场为投资者价值增值提供了便捷的渠道；（4）金融市场为公司投融资活动提供决策信息。

8. 金融工具通常是指形成一方的金融资产并形成其他方金融负债和权益工具的合同，是一种书面文件，具有法律效力。金融工具具有流动性、风险性、收益性的特征。其主要类别有：短期金融工具、定息类金融工具、权益类工具以及证券投资基金。

9. 金融机构是指专门从事货币、信用活动的中介组织。根据《金融机构编码规范》，我国金融机构可分为货币当局、监管当局、银行业存款及非存款金融机构、证券业金融机构、保险业金融机构、交易结算类金融机构、金融控股公司、境外金融机构、其他金融机构十类。

思考与练习

1. 企业的组织形式有几种？公司制企业与独资企业、合伙企业有何不同？
2. 公司与金融市场的关系是怎样的？
3. 公司融资的研究对象为什么是公司制企业？
4. 公司融资现金流与经营现金流之间的关系是怎样的？
5. 公司金融的研究内容有哪些？
6. 公司金融的目标有哪些？如何理解各目标的含义？
7. 公司价值最大化的本质含义是什么？
8. 从哪些角度理解金融市场对公司金融的影响？
9. 如何理解相关者利益最大化原则？
10. 试解释为什么要研究公司的金融环境。
11. 公司金融融资时使用哪些金融工具？
12. 我国的金融机构是如何划分的？

第二章

财务分析与财务规划

本章要点

- ✧ 财务报表与财务分析的内涵
- ✧ 公司的基本财务报表
- ✧ 财务报表分析的常用方法
- ✧ 财务规划的构成及其编制方法

评估一个公司财务健康状况的最主要信息来源是财务报表。本章主要通过解读公司基本财务报表，分析公司的财务状况，为公司实施金融决策、制定财务规划提供依据。

第一节　财务报表

一、什么是财务报表

财务报表是指定期地将公司日常会计核算资料加以分类整理、汇总，按照一定的表格形式编制，总括、综合地反映公司的经济活动过程和结果，并为有关方面提供所需信息的一系列表格和数据。一套完整的财务报表至少包括资产负债表、利润表、现金流量表、股东权益变动表和附注等。在本教材中我们主要研究的是公司的基本财务报表，包括资产负债表、利润表和现金流量表。

在公司的日常会计核算中，公司发生的各项经济业务都已经按照一定的会计程序，在有关的会计账簿中进行了记录和计算。虽然公司在一定日期内的财务状况和经营成果在日常的会计记录中已经得到反映，但是这些日常的核算资料数量多且较分散，不能集中、概括地反映公司的财务状况和经营成果。因此，公司的管理者、投资者以及其他有关的单位和个人，不能直接使用这些分散的会计记录来分析和评价公司的财务状况和经营成果，据以做出正确的决策。为此，有必要将日常的会计核算资料定期地加以分类、汇总，按照一定的形式编制成财务报表，总括、综合地反映公司的经济活动过程和结果。所以，财务报表是公司财务会计确认与计量的最终成果的体现，管理者、投资者等使用者主要是通过财务报表来了解公司当前的财务状况、经营成果和现金流量等情况，从而预测未来的发展趋势。同时，财务报表也是向投资者等财务报告的使用者提供决策有用信息的媒介和渠道，是沟通投资者、债权人等使用者与公司管理者之间信息的桥梁和纽带。

二、公司基本财务报表

（一）资产负债表

财务报表解读1

1. 资产负债表的结构

资产负债表是反映公司在某一特定日期（如月末、季末、年末）全部资产、负债和所有者权益情况的会计报表，是公司经营活动的静态体现。企业是一个不断运转的主体，企业的价值每天都在变动，资产负债表反映了在给定的时点上，企业拥有什么（资产）、企业欠别人什么（负债）以及两者相抵后，企业为其所有者留下什么（所有者权益）。它们之间存在一定的数量关系，这就是会计恒等式："资产 = 负债 + 所有者权益"。它表明企业的资金来源与资金运用的关系，这就是资产负债表的基本结构。根据我国 2018 年最新的企业会计准则，一般企业的资产负债表格式如表 2 – 1 所示。

由表 2 – 1 可以看出，资产负债表包括资产、负债、所有者权益三大类项目。

表 2－1　　　　　　资产负债表范例

编制单位：　　　　　　年　月　日　　　　　　单位：元

资产	期初数	期末数	负债及所有者权益	期初数	期末数
流动资产：			流动负债：		
货币资金			短期借款		
交易性金融资产			应付票据		
应收票据			应付账款		
应收股利			预收账款		
应收利息			其他应付款		
应收账款			应付工资		
其他应收款			应交福利费		
预付账款			未交税金		
存货			未交利润		
一年内到期的非流动资产			其他未交款		
其他流动资产			预提费用		
流动资产合计					
非流动资产：			一年内到期的长期负债		
可供出售金融资产			其他流动负债		
持有出售金融资产					
持有至到期投资					
投资性房地产			流动负债合计		
长期投资：			长期负债：		
长期股权投资			长期借款		
固定资产：			应付债券		
固定资产原价			长期应付款		
减：累计折旧			其他长期负债		
固定资产净值			其中：住房周转金		
固定资产清理					
在建工程					
待处理固定资产净损失			长期负债合计		
			递延税款		
固定资产合计			递延税款贷项		

续表

资产	期初数	期末数	负债及所有者权益	期初数	期末数
无形资产和递延资产：					
无形资产			负债合计		
递延资产			所有者权益：		
			实收资本		
无形资产和递延资产合计			资本公积		
其他长期资产：			盈余公积		
其他长期资产			其中：公益金		
递延税款：			未分配利润		
递延税款借项					
			所有者权益合计		
资产总计			负债及所有者权益总计		

资产负债表的左边表示资产，反映资金的投向、构成和具体运用情况，按照流动性大小可分为流动资产和非流动资产。流动资产发挥作用的时间在 1 年以内，主要有现金资产、交易性金融资产、应收票据与应收账款、存货和预付款项等。非流动资产发挥作用的时间在 1 年以上，它可能是有形的，如厂房、设备、运输工具等，也可能是无形的，如商标权、专利权等。

资产负债表的右边表示负债和所有者权益。首先列示的是负债，按照期限的长短可分为流动负债和长期负债。流动负债的偿还期限在 1 年以内，包括短期借款、应付账款、应付票据、应付税款等。长期负债的偿还期限在 1 年以上，主要包括应付债券、长期借款、长期应付款等。最后列示的是所有者权益，是资产总额和负债总额的差值，表示股东所拥有的资产净值，也称为股东权益，主要包括股本、资本公积、盈余公积、未分配利润等。

2. 资产负债表反映的信息

（1）资产负债表的左边反映的信息。

①企业资产的规模和结构。

资产的规模是个存量概念，是衡量企业能动用资产的总量。但企业资产的大小与企业的持续经营能力、盈利能力并不呈正比例关系。资产的结构是各项资产的占比，与企业所处行业特征有关，也与企业自身对资产配置决策有关。例如，资本密集型的行业，固定资产的比例较高，而劳动密集型的行业，流动资产比例较高。现金和库存的持有比例反映出企业的流动资产的配置决策。企业应收账款的比例则与企业的信贷政策有关。

②流动性。

流动性指的是资产转换成现金的速度和难易程度。如黄金是流动性比较高的资产，而设备则不是。其实，流动性包含两个层次的含义：一是转换的难易程度；二是价值的损失。流动性高的资产是指那些很快转成现金而且没有重大价值损失的资产，而流动性低的资产则是那些不大幅度降价就无法迅速转换成现金的资产。

在资产负债表中，资产是按其流动性递减的顺序排列的。

③净营运资本。

净营运资本是指流动资产归还抵补流动负债后的余额。这是反映企业短期偿债能力的一个重要指标，当流动资产大于流动负债时，净营运资本为正值，表示企业有足够的流动性偿还债务。若流动资产小于流动负债，净营运资本为负值，意味着企业短期偿债能力不足。因此，一个健康的企业，其净营运资本通常为正值。

（2）资产负债表的右边反映的信息。

资产负债表的右边主要反映有关资本的结构和利用短期债务等方面的管理决策。

所谓资本结构是指公司各项长期资金的构成及其比例关系，它通常用各种资金来源的相对规模来衡量。资本结构一般分为债务资本与权益资本两部分。债务资本是明确的，且具有强制性。当负债率越高，所产生的固定费用和偿债义务就越高，公司无法偿付到期债务本息的可能性越大。权益资本是不确定的，具有非特指性，缺乏明确的偿还方式，且不带有强制性，但从根本上决定公司的稳定性和偿付能力强弱。企业资本机构中利用负债成为财务杠杆，企业的债务越多，财务杠杆程度越高。MM 定理分析中比较的是有杠杆企业和无杠杆企业。

至于短期债务主要包含两项：一是应付账款；二是应付票据。

（3）现金来源与现金运用。

带来现金的活动称为现金来源，涉及花费现金的活动称为现金运用。考察某一公司的资产负债表，我们就能够发现该公司在某一年度的资金来源与运用情况。如果资产账户增加，表明企业购买了某些资产，是一项现金运用；如果资产账户减少，就表明企业出售了一些资产，是一项现金来源。同样，如果负债账户减少，就表明企业进行了一项净支出，是一项现金的运用；如果负债账户增加，就表明企业取得了现金，是一项现金来源。

(4) 市场价值与账面价值。

资产负债表列示的企业资产价值叫账面价值，账面价值是按照取得资产时的历史成本列示的，而市场价值反映了取得该项资产的现时成本，即资产的实际价值。因流动资产可以在相对较短的时间内购买和转变成现金，所以流动资产的账面价值和市场价值接近度较高。而固定资产，则账面价值和市场价值差距较大。

经理人和投资者感兴趣的是企业资产的市场价值而非账面价值。

（二）利润表

财务报表解读2

1. 利润表的结构

利润表也称损益表，是企业一定时期内全部经营结果的反映，直接明了地揭示了公司获取利润的能力、潜力和经营趋势。简单理解，利润表就是记录在一段时期内，企业所创造的收入减去这个时期所发生的成本费用之后的余额，即“利润 = 收入 − 费用”，利润表的基本结构据此而设计。与资产负债表不同的是，利润表属于期间报表，也就是动态的报表。

在实际编制时，有两种方法可供选择：一是以公司一定时期的全部收入总和减去全部的费用支出的总和；二是根据公司收入和费用的性质分类，尽可能相互配比，以计算出不同业务所取得的利润，将各种利润相加即为利润总额，然后再减去所得税费用，即为净利润。利润表的格式也有两种，按照第一种方法计算净损益的格式被称为单步式利润表；按照第二种方法计算净利润的格式被称为多步式利润表。相比之下，单步式的利润表直观、简单，但不能反映各类收入与费用之间的配比关系；多步式的利润表形式较为复杂，但是它能够解释最终净利润的来源，为信息使用者提供更多有意义的信息。

利润表的列表必须反映企业经营业绩的主要来源和构成，有助于报表的使用者判断净利润的质量以及风险，预测净利润的持续性，从而做出正确的决策。因此，我国现行公司会计制度规定利润表的格式以多步式利润表为主。根据我国2018年最新的企业会计准则，一般企业的利润表格式如表2－2所示。

表 2－2　　　　　　　　　　利润表范例

编制单位：　　　　　　　　年　月　日　　　　　　　　单位：元

项目	本期金额	上期金额
一、营业收入		
减：营业成本		
税金及附加		
销售费用		
管理费用		
财务费用		
资产减值损失		
加：公允价值变动收益（损失以"－"号填列）		
投资收益（损失以"－"号填列）		
其中：对联营企业和合营企业投资收益		
二、营业利润（亏损以"－"号填列）		
加：营业外收入		
减：营业外支出		
其中：非流动资产处置净损失		
三、利润总额（亏损总额以"－"号填列）		
减：所得税费用		
四、净利润（净亏损以"－"号填列）		
五、每股收益		
（一）基本每股收益		
（二）稀释每股收益		
六、其他综合收益		
七、综合收益总额		

根据我国企业会计准则，收入是指企业在销售商品、提供劳务及让渡资产使用权等日常活动中所形成的经济利益的总流入，包括主营业务收入和其他业务收入。费用是指企业为销售商品、提供劳务等日常活动所发生的经济利益的流出；而成本是指企业为生产产品、提供劳务而发生的各种耗费。利润是指企业在一定会计期间的经营成果，包括营业利润、利润总额和净利润。

2. 利润表反映的信息

（1）利润表反映了公司的盈利状况。

在财务报表分析中，有关公司获利能力的指标（如销售利润率、资产收益率等）都是利用利润表计算的。

（2）可以解释、评价和预测公司的偿债能力。

利润表本身并不提供偿债能力的信息，然而，公司的偿债能力不仅取决于资产的流动性和资本结构，也取决于获利能力。公司在个别年份获利不足不一定影响偿债能力，但若一家公司长期丧失获利能力，则资产的流动性必然由好转坏，资本结构也将逐渐由优变劣，陷入资不抵债的困境。因此，一家数年收益很少、获利能力不强甚至亏损的公司，通常其偿债能力不会很强。债权人和管理部门通过分析和比较利润表的有关信息，可以间接地解释、评价和预测公司的偿债能力，尤其是长期偿债能力。

（3）利润表反映公司的股利政策。

根据利润表的相关数据我们可以计算股利支付率、留存收益率等，从而判断该公司的股利支付情况。

（4）利润表反映了企业经营现金流量的数据。

经营现金流量的公式为：经营现金流量 = 息税前收益 + 折旧 − 税。

（三）现金流量表

1. 现金流量表的结构

现金流量表反映企业在一定会计期间内现金及现金等价物流入和流出情况的报表，它解释了企业在一段时期内的现金流量变化情况，属于动态报表，又称流量表。

对于某一特定会计期间，权责发生制下的利润通常并不等于收付实现制下的现金流量，而现金流量常常与企业的生产经营活动息息相关，对维持企业的正常运转和发展壮大极其重要，因此需要单独编制现金流量表。

现金流量表是以现金以及现金等价物为基础，按照收付实现制的原则编制的，将权责发生制下的盈利信息调整为现金流量。

通常所说的现金是指企业的库存现金以及可以随时用于支付的存款。不能随时用于支付的存款不属于现金。现金等价物是指企业持有的期限短、流动性强、易于转换为已知金额的现金、价值变动风险很小的投资，比如 3 个月到期的债权投资。现金流量是指现金和现金等价物的流入和流出。用公式表示为：现金流量净额 = 现金流入 − 现金流出。这就是现金流量表的编制基础。

根据我国2018年最新的企业会计准则，一般企业的现金流量表格式如表2－3所示。

表2－3　　　　　　　　　　现金流量表范例

编制单位：　　　　　　　　　　年　月　日　　　　　　　　　　单位：元

项目	本期金额	上期金额
一、经营活动产生的现金流量		
销售商品、提供劳务收到的现金		
收到的税费返还		
收到其他与经营活动有关的现金		
现金流入小计		
购买商品、接受劳务支付的现金		
支付给职工以及为职工支付的现金		
支付的各项税费		
支付其他与经营活动有关的现金		
现金流出小计		
经营活动产生的现金流量净额		
二、投资活动产生的现金流量		
收回投资所收到的现金		
取得投资收益收到的现金		
处置固定资产和无形资产所收回的现金净额		
处置子公司及其他营业单位所收回的现金净额		
收到的其他与投资活动有关的现金		
现金流入小计		
购建固定资产和无形资产所支付的现金		
投资所支付的现金		
取得子公司及其他营业单位所支付的现金净额		
支付其他与投资活动有关的现金		
现金流出小计		
投资活动产生的现金流量净额		
三、筹资活动产生的现金流量		
吸收投资收到的现金		
取得借款收到的现金		

续表

项目	本期金额	上期金额
收到与其他筹资活动有关的现金		
发行债券收到的现金		
现金流入小计		
偿还债务所支付的现金		
分配股利、利润或偿付利息所支付的现金		
支付其他与筹资活动有关的现金		
现金流出小计		
筹资活动产生的现金流量净额		
四、汇率变动对现金的影响		
五、现金及现金等价物净增加额		

如表 2－3 所示，现金流量表的“现金流量”分为经营活动产生的现金流量、投资活动产生的现金流量和筹资活动产生的现金流量。各类现金流量围绕“现金”又分为“现金流入量”和“现金流出量”，某个时期内的“现金流入量”与“现金流出量”之间的差额就是该时期的现金流量净额。

2. 现金流量表的内容

（1）经营活动产生的现金流量。

企业的经营活动是指企业投资活动和筹资活动以外的所有交易和事项，经营活动产生的现金流量是影响企业现金流量的最重要因素。根据我国企业会计准则，经营活动所产生的现金流量主要包括购销商品、提供劳务、经营型租赁、缴纳税款、支付劳务报酬、支付经营费用等形成的现金流入和流出。

（2）投资活动产生的现金流量。

企业的投资活动是指企业长期资产的购建和不包括在现金等价物范围内的投资及其处置活动。根据我国企业会计准则，筹资活动产生的现金流量包括吸收投资、发行股票、分配利润、发行债券、向银行借款及偿还债务等收到和付出的现金。

（3）筹资活动产生的现金流量。

企业筹资活动是指导致企业资本、债务规模和构成发生变化的活动，包括吸收投资、取得借款、分配利润、偿还债务本息等。

从编制原理来看，现金流量表实质上是按照收付实现制原则编制的。它将权责发生制下的盈利信息调整为收付实现制下的现金流量信息，便于信息使用者了解企业利润的含金量，为评价企业的支付能力和偿债能力，预测企业未来现金流量提供了非常重要的依据。

实际上，现金流量表就是资产负债表结果的解释，可以说资产负债表体现了企业理财的结果，而现金流量表则体现了企业理财的过程。现金流量表揭示了企业的现金从哪里来、到何处去。

最终企业必须靠持续的经营活动产生的现金流量才能维持下去，短期内企业可以通过筹资产生的现金流入量满足经营活动和投资活动产生的现金流出量要求，但从长期的角度看，必须有理由证明经营活动产生的现金流量能够偿付筹资活动所带来的未来现金流出量的需要。否则，企业难以可持续发展。

第二节 财务分析

一、什么是财务分析

财务分析主要是财务报表分析，是以财务报表等资料为依据，运用一定的分析方法和技术对公司相关情况进行分析，为公司的投资者、债权人、经营者以及其他相关利益者了解公司过去、评价公司状况、预测公司未来，从而做出正确决策提供准确的信息或依据的过程。

财务分析可以帮助分析者加深对公司的了解，减少判断的不确定性，所以不同的财务分析者需要通过财务分析做出不同的决策，由此在进行财务分析时有着不同的目的。例如投资者，他们进行财务分析的最根本目的是注重公司的盈利能力状况，因为盈利能力是投资者资本保值增值的关键。当然仅仅关心盈利能力是不够的，投资者还应该研究公司的权益结构、支付能力及营运状况。只有投资者认为公司有着良好的发展前景，公司的所有者才会保持或增加投资，潜在的投资者才能把资金投入该公司。再如债权人，他们在进行公司财务分析时，最关心的是公司是否有足够的支付能力，以保证其债务本息能够及时足额地偿还。而公司的经营管理者，对公司运营中的各项活动以及公司的经营成果和财务状况进行有效的管理和控制，为此，公司经营管理者财务分析的重点是了解公司资产的营利性和流动性，了解公司资产结构、融资结构，预测公司未来的盈利能力和营运能力，进行财务筹资、投资决策、评价公司各项决策的执行情况等。

二、财务分析技术方法

财务分析技术是指以财务信息为载体，按照一定的分析程序，从不同的角度出发，综合运用各种分析方法的分析体系。

（一）财务报表的横截面分析

财务报表的横截面分析是一种从空间维度出发的静态分析技术，包括对特定会计期间内企业财务报表内部结构的分析、与同行业整体或可比公司的比较分析等。

1. 财务报表的结构分析

财务报表的结构分析通常采用结构分析法，结构分析法是将相关项目的金额与同期相应的合计金额、总计金额或特定项目金额进行对比，以考察相关项目的结构百分比，得出企业各项结构的一种分析方法。由于结构分析需对纵向排列的各报表项目计算其相对比重，分析时目光上下移动，因而又称“垂直分析”。需要指出的是，结构分析法既可用于静态的结构分析，也可用于动态的趋势分析。

结构分析法通常运用于资产负债表和利润表的结构分析中。在对资产负债表进行结构百分比分析时，资产类项目通常以总资产的百分率表示，以反映各项资产在总资产中所占比重；权益类项目通常以负债和所有者权益总计金额（即总权益）的百分率表示，分别计算各负债项目和所有者权益项目占总权益的比重。对利润表进行结构百分比分析时，由于营业收入是计算营业利润的起点，因而通常将营业收入设为100%，分别计算各收入、费用和利润项目占营业收入的比重。

值得注意的是，结构分析中将什么项目设为100%并非固定的，而是依据分析目的而定。例如，为了分析流动资产的结构，可以将流动资产合计设为100%，分别计算各流动资产项目占所有流动资产的比重。同理，在分析负债的结构时可以将负债合计设为100%，分别计算各流动负债项目和非流动负债项目占所有负债的比重。

下面以A公司的利润表为例，以营业收入为起点的结构百分比利润表，考察各个项目对营业利润的影响，如表2－4所示。

表 2－4　　结构百分比利润表

项目	金额（亿元）	百分比（%）
营业收入	232. 80	100. 00
营业成本	171. 79	73. 79
毛利	61. 01	26. 21
税金及附加	2. 20	0. 94
销售费用	23. 59	10. 13
管理费用	21. 21	9. 11
财务费用	8. 75	3. 76
其他损益合计	6. 70	2. 88
营业利润	11. 96	5. 14

从表 2－4 的结构百分比可以看出，营业成本、销售费用和管理费用分别占营业收入的 73. 79%、10. 13% 和 9. 11%，它们是计算营业利润的重要减项；此外，与营业收入无关但影响营业利润的其他损益合计（公允价值变动收益－资产减值损失＋投资收益＋汇兑收益，下同）也同样值得关注。借助结构百分比很容易看出各项目在总体中的相对重要性，有助于报表使用者抓住问题的关键，明确进一步的分析方向。

2. 财务报表的行业比较分析

具体来说，行业比较分析可以分为两个层次：一是与行业的整体水平进行比较，通常以行业中位数或者平均值作为基准；二是与同行业中某一特定企业进行比较，包括行业的领先者、规模相近的企业、业务性质相似或营业地点相同的企业等。

（1）与同行业整体水平进行比较。

与行业整体水平进行比较大致可以看出某一企业在同行业中所处的竞争地位。从统计分析的角度看：首先，基于财务分析目的选取一个或几个具体的财务指标作为比较对象；其次，按照财务指标的大小对同行业的企业进行排序，选出行业的中位数并计算整个行业的平均水平；最后，求出目标企业与行业整体水平的差异程度。

（2）与可比公司进行比较。

多数情况下，由于不同类型的报表使用者进行财务分析的目的不同，评价公司财务状况的视角不一，因而实施财务分析所选取的比较对象也将存在差异。从企业内部管理层激励角度出发，可能需要与同行业的领先者或者竞争对手进行比较，以分析本企业与行业的领先者或者竞争对手在各个方面存在的差距，进而寻求改进的方向，提高企业的市场竞争力。从外部投资者的角度出发，他们在选择投资对象时不仅要考虑投资收益，也要兼顾投资风险，此时他们可能会从企业的盈利能力、偿债能力等方面出发，将潜在的投资对象与同行业中的其他可比公司进行比较，综合权衡投资收益与投资风险，最终确定投资对象。

这里所说的可比公司通常是指同行业内与本企业的产品相同或相似、经营规模相近的公司。当然，从股票投资者的角度看，有时还会跨越行业界限，将市盈率或市净率相近的公司作为现有或潜在的投资对象的可比公司。

（二）财务报表的时间序列分析

财务报表的时间序列分析是从时间维度出发的一种动态分析技术。与横截面分析中的横向比较不同的是，时间序列分析侧重于纵向比较。从比较对象来看，横截面分析侧重于与同行业中的可比公司进行比较，而时间序列分析侧重于与企业本身的历史水平、战略目标、预算标准或者经验标准进行比较。相应的，时间序列分析涉及的财务报表分析方法包括趋势分析法、比较分析法与因素分析法等。

1. 趋势分析法

趋势分析法是指将特定企业连续几个期间的财务数据进行比较，以查看相关项目的变动情况，得出企业财务状况和经营成果变化趋势的一种分析方法。趋势分析法有助于预测企业未来的财务状况和经营成果。由于趋势分析时往往将连续几期的财务数据并列排列，在对某一项目进行分析时，目光左右移动，因而又称作水平分析。在趋势分析中，常见的分析技术有以下三种：

（1）绝对数额分析。

绝对数额分析就是将有关项目连续几期的绝对数额进行对比。这种分析可以看出相关项目的变动方向是呈上升的趋势、下降的趋势、不断波动的趋势还是保持相对稳定。

（2）环比分析。

环比分析即计算有关项目相邻两期的变化率，即分析期某项目的数值相对于前期该项目数值的变动百分比。这种分析不仅可以看出相关项目变动的方向，还可以看出其变动的幅度。环比变动百分比的计算公式为：

$$环比变动百分比=\frac{分析期某项数值-前期某项数值}{前期某项数值}\times 100\% \qquad (2-1)$$

需要注意的是，如果前期某项目的数值为零或者负数，则无法计算出有意义的变动百分比。

（3）定基分析。

定基分析就是选择一个固定的期间作为基期，计算相关项目在各分析期的水平相对于基期水平的百分比。这种分析不仅能看出不同期间的变动方向和幅度，还可以看出一个较长期间内的总体变动趋势，便于进行较长时期的趋势分析。定基百分比的计算公式为：

$$定基百分比=\frac{分析期某项数值}{基期某项数值}\times 100\% \qquad (2-2)$$

在定基分析中，基期的选择非常重要，因为基期是所有期间的参照。选择基期时，不要选择项目数值为零或者负数的期间，否则无法计算出有意义的定基百分比。最好选择一个企业状况比较正常的年份作为基期，否则得出的定基百分比就不具有典型意义。另外，通常选择时间序列中较早的年份作为基期，这样便于分析整个时间序列中各项目的变化趋势。

为了更直观地理解以上三种方法在财务报表分析中的应用，接下来我们以 A 公司 2017～2019 年的年度利润表为例进行分析，分析结果如表 2－5 所示。

表 2－5　　利润表项目的变动趋势

项目	各年金额（亿元）			环比变动百分比（%）		定基百分比（%）	
	2017 年	2018 年	2019 年	2018 年	2019 年	2018 年	2019 年
营业收入	303.65	233.67	232.80	－23.05	－0.37	76.95	76.67
营业成本	225.39	175.77	171.79	－22.02	－2.26	77.98	76.22
毛利	78.26	57.90	61.01	－26.02	5.36	73.98	77.95
税金及附加	1.83	1.21	2.20	－33.86	81.26	66.14	119.88
销售费用	28.72	19.39	23.59	－32.48	21.65	67.52	82.14
管理费用	25.33	20.03	21.21	－20.92	5.89	79.08	83.74
财务费用	12.30	13.21	8.75	7.39	－33.74	107.39	71.15
其他损益合计	－2.90	－2.35	6.70	19.03	384.76	80.97	－230.58
营业利润	7.17	1.71	11.96	－76.23	601.04	23.77	166.64

从表2－5不难看出，A公司的营业利润在2017～2019年呈现出先下降后上升的“V”字形特征。与2017年相比，2018年的营业收入下降了23.05%，而营业利润却下降了76.23%，主要原因在于营业成本和管理费用的下降幅度低于营业收入，财务费用项目甚至有所上升。2019年的营业收入比2018年减少了0.37%，但营业利润却增长了601.04%，主要原因在于营业成本和财务费用的降幅都明显大于营业收入，而“其他损益合计”数额大幅上升。由此可见，通过趋势分析可以大致看出各财务指标在不同年份的变化趋势及相邻年份间的差距，为内部管理人员改善经营理念、外部投资者进行价值评估提供了分析依据。

2. 比较分析法

比较分析法是指将相关数据进行比较，揭示差异的产生并寻找差异原因的分析方法常见的比较标准，有经验标准、历史标准、行业标准和预算标准等。

（1）经验标准。

经验标准是依据大量且长期的实践经验总结而成，其优点是客观和相对稳定，有助于分析者观察公司的经营活动是否合乎常规。不足之处在于：一是受行业限制，不能广泛适用于所有行业的公司，尤其是不能适用于银行、保险等特殊行业的公司；二是经验标准来源于特定的经营环境，如果公司的经营环境发生变化，经验标准可能失去其原有的意义。

（2）历史标准。

历史标准是以公司过去某一时间的实际业绩为标准，其优点是比较可靠，具有较高的可比性，有助于分析者揭示差异，进行差异分析，从而查明产生差异的原因，为改进公司经营管理提供依据，同时也便于进行趋势分析，了解和掌握公司经营活动的变化趋势及规律性。因此，历史标准在分析评价公司财务状况和盈利水平是否得到改善方面具有不可替代的作用。这种方法的不足之处是比较保守，适用范围较窄。如果公司的经营环境发生重大变化，使用这种方法往往可能使财务分析者“刻舟求剑”。

（3）行业标准。

行业标准是指行业的平均水平或同行业中某一先进公司业绩水平，其优点是可以说明公司在行业中所处的相对地位和水平，也可以判断公司的发展趋势，且同行业公司由于从事相同或类似的业务活动，可比性比较强。当然，在运用行业标准时需要注意：第一，同行业内的两个公司并不一定是十分可比的。行业内的不同公司提供的具体产品和服务可能面向不同的细分市场；行业内的不同公司可能占据行业价值链的不同环节；行业内的不同公司采用的会计方法也可能存在差异，从而降低了它们相互之间财务会计信息的可比性。第二，一些大的公司往往是跨行业经营，很难明确界定其所属的行业，使得比较更加困难。公司的不同经营业务可能有着不同的盈利水平和风险程度，这时用行业统一标准进行评价显然是不合适的。因此在分析公司所在行业的时候，如果得不到公司经营项目报告，分析者必须选择与所分析的公司最接近的行业；如果行业数字无法得到，还可以将公司的财务指标与某个竞争对手进行比较。不过，竞争对手的有关财务指标并不一定是好的或坏的，它也不代表平均数或标准值，关键在于对竞争对手的资料进行比较时，必须仔细阅读会计报表及附注，以确定报告是否可比。

（4）预算标准。

预算标准是指实行预算管理的公司所制定的财务预算指标，其优点是：综合性强，有助于推动财务预算管理的有效实施。一般的，新建公司由于缺乏历史标准、垄断性公司由于缺乏可比较的同行业公司，可能就更为依赖于预算标准。缺点表现为：一是由于财务预算的编制建立在业务和财务预测的基础之上，存在不确定性，甚至还可能存在一定的主观随意性，从而使得财务预算指标未必可靠；二是由于公司财务预算不是公司所需公开披露的信息，因此预算标准通常适用于公司内部的财务分析和评价，而不适用于公司外部的财务报告分析与评价。

按指标数据形式的不同，比较分析法可以分为绝对数指标的比较和相对数指标的比较，在财务分析中最常用的比较分析法是借助于比较财务报表。绝对数比较可以说明变动金额，但没有表明变动程度；相对数比较可以进一步说明变动程度。绝对数和相对数比较可以结合使用，以便更加全面地判断和评价公司的财务状况。

总之，财务评价的实质是提供比较的参照物。在分析中，可以根据分析的目的和资料的可获得性，选择恰当的分析标准：如果是对公司的竞争地位进行评价，可使用行业标准；如果是对公司的发展趋势进行预测，可使用历史标准；如果是考察公司预算的完成情况，可使用预算标准。财务报表分析人员可以将多种评价标准综合使用，从不同角度对公司财务状况和经营成果进行全面的分析与评价。

3. 因素分析法

因素分析法是指根据财务指标与其各影响因素之间的关系，确定各个影响因素对指标差异的影响方向和程度的一种分析方法。由于构成综合指标的各因素之间相互关系的复杂性不同，因素分析有多种方法。比较复杂的因素分析法，就是各构成因素之间有一定的联系，常用的是连环替代技术分析，其具体步骤是：确定财务指标差异，即财务指标实际值与比较标准之间的差异，该差异是因素分析的对象；确定影响财务指标的因素，从财务指标标准值的公式开始，依次用每个影响因素的实际值替代标准值，有几个因素就替换几次，每次替换后得到的财务指标值与替换前的财务指标值之间的差异就是由所替换的因素带来的差异。上述步骤中必须坚持的原则是：

第一步：应按分析目的及各因素之间的依存关系安排替换顺序，因素替换的顺序是数量指标在先，质量指标在后；基础指标在先，派生指标在后；主导指标在先，从属指标在后；实物量指标在先，货币指标在后。

第二步：必须是顺序替代，即按已确定的排列顺序逐个替代，不可更换。

第三步：必须是连环替代，前面已经替代者即被锁住，不可调回，后者替代时，前已替代者必须是实际数。

设某一财务指标 N 是由 a、b、c 三个因素组成，且它们之间的关系是：

$$N = a \cdot b \cdot c \tag{2-3}$$

如果以“0”表示计划数，以“1”表示实际数，则 N 的计划数和实际数分别为：

$$N_0 = a_0 \cdot b_0 \cdot c_0$$
$$N_1 = a_1 \cdot b_1 \cdot c_1 \tag{2-4}$$

在上述公式中，因为 $a_1 \neq a_0$，$b_1 \neq b_0$，$c_1 \neq c_0$，所以 $N_1 \neq N_0$，由此 N_1、N_0 的变化就可以认为是由于 a、b、c 三个因素的变化所致。但是 a、b、c 的变化对 N 的变化究竟产生了多大影响呢？这可运用连环替代法进行测算，即将各影响因素的实际数据按排列顺序逐个代入计划数的计算式中，从而将各因素变化的影响程度分解出来，具体过程是：

首先，列出计划数的计算式：$N_0 = a_0 \cdot b_0 \cdot c_0$

第一次，将 a_1 代入 N_0，得 $N_2 = a_1 \cdot b_0 \cdot c_0$

第二次，将 b_1 代入 N_2，得 $N_3 = a_1 \cdot b_1 \cdot c_0$

第三次，将 c_1 代入 N_3，得 $N_1 = a_1 \cdot b_1 \cdot c_1$

然后，确定因素变动所造成的影响。这时可以把“$N_1 - N_0$”视为因素 a 的变化对 N 的影响值；“$N_3 - N_2$”视为因素 b 的变化对 N 的影响值；“$N_1 - N_3$”视为因素 c 的变化对 N 的影响值。a、b、c 三个因素影响值之和，则为实际与计划的差异数，即：

$$(N_2 - N_0) + (N_3 - N_2) + (N_1 - N_3) = N_1 - N_0$$

【例 2－1】 某公司 2019 年净利润及影响利润指标变动的计划数与实际数如表 2－6 所示。

表 2－6　　某公司净利润等指标

项目	销售量（件）	每件价格（元）	销售利润率（%）	净利润（元）
计划	10 000	100	20	200 000
实际	12 000	90	25	270 000

用连环替代法计算如下：

净利润＝销售量×单价×销售利润率

计划利润＝10 000×100×20%＝200 000（元）

第一次替代销售量后的利润＝12 000×100×20%＝240 000（元）

可见，销售量变化对利润的影响数额为：

240 000－200 000＝40 000（元）（使利润增加）

第二次替代单价后的利润＝12 000×90×20%＝216 000（元）

单价变化对利润的影响数额为：

216 000－240 000＝－24 000（元）（使利润减少）

第三次替代销售利润率后的利润＝12 000×90×25%＝270 000（元）

销售利润率变化对利润的影响数额为：

270 000－216 000＝54 000（元）（使利润增加）

三个因素影响数额之和为：

40 000＋（－24 000）＋54 000＝70 000（元）

连环替代法的一种简易方法叫差额计算法，是指确定各因素实际数与基期数之间的差额，并在此基础上乘以排列在该因素前面各因素的实际数和排列在该因素后面各因素的基期数，所得出的结果是该因素变动对分析指标的影响数。应用连环替代法所坚持的原则，在差额计算法同样需要坚持，另外还要注意，并非所有连环替代法都可以按照上述差额计算法的方式进行简化，特别是在各影响因素之间不是连乘的情况下，运用差额计算法必须慎重。

总之，财务分析的方法多种多样，各种分析方法结合才能得到较为科学的结论。也要注意，在分析任何公司时，都要知道该公司所拥有的资产类型、资产的价值以及资产价值的不确定性。财务报表对公司的资产进行了很好的分类，也对公司的价值进行了估计，但在报告这些资产价值的不确定性方面非常欠缺。另外，在许多情况下，关于价值和风险判断，财务理论和经济思想都能为之提供指导，但对于财务报表，能够得到的帮助很少，即很难说明哪一个财务比率重要以及什么样的值才是高或者低。例如，很多公司是多元化的，拥有互不相关的多种业务，这些公司的合并财务报表不能被清晰地归于任何一个行业。按照前面的分析，同类分析只有在公司严格地经营同类业务、行业是竞争性的且只有一种经营方式的时候才真正适用。

三、财务比率分析

在财务分析中，科学完善的财务指标体系尤为重要，利用公司财务指标体系中的相关指标所计算出来的相对数，即是财务比率。所以，财务比率分析就是通过将两个有关的会计项目数据相除，从而得到各种财务比率，用以揭示同一张财务报表中的不同项目之间或不同财务报表的有关项目之间所存在的内在联系的一种分析方法。通过财务比率指标分析，能够恰当地反映公司过去或当前的财务活动与财务状况，可以超出本公司规模和行业间的差别进行观察比较。比率分析是迄今为止被广泛接受并普遍采用的一种财务报表分析方法。

（一）短期偿债能力比率分析

短期偿债能力比率能够提供有关企业流动性的信息，反映的是流动资产与流动负债之间的关系，他们是短期债权人关注的指标，因为这些指标可以反映短期债权人权益的保障程度；也是企业财务经理关注的指标，因为这些指标反映了企业短期面临的财务状况。

1. 流动比率

流动比率是流动资产对流动负债的比例，用以衡量公司流动资产在短期债务到期以前，可以变为现金用于偿还负债的能力。其计算公式为：

$$流动比率 = 流动资产 \div 流动负债 \quad (2-5)$$

流动比率在本质上反映了流动负债的覆盖率，即对应一定量的流动负债，企业有多少倍的流动资产与之对应。

在国际上，合理的最低流动比率被认为是2，但许多公司的净产值占资产总额的比例较低，流动比率一般在2以下，某些行业大大低于2。因此，在流动比率分析中，要结合自身实际，以行业平均流动比率作为衡量标准进行评价。

一般来讲，流动比例越大，表示公司短期偿债能力越强，反之的投资风险大，但是流动比率过大会浪费资金，也不是件好事。所以，对债权人来说，流动比例越高越好；对企业来说，高流动比率意味着其流动性较强，但同时也意味着现金和其他短期资产的利用效率较低。

2. 速动比率

速动比率是指速动资产对流动负债的比率，它是衡量公司流动资产中可以立即变现用于偿还流动负债的能力。其计算公式为：

速动比率 = 速动资产 ÷ 流动负债 (2 - 6)

其中，速动资产 = 流动资产 - 存货。

计算速动比率时，流动资产中扣除存货，是因为存货在流动资产中变现速度较慢，有些存货可能滞销，无法变现。

传统经验认为，速动比率维持在 1∶1 较为正常，它表明公司的每一元流动负债就有一元易于变现的流动资产来抵偿，短期偿债能力有可靠的保证。速动比率过低，公司的短期偿债风险较大，速动比率过高，公司在速动资产上占用资金过多，会增加公司投资的机会成本。但以上评判标准并不是绝对的，在实际工作中，应考虑到公司的行业性质，例如，商品零售行业，由于采用大量现金销售，几乎没有应收账款，速动比率大大低于 1，也是合理的。

3. 现金比率

现金比率是指公司现金与流动负债的比率，反映公司的即刻变现能力。这里所说的现金，是指现金及现金等价物，这项比率可显示公司立即偿还到期债务的能力。其计算公式为：

现金比率 = 现金 ÷ 流动负债 (2 - 7)

为了保证基本的支付能力，公司保持一定的现金比率是很重要的。现金比率越高，说明公司的短期偿债能力越强，反之则较弱。

4. 现金流量比率

现金流量比率是指企业一定时期内经营活动现金流量净额与流动负债的比值。其计算公式为：

现金流量比率 = 经营活动现金流量净额 ÷ 流动负债 (2 - 8)

该指标考虑了企业资金周转的速度与实际的变现能力，是分析短期偿债能力的一个重要指标。该指标主要的优势在于：分子分母的时期匹配，即本期现金流量净额对应下期偿还的债务。该比值越高，说明企业偿还短期负债的能力越强。

（二）长期偿债能力比率分析

长期偿债能力是指公司对债务的承担能力和对偿还债务的保障能力。长期偿债能力比率，试图揭示企业在长期内偿还债务的能力，或者说是，在长期内应付其财务杠杆的能力。有时也被称为财务杠杆比率、杠杆比率。

1. 资产负债率

资产负债率也称负债经营比率或债务比率，是指公司负债总额与资产总额之间的比例关系，是综合反映公司偿债能力的重要指标。其计算公式为：

$$资产负债率=(负债总额\div资产总额)\times100\% \qquad (2-9)$$

资产负债率越高，公司的债务负担越重，不能偿还的可能性就越大，债权人的风险越大。

根据负债比率，可以得到它的两个变体：

$$债务权益比率=债务总额\div权益总额\ (D/S) \qquad (2-10)$$

用来衡量公司的风险程度和对长期债务的偿付能力。该比率与风险正相关，与偿债能力负相关，该比率越低越好。但该比率过低时，意味着公司没有充分利用财务杠杆，从而失去了为股东创造更多利润的机会。反之亦然。

$$权益乘数=资产总额\div权益总额 \qquad (2-11)$$

该比率越大，表明股东投入公司的资本占总资本的比重越小，债务所占比重越大，财务风险就越大，债权人的权益受到的保障程度越低，偿付能力越低；反之，该比率越小，表明债权人受到的保障程度越高，偿付能力越好。

两者之间的关系是权益乘数等于1加上债务权益比率：

$$\begin{aligned}权益乘数&=资产总额\div权益总额\\&=(权益总额+负债总额)\div权益总额\\&=1+债务权益比率\end{aligned}$$

比起短期债务来，企业的财务分析人员通常更关注长期债务，因为短期债务会不断变动，而且应付账款可能更多反映的是交易业务，而非债务管理政策。

$$长期资本负债率=长期负债\div(权益资本+长期负债) \qquad (2-12)$$

长期负债与权益的合计有时被称作资本化总额，企业的财务人员更关心的是这一数据，而非资产总额。

2. 利息保障倍数

利息保障倍数也称已获利息倍数，是指公司息税前收益与利息的比例。其计算公式为：

利息保障倍数 = 息税前收益（EBIT）÷ 利息支出　(2 - 13)

该指标越高，说明息税前利润相对于利息越多，则债权人的利息收入就越有保障。相反，利息保障倍数越低，说明公司负债太多或盈利能力不强，对债权人权益保障越小，从而影响长期偿债能力和重新借款能力。

正确评价公司的长期偿债能力，分析该指标的高与低，应将本年度利息保障倍数同该公司以往年度以及同一行业的其他公司和该行业平均指标进行对比。此外，每个公司经营的好与坏、信用的高低不同，对利息保障倍数的要求也不同。

（三）资产管理比率分析

资产管理比率是用来衡量公司在资产管理方面的效率的财务比率，又称运营效率比率。

1. 存货周转率和存货周转天数

存货周转率是指在1年内一定量存货周转了多少次，因此，存货周转率也称为存货周转次数。由于存货包括原材料、在产品和半成品、产成品等，因而，存货周转额很难精确计算，通常用产品销售成本表示。其计算公式为：

存货周转率 = 产品销售成本 ÷ 平均存货　(2 - 14)

其中，平均存货 =（期初存货 + 期末存货）÷ 2。

存货周转天数是指存货周转一次所需要的天数。其计算公式为：

存货周转天数 = 计算期天数 ÷ 存货周转率　(2 - 15)

存货周转率用以衡量企业的管理效率和存货水平适当与否。该指标越高，表明企业对存货的管理效率越高。

2. 应收账款周转率和应收账款周转天数

应收账款周转率是指在产品赊销的情况下，一定量应收账款在1年内周转的次数，因此应收账款周转率也称为应收账款周转次数。应收账款周转的结果是实现销售收入，因此，应收账款周转率是指销售收入与应收账款的比例。其计算公式为：

应收账款周转率（周转次数）= 销售收入 ÷ 应收账款

(2 - 16)

需要注意的是，我们假设所有销售收入都是赊销的，否则，上述计算公式应当采用赊销金额，而不是全部销售收入。

应收账款周转天数是指应收账款周转一次所需要的天数，通常也称为应收账款账龄或应收账款平均回收期。其计算公式为：

应收账款周转天数 = 计算期天数 ÷ 应收账款周转率 (2-17)

应收账款是公司重要的资产，应收账款周转率高，表明公司对应收账款管理的效率高。

3. 固定资产周转率

固定资产周转率是衡量企业固定资产使用效率的指标。其计算公式为：

固定资产周转率 = 销售收入 ÷ 固定资产平均净值 (2-18)

通常而言，固定资产周转率越高，说明企业固定资产的利用率越高。

4. 总资产周转率

总资产周转率是对企业资产总体的使用效率进行评价的指标，指销售收入与资产总额的比例。其计算公式为：

总资产周转率 = 销售收入 ÷ 资产总额 (2-19)

总资产周转率体现了企业使用全部资产创造营业收入的效率。一般而言，总资产周转率越高，说明企业资产总体的使用效率越高；反之，则说明企业资产总体的使用效率较低。

（四）获利能力比率分析

公司获利能力，是指公司在一定时期内取得利润的能力。公司获利能力可以用绝对数表示，即用利润额的大小反映盈利能力的大小；也可以用相对值表示，即销售利润率、资产净利率等反映公司的获利能力。

1. 销售净利率

销售净利率是反映一定时期公司的净利润与销售收入的比率，表明公司每单位销售收入能够带来多少净利润，反映了公司销售收入的盈利能力，是公司经营活动最基本的盈利能力的体现。其计算公式为：

销售净利率 = 净利润 ÷ 销售收入 (2-20)

通常而言，销售净利率越高，企业的产品或服务带来最终利润的能力越强。

2. 销售毛利率

销售毛利率是指销售毛利占销售收入的百分比，是衡量公司经营效率的指标，反映了在不考虑非销售成本的情况下，公司管理者通过经营获取利润的能力。其计算公式为：

$$销售毛利率=(销售收入-销售成本)\div销售收入 \quad (2-21)$$

这一指标之所以具有重要的分析价值，是因为它表明单位销售额可以创造的毛利，它是公司的产品竞争优势的表现，也是公司最终实现利润的基础。

3. 资产报酬率

资产报酬率是指公司的净利润与平均资产总额的比率，反映的是公司投入的全部资金获取报酬的能力。其计算公式为：

$$资产报酬率（ROA）=净利润\div平均资产总额 \quad (2-22)$$

资产报酬率越高，说明公司的全部资金获得的报酬越高。在公司进行借款决策时，其重要依据是负债利率低于资产报酬率，因为只有负债利率低于资产报酬率，负债资金带来的收益在向债权人支付利息后才有剩余，才能增加股东收益，否则借款是不可行的。

4. 净资产收益率

净资产收益率也称净值报酬率、权益报酬率，是指净利润与平均净资产的比值，反映股东投入的资金所获得的报酬率。其计算公式为：

$$净资产收益率（ROE）=净利润\div平均净资产 \quad (2-23)$$

净资产收益率越高，表明股东权益的收益水平越高。净资产收益率高于资产报酬率，反映了公司对财务杠杆的利用，即在资产收益率高于负债利率的情况下，负债率越高，权益报酬率越高。

（五）市场价值比率分析

反映公司市场价值的指标主要有以下几个：

1. 每股收益（EPS）

每股收益也称每股盈余或每股利润，是企业股东每持有一股权益所能获得的利润（或承担的亏损）。其计算公式为：

$$每股收益=净利润\div发行在外的股份数 \quad (2-24)$$

在企业股份没有变化的情况下，每股收益反映企业的盈利能力，每股收益增加，表明企业的盈利能力增强。每股收益增加越多，相对原有的市盈率，企业的股票价格就可能上升得越快。

2. 每股净资产

每股净资产也称为每股账面价值，反映投资者持有的每一股权益在企业中对应的净资产或股东权益的金额。其计算公式为：

$$每股净资产=权益价值\div发行在外的股份数 \quad (2-25)$$

如果企业没有增发，则每股净资产反映了企业通过累计利润扩大企业股东权益的规模，每股净资产越高，企业积累利润越多，股东权益规模越大。

3. 市盈率（PE）

市盈率是资本市场常用的一个重要指标，它反映了某一时刻的投资者对企业每一元盈利所愿支付的价格。其计算公式为：

$$市盈率 = 股价 \div 每股收益 \quad (2-26)$$

市盈率的合理区间通常为10～20，但对市盈率的高低有很多种理解，投资者需要根据对企业的全面分析，自行甄别其内在的含义。另外，不同行业市盈率差异极大。

4. 市净率（PB）

市净率也称市倍率，是股票的市场价格与企业股东权益账面价值的比值。其计算公式为：

$$市净率 = 股价 \div 每股账面价值 \quad (2-27)$$

市净率指标反映了股票的市场价格偏离其账面价值的程度。根据股票价值评估原理，股票价格是由权益资产未来带来的收入现金流量决定的，而每股账面价值则是由权益资产发生的历史成本决定的，因此，市净率的高低反映了权益资产质量的好坏，即权益资产质量越好，市净率越高，反之则相反。

四、综合财务分析

综合财务分析是将公司的各种财务指标综合在一起，全面地评价公司的财务状况和公司价值。主要包括杜邦财务分析体系和沃尔评分法两种。

（一）杜邦财务分析体系

将净资产收益率的进一步分解就是著名的杜邦财务分析体系。它是由美国杜邦公司首创的，分析企业整体财务绩效及其成因的综合财务分析框架。主要是根据企业各主要财务比率指标之间的内在联系，建立一种相互制约的财务风险指标体系，并以此来综合分析企业财务状况和经营成果的一种综合分析方法。

杜邦财务分析体系以净资产收益率为逻辑起点，通过对净资产收益率公式的数学推导和分拆，列示出影响净资产收益率的各项财务因素及其关系，具体的公式分拆过程如下：

净资产收益率的分拆，公式如下：

$$\text{净资产收益率}=\frac{\text{净利润}}{\text{平均净资产}}=\frac{\text{净利润}}{\text{资产平均总额}}\times\frac{\text{资产平均总额}}{\text{平均净资产}}$$

$$=\text{总资产报酬率}\times\text{权益乘数} \qquad (2-28)$$

总资产报酬率的分拆，公式如下：

$$\text{总资产报酬率}=\frac{\text{净利润}}{\text{资产平均总额}}=\frac{\text{净利润}}{\text{销售收入}}\times\frac{\text{销售收入}}{\text{资产平均总额}}$$

$$=\text{销售净利率}\times\text{总资产周转率} \qquad (2-29)$$

第三重分拆：净利润和资产总额的分拆：

净利润 = 销售收入 − 全部成本 + 其他利润 − 所得税

= 销售收入 + 其他利润 − 制造费用 − 管理费用

− 财务费用 − …… (2 − 30)

资产总额 = 非流动资产 + 流动资产

= 具体非流动资产项目金额 + 具体流动资产项目金额

(2 − 31)

杜邦财务分析体系如图 2 − 1 所示。

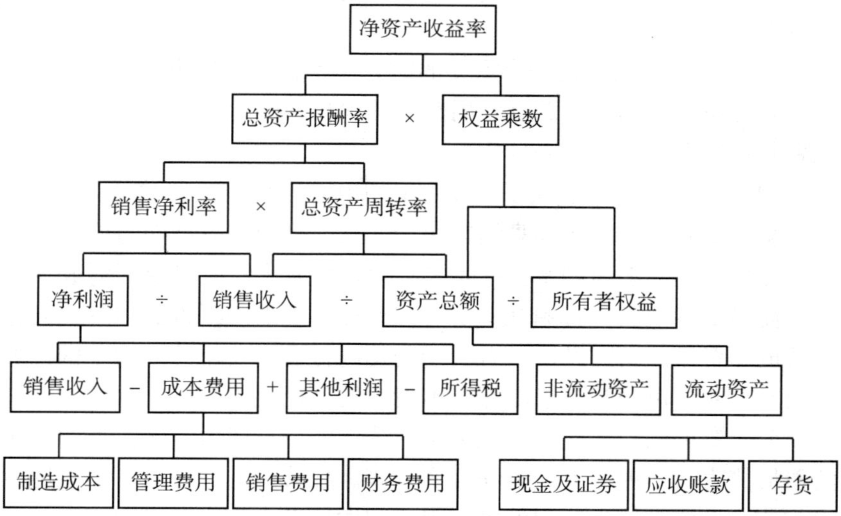

图 2 − 1 杜邦财务分析框架

从图 2 − 1 中各财务指标之间的关系可以看出，杜邦分析法实际上从两个角度来分析财务，一是进行内部管理因素分析，二是进行资本结构和风险分析。

权益净利率 = 资产净利率 × 权益乘数 (2 − 32)

其中，权益乘数 = 1 ÷ (1 − 资产负债率)。

$$资产净利率 = 销售净利率 \times 总资产周转率 \quad (2-33)$$

其中，销售净利率 = 净利润 ÷ 销售收入，总资产周转率 = 销售收入 ÷ 总资产。

$$资产负债率 = 负债总额 \div 资产总额 \quad (2-34)$$

杜邦分析图提供了下列主要的财务指标关系的信息：

（1）权益净利率是一个综合性最强的财务比率，是杜邦分析系统的核心。

它反映所有者投入资本的获利能力，同时反映公司筹资、投资、资产运营等活动的效率，它的高低取决于总资产利润率和权益总资产率的水平。决定权益净利率高低的因素有三个方面，即权益乘数、销售净利率和总资产周转率，这三个比率分别反映了公司的负债比率、盈利能力比率和资产管理比率。

（2）权益乘数主要受资产负债率影响。

负债比率越大，权益乘数越高，说明公司有较高的负债程度，能够给公司带来较多的杠杆利益，同时也给公司带来较多的风险。资产净利率是一个综合性指标，同时受到销售净利率和资产周转率的影响。

（3）资产净利率是一个重要的财务比率，综合性也较强。

它是销售净利率和总资产周转率的乘积，因此，要进一步从销售成果和资产营运两方面来分析。

（4）销售净利率反映了公司利润总额与销售收入的关系。

从这个意义上看，提高销售净利率是提高公司盈利能力的关键所在。要想提高销售净利率：一是要扩大销售收入；二是要降低成本费用。而降低各项成本费用开支是公司财务管理的一项重要内容。通过各项成本费用开支的列示，有利于公司进行成本费用的结构分析，加强成本控制，以便为寻求降低成本费用的途径提供依据。

公司资产的营运能力，既关系到公司的获利能力，又关系到公司的偿债能力。一般而言，流动资产直接体现公司的偿债能力和变现能力；非流动资产体现公司的经营规模和发展潜力。两者之间应有一个合理的结构比率，如果公司持有的现金超过业务需要，就可能影响公司的获利能力；如果公司占用过多的存货和应收账款，则既会影响获利能力，又会影响偿债能力。为此，就要进一步分析各项资产的占用数额和周转速度。对流动资产应重点分析存货是否有积压现象、货币资金是否闲置；对应收账款应分析客户的付款能力和有无坏账的可能；对非流动资产应重点分析公司固定资产是否能得到充分的利用。

在具体运用杜邦体系进行分析时，可以采用因素分析法，首先确定营业净利率、总资产周转率和权益乘数的基准值，然后顺次代入这三个指标的实际值，分别计算分析这三个指标的变动对净资产收益率的影响方向和程度，还可以使用因素分析法进一步分解各指标并分析其变动的深层次原因，找出解决的方法。

（二）沃尔评分法

沃尔在20世纪初出版的著作中提出了信用能力指数的概念，将流动比率、产权比率、固定资产比率、存货周转率、应收账款周转率、固定资产周转率、自有资金周转率七个财务指标结合起来，并分别给出每个指标的比重，总计100分。将企业的实际值与标准值进行比较，确定各项指标的实际得分，加总后可得出总体指标的得分并据此对企业的财务状况做出评价。

沃尔评分法的重要性权数：第一类是最重要的营利性指标，其评分值占50分左右，它是企业经营活动的主要目的，也是企业发展的客观要求和基本素质指标，包括净资产收益率、总资产收益率、收入利润率等。第二类是较为重要的稳定性指标，其评分值占30分左右，包括企业的偿债能力和营运能力，它是企业生存和发展的基本条件。偿债能力指标包括资产负债率、流动比率；营运能力指标包括总资产周转率、流动资产周转率等。第三类是一般重要的发展性指标和其他指标，其评分值占20分左右，主要包括利润增长率、营业收入周转率等。上述评分值权重不是一成不变的，可以根据实际情况调整，但尽管如此，沃尔评分法仍然没有能够从理论上证明选定这些指标的依据，在技术上不够完善；等等。

第三节　现金流量分析

一、现金与现金流量

（一）现金

这里的现金是指企业的库存现金以及可以随时用于支付的银行存款，现金是资产负债表的“货币资金”项目中真正可以随时支取的部分，由于被指定了特殊用途而不能随意支取的部分不应包括在内，如其他货币资金中的银行承兑汇票开票保证金、借款质押保证金、金融机构存放中央银行款项中的法定存款准备金以及由于受当地外汇管制或其他立法的限制而无法正常使用的外币等。

（二）现金等价物

现金等价物是指企业持有的期限短、流动性强、易于转换为已知金额的现金，是价值变动风险很小的投资。期限短一般是指从购买日起 3 个月内到期，如可在证券市场上流通的 3 个月内到期的债券投资（如国库券）等。现金等价物虽然不是现金，但因其随时可以变现，支付能力与现金相似，因此可视同现金。权益性投资变现的金额通常不确定，因而不属于现金等价物。

（三）现金流量

现金流量是某一段时期内企业现金和现金等价物流入和流出的数量，如企业销售商品、提供劳务、出售固定资产、向银行借款等取得现金，形成企业的现金流入；购买原材料、接受劳务、购建固定资产、对外投资、偿还债务等而支付现金等，形成企业的现金流出。现金流量信息能够表明企业经营状况是否良好、资金是否紧张以及企业偿付能力大小等，从而为投资者、债权人、企业管理者提供非常有用的信息。

应该注意的是，企业货币资金不同形态之间的转换不会产生现金的流入和流出，比如，企业从银行提取现金是企业现金存放形式的转换，并未流出企业，不构成现金流量；同样，现金与现金等价物之间的转换也不属于现金流量，如企业用现金购买将于 3 个月内到期的国库券等。

二、财务现金流量

（一）现金流量的结构分析

现金流量结构分析主要包括现金流入量结构分析、现金流出量结构分析和现金流入量与现金流出量之比分析。

1. 现金流入量结构分析

现金流入量结构反映公司全部现金流入量中，经营活动、投资活动和筹资活动分别占的比例，以及在这三种活动中，不同渠道流入的现金在该类现金流入量和总现金流入量中所占的比例。一般的，在公司现金流入量总额中，经营活动产生的现金流入量占有较大比重，特别是主营业务活动产生的现金流入量明显高于其他活动产生的现金流入量。现金流入量结构分析首先可以分别计算经营活动、投资活动和筹资活动带来的现金流入占公司全部现金流入的比重，然后可以计算分析各项活动的现金流量中比重较高或增速较快的项目，从中寻找影响公司现金流入的主要因素。

2. 现金流出量结构分析

现金流出量结构是指公司的各项现金流出占公司的当期现金流出总额的百分比，以反映公司的现金用途，即将公司经营活动的现金流出、投资活动的现金流出和筹资活动的现金流出的数额及其具体项目与现金流出总额相对比，得出各活动、各明细现金流出项目所占的结构百分比，显示出公司现金流出的主要和次要项目，进而判断公司的现金使用效果。不过，要评价现金使用的合理性，仅仅根据结构指标很难判断，因为不同时期，现金支出的需要是不同的，通常只要支付能力正常，各类支出的比重大小并不十分重要。但如果将公司某期的现金支出结构与其上期的现金支出结构进行比较，则可以看出公司的理财策略。

3. 现金流入流出比分析

现金流入量与现金流出量之比分析，从“投入与产出”的角度，分别从总体和分项考察现金流入量与现金流出量之间的关系。在具体分析时，可以按每项活动，也以按总量为对象进行分析，通过流入和流出结构的历史比较和同业比较，可以得到更有意义的信息。

$$现金流入流出比 = 现金流入 \div 现金流出 \tag{2-35}$$

对于一个健康的正常成长的公司来说，经营活动的现金流量应当是正数，投资活动的现金流量是负数，筹资活动的现金流量是正负相间的。

（二）现金流量的流动性分析

1. 现金到期债务比

$$现金到期债务比 = 经营活动现金净流入 \div 本期到期的债务 \tag{2-36}$$

该指标可以反映公司偿还到期债务的能力，在此运用经营活动现金净流入，是因为只有经营活动现金流量净额能真实地反映公司的资金运转能力。本期到期的债务，是指本期到期的长期债务和本期应付票据，通常这两项是不能展期的，必须如数偿还。该比率大，说明公司的经营活动现金流量比较充足，可以支付即将到期的债务，反之亦然。

2. 现金流动负债比

$$现金流动负债比 = 经营现金净流入 \div 流动负债 \quad (2-37)$$

现金流动负债比用来衡量公司的现金是否能够偿还到期债务。与流动比率和速动比率相比，该指标不受那些不易变现或容易引起沉淀的存货和应收账款的影响，因此能更准确地反映公司的短期偿债能力。现金流动负债比越高，表明公司短期偿债能力越好；反之，该比率越低，则表明公司短期偿债能力越差，其现金流量的质量就越差。

3. 现金债务总额比

$$现金债务总额比 = 经营现金净流入 \div 债务总额 \quad (2-38)$$

现金债务总额比是经营活动现金净流量总额与债务总额的比率。该指标旨在衡量公司承担债务的能力，是评估公司中长期偿债能力的重要指标，同时也是预测公司破产的可靠指标。这一比率越高，公司承担债务的能力越强，破产的可能性越小；这一比率越低，公司财务灵活性越差，破产的可能性越大。但是，该指标也不是越大越好，指标过大表明公司流动资金利用不充分，获利能力不强。

（三）获取现金能力分析

1. 销售现金比率

$$销售现金比率 = 经营现金净流入 \div 销售额 \quad (2-39)$$

该指标反映公司销售质量的高低，与公司的赊销政策有关。如果公司有虚假收入，也会使该指标过低。销售现金比率是指公司经营活动现金流量净额与公司销售额的比值。该比率反映每元销售收入得到的现金流量净额，其数值越大，表明公司的收入质量越好，资金利用效果越好。

2. 每股营业现金净流量

$$每股营业现金净流量 = 经营现金净流入 \div 普通股股数 \quad (2-40)$$

该指标反映某一会计年度内，发行在外的普通股加权平均每股所获得的经营活动现金净流量，它从一个新的角度，即现金流量角度来反映每一普通股股份的产出效率和分配水平。公司经营活动现金越充裕，每股现金净流量越大，公司股利支付能力越强。

3. 全部资产现金回收率

$$全部资产现金回收率 = 经营现金净流入 \div 平均资产总额 \times 100\% \quad (2-41)$$

其中，平均资产总额 =（期初资产总额 + 期末资产总额）÷2。

全部资产现金回收率是经营现金净流量与全部资产的比率。该指标旨在考评公司全部资产产生现金的能力，该比值越大，说明资产利用效果越好，利用资产创造的现金流入越多，整个公司获取现金能力越强，经营管理水平越高。反之，则经营管理水平越低，经营者有待提高管理水平，进而提高公司的经济效益。

（四）财务弹性分析

财务弹性分析是指对公司适应经济环境变化和利用投资机会的能力进行的分析。这种能力来源于现金流量和支付现金需要的比较，现金流量超过需要，有剩余的现金，财务弹性大，适应性就强；反之则财务弹性小，适应性就弱。因此，财务弹性的衡量是用经营现金流量与支付要求进行比较，支付要求可以是投资需求或承诺支付等。

1. 现金满足投资比率

$$\text{现金满足投资比率} = \text{近5年经营活动现金流入} \div (\text{近5年资本支出、存货增加现金股利之和}) \quad (2-42)$$

该比率越大，说明公司资金自给率越高，公司发展能力越强。如果现金满足投资比率大于或等于1，表明公司经营活动所形成的现金流量足以应付各项资本性支出、存货增加和现金股利的需要，不需要对外筹资；若该比率小于1，说明公司来自经营活动的现金不足以满足目前营运规模和支付现金股利的需要，不足的部分需要靠外部筹资补充。如果一个公司的现金满足投资比率长期小于1，则其理财政策没有可持续性。

2. 现金股利保障倍数

$$\text{现金股利保障倍数} = \text{每股营业现金净流入} \div \text{每股现金股利} \quad (2-43)$$

该指标表明公司用年度正常经营活动所产生的现金净流量来支付股利的能力，比率越大，表明公司支付股利的现金越充足，公司支付现金股利的能力也就越强，该指标还体现为支付股利的现金来源及其可靠程度，是对传统的股利支付率的修正和补充。理论上，该指标应大于1，只有这样才能说明公司当期创造的经营活动现金净流量足以支付当期的现金股利；否则，公司就需要通过筹资来派发现金股利，而这只能说明公司支付股利的能力不足。由于股利发放与管理当局的股利政策有关，因此，该指标对财务分析只起参考作用。由于我国很多公司（尤其是ST公司）根本不支付现金股利，导致这一指标的分母为零，所以在预测我国上市公司财务危机时该指标可不做考虑。

（五）收益质量分析

收益质量是指报告收益与公司业绩之间的相关性，是指会计收益所表达的与公司经济价值有关信息的可靠程度。高质量的收益是指报表收益对公司过去、现在的经济成果和未来经济前景的描述是可靠和可信任的。反之，就会形成误导性的描述，该收益就会被认为是低质量的。收益质量分析涉及资产负债表、利润表、现金流量表的分析，这里仅从现金流量表的角度评价收益质量。

1. 净收益营运指数

净收益营运指数 = 经营净收益 ÷ 净收益

= (净收益 − 非经营净收益) ÷ 净收益 (2−44)

经营活动净收益 = 净收益 − 非经营净收益

= 净收益 − 非经营税前损益 × (1 − 所得税税率)

(2−45)

净收益营运指数，是指经营净收益与全部净收益的比值。通过与该指标的历史指标比较和行业平均指标比较，可以考察一个公司的收益质量情况。如果一个公司虽然利润总额在不断上升，但是经营性利润比重逐年下降，非经营利润的比重呈逐年加大的趋势，其实这已经是净收益质量越来越差的征兆了。与净收益营运指数类似的还有营业利润比重指标，它反映营业利润占利润总额的比重。如果营运指数小于1，经营净收益额小于全部净收益额，说明全部净收益额中包含其他收益额。比值越小说明主营业务盈利能力不及其他业务盈利能力。

2. 现金营运指数

现金营运指数 = 经营现金净流量 ÷ 经营现金毛流量 (2−46)

其中，经营现金毛流量 = 经营活动税后净收益 + 折旧与摊销

经营现金净流量 = 经营活动税后净收益 + 折旧与摊销

− 营业资本增加

= 经营活动现金流量净额 + 非经营所得税

现金营运指数是反映公司现金回收质量、衡量风险的指标，是指反映公司经营活动现金流量与公司经营所得现金（经营现金毛流量）的比值。理想的现金营运指数应为1，小于1的现金营运指数反映了公司部分收益没有取得现金，而是停留在实物或债权形态，而实物或债权资产的风险远大于现金。现金营运指数越小，以实物或债权形式存在的收益占总收益的比重越大，收益质量越差。

第四节 财务规划

一、财务规划概述

（一）财务规划的概念及意义

1. 什么是财务规划

财务规划是企业在科学地对内部、外部各因素进行分析与预测的基础上，将决策目标具体化、系统化反映出来的，企业在未来一定时期经济活动的一系列目标和规划。

制定财务规划的基本政策内容包括：

（1）企业在新资产上所需的投资。它来自企业所选定的投资机会，并且是企业资本预算的结果。

（2）企业选择利用的财务杠杆程度。它决定了企业为实体资产投资而举借资金的数额，是企业资本结构决策的结果。

（3）企业认为有必要且适当地支付给股东的现金数额。它是企业股利决策的结果。

（4）企业在持续经营的前提下所需要的流动性程度和营运资本数额。它是企业营运资本决策的结果。

财务规划与金融决策的关系体现在财务规划是在公司金融决策的基础上做出的，是公司金融决策的结果。财务规划分为长期财务规划和短期财务规划。这里重点阐述的是长期财务规划。长期财务规划包括预期资产负债表、预期利润表和预期现金流量表等内容。

2. 财务规划的意义

（1）制定财务规划可以使企业避免陷入财务困境和经营失败，因为制定长期财务规划是企业系统地考虑未来可能会面临的问题的一种方法。

（2）制定财务规划为企业建立了变革和增长的指南。因为长期财务规划是企业基于对未来经济状况的预测以及自身情况，通过一定的决策程序做出的，是对未来经营活动、投资活动以及筹资活动的规划。

（二）财务规划的步骤

1. 制定财务规划的要素

（1）销售预测。

销售预测是制定财务规划的第一步。根据销售预测，可进一步预测实现销售所需要的资产以及支撑销售收入和资产所需进行的筹资。

（2）预计报表。

预计财务报表是指对财务报表的预测，是用来概括对未来所做的不同情形的预测的一种报表形式。预计报表是根据销售预测生成的，是财务规划的最终产物。财务规划需要有一套预测的资产负债表、利润表和现金流量表。

（3）资产需求。

财务规划要描述预测的资本性支出。预计资产负债表中至少包括固定资产总额和净资本的变动，这些变动实际上就是企业的总体资本预算。

（4）筹资需求。

财务规划包括必要的筹资需求安排。资金可能考虑从内部筹集，也可能考虑从外部筹集，就外部筹资而言，可能是发售新股，也可能是举债，这些内容实际上就是长期融资、资本结构和股利政策。

（5）资金调剂。

有了销售预测和对所需资产支出的预测之后，通常需要筹集一定数量的资金，因为预计的资产总额可能会超过预计的负债和所有者权益总额，导致资产负债表不平衡。为此，必须选定一个筹资调剂变量，以应付筹资的不足（或过剩），从而使资产负债表保持平衡。

（6）经济假设。

财务规划必须明确指出企业在计划期内预计所面临的经济环境。在必须做出的多个经济假设中，包括利率水平和企业税率。

2. 财务规划模型应用举例

【例 2－2】假设某企业最近年度的财务报表如表 2－7、表 2－8 所示。

假设公司以后的销售收入增长幅度为 20%，从 1 000 百万元增长到 1 200 百万元，那么，计划制定人员可以预测成本也增加了 20%，从 800 百万元增加到 960 百万元。这样，预计的利润表如表 2－9 所示。

表 2－7　　　　利润表

项目	金额（百万元）
销售收入	1 000
成本	800
净利润	200

表 2－8　　　　资产负债表

项目	金额（百万元）	项目	金额（百万元）
资产	500	债务	250
		权益	250
总额	500	总额	500

表 2－9　　　　预计利润表

项目	金额（百万元）
销售收入	1 200（＋200）
成本	960（＋160）
净利润	240（＋40）

按照所有变量都将增长 20% 的假设构建预计资产负债表，如表 2－10 所示。

表 2－10　　　　预计资产负债表

项目	金额（百万元）	项目	金额（百万元）
资产	600（＋100）	债务	300（＋50）
		权益	300（＋50）
总额	600（＋100）	总额	600（＋100）

需要注意的是，上述例子中，只是把每一个项目按照销售收入预测增加了 20%。

那么，怎样才能使净利润等于 240 百万元，而权益只增加 50 百万元呢？答案是以现金股利的形式向股东支付两者之间的差额 190 百万元（240 百万元－50 百万元）。在这种情况下，发放股利后，股利就是调剂变量。

假设，公司并没有支付出这 190 百万元。此时，留存收益增加额是全部的 240 百万元。结果，公司的权益增加到 490 百万元（250 百万元 +240 百万元）。公司必须偿还部分债务才能保证资产总额增加 600 百万元，债务金额为 110 百万元（600 百万元 -490 百万元），债务偿还额为 140 百万元（250 百万元 -110 百万元）。在此情况下，债务成为平衡预计资产总额和负债及所有者权益总额的调剂变量，如表 2-11 所示。

表 2-11　预计资产负债表

项目	金额（百万元）	项目	金额（百万元）
资产	600（+100）	债务	110（-140）
		权益	490（+240）
总额	600（+100）	总额	600（+100）

由此可以表明，销售增长与筹资政策之间的相互影响，即随着销售收入的增加，资产也会相应增加，必然要求负债和所有者权益的增加，而负债和所有者权益的变动取决于企业的筹资政策和股利政策。即企业资产的增长要求企业决定如何为这种增长筹集资金，可以考虑从内部筹集资金，也可以考虑从外部筹集资金。

二、销售收入百分比法

销售收入百分比法

从前述财务规划模型可知，预计报表的每一个项目都与销售收入同步增长。这就是销售收入百分比法，它是根据财务报表中的项目占销售收入百分比来计算其预计值的一种方法。这种方法建立在两个假设基础上：

假设 1：假定财务报表中所有的项目要素与销售紧密联系；

假设 2：目前资产负债表中的各项水平对当前的销售而言是最佳的。

在制定财务规划时，企业可以通过敏感性分析、情景分析和压力测试等多种工具来加以完善，以确保规划的可靠性和有效性。

下面通过举例说明销售收入百分比法的计算方法：

【例 2-3】 接【例 2-2】资料，上期销售收入是 1 000 百万元，销售成本为 800 百万元，本期销售收入增长 25%，变为 1 250 百万元，销售成本占销售收入的比例为 80%，则销售成本变为 1 000 百万元（800×1.25 或 1 250×80%）。

（一）利润表

假设 B 公司最近的利润表如表 2－12 所示。

表 2－12　　B 公司利润表

项目	金额（百万元）
销售收入	1 000
成本（包括折旧、利息）	800
应税所得额	200
所得税（34%）	68
净利润	132
股利	44
留存收益增加	88

B 公司预计下一年度销售收入将增长 25%，因此，预计销售收入为 1 250 百万元（1 000×1.25）。我们假设成本总额将继续保持占销售收入的 80%（800/1 000），据此，编制该公司的预计利润表，见表 2－13。

表 2－13　　B 公司预计利润表

项目	金额（百万元）
销售收入（预测）	1 250
成本（占销售收入的 80%）	1 000
应税所得额	250
所得税（34%）	85
净利润	165

由于股利支出水平取决于公司管理当局制定的股利政策。最近年度，公司股利支付率为：

$$股利支付率 = \frac{现金股利}{净利润} = \frac{44}{132} = 33.33\%$$

$$留存收益增加额对净利润的比率 = \frac{88}{132} = 66.67\%$$

这一比率称作提存率，也叫作再投资比率。

预计的股利支付金额 = 165 × 33.33% ≈ 55（百万元）

预计留存收益增加额 = 165 × 66.67% ≈ 110（百万元）

（二）资产负债表

接【例2－3】资料：假设B公司最近的资产负债表如表2－14所示。

表2－14　　B公司资产负债表

项目	金额（百万元）	占比（%）	项目	金额（百万元）	占比（%）
资产			负债及所有者权益		
流动资产			流动负债		
现金	160	16	应付账款	300	30
应收账款	440	44	应付票据	100	—
存货	600	60	小计	400	—
小计	1 200		长期债务	800	—
固定资产			所有者权益		
厂房和设备净值	1 800	180	股本	800	—
			留存收益	1 000	—
			小计	1 800	—
资产总额	3 000		负债及所有者权益	3 000	—

需要注意的是：

（1）对于随销售收入变动而变动的项目，列示了其占销售收入的百分比；对于不随销售收入变动而变动的项目，用“－”表示“不适用”。

（2）资产项目通常随销售收入的增长而增长。资产对销售收入的百分比有时称为资本密集度，即资产周转率的倒数。

（3）负债方：应付账款通常随销售收入的变动而变动，其原因是供应商的订单增加。应付票据代表短期债务，如短期银行借款，通常不随销售收入的变动而变动。长期债务和股本不随销售收入的变动而变动。

运用销售收入百分比法计算后，预计资产负债表如表2－15所示。

表 2-15 **B 公司预计资产负债表** 单位：百万元

项目	当年	变动	项目	当年	变动
资产			负债及所有者权益		
流动资产			流动负债		
现金	200	40	应付账款	375	75
应收账款	550	110	应付票据	100	0
存货	750	150	小计	475	75
小计	1 500	300	长期债务	800	0
固定资产			所有者权益		
厂房和设备净值	2 250	450	股本	800	0
			留存收益	1 110	110
			小计	1 910	110
			负债及所有者权益	3 185	185
资产总额	3 750	750	所需外部筹资	565	565

从表 2-15 看出，资产预计增加了 750 百万元，而负债和权益只增加了 185 百万元，尚有 565 百万元的资金缺口。这一缺口通常称为所需外部筹资。对于这一资金缺口，可以通过三种渠道来筹集资金：短期借款、长期借款和新权益。

假设公司管理当局决定借入资金。可以选择一部分短期借款和一部分长期借款。例如，流动资产增加了 300 百万元，而流动负债只增加了 75 百万元，为使营运资本总体水平保持不变，公司可以借入 225 百万元。在 565 百万元的资金缺口中，剩下的 340 百万元只能依赖长期债务。

此外，如果公司有闲置生产能力，随着销售收入增长，固定资产投资可以不用增加，从而对外部筹资的要求降低。继续修正预计资产负债表如表 2-16 所示。

表 2-16 **B 公司预计资产负债表** 单位：百万元

项目	当年	变动	项目	当年	变动
资产			负债及所有者权益		
流动资产			流动负债		
现金	200	40	应付账款	375	75

续表

项目	当年	变动	项目	当年	变动
应收账款	550	110	应付票据	325	225
存货	750	150	小计	700	300
小计	1 500	300	长期债务	1 140	340
固定资产			所有者权益		
厂房和设备净值	2 250	450	股本	800	0
			留存收益	1 110	110
			小计	1 910	110
资产总额	3 750	750	负债及所有者权益	3 750	750

本章小结

1. 财务报表由基本报表、附表、附注以及财务情况说明书等组成。基本报表包括资产负债表、利润表和现金流量表。资产负债表反映了在给定时点上，企业所拥有全部资产、负债和所有者权益的报表，是按照会计恒等式“资产 = 负债 + 股东权益”编制的。利润表计量的是某一特定时期公司的经营业绩。利润表的等式是“收入 − 费用 = 利润”。利润表可以提供经营现金流量信息，即经营现金流量 = 息税前收益（EBT）+ 折旧 − 所得税。现金流量表反映的是企业一定时期内有关现金流入与流出的报表。

2. 财务分析主要是财务报表分析，是以财务报表等资料为依据，运用一定的分析方法和技术对公司相关情况进行分析，为公司的投资者、债权人、经营者以及其他相关利益者了解公司过去、评价公司状况、预测公司未来。财务分析方法主要有比率分析和现金流量分析两种。

3. 财务规划是企业在对内部、外部各因素进行分析与预测的基础上，将决策目标具体化、系统化反映出来的企业未来一定时期经济活动的一系列目标和规划。财务规划分为长期财务规划和短期财务规划。长期财务规划包括预期资产负债表、预期利润表和预期现金流量表。

4. 编制长期规划是从销售收入预测入手，即首先编制预期利润表，在此基础上编制预期资产负债表，预期利润表与预期资产负债表之间的内在联系是预期资产负债表的留存收益增加额来自预期利润表的留存收益。

5. 所谓销售收入百分比法，就是根据财务报表中的项目占销售收入百分比来计算其预计值的一种方法。

思考与练习

1. 简述财务报表的构成。
2. 财务分析的具体方法有哪些?
3. 衡量公司长期偿债能力的指标有哪些?
4. 衡量公司变现能力的财务比率指标有哪些?
5. 简述杜邦分析体系的具体内容和分析思路。
6. 什么是销售收入百分比法?
7. 简述三张基本财务报表提供的信息。
8. 假若某公司近年度的利润表如表2－17所示。

表2－17　　　　利润表

项目	金额（万元）
销售收入	2 000
成本（包括折旧、利息）	1 500
所得税（25%）	125
净利润	375
股利	150
留存收益增加	225

该公司预计下一年度销售收入将增长20%，同时假设下一年度成本总额占销售收入的比例以及股利支付比率保持不变。

要求：采用销售收入百分比法编制该公司的预计利润表。

9. 某公司最近年度资产负债表中的项目及其占销售收入的比例如表2－18所示。

表2－18　　　　资产负债表

项目	金额（万元）	占比（%）	项目	金额（万元）	占比（%）
流动资产	1 200	120	负债	1 200	—
固定资产净值	1 800	180	所有者权益		
			股本	800	—

续表

项目	金额（万元）	占比（%）	项目	金额（万元）	占比（%）
			留存收益	1 000	—
			小计	1 800	—
资产总额	3 000	300	负债及所有者权益	3 000	—

该公司预计下一年度销售收入将增长25%，预计的利润表如表2－19所示。

表2－19　　预计利润表

项目	金额（万元）
销售收入（预测）	1 250
成本（占销售收入的80%）	1 000
应税所得额	250
所得税（34%）	85
净利润	165
股利	66
留存收益	99

伴随着销售收入的增长，公司资产增加，所需资本也会增加。公司管理层决定对于资金缺口是通过负债的方式解决。

要求：采用销售收入百分比法编制公司的预计资产负债表。

第三章

时间价值与证券估值

本章要点

- ✧ 货币时间价值
- ✧ 现值与终值的计算
- ✧ 年金的终值与现值的计算
- ✧ 债券的价值评估
- ✧ 股票的价值评估

在资金运动过程中，不同时点上收付的资金的价值是不同的，即货币存在时间价值。同时，在公司决策过程中，均要以货币时间价值的基本原理为基础。因此，需要掌握货币时间价值的基本原理和方法。

第一节　货币的时间价值

一、货币时间价值的内涵

在经济活动中有这样一种现象：今年的 100 元钱和一年后的 100 元钱的经济价值是不同的，或者说是经济效用不同。今年的 100 元钱到了一年后，其经济价值远大于 100 元，也就是说，今年的 100 元钱的经济价值远大于一年后的 100 元钱的经济价值。例如，某人将 100

元的资金存入银行，或者是购买债券、股票，一年后取得的资金是110元，这100元的资金经过一年的时间价值增加了10元。也就是说，今年100元的资金在效用上相当于明年的110元，其中增加的10元就是100元的时间价值。

货币为什么具有时间价值呢？如上例，某人将手中的资金存入银行，或者是购买债券、股票，这部分资金将转化为企业的经营资金参与企业的价值周转，在企业价值周转过程中实现价值增值。资金参与企业价值周转的次数越多，实现的价值增值额也越大。可见，货币实现价值增值的前提条件是参与企业价值周转，货币实现的价值增值来源于企业价值周转过程中的价值增值。至此，我们可以给货币时间价值下一个定义，即货币时间价值是指货币经历一定时间的投资和再投资所增加的价值，也称为资金时间价值。

货币时间价值体现为货币的价值增值，但在实务中，人们习惯上不是用绝对数即货币的价值增值额来表示货币的时间价值，而是用相对数即价值增加额占投入货币的百分数来表示货币的时间价值。根据上面的分析，从量的规定性来看，货币时间价值的相对数指标就是社会平均利润率。

货币时间价值的客观性要求公司金融管理必须具有货币时间价值观念，将公司金融活动过程中不同时点的现金收入和现金支出换算到相同的时间基础上，然后进行大小的比较计算，进而做出科学的融资决策、经营投资决策和金融投资决策。

二、货币时间价值的计算

货币时间价值有两种形式：终值和现值。终值是指在一定的利率条件下，一定量货币在未来某一时间所具有的价值，即货币的本利和。现值是指在一定的利率条件下，未来某一时间的一定量货币现在的价值。计算货币时间价值的方法有单利法和复利法两种。下面分别按这两种方法来讨论有关货币时间价值的计算。

（一）单利终值和现值的计算

所谓单利计息法，是指只对本金计算利息。单利利息的计算公式是：

$$I = PV_0 \cdot i \cdot n \qquad (3-1)$$

式中，I表示利息；PV_0表示本金，即现值；i表示年利率；n表示计息的期数，常以年为单位。

1. 单利终值

单利终值是指在单利计息方式下，现在一定量资金的未来价值，即本利和。用 FV_n 表示终值，则单利终值的计算公式为：

$$\begin{aligned}FV_n &= PV_0 + I \\ &= PV_0 + PV_0 \cdot i \cdot n \\ &= PV_0 \cdot (1 + i \cdot n)\end{aligned} \tag{3-2}$$

【例 3-1】 现在的 1 元钱，年利率为 10%，第 1 年到第 5 年各年年末的终值可计算如下：

第 1 年年末的终值 $=1\times(1+10\%\times1)=1.1$（元）

第 2 年年末的终值 $=1\times(1+10\%\times2)=1.2$（元）

第 3 年年末的终值 $=1\times(1+10\%\times3)=1.3$（元）

第 4 年年末的终值 $=1\times(1+10\%\times4)=1.4$（元）

第 5 年年末的终值 $=1\times(1+10\%\times5)=1.5$（元）

2. 单利现值

单利现值是指在单利计息方式下，未来一定量资金的现在价值。单利现值可用倒求本金的方法计算，由终值求现值，叫作贴现。

根据公式（3-2），可求得单利现值的计算公式，即：

$$PV_0 = \frac{FV_n}{1 + i \cdot n} \tag{3-3}$$

【例 3-2】 年利率为 10%，从第 1 年到第 5 年各年年末的 1 元钱，其现值计算如下：

第 1 年年末 1 元钱的现值 $=\frac{1}{1+10\%\times1}=\frac{1}{1.1}=0.909$（元）

第 2 年年末 1 元钱的现值 $=\frac{1}{1+10\%\times2}=\frac{1}{1.2}=0.833$（元）

第 3 年年末 1 元钱的现值 $=\frac{1}{1+10\%\times3}=\frac{1}{1.3}=0.769$（元）

第 4 年年末 1 元钱的现值 $=\frac{1}{1+10\%\times4}=\frac{1}{1.4}=0.714$（元）

第 5 年年末 1 元钱的现值 $=\frac{1}{1+10\%\times5}=\frac{1}{1.5}=0.667$（元）

（二）复利终值和现值的计算

所谓复利计息法，是指将上期的利息转列为本期的本金与原来的本金一起计算利息，即通常讲的“利滚利”。

1. 复利终值的计算

复利终值是指在复利计息方式下，现在一定量资金的未来价值，即本利和。

复利终值的计算公式推导如下：

$FV_1 = PV_0 + PV_0 \cdot i = PV_0 \cdot (1+i)$

$FV_2 = PV_0 \cdot (1+i) + PV_0 \cdot (1+i) \cdot i = PV_0 \cdot (1+i)^2$

$FV_3 = PV_0 \cdot (1+i)^2 + PV_0 \cdot (1+i)^2 \cdot i = PV_0 \cdot (1+i)^3$

……

$FV_n = PV_0 \cdot (1+i)^n$

$$(3-4)$$

式中，$(1+i)^n$ 称为 1 元复利终值或复利终值系数。复利终值系数的简略形式为 $FVIF_{i,n}$（可以通过年金复利终值系数表得到），因此年金终值的计算公式可以表示为：

$$FV_n = PV_0 \cdot PVIF_{i,n} \quad (3-5)$$

【例 3-3】 现在的 1 元钱，年利率为 10%，从第 1 年到第 5 年年末的终值计算如下：

第 1 年年末的终值 $=1\times(1+10\%)^1=1\times1.21=1.1$（元）

第 2 年年末的终值 $=1\times(1+10\%)^2=1\times1.21=1.21$（元）

第 3 年年末的终值 $=1\times(1+10\%)^3=1\times1.21=1.331$（元）

第 4 年年末的终值 $=1\times(1+10\%)^4=1\times1.21=1.464$（元）

第 5 年年末的终值 $=1\times(1+10\%)^5=1\times1.21=1.625$（元）

2. 复利现值的计算

复利现值是指在复利计息方式下未来一定量资金的现在价值，可用倒求本金的方法计算。

根据复利终值的计算公式，可求得复利现值的计算公式，即：

$$PV_0 = FV_n \cdot \frac{1}{(1+i)^n} \quad (3-6)$$

式中，$\frac{1}{(1+i)^n}$称为复利现值系数，可通过查找 1 元“复利现值系数表”得到。复利现值系数的简略形式为 $PVIF_{i,n}$（可以通过查找复利现值系数表得到），因此，复利现值的计算公式也可表示为：

$$PV_0 = FV_n \cdot PVIF_{i,n} \quad (3-7)$$

【例 3-4】 年利率为 10%，从第 1 到第 5 年各年年末的 1 元钱的现值计算如下：

第 1 年年末的现值 $=1\times\frac{1}{(1+10\%)}=1\times0.909=0.909$（元）

第 2 年年末的现值 $=1\times\frac{1}{(1+10\%)^2}=1\times0.826=0.826$（元）

$$第3年年末的现值 = 1 \times \frac{1}{(1+10\%)^3} = 1 \times 0.751 = 0.751\ （元）$$

$$第4年年末的现值 = 1 \times \frac{1}{(1+10\%)^4} = 1 \times 0.683 = 0.683\ （元）$$

$$第5年年末的现值 = 1 \times \frac{1}{(1+10\%)^5} = 1 \times 0.621 = 0.621\ （元）$$

（三）年金终值和现值的计算

年金是指一定时期内每期等额的收付款项。如利息、租金、保险费等通常表现为年金的形式。按付款方式不同划分，年金分为普通年金、即付年金、递延年金和永续年金。

关于年金

1. 普通年金终值和现值的计算

普通年金，又称后付年金，是指在一定时期内每期期末有等额收付款项的年金。在现实经济生活中，这是一种最为常见的年金形式。

（1）普通年金终值的计算。

普通年金终值是指在一定时期内每期期末等额收付款项的本利和，如零存整取存款的本利和。

设 A 为每期期末收付款项的金额，即年金数额，i 为年利率，n 为全部年金的计息期数，FVA_n 为年金终值，则普通年金终值的计算可用图 3－1 表示。

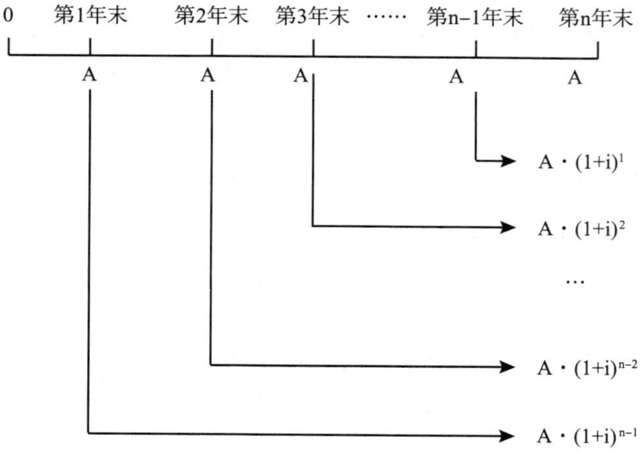

图 3－1　普通年金终值计算示意

普通年金终值的计算公式为：

$$\begin{aligned} FVA_n &= A \cdot (1+i)^0 + A \cdot (1+i)^1 + A \cdot (1+i)^2 + \cdots \\ &\quad + A \cdot (1+i)^{n-2} + A \cdot (1+i)^{n-1} \\ &= A \cdot [(1+i)^0 + (1+i)^1 + (1+i)^2 + \cdots \\ &\quad + (1+i)^{n-2} + (1+i)^{n-1}] \\ &= A \cdot \frac{(1+i)^n - 1}{i} \end{aligned} \tag{3-8}$$

式中，$\frac{(1+i)^n-1}{i}$称为年金终值系数，简略形式为 $FVIFA_{i,n}$（可通过查普通年金终值系数表得到）。因此，普通年金终值计算公式也可表示为：

$$FVA_n = A \cdot FVIFA_{i,n} \tag{3-9}$$

【例 3-5】 每年存款 100 元，年利率 10%，5 年后的存款本利和为：

$$FVA_5 = 100 \times \frac{(1+10\%)^5 - 1}{10\%} = 100 \times 6.105 = 610.5\ (\text{元})$$

题中，我们是已知 A 来求 FVA_n。如果已知 FVA_n 来求 A，就是计算偿债基金，即为使未来某年年金终值达到一定金额每年应提取的年金额。

由于 $FVA_n = A \cdot \frac{(1+i)^n-1}{i}$，所以，

$$A = FVA_n \cdot \frac{i}{(1+i)^n - 1} \tag{3-10}$$

【例 3-6】 某公司 5 年后需偿还 100 000 元的债务，从现在起每年存入银行一笔资金，存款的年利率为 10%，问每年应存入银行多少元资金？

$$A = 100\,000 \times \frac{10\%}{(1+10\%)^5 - 1} = 16\,380\ (\text{元})$$

（2）普通年金现值的计算。

普通年金现值是指一定期间内每期期末等额收付款项的现值之和。

设 A 为每期期末收付款项的金额，即年金数额，i 为年利率，n 为全部年金的计息期数，PVA_n 为年金现值，则普通年金现值的计算如图 3-2 所示。

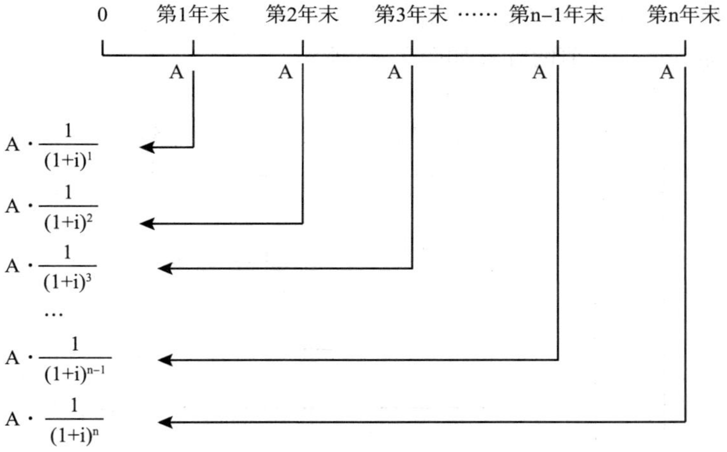

图 3－2 普通年金现值计算示意

普通年金现值的计算公式为：

$$PVA_n = A \cdot \frac{1}{(1+i)^1} + A \cdot \frac{1}{(1+i)^2} + A \cdot \frac{1}{(1+i)^3} + \cdots + A \cdot \frac{1}{(1+i)^{n-1}} + A \cdot \frac{1}{(1+i)^n}$$

$$= A \cdot \left[\frac{1}{(1+i)^1} + \frac{1}{(1+i)^2} + \frac{1}{(1+i)^3} + \cdots + \frac{1}{(1+i)^{n-1}} + \frac{1}{(1+i)^n}\right]$$

$$= A \cdot \frac{1-(1+i)^{-n}}{i} \qquad (3-11)$$

式中，$\frac{1-(1+i)^{-n}}{i}$称为年金现值系数，简略形式为 $PVIFA_{i,n}$（可通过查普通年金现值系数表得到）。因此，普通年金的现值计算公式也可表示为：

$$PVA_n = A \cdot PVIFA_{i,n} \qquad (3-12)$$

【例 3－7】某投资项目的有效期限为 10 年，从今年起每年可得收益 100 000 元，按年利率 10% 计算，10 年的收益现值为：

$$100\,000 \times \frac{1-(1+10\%)^{-10}}{10\%} = 100\,000 \times 6.145 = 614\,500 \text{（元）}$$

2. 即付年金终值和现值的计算

即付年金，又称先付年金，是指在一定时期内每期期初等额的收付款项。先付年金与后付年金的区别仅在于收付款时间的不同，即前者是在每期期初收付款项，而后者是在每期期末收付款项。

（1）即付年金终值的计算。

即付年金终值的计算如图 3－3 所示。

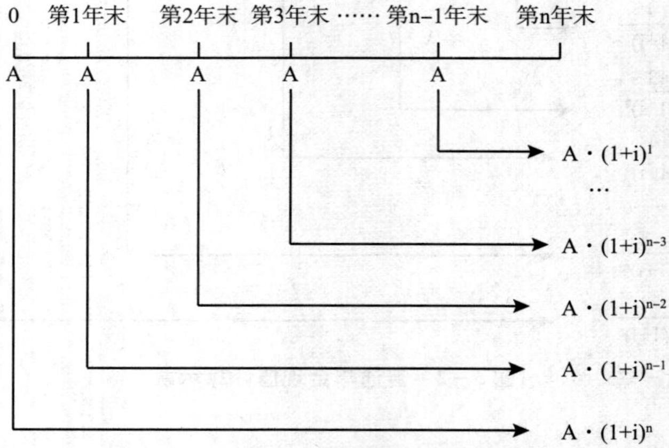

图 3－3　即付年金终值计算示意

即付年金终值的计算公式为：

$$
\begin{aligned}
FVA_0 &= A\cdot(1+i)^1 + A\cdot(1+i)^2 + \cdots + A\cdot(1+i)^{n-2} \\
&\quad + A\cdot(1+i)^{n-1} + A\cdot(1+i)^n \\
&= A\cdot[(1+i)^1 + (1+i)^2 + \cdots + (1+i)^{n-2} + (1+i)^{n-1} \\
&\quad + (1+i)^n] \\
&= A\cdot[(1+i)^0 + (1+i)^1 + (1+i)^2 + \cdots + (1+i)^{n-2} \\
&\quad + (1+i)^{n-1}]\cdot(1+i) \\
&= A\cdot\frac{1-(1+i)^{-n}}{i}\cdot(1+i) \\
&= FVA_n\cdot(1+i) \qquad (3-13)
\end{aligned}
$$

即付年金终值公式表明，n 期先付年金终值可在 n 期后付年金终值的基础上乘以（1＋i）求得。

【例 3－8】某人年初存入银行 10 000 元，年利率 8%，第 6 年后的本利和为多少？

$$
\begin{aligned}
FVA_0 &= A\cdot\frac{1-(1+i)^{-n}}{i}\cdot(1+i) \\
&= 10\,000\times(FVIFA_{8\%,6})\times(1+8\%) \\
&= 10\,000\times7.336\times(1+8\%) \\
&= 79\,228.8\ (\text{元})
\end{aligned}
$$

（2）即付年金现值的计算。

即付年金现值的计算过程如图 3－4 所示。

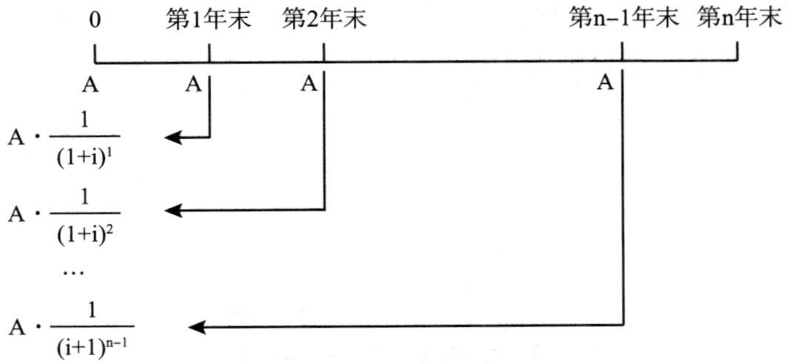

图 3－4 即付年金现值计算示意

即付年金现值的计算公式经推导为：

$$
\begin{aligned}
PVA_0 &= A + A \cdot \frac{1}{(1+i)^1} + A \cdot \frac{1}{(1+i)^2} + \cdots + A \cdot \frac{1}{(1+i)^{n-1}} \\
&= A \cdot \left[\frac{1}{(1+i)^0} + \frac{1}{(1+i)^1} + \frac{1}{(1+i)^2} + \cdots + \frac{1}{(1+i)^{n-1}}\right] \\
&= A \cdot \left[\frac{1}{(1+i)^1} + \frac{1}{(1+i)^2} + \frac{1}{(1+i)^3} + \cdots + \frac{1}{(1+i)^{n-1}} \right.\\
&\quad \left. + \frac{1}{(1+i)^n}\right] \cdot (1+i) \\
&= A \cdot \frac{1-(1+i)^{-n}}{i} \cdot (1+i) \\
&= PFV_n \cdot (1+i) \qquad (3-14)
\end{aligned}
$$

即付年金现值公式表明，n 期即付年金现值可在 n 期后付年金现值的基础上乘以（1＋i）求得。

【例 3－9】 某公司租用一设备，租期为 10 年，每年年初支付租金 1 000 元，年利率为 8%，试问 10 年支付租金的现值为多少？

$$
\begin{aligned}
PVA_0 &= A \cdot \frac{1-(1+i)^{-n}}{i} \cdot (1+i) \\
&= 100\,000 \times (PVIFA_{8\%,10}) \times (1+8\%) \\
&= 100\,000 \times 6.71 \times 1.08 \\
&= 72\,468 \text{（元）}
\end{aligned}
$$

3. 递延年金终值和现值的计算

递延年金，又称为延期年金，是指在最初若干期没有收付款项的情况下，后期若干期有等额系列收付款项。后面若干期等额收付款又有后付和先付两种情况，因而，递延年金又分为后付递延年金和先付递延年金两种情况。

（1）递延年金终值的计算。

假设最初 m 期没有收付款项，后面 n 期有等额收付款项，那么，递延年金终值的计算可用图 3－5、图 3－6 表示。

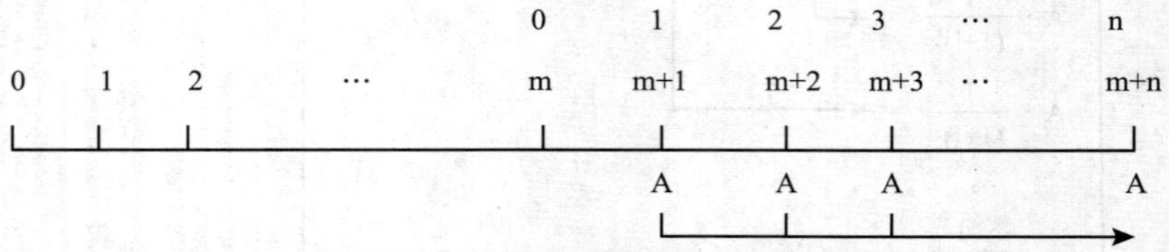

图 3－5　后付递延年金终值计算示意

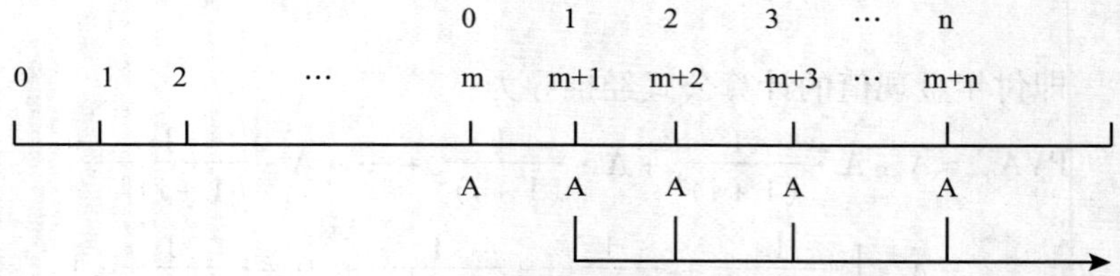

图 3－6　先付递延年金终值计算示意

从图 3－5 和图 3－6 可以看出，递延年金终值的计算与递延期无关，故计算方法和年金终值相同。

（2）递延年金现值的计算。

假设最初 m 期没有收付款项，后面 n 期有等额收付款项，那么，递延年金现值的计算可用图 3－7、图 3－8 表示。

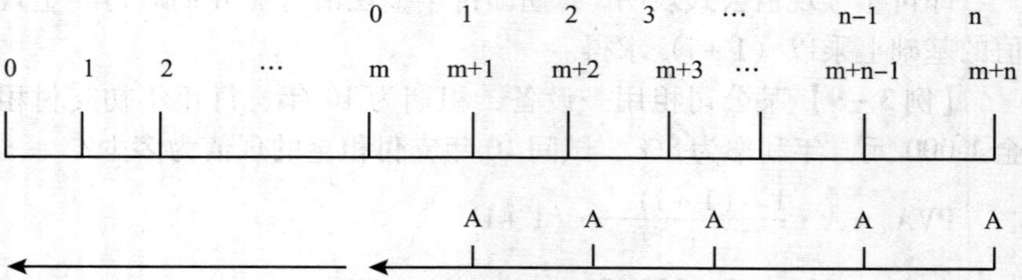

图 3－7　后付递延年金现值计算示意

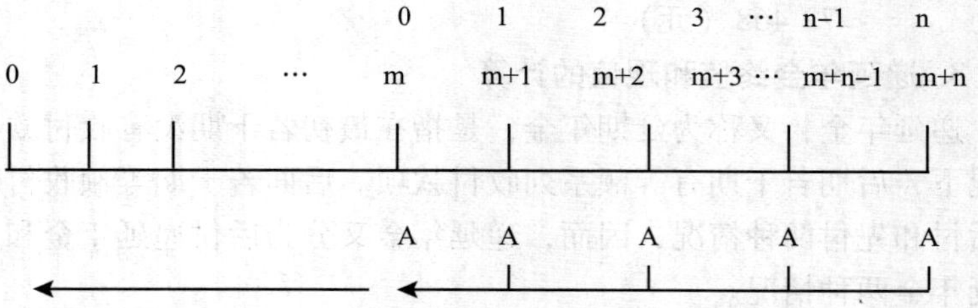

图 3－8　先付递延年金现值计算示意

从图 3－7 和图 3－8 可以看出，不论是后付递延年金现值还是先付递延年金现值，计算方法有两种：

第一种方法：先计算出递延年金在 n 期期初即 m 期期末的现值，再将它作为终值贴现至第 m 期期初，就可求出递延年金现值。

后付递延年金现值的计算公式为：

$$PV_0 = A \cdot PVIFA_{i,n} \times PVIF_{i,m} \qquad (3-15)$$

先付递延年金现值的计算公式为：

$$PV_0 = A \cdot PVIFA_{i,n} \times (1+i) \times PVIF_{i,m} \qquad (3-16)$$

第二种方法：先计算出 m＋n 期年金现值，再减去前 m 期年金现值，两者之差就是递延年金现值。

后付递延年金现值的计算公式为：

$$\begin{aligned} PV_0 &= A \cdot PVIFA_{i,m+n} - A \cdot PVIFA_{i,m} \\ &= A \cdot (PVIFA_{i,m+n} - PVIFA_{i,m}) \qquad (3-17) \end{aligned}$$

先付递延年金现值的计算公式为：

$$\begin{aligned} PV_0 &= A \cdot PVIFA_{i,m+n} \cdot (1+i) - A \cdot PVIFA_{i,m} \cdot (1+i) \\ &= A \cdot (PVIFA_{i,m+n} - PVIFA_{i,m}) \cdot (1+i) \qquad (3-18) \end{aligned}$$

【例 3－10】某公司有一项投资项目，前 2 年没有现金流入，后 5 年每年年末现金流入为 500 万元，假设年利率为 10%。试计算该项投资的现值是多少？

方法一：

$PV_0 = A \cdot PVIFA_{i,n} \times PVIF_{i,m} = 500 \times PVIFA_{10\%,5} \times PVIF_{10,2} =$ 1 622.55（万元）

方法二：

$PV_0 = A \cdot PVIFA_{i,m+n} - A \cdot PVIFA_{i,m} = 500 \times (PVIFA_{10\%,7} - PVIFA_{10\%,2}) =$ 1 622（万元）

4. 永续年金现值的计算

永续年金是指从第 1 期起，无期限每期期末等额支付的款项。它也是普通年金的一种特殊形式。如果公司持续经营，其优先股有固定的股利而无到期日，优先股股利就可以视作是永续年金形式。由于永续年金无终止时间，因此，永续年金无终值。

（1）永续年金现值。

其计算公式为：

$$\begin{aligned} PV_0 &= A \cdot \left[\frac{1}{(1+i)^1} + \frac{1}{(1+i)^2} + \cdots + \frac{1}{(1+i)^n}\right] \\ &= A \cdot \frac{1-(1+i)^{-n}}{i} \qquad (3-19) \end{aligned}$$

当 $n\to\infty$ 时，$(1+i)^{-n}$ 的极限为零，因此，永续年金现值计算公式为：

$$PV_0=\frac{A}{i} \tag{3-20}$$

【例 3－11】 某人持有 A 公司的优先股 10 000 股，每年可获股利 10 000 元，假设利率为 10%，则优先股历年股利的现值为：

$$PV_0=\frac{10\ 000}{10\%}=100\ 000\text{（万元）}$$

（2）永续增长年金现值。

如果永续年金的每期期末现金流不是等额的，而是以一定的比例持续增长，而且这种增长趋势会永远持续下去，那么此类永续年金称为永续增长年金，如图 3－9 所示。

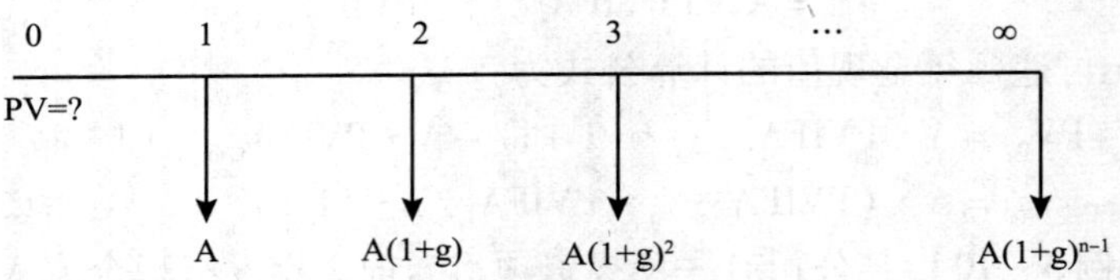

图 3－9　永续增长年金示意

从图 3－9 可知，以 A 表示第 1 期的现金流，g 表示增长率，则永续增长年金现值的计算公式为：

$$PV_0=\sum_{n=1}^{\infty}\frac{A\times(1+g)^{n-1}}{(1+i)^{n}} \tag{3-21}$$

式（3－21）是把等比数列相加，当 $(1+g)/(1+i)<1$ 时，即 i 大于 g，且 n 趋于无穷大时，永续增长年金现值公式为：

$$PV_0=\frac{A}{i-g} \tag{3-22}$$

总之，普通年金、即付年金、递延年金与永续年金最大的区别在于收支时间点与期限的不同。其中，普通年金是最基础、最重要的年金，其他三种年金的相关计算均是通过普通年金进行转换的。

5. 不等额系列收付款项现值的计算

以上介绍的是货币时间价值计算的基本原理。单利、复利终值和现值的计算是就一次收付款而言的，年金则是指每次收付款表现为等额收付款系列，而在实际经济活动中，收付款往往表现为不等额的系列收付款，这就需要计算不等额系列收付款的现值之和。

计算不等额系列收付款现值之和，可先计算出每次收付款的现值，然后将每次收付款的现值进行加总。不等额系列收付款现值的计算可用图3－10表示。

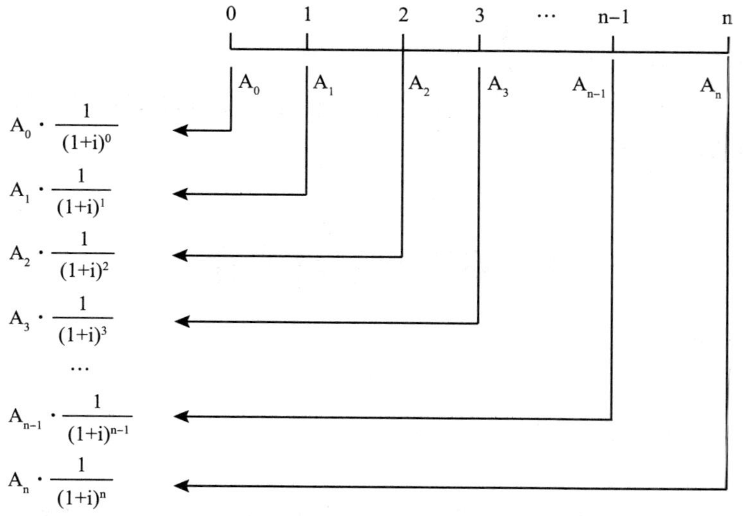

图3－10　不等额系列收付款现值计算示意

不等额系列收付款现值的计算公式为：

$$PV_0 = A_0 \cdot \frac{1}{(1+i)} + A_1 \cdot \frac{1}{(1+i)^1} + A_2 \cdot \frac{1}{(1+i)^2} + \cdots + A_{n-1} \cdot \frac{1}{(1+i)^{n-1}} + A_n \cdot \frac{1}{(1+i)^n}$$

$$= \sum_{t=0}^{n} A_t \cdot \frac{1}{(1+i)^t} \qquad (3-23)$$

【例3－12】某公司现金流见表3－1，贴现率为10%，试计算不等额现金流量的现值。

表3－1　某公司现金流情况表　　单位：万元

年（t）	0	1	2	3	4
现金流	100	200	250	300	300

不等额现金流量现值的计算过程如下：

$$PV_0 = 100 \times \frac{1}{(1+10\%)^0} + 200 \times \frac{1}{(1+10\%)^1} + 250 \times \frac{1}{(1+10\%)^2} + 300 \times \frac{1}{(1+10\%)^3} + 300 \times \frac{1}{(1+10\%)^4}$$

$$
\begin{aligned}
PV_0 &= 100 \times PVIF_{10\%,0} + 200 \times PVIF_{10\%,1} + 250 \times PVIF_{10\%,2} \\
&\quad + 300 \times PVIF_{10\%,3} + 300 \times PVIF_{10\%,4} \\
&= 100 \times 1 + 200 \times 0.909 + 250 \times 0.826 + 300 \times 0.751 \\
&\quad + 300 \times 0.683 \\
&= 918.5\ (\text{万元})
\end{aligned}
$$

由上述计算可知，有关系列现金流量的问题其实就是单一现金流量分析的一个简单扩展。

第二节　有价证券估价

一、债券估价

债券估值

债券是发行者为筹集资金，向投资人发行的，在约定时间支付一定比例的利息，并在到期时偿还本金的一种有价证券。

（一）债券的基本要素

债券的基本要素通常包括票面价值、期限、票面利率、债券的税收、信用级别和流通性等。

1. 票面价值

票面价值也称为票面平价，是一项资产的标定价值，它代表发行人借入，并且承诺于未来某一特定日期偿付给债券持有人的金额。中国的债券面值都是百元。

2. 期限

期限是指债券从购买之日起至本金兑付的时间。理论可能有无到期日的债券，但中国到目前为止发行的债券都有到期日。有的债券还会附有发行人可提前赎回条款，当达到提前赎回条件且发行人同意时，债券可以在到期日之前被赎回。债券的期限与债券利率密切相关，通常期限越长，利率越高。

3. 票面利率

票面利率是债券的关键要素之一，它是指债券利息与债券票面价值的比值。通常年利率用百分比表示，债券发行时票面利率的高低与发行人的信用级别、到期期限、当时的市场利率水平均有关。

4. 债券的税收

债券的税收是指债券的利息是否免税。在中国和许多国家，国债都是免税的，但金融债券和公司债券的利息则需交税。我国金融债券和公司债券的利息税一般为20%。一般来说，免税债券的利率要低于纳税债券的利率。

5. 信用级别

信用级别是指债券发行人的信用等级，即发行人按期履约兑付本息时的可靠程度。显然，国债的信用等级级别最高。除国债外，债券发行时，债券发行人都要请第三方中介机构对其发行的债券进行信用评级，以供投资者决策时参考。信用等级越低的债券，市场对它的利率补偿要求越高，发行越困难。

6. 流动性

流动性是指债券变现的难易程度。债券的发行规模、投资者构成、债券的上市交易场所等都会影响债券的流动性，流动性高的债券的利率通常较流动性低的债券要低一些。在二级市场上，由于具有较强流动性，债券的价格与债券的收益率是相反的关系：价格上升，收益率下降；价格下降，收益率上升。

（二）债券价值的含义及基本估价模型

在证券市场上，公司发行债券需要合理定价，只有公司给出的债券价格与投资者愿意付出的债券价格相一致时，公司才能顺利地发行债券。可见，债券估价是否合理，直接影响到公司债券是否能顺利发行，合理地进行债券估价是公司金融研究的一项重要内容。

所谓债券价值是指债券未来各期现金流量按照应得贴现率计算的现值的和，也称为债券的理论价格。以付息债券为例，债券价值就是与债券有关的未来现金流量折现值以及有效期内各年的利息折现值之和。

假设债券的票面价值为F；票面利率为r；贴现利率为i；I为债券利息；债券的有效期限为n，那么，债券价格P的基本估算模型为：

$$p = \frac{Fr}{(1+i)^1} + \frac{Fr}{(1+i)^2} + \frac{Fr}{(1+i)^3} + \cdots + \frac{Fr+F}{(1+i)^n}$$

$$= \sum_{t=1}^{n} \frac{I}{(1+i)^t} + \frac{F}{(1+i)^n} \qquad (3-24)$$

式（3-24）中是以利息支付一年一次为假设前提的，实际上，利息的支付频率可能是每半年一次，也可能是每季度一次。在此情况下，债券价格的基本估价模型就需要做相应的调整。

（三）债券估值的方法

1. 附息债券的估值

附息债券通常有两种付息方式，一年一付和半年一付。如果附息债券的票面利率与市场利率一致，则平价发行，如果二者发生偏离，附息债券将溢价发行或者折价发行。附息债券的内在价值的计算公式如下：

$$p = \sum_{t=1}^{n} \frac{I}{(1+i)^t} + \frac{F}{(1+i)^n} \tag{3-25}$$

【例3-13】假设某公司决定发行期限为5年、票面价值为1 000元、票面利率为10%的附息债券。债券价格的发行可能会出现以下三种情况：

（1）在债券票面利率等于同类债券的到期收益率时，债券就会以面值发行。

根据附息债券的计算公式，计算如下：

$$\begin{aligned} p &= \frac{100}{(1+10\%)^1} + \frac{100}{(1+10\%)^2} + \frac{100}{(1+10\%)^3} + \frac{100}{(1+10\%)^4} \\ &\quad + \frac{100+1\ 000}{(1+10\%)^5} \\ &= 100 \times 0.909 + 100 \times 0.826 + 100 \times 0.751 + 100 \times 0.683 \\ &\quad + 1\ 100 \times 0.621 \\ &= 1\ 000\text{（元）} \end{aligned}$$

或者：$p = \sum_{t=1}^{5} \frac{1\ 000 \times 10\%}{(1+10\%)^5} + \frac{1\ 000}{(1+10\%)^5} = 1\ 000$（元）

（2）在债券票面利率低于市场利率时，债券就会折价发行。

假设债券发行时，市场利率为11%，而债券的票面利率为10%，则计算如下：

$$\begin{aligned} p &= \frac{100}{(1+11\%)^1} + \frac{100}{(1+11\%)^2} + \frac{100}{(1+11\%)^3} + \frac{100}{(1+11\%)^4} \\ &\quad + \frac{100+1\ 000}{(1+11\%)^5} \\ &= 100 \times 0.901 + 100 \times 0.812 + 100 \times 0.731 + 100 \times 0.659 \\ &\quad + 1\ 100 \times 0.593 \\ &= 962.6\text{（元）} \end{aligned}$$

计算结果表明，这种情况下，债券的发行价格为962.6元，以低于面值1 000元的价格发行，二者的差额为37.4元，这就是债券的折价数额。

（3）在债券票面利率高于投资者要求的必要报酬率时，债券就会溢价发行。

假设债券发行时，市场利率为 9%，而债券的票面利率为 10%，则计算如下：

$$
\begin{aligned}
p &= \frac{100}{(1+9\%)^1} + \frac{100}{(1+9\%)^2} + \frac{100}{(1+9\%)^3} + \frac{100}{(1+9\%)^4} \\
&\quad + \frac{100+1\ 000}{(1+9\%)^5} \\
&= 100 \times 0.917 + 100 \times 0.842 + 100 \times 0.772 + 100 \times 0.708 \\
&\quad + 1\ 100 \times 0.650 \\
&= 1\ 038.9\ (\text{元})
\end{aligned}
$$

计算结果表明，债券发行价格为 1 038.9 元，以高于面值 1 000 元的价格发行，二者的差额 38.9 元为溢价数额。

从本质而言，在债券到期日，无论是溢价发行的债券还是折价发行的债券，债券价格都等于面值。也就是说，在债券溢价或折价发行时，债券价格随着债券到期日的缩短逐渐向债券面值靠近，直至到期日债券价格等于债券面值，参见图 3－11。

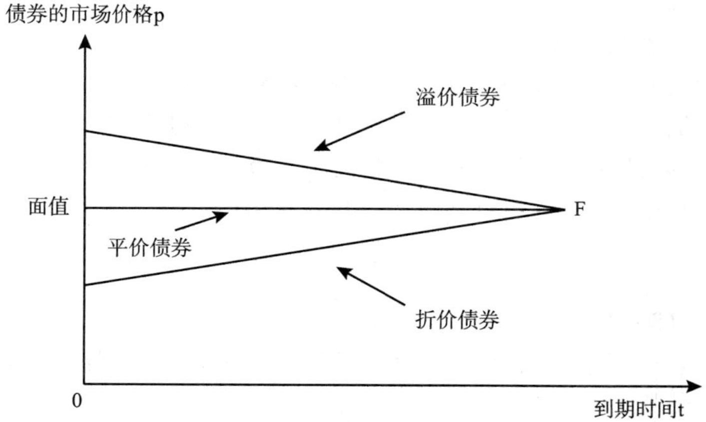

图 3－11　债券市场价格与到期时间关系

图 3－11 表明，在溢价发行债券的情况下，随着时间向到期日靠近，债券的市场价格逐渐下降，直至到期日，等于债券的面值；在折价发行债券的情况下，随着时间向到期日靠近，债券的市场价格逐渐提高，直至到期日，等于债券的面值。

2. 一次性还本付息债券的估价

由于一次性还本付息债券所产生的现金流量是债券到期时的本金和利息之和，因此，一次性还本付息债券的股价就是将债券到期时的本金和利息之和按投资者要求的必要报酬率进行贴现的现值。用公式表示即为：

$$p=\frac{F(1+r)^{m}}{(1+i)^{n}} \tag{3-26}$$

式中，m 表示债券期限；n 表示债券持有期限，其他符号的含义同前。

【例 3-14】 接【例 3-13】资料，假设债券采取的是到期一次性还本付息，发行时市场利率为 9%。试求该债券的发行价格。

根据公式，计算如下：

$$p=\frac{1\ 000\times(1+10\%)^{5}}{(1+9\%)^{5}}=1\ 000\times1.611\times0.65=1\ 047.15\text{（元）}$$

若某投资者在该债券发行 2 年后购买，其他条件不变，试问：用多少钱购买合适？

根据题意可知：m=5，n=3，m≠n，则计算如下：

$$p=\frac{1\ 000\times(1+10\%)^{5}}{(1+9\%)^{3}}=1\ 000\times1.611\times0.772=1\ 243.69\text{（元）}$$

所以，投资者在第 3 年按照 1 243.69 元的价格购买该债券合适。

3. 永久性债券的估价

永久性债券是指没有到期日，也没有最后支付日，债券投资者可以定期地、永久地获得固定收益的债券。永久性债券实际上是一种特殊形式的附息债券，即利息支付趋向于无穷大。因此，永久性债券估价可以采用永续年金的计算方法，其计算公式为：

$$p=\frac{Fr}{i}=\frac{I}{i} \tag{3-27}$$

式（3-27）中有关符号的含义同前。

【例 3-15】 接【例 3-13】，假设该公司发行的债券为永久性债券，则债券的发行价格为：

$$p=\frac{1\ 000\times10\%}{9\%}=1\ 111\text{（元）}$$

4. 零息债券的估价

零息债券又称贴现债券，是一种按照低于债券面值的价格发行，到期按债券面值偿还的债券。实际上，零息债券也是一种附息债券，是附息债券中的折价债券。体现为：在债券发行时，就将应支付给投资者的利息扣除，采取折价的方式发行债券。与普通附息债券不同的是，零息债券的未来现金流量仅有债券本金，因此，其估价公式可表示为：

$$p=\frac{F}{(1+i)^{n}} \qquad (3-28)$$

【例 3－16】 接【例 3－13】，假设该公司发行的债券为零息债券，则债券的发行价格为：

$$p=\frac{1\ 000}{(1+9\%)^{5}}=650\ （元）$$

（四）债券价值与折现率

在债券价格估算中，债券折现率的高低取决于以下两个因素：①债券市场均衡收益率，它决定了折现率的一般水平。②债券投资风险，通常用债券信用等级来衡量。债券信用等级高的公司发行的债券的信用风险低，投资者要求的风险报酬也低，从而风险溢价低；反之，债券信用等级低的公司发行的债券的信用风险高，投资者要求的风险报酬也高，即风险溢价高。综合以上两个因素，就特定公司发行的债券而言，折现率等于债券市场均衡收益率加上风险溢价。

从投资者的角度来看，其购买公司发行的债券相当于进行一项投资。在债券投资中，债券价格相当于现金流出，债券未来各期的利息收入及其债券到期时收回的本金相当于现金流入，债券投资项目的现金流入的现值减去投资支出的现值，即是债券投资项目的净现值。从债券估价基本模型可以看出，债券投资项目的净现值实际上是零。也就是说，从项目评估的角度来看，估算债券价格采用的是内含报酬率法，其中 i 就是债券投资项目的内含报酬率，即债券收益率。

一般来说，在债券的收益率曲线中，债券收益率就是内部到期收益率。所谓内部到期收益率，是指债券持有到期的预期收益率。它将持有长期债券的收益率以固定年率的形式表示出来，假定债券会以目前的票息再投资，即是指将债券未来的投资收益与到期值折算成现值，使之等于初始投资额的折现率。计算公式表示为：

$$p=\frac{I}{(1+R)^{1}}+\frac{I}{(1+R)^{2}}+\frac{I}{(1+R)^{3}}+\cdots+\frac{F}{(1+R)^{n}} \qquad (3-29)$$

式中，P 表示债券的价格；I 为债券的利息（此为年息，半年息除以 2）；F 表示债券的到期票面价值；R 表示到期收益率。

从公式（3－29）可知，它与附息债券内在价值的计算是同一个公式。此处，债券的价格假定为市场价格，而折现率 R 是要计算的到期收益率。由于内部到期收益率即相当于内部报酬率，其计算方法可参见第五章“内部收益率”。

二、股票估价

普通股
股票估值

股票是股份公司发行，用以筹集资金，证明其持有者投资份额和金额的一种有价证券。或者说，股票是股份公司发给股东，证明其所有人股份数，并借以取得股息和红利的有价证券。

（一）股票估价的含义

与债券相比，普通股具有以下特点：①无法事先知道任何允诺的现金流量；②没有到期日，即投资期限实质上是永远的；③无法简易地观察市场上的必要报酬率；④股票持有人具有投票权；⑤公司支付的股利不属于经营成本，全部在税后列支；⑥股票持有人拥有公司的剩余索取权。

股票内在价值的确定也是由未来的现金流量的现值所决定的。与股票有关的现金流量包括两部分：一是未来各期的股利；二是未来出售股票所得售价，即指市场价格。前者公司发放现金股利的现金流具有一定的规律性；后者股票的售价受资本市场的影响，需要一定的确定方法。计算股票未来现金流量的现值所使用的贴现率是股东要求的必要报酬率。

根据股票内在价值的含义，股票价值可以用以下公式进行估算：

$$P_0 = \frac{D_1}{(1+r)^1} + \frac{D_2}{(1+r)^2} + \frac{D_3}{(1+r)^3} + \cdots + \frac{D_\infty}{(1+r)^\infty}$$

$$= \sum_{t=1}^{\infty} \frac{D_t}{(1+r)^t} \quad (3-30)$$

这就是股票基本的估价模型。

式中，P_0 为股票的价值；D 为第 t 期支付的股利；r 为贴现率。

如果投资者购买了某种股票并不打算永久持有该股票，而在一段时间后出售，那么，未来现金流就是几次发放的股利和出售时的股价。因此，买入时的价值与持有 1 年后的价值具有如下关系：

$$P_0 = \frac{D_1}{1+r} + \frac{P_1}{1+r} \quad (3-31)$$

式中，P_0 表示股票的发行价格；D_1 表示第 1 年的股利；P_1 表示第 1 年末的股价；r 表示股票的贴现率。

同理，我们可以得到第 1 年末的股票价格：

$$P_1=\frac{D_2}{1+r}+\frac{P_2}{1+r} \tag{3-32}$$

式中，P_1 表示第 1 年末的价格；D_2 表示第 2 年的股利；P_2 表示第 2 年末股票的价格；其他符号同前。

将式（3－32）代入式（3－31），得：

$$P_0=\frac{D_1}{1+r}+\frac{1}{1+r}\times\left(\frac{D_2}{1+r}+\frac{P_2}{1+r}\right)=\frac{D_1}{1+r}+\frac{D_2}{(1+r)^2}+\frac{P_2}{(1+r)^2} \tag{3-33}$$

同理，P_2 又可以通过第 3 年的股利现值和第 3 年末的股票价格的现值之和得出，而且这个过程可以一直延续下去，由此可得：

$$\begin{aligned}P_0&=\frac{D_1}{(1+r)^1}+\frac{D_2}{(1+r)^2}+\frac{D_3}{(1+r)^3}+\cdots+\frac{D_\infty}{(1+r)^\infty}+\frac{P_\infty}{(1+r)^\infty}\\&=\sum_{t=1}^{\infty}\frac{D_t}{(1+r)^t}+\frac{P_\infty}{(1+r)^\infty}\end{aligned} \tag{3-34}$$

由于当 $n\to\infty$，$\frac{1}{(1+r)^n}\to 0$，所以：

$$P_0=\sum_{t=1}^{\infty}\frac{D_t}{(1+r)^t} \tag{3-35}$$

式（3－35）就是股票基本的估价模型。

根据股票的基本估价模型，股利是重要的现金流量。根据股利在未来的不同分布，在一些非常有用的特殊情形下，普通股的估价模型具体分为以下三种情形：①零增长模型，即股利在各期是等值的；②固定增长模型，即股利呈固定比例持续增长；③分阶段增长模型，即股利在各期呈不同的增长率增长。

（二）股利零增长的股票估价模型

如果股利每年都稳定不变，且投资者准备长期持有，根据股票基本估价模型，可得：

$$P_0=\frac{\frac{D}{(1+r)}\times\left[1-\left(\frac{1}{1+r}\right)^n\right]}{1-\frac{1}{(1+r)}}=\frac{D\left[1-\left(\frac{1}{1+r}\right)^n\right]}{r} \tag{3-36}$$

由于当 $n\to\infty$ 时，$\frac{1}{(1+r)^n}\to 0$，所以：

$$P_0=\frac{D}{r} \tag{3-37}$$

式中，D 表示每年相等的股利。

与股利零增长相对应的公司的情况是：公司经营规模不变，资产收益率不变，公司实现的收益全部以股利的形式支付给股东。现实中，这一类型的公司是很少见的。

（三）股利以某一固定比例持续增长的股票估价模型

股利以某一固定比例持续增长的股票估价模型即股利固定增长模型，又称为股利不变增长模型。

假设某公司股票的现在股利为 D_0，以后每年以某一固定的比例 g 持续增长，且投资者打算长期持有，那么，根据股票基本的估价模型，可得：

$$P_0 = \frac{D_0(1+g)}{(1+r)} + \frac{D_0(1+g)^2}{(1+r)^2} + \cdots + \frac{D_0(1+g)^n}{(1+r)^n} \quad (3-38)$$

设 r > g，将式（3 – 38）两边同乘以$\frac{1+r}{1+g}$，得如下公式：

$$P_0 \times \frac{1+r}{1+g} = D_0 + D_0\frac{1+r}{1+g} + \cdots + \frac{D_0(1+r)^{n-1}}{(1+r)^{n-1}} \quad (3-39)$$

将式（3 – 39）减去式（3 – 38），可得：

$$P_0 \times \frac{1+r}{1+g} - P_0 = D_0 - \frac{D_0(1+g)^n}{(1+r)^n}$$

由于 r > g，当 $n\to\infty$，$\frac{D_0(1+g)^n}{(1+r)^n}\to 0$，将上式简单换算后，可得：

$$P_0 = \frac{D_0(1+g)}{r-g} \quad (3-40)$$

现实中，国民经济是不断增长的，而国民经济的增长又是由公司的成长推动的，因此，公司的成长是客观的。与公司成长相对应，公司支付的股利也是在不断增长的。因此，股利持续增长模型是迄今为止引用最多的股利评价模型。

【例 3 – 17】 某公司在第一年按每股 0.5 元支付股利，预计未来各年股利支付将按 6% 的比例增长，且准备长期持有，假设股票的贴现率为 10%，则股票的理论价格为：

$$P_0 = \frac{D_1}{r-g} = \frac{0.5}{10\% - 6\%} = 12.5\text{（元）}$$

（四）股利分阶段增长的股票估价模型

现实中，公司支付的股利是不断增长的，但是却并不一定按照固定的比例增长，比如有时高速增长，而有时又按固定比例增长或零增长。在此情况下，就需要分别不同情况来估算股票价格。

（1）各年度股利的增长率不同，且持有时间有限。

在此情况下，可通过估算各年度股利的复利现值，然后相加求得股票的内在价值。股利估价模型的计算公式为：

$$P_0 = \sum_{t=1}^{n} \frac{D_t}{(1+r)^t} + \frac{P_n}{(1+r)^n} \tag{3-41}$$

式中，D_t 为第 t 期支付的股利。

【例 3－18】假设某公司股票的市价为 10 元，预计第 1 年、第 2 年每股支付股利为 0.5 元和 0.6 元，第 3 年年末的股票市价为 12 元。假设投资者要求的必要报酬率为 10%。那么，该股票的理论价格为：

$$\begin{aligned} P_0 &= \frac{0.5}{(1+10\%)} + \frac{0.6}{(1+10\%)^2} + \frac{12}{(1+10\%)^3} \\ &= 0.5 \times 0.909 + 0.6 \times 0.826 + 12 \times 0.751 \\ &= 9.96 \text{（元）} \end{aligned}$$

（2）前若干年股利增长率不等，但经过一定年份后，股利按某一固定的比例增长，且长期持有。

这种情况发生在公司由创业期到成长期的发展过程中。假设 m 期股利按不同的增长率增长，而从 m＋1 期开始股利按某一增长率 g 增长，那么，股票估价模型的计算公式为：

$$P_0 = \sum_{t=1}^{m} \frac{D_t}{(1+r)^t} + \frac{P_m}{(1+r)^m} = \sum_{t=1}^{m} \frac{D_t}{(1+r)^t} + \frac{D_{m+1}}{(r-g)(1+r)^m} \tag{3-42}$$

其中，D_{m+1} 为第 m＋1 期支付的股利，$D_{m+1} = D_m(1+g)$

$$P_m = \frac{D_{m+1}}{r-g} = \frac{D_m(1+g)}{r-g}$$

【例 3－19】接【例 3－18】资料，假设从第 3 年开始股票股利按 8% 的增长率增长，那么，股票的理论价格为：

$$\begin{aligned} P_0 &= \frac{0.5}{(1+10\%)} + \frac{0.6}{(1+10\%)^2} + \frac{0.6 \times (1+8\%)}{(10\%-8\%)(1+10\%)^2} \\ &= 0.5 \times 0.909 + 0.6 \times 0.826 + 32.4 \times 0.856 \\ &= 28.68 \text{（元）} \end{aligned}$$

需要注意：在本题中，固定增长率是从第 3 年开始的。这意味着可以用固定增长模型来确定股票在第 2 年的价格。解决这类问题时，最常见的错误是没有正确地界定固定增长的开始时点。

（3）股利在前若干期按某一较高的固定比例增长，而在以后各期则以另一相对较低的比例固定增长。

这种情况多发生在公司由成长向成熟期转变的发展时期。假设前 m 期股利按较高的增长率 g_1 增长，而从 m + 1 期开始股利按某一较低的增长率 g_2 增长，且长期持有。且 $g_1 > g_2$，那么股票的理论价格为：

$$P_0 = \sum_{t=1}^{n} \frac{D_0(1+g_1)}{(1+r)^t} + \frac{D_{m+1}}{(r-g_2)(1+r)^m} \qquad (3-43)$$

其中，

$$D_{m+1} = D_0(1+g_1)^m(1+g_2) \qquad (3-44)$$

$$P_m = \frac{D_{m+1}}{r-g_2} = \frac{D_0(1+g_1)^m(1+g_2)}{r-g_2} \qquad (3-45)$$

【例 3－20】 假设某公司最近每股支付的股利是 0.6 元，预计未来 3 年里股利将以 8% 的比例增长，之后股利将持续以 6% 的比例稳定增长，假设投资者对该公司要求的必要报酬率为 10%。那么，该公司股票的理论价格为：

$$P_0 = \sum_{t=1}^{3} \frac{0.6 \times (1+8\%)^t}{(1+10\%)^t} + \frac{0.6 \times (1+8\%)^3 \times (1+6\%)}{(10\%-6\%)(1+10\%)^3}$$

$$= \frac{0.6 \times (1+8\%)}{(1+10\%)} + \frac{0.6 \times (1+8\%)^2}{(1+10\%)^2} + \frac{0.6 \times (1+8\%)^3}{(1+10\%)^3}$$

$$+ \frac{0.6 \times (1+8\%)^3 \times (1+6\%)}{(10\%-6\%)(1+10\%)^3}$$

$$= 41.43 \text{（元）}$$

另外还有 H 模型、多元增长模型等股票估值模型，在此不再介绍。

本章小结

1. 货币的时间价值是指货币经历一定时间的投资和再投资所增加的价值，也称资金的时间价值。在公司金融活动中，现金流量发生在不同的时间，要比较现金流入量与现金流出量，就必须将现金流入量和现金流出量换算成某一时点的值，即要树立货币时间价值观念。

2. 货币时间价值的计算方法有单利和复利两种，货币时间价值的表示形式有现值和终值两种，进而货币时间价值又分为单利终值和单利现值，复利终值和复利现值。

3. 年金是指一定时期内每期等额收付款项。年金终值和现值的计算分为普通年金终值和现值、即付年金终值和现值、递延年金终值和现值、永续年金终值和现值。

4. 从投资者的角度来看，债券价格是指因投资债券而在未来获得的现金流量的现值。决定债券价格的因素有两个：一是与债券有关的未来现金流量，二是贴现率，即投资者要求的必要报酬率。投资者要求的必要报酬率等于债券市场均衡收益率加上风险溢价。

债券估价的基本模型为：

$$p = \sum_{t=1}^{n} \frac{Fr}{(1+i)^t} + \frac{F}{(1+i)^n}$$

5. 债券估价的情况有三种：一次性还本付息债券的估价、永久性债券的估价和零息债券的估价。

6. 股票的价格是由未来的现金流量的现值决定的。与股票有关的现金流量包括两部分：一是未来各期的股利，二是未来出售股票所得售价。计算股票未来现金流量的现值所使用的贴现率是股东的必要报酬率，也就是股权资本成本。

股票估价的基本模型为：

$$P_0 = \sum_{t-1}^{\infty} \frac{D_t}{(1+r)^t} + \frac{P_n}{(1+r)^n}$$

7. 股票估价模型的几种特殊形式：股利零增长的股票估价模型、股利按某一固定比例增长的股票估价模型、股利以不同的增长率增长的股票估价模型。

思考与练习

1. 货币时间价值的基本内涵是什么？

2. 什么是债券价格？决定债券价格的因素是什么？

3. 债券发行价格通常有几种形式？是在何种情况下出现的？

4. 什么是股票价格？决定股票价格的因素是什么？

5. 银行借入一笔款项，银行贷款的年利率为5%，每年复利一次，银行规定前5年不用还本付息，但从第6～10年每年年末偿还本息5 000元，这笔借款的现值是多少？

6. 张先生准备购买汽车，汽车商提供三种付款方式可供选择：(1) 支付现款80 000元，汽车商给予5%的销售折扣；(2) 采取分期付款方式，每年年末付款20 000元，期限5年，年利率为10%；(3) 不用付现款，3年后按10%的利率一次性支付100 000元。试计算并分析：以上购买哪种方式合适？

7. 若一位客户将1 000元存入银行，该银行存款的年利率为6%，分别计算按半年、按季度以及按月复利计息的终值。

8. 年利率为5%时，20年期的普通年金终值系数和年金现值系数是多少？20年期的预付年金终值系数和年金现值系数又是多少？

9. 某设备安装施工期为3年，从第4年起投产，每年可增加收益10万元，若按年利率10%计算，投产后10年的总收益现值是多少？

10. 如果一优先股，每年分得股息10元，而年利率为6%，该优先股出售价格为多少元，投资人才愿意购买？

11. 公司欲发行面值为1 000元，期限为5年的零息债券。发行债券时，同类债券的市场利率为10%，试问该公司应以何种价格发行债券？

12. 某债券面值1 000元，期限8年，票面利率10%，市场利率8%，到期一次还本付息，如在发行时购买，多高的价格是可接受的？若已发行3年，该债券的现行价格是多少？

13. 某公司股票的市价为10元，预计第1年、第2年每股支付股利为0.5元和0.6元，第3年末的股票市价为12元。假设投资者要求的必要报酬率为10%，试问该股票的理论价格为多少？

14. 某公司最近支付的普通股的每股股利为1.6元，公司预计以后的4年股利将以20%的比率增长，再往后则以8%的比率增长，投资者要求的报酬率为12%，试计算该普通股的理论价格。

第四章

风险与收益

本章要点

- ✧ 风险和收益的概念
- ✧ 风险的衡量
- ✧ 投资组合
- ✧ 资本资产定价模型
- ✧ 套利定价理论

经济活动都是有风险的，公司金融活动也不例外，因此，公司金融活动应树立风险观念，研究、计量风险并设法控制风险，以保证公司目标的实现。

第一节　风险与收益度量

一、风险概述

（一）风险的概念与特征

一般说来，风险是指行为主体为自己做出的某一决策所承担的不确定性，也就是行为主体决策所依据的主观预期与客观现实偏离的可能性。概括而言，风险具有如下特征：

1. 不确定性

不确定性是指投资者预期收益具有不确定性，即不利事件是否发生以及不利事件发生后带来损失程度的大小是不确定的。投资者的预期是建立在现有信息基础上的一种对经济变量预测值的计算活动。从结果上看，预期仅是对经济变量未来变动结果的一种预测值。预测结果的准确性一方面取决于决策者所掌握的信息的充分性、准确性和及时性，另一方面取决于决策者处理信息的有效性。然而，当经济变量的主观预测值与客观实际值之间不可避免地发生偏离，这种偏离发生的可能性就是风险。

2. 客观性

现实世界的变化是永恒的、普遍的，在通过价格配置资源的市场经济中，市场参与者不可能完全掌握市场的运动。因此，风险普遍存在，不管你愿意不愿意，风险是客观存在的，只要你做出决策，就必须承担相应的风险。风险不可能消除，只能积极防范与管理。

3. 相对性

现实中，同一不利事件在不同的投资者身上发生的概率及其影响程度不同，具有相对性。因为，不同经济主体对同一事件未来变动趋势预期的准确性不同，对未来变动趋势的控制能力和对不利事件造成损失的承受能力也不同，所以，某一风险对有的经济主体来说是大风险，而对有的经济主体来说可能是小风险。

4. 突发性

风险的收益或者损失有时不一定立即表现出现实中的收益或者损失。因此，投资者往往存有侥幸心理，尽力掩盖风险，期待市场出现转机。加之在资本市场上存在信用创造，易掩盖已经出现的损失问题，但如果风险持续累积，最终会以突发的形式表现出来。

5. 损益性

虽然风险是指损失或者收益的可能性，但人们较多关注的还是它的损失，即给经济主体带来的消极性、负面性。一般说来，经济主体对意外损失的关注远大于对意外收益的关注，因此，人们研究风险时主要是从不利方面来考察风险，将风险看成是不利事件发生的可能性。

（二）风险的种类

风险可以从不同的角度按不同的标准进行多种划分。

1. 从单个投资主体的角度看，风险分为系统性风险和非系统性风险

如果按照能否通过投资组合来分散，风险可以分为系统性风险和非系统性风险。

（1）系统性风险。

系统性风险也称不可分散风险，是指无法通过投资组合或分散化投资来消除的风险，这类风险来自对经济运行所有资产都会产生影响的因素，它所造成的影响对任何资产都不可避免，如战争、自然灾害、汇率政策变化等。

（2）非系统性风险。

非系统性风险也称可分散风险，是指某些只能对个别资产收益产生影响的风险，它是与特定公司或行业相关的风险，与经济、政治和其他影响所有金融变量的因素无关。如某公司的管理水平、违约事件等。

风险的形成是多方面因素共同作用的结果。例如，经济环境的恶化、适用法律的变化、监管政策的不力或税率的调整等因素为风险的形成奠定了前期基础，在经济运行中，由于监管失误或其他各方面原因，危机的种子被埋下。当遇有资产价格突然下降等风险事故时，危机一触即发，风险就产生了。就金融市场而言，历史上多次发生的金融危机，往往都是可以有效避免的，但是政府往往为了一时的繁荣、为了当下的经济利益最大化而忽略了风险的管理。

2. 从整个金融领域的角度看，金融风险可以分为市场风险、信用风险、流动性风险、操作风险、法律和监管风险等

这种分类是金融领域风险管理科学飞速发展的支柱。

（1）市场风险。

市场风险是指由于金融市场因素（如利率、汇率、股票和商品价格等）的不利变动而导致金融资产价值的损失。这些市场因素对金融参与者造成的影响可能是直接的，也可能是通过对其竞争者、供应商或消费者所造成的间接影响。根据不同的风险因素，市场风险又可分为利率风险、汇率风险、价格风险等。其中，利率风险尤为重要，因为利率波动会直接导致金融机构所持有的资产价值的变化，使机构的持续经营能力受到威胁。利率风险主要表现为利率结构性风险，如在资产、负债的利率结构上由于期限、利率种类和水平以及利率波动政策等方面未经科学、充分的考虑，不能应付各种变动而造成的风险。利率波动可能源于经济周期不同阶段市场对资金的需求变化，也可能由国际经济环境变化等因素引起。

(2) 信用风险。

信用风险是指在交易完全履约期间，由于金融市场环境的变化等原因导致合约内容无法履行而造成损失的可能性。信用风险主要包括两方面内容：一是违约可能性的大小；二是由违约造成损失的多少。前者取决于交易对方的资信，后者则取决于金融产品的价值。对商业银行来说，其面临的主要风险之一是信用风险，即交易对手不能完全履行合同的风险。这种风险不仅出现在贷款中，也发生在担保、承兑和证券投资等业务中。

(3) 流动性风险。

流动性风险是指金融参与者由于资产流动性降低而导致的可能损失的风险。当金融参与者无法通过变现资产，或无法减轻资产作为现金等价物来偿付债务时，流动性风险就会产生。如金融机构的流动性风险一般包括两方面内容：一是市场流动性风险，即金融产品的持有者无法在可接受的市场价格条件下轧平或冲销其头寸，造成无法平仓的风险，这种风险在 OTC 市场中进行动态对冲交易时表现得更为突出；二是现金流动性风险，即因交易商流动资金不足出现合约到期无法履行支付义务或者无法按合约要求追加保证金的风险。

(4) 操作风险。

操作风险来源于交易过程中出现的错误导致的附加成本，如清算失败、没能达到监管要求和不能及时汇总。操作风险直接与机构的管理系统相关，这种风险在无意识状态下可引发市场敞口风险和信用风险，从而损害交易机构的形象。巴塞尔委员会将操作风险定义为“由于不完善的内部流程、人员、系统或外部事件而带来的风险损失”。由此可见，操作风险可能由多种不同的原因引起，例如，欺诈、不健全的管理和报告结构、不正确的操作流程、交易结算失误、错误的信息系统或自然灾害等。

(5) 法律和监管风险。

法律和监管风险是指由于违反现行法律、法规或者由于适用性法律的变化而带来的损失。法律风险在某种程度上与操作风险是相关的。当合同出现违约时，法律风险就产生了。

3. 从公司本身的来看，风险可分为经营风险和财务风险

经营风险是指生产经营的不确定性带来的风险，是任何商业活动都存在的，在产供销的诸多环节中，任何一个环节出现问题都会带来风险，而且往往是公司不能控制的风险。

财务风险是指因公司负债而增加的风险，是由于公司融资决策带来的。若公司不负债，全部使用股权资本就没有财务风险，只有经营风险，只要负债经营，就会存在财务风险。财务风险经常表现为财务杠杆风险和偿付风险。

二、收益概述

（一）收益与收益率的基本含义

收益就是指投资所带来的回报。投资收益有两种表达形式：投资收益额和投资收益率。

收益率的计算

1. 投资收益额

收益额是投资收益的绝对值表达方式，其计算公式为：

$$R = C_t + \sum_{i=1}^{N} C_i - C_0 \tag{4-1}$$

式中，C_0 表示期初投资额；C_t 表示期末收回投资额；N 表示获得投资收益次数。

2. 投资收益率

绝大多数的投资者都对投资收益率更关注。投资收益率是指项目整个投资期间的投资收益（此项目产生的现金流 C_t 加上投资项目本身的价值变化）与期初投资的百分比。计算公式表示为：

$$r = \frac{C_t + \sum_{i=1}^{N} C_i - C_0}{C_0} \tag{4-2}$$

式（4-2）隐含着项目在存续期内获得的各期投资收益不再进行追加投资。所以又称为持有期收益率。

其中，$\sum_{i=1}^{N} C_i$ 是指项目存续期内共获得的 N 次投资收益。由于投资项目存续期各不相同，所以，无法通过投资收益率进行项目评估。

如果将项目在存续期内所获得的现金流进行再投资，则持有期收益率的定义为：

$$r = \frac{C_r + \sum_{i=1}^{N} FV(C_i) - C_0}{C_0} \tag{4-3}$$

式中，$FV(C_i)$ 表示各期投资的复利终值；其他符号的含义同上。

按照式（4-3），假设某投资年限为 N 年，则该投资在 N 年间实现的“持有期收益率”与各年收益率的关系为：

$$1 + r = (1 + r_1)(1 + r_2)\cdots(1 + r_n)$$

此外，还可以用“年平均收益率”来表示投资收益状况。在实践中，通常以1年为一个标准的时间长度单位，投资收益的标准化定义为：

$$r_t = \frac{C_t + P_t - P_{t-1}}{P_{t-1}} \qquad (4-4)$$

式中，P_t 表示某项投资在 t 年末（时点 t）的价格；C_t 表示某项投资在 t 年末（时点 t）获得的收益；t－1 表示投资初始时刻。

式（4－4）经常被用来计算证券投资中股票投资的每股收益率。也适用于预测未来的证券投资收益率。

（二）证券投资收益率

投资者进行证券投资的目的是获得收益。因此，证券投资收益及其大小对投资者的投资选择具有重要的决定作用，投资者在进行投资时首先考虑的主要是证券的收益状况。投资者总是希望投资收益越高越好，但收益和风险是并存的，市场上很少存在收益高且风险小的证券。通常，预期收益越高，投资者愿意承担的风险越大；风险越小，预期收益越低。从理论上说，投资者只能在风险相同的证券中选择收益较高的证券，或者在收益相同的证券中选择风险较小的证券。因此，收益和风险一起构成了证券投资的核心问题。

证券投资收益可以分为两类：一类是已实现的收益，是指在过去的投资期间实现的收益；另一类是预期收益，是指未来投资期间可能实现的收益。两类收益的主要差别是，已经实现的收益是投资者已经完成的收益，而预期收益是投资者期望的收益，目前，该收益并未实现，将来的实际收益也可能与期望收益存在偏差。

1. 证券投资的实现收益

证券投资的实现收益是指投资者在一定时期内进行投资，其所得与支出的差额即证券投资者在从事证券投资活动中所获得的报酬，它由持有期的证券红利（利息）和资本利得构成，主要包括债券投资收益、股票投资收益、基金投资收益。债券投资收益主要来源于债券的利息收入和资本损益（资本利得）。股票投资收益主要来源于股利、资本利得和资本增值收益。基金投资收益主要由利息收入、股利收入、资本利得构成。对于投资者来说，证券投资风险的产生主要是由于未来预期收益的不确定性，在投资分析中，需要面对的更多的是对未来收益的预期。证券投资的实现收益从这种意义上讲，对于投资者面向未来的投资活动是无用的。但是，历史已实现收益对于预测未来收益是有重要的参考价值的，是证券投资分析以及相关理论验证的基础。因此，已实现的历史收益与投资的未来收益是相关的，对证券投资已实现收益的分析也是有意义的。

2. 预期收益率

预期收益，是指投资者投资于证券所希望获得的收益，是投资者在未来投资期间可能实现的平均收益。证券的未来收益是一个随机变量，基于上文将证券投资风险定义为未来预期收益的不确定性，这种不确定性可用收益率概率分布的方差或标准差来度量。因此，分析时常用收益率的数学期望来反映预期收益的大小。

预期收益率，就某一年而言，它等于来年的预期收益额与年初投资额之间的比率。其中，预期收益额等于预期的当期收益与预期的资本利得之和。如果投资者年初投资额是 V_0，预期该资产的年末市值是 $E(V_1)$，预期这段时间的当期收益为 $E(C_1)$，则预期收益率 E(R) 为：

$$E(R)=\frac{[E(V_1)-V_0+E(C_1)]}{V_0} \tag{4-5}$$

【例 4－1】 如果投资者年初以 10 元/股的价格购买 A 股票 100 股，预期当年将获得 0.5 元/股的红利，预计该年末 A 股票价格将上升到 11 元/股，则其预期收益率是多少？

从题意可知：期初投资＝1 000 元；预期的当期收益＝50 元

则：预期的资本利得＝100 元

预期收益＝50＋100＝150（元）

预期收益率＝150/1 000＝15%

常用的计算预期收益率方法有：一是选择某资产的历史收益率作为样本，通过计算该样本的算术平均值来估计该资产的预期收益率。二是通过预测某资产在未来各种情况下的收益率和各种情况发生的概率，然后通过加权平均法来计算该资产的预期收益率。

假定用 r_1，r_2，…，r_n 描述投资某证券未来可能的收益率，用 p_1，p_2，…，p_n 描述各种收益出现的可能性，则证券未来期望收益率公式为：

$$E(r)=r_1p_1+r_2p_2+\cdots+r_3p_3=\sum_{i=1}^{n}r_ip_i \tag{4-6}$$

以概率加权的平均收益率，反映了人们对未来收益率的总体预期。未来期望收益率一般会与实际收益率存在偏差，期望收益率只不过是与可能的实际值误差最小的预测值。

【例 4－2】 王某准备经营冷饮生意，冷饮的销量和天气有关，从过去的经验得知：天气很热，收益率可达 35%；天气正常，收益率可达10%；天气凉爽，收益率只有5%。三种天气出现的概率分别为25%、50%和25%，那么王某经营冷饮生意的预期收益率为多少？

$$E(r) = \sum_{i=1}^{n} r_i p_i = 35\% \times 0.25 + 10\% \times 0.5 + 5\% \times 0.25 = 15\%$$

三、风险的衡量

前已述及，风险是行为主体决策所依据的主观预期与客观现实偏离的不确定性。所谓风险衡量，就是测算主观预期与客观现实的偏离程度。风险衡量的方法可以借助于概率统计中的方差、标准差、标准差系数等离散指标进行定量的描述和评估。

（一）概率

在经济活动中，某一事件在相同的条件下可能发生也可能不发生，这类事件称为随机事件。概率是用来表示某一随机事件发生的可能性。通常，把必然发生的事件的概率定为1，把不可能发生的事件的概率定为0，而一般随机事件的概率是介于0和1之间。概率越大，表明随机事件发生的可能性越大。

概率必须符合以下两条规则：

（1）$0 \leqslant P_i \leqslant 1$；

（2）$\sum_{i=1}^{n} P_i = 1$。

【例4-3】 某公司准备投资开发一种新产品，根据市场预测，未来投资收益率和概率分布如表4-1所示。

表4-1　某公司的投资收益率

客观状态	概率	投资收益率（%）
市场需求较高	0.3	20
市场需求一般	0.5	15
市场需求较低	0.2	10

（二）预期值

随机变量的各个取值，以相应的概率为权数的加权平均值，叫作随机变量的预期值（期望值），它反映随机变量取值的平均化。其计算公式为：

$$(\bar{K}) = \sum_{i=1}^{n}(P_i \cdot K_i) \qquad (4-7)$$

式中，P_i 表示第 i 种结果出现的概率；K_i 表示第 i 种结果出现后的预期收益率；n 表示所有可能结果的数目。

【例 4－4】某公司准备投资开发新产品，现有三个方案可供选择。根据市场预测，三种不同市场状况的预期年收益率和概率如表 4－2 所示。

表 4－2　　产品的预期收益率

市场状况	发生概率	预计年收益率（%）		
		A 产品	B 产品	C 产品
繁荣	0.3	30	40	50
一般	0.5	15	15	15
衰退	0.2	0	－15	－30

则 A、B、C 三种产品的预期值分别为：

$\bar{K}_A = 0.3 \times 30\% + 0.5 \times 15\% + 0.2 \times 0 = 16.5\%$

$\bar{K}_B = 0.3 \times 40\% + 0.5 \times 15\% + 0.2 \times (-15\%) = 16.5\%$

$\bar{K}_C = 0.3 \times 50\% + 0.5 \times 15\% + 0.2 \times (-30\%) = 16.5\%$

计算结果表明，三种产品的预期收益率相同。但是，投资收益率是一个变量，其具体值一般不会等于期望值，而是围绕期望值上下波动。因此，在评价期望值的代表性强弱时，要依据投资收益率的具体值对期望值的偏离程度来确定。偏离程度越大，期望值的代表性就越弱；偏离程度越小，期望值的代表性就越强。这种偏离程度就是风险程度。投资项目的预期收益率相同，但其风险程度可能不同。为了定量地衡量风险程度，还需使用概率统计中的衡量概率分布离散程度的有关指标。

（三）方差、标准差和标准差系数

方差是用来衡量随机变量的具体值与预期值之间离散程度的指标。其计算公式为：

$$\sigma^2 = \sum_{i=1}^{n}(K_i - \bar{K})^2 \cdot P_i \qquad (4-8)$$

式中，K_i 表示随机变量的具体值；$\bar{K}$ 表示随机变量的预期值；P_i 表示第 i 种结果出现的概率。

标准差是方差的平方根，也叫均方差。其计算公式为：

$$\sigma = \sqrt{\sum_{i=1}^{n}(K_i - \bar{K})^2 \cdot P_i} \qquad (4-9)$$

【例4-5】 根据【例4-4】的相关数据可得：

$\sigma_A^2 = (30\% - 16.5\%)^2 \times 0.3 + (15\% - 16.5\%)^2 \times 0.5 + (0 - 16.5\%)^2 \times 0.2 = 0.0110$

$\sigma_A = \sqrt{0.0110} = 10.5\%$

$\sigma_B^2 = (40\% - 16.5\%)^2 \times 0.3 + (15\% - 16.5\%)^2 \times 0.5 + (-15\% - 16.5\%)^2 \times 0.2 = 0.0365$

$\sigma_B = \sqrt{0.036525} = 19.114\%$

$\sigma_C^2 = (50\% - 16.5\%)^2 \times 0.3 + (15\% - 16.5\%)^2 \times 0.5 + (-30\% - 16.5\%)^2 \times 0.3 = 0.0770$

$\sigma_C = \sqrt{0.077025} = 27.25\%$

投资收益率的波动程度，即投资收益率的具体值与预期值的离散程度代表着投资风险的大小，而标准差就是表示变量的各个具体值与预期值波动程度的统计量，所以，标准差的大小就代表着投资风险的大小。【例4-5】中，A产品的标准差小于B产品，B产品的标准差又小于C产品，即$\sigma_A < \sigma_B < \sigma_C$。一般来说，A产品的投资风险小于B产品，B产品的投资风险小于C产品。但是，由于标准差是一个表示变量的具体值与预期值波动程度的统计量，属于绝对数指标，所以，用标准差来衡量投资风险大小的前提条件是各个投资项目的预期值相同。如果各投资项目的预期值不同，就不能用标准差来衡量风险，而必须用相对数指标即标准差系数来衡量。

标准差系数是标准差与预期值之比，也叫变差系数或变异系数。其计算公式为：

$$V = \frac{\sigma}{\bar{K}} \qquad (4-10)$$

式中，V表示标准差系数；σ表示标准差；$\bar{K}$表示预期值。

【例4-6】 某公司有A、B两个投资项目可供选择，两个投资项目的标准差分别为15%和10%，期望值分别为30%和25%。

两个投资项目的标准差系数分别为：

$V_A = \frac{15\%}{30\%} = 0.5$

$V_B = \frac{10\%}{15\%} = 0.67$

就A、B两个投资项目来看，若用标准差来衡量投资风险，会得出A项目的投资风险比B项目大的结论，但因两个项目的预期值不同，用标准差系数来衡量，则得出B项目的投资风险比A项目大的结论。显然，后者的结论是正确的。

通过以上分析，我们得出衡量投资风险大小的基本规则：在预期值相同的情况下，用标准差指标来衡量风险大小，即标准差越小，风险越小；在预期值不同的情况下，用标准差系数指标来衡量风险大小，即标准差系数越小，风险越小。

第二节 投资组合

一、投资组合的收益

在第一节中研究了单一投资项目的风险和收益，那么如果一个投资者自己已经计算得到了所有这些数据，他该如何选择证券呢？在实际中，投资者往往是将投资组合起来，构成最佳投资组合，以减少总投资的风险程度。投资组合就是两个或者两个以上证券组成的组合，将不同投资组合在一起构成的总投资则称为总投资组合。

假设公司进行由项目1和项目2构成的组合投资，项目1的投资比例为X_1，期望报酬率为$\bar{K}_1$，项目2的投资比例为X_2，期望报酬率为$\bar{K}_2$，则总投资的期望收益率为：

$$\bar{K} = X_1 \cdot \bar{K}_1 + X_2 \cdot \bar{K}_2 \cdot X_2 \qquad (4-11)$$

二、投资组合的风险度量

投资组合的风险是用协方差与相关系数来度量的。

根据概率统计知识可知，由两个投资项目构成的投资组合的方差的计算公式为：

$$\sigma^2 = \sum_{i=1}^{n}\sum_{j=1}^{n} X_i X_j \sigma_{ij} = (X_1\sigma_1)^2 + 2X_1X_2\sigma_{12} + (X_2\sigma_2)^2 \qquad (4-12)$$

投资组合的标准差为：

$$\sigma = \sqrt{X_1^2\sigma_1^2 + 2X_1X_2\sigma_{12} + X_2^2\sigma_2^2} \qquad (4-13)$$

式中，σ_{12}为协方差。

协方差是用来描述两个投资项目之间的相关程度的。如果两个投资项目不相关，协方差为零；如果两个投资项目正相关，协方差大于零；如果两个投资项目负相关，协方差小于零。

协方差可用以下公式计算：

$$\sigma_{12} = \sum(\bar{K}_1 - K_1)(\bar{K}_2 - K_2) \cdot P \qquad (4-14)$$

【例 4-7】根据【例 4-4】资料，假设把 A 和 B 两种产品看作是两个投资项目并进行投资组合，其协方差计算如表 4-3 所示。

表 4-3　　投资项目 A 和投资项目 B 的协方差计算

$\bar{K}_A$	K_A	$\bar{K}_A - K_A$	$\bar{K}_B$	K_B	$\bar{K}_B - K_B$	$(\bar{K}_A - K_A)(\bar{K}_B - K_B)$	P
16.5%	30%	-13.5%	16.5%	40%	-23.5%	3.17%	0.3
16.5%	15%	1.5%	16.5%	15%	1.5%	0.02%	0.5
16.5%	0	16.5%	16.5%	-15%	31.5%	5.20%	0.2

$$\begin{aligned}\sigma_{12} &= \sum(\bar{K}_A - K_A)(\bar{K}_B - K_B) \cdot P \\ &= 3.17\% \times 0.3 + 0.02\% \times 0.5 + 5.20\% \times 0.2 \\ &= 2\%\end{aligned}$$

协方差是用绝对值的形式反映两个变量的相关程度，在实际中，人们更多使用的是相对值反映两个变量的相关程度，这个相对值就是相关系数 ρ。

相关系数的计算公式为：

$$\rho_{12} = \frac{\sigma_{12}}{\sigma_1\sigma_2} \qquad (4-15)$$

相关系数永远满足 $-1 \leqslant \rho \leqslant 1$ 的条件。$\rho_{12} = 1$，表示投资项目 1 和投资项目 2 完全正相关，即当投资项目 1 的收益增加时，投资项目 2 的收益也以同比例增加；$\rho_{12} = -1$，表示投资项目 1 和投资项目 2 完全负相关，即当投资项目 1 的收益增加时，投资项目 2 的收益以同比例减少；$\rho_{12} = 0$，表示两个投资项目之间没有相关性。

根据相关系数公式，上面介绍的两个投资构成的投资组合的标准差公式可进一步表示为：

$$\begin{aligned}\sigma &= \sqrt{(X_1\sigma_1)^2 + (X_2\sigma_2)^2 + 2X_1X_2\sigma_{12}} \\ &= \sqrt{(X_1\sigma_1)^2 + (X_2\sigma_2)^2 + 2X_1X_2\rho_{12}\sigma_1\sigma_2} \qquad (4-16)\end{aligned}$$

【例4－8】 根据【例4－4】【例4－5】【例4－7】的计算结果，投资项目1和投资项目2的相关系数为：

$$\rho_{12}=\frac{2\%}{10.5\%\times 19.114\%}=0.9965$$

投资组合的期望值为：

$$\bar{K}=\sum_{i=1}^{2}X_i\bar{K}_i=X_1\bar{K}_1+X_2\bar{K}_2$$

设投资项目1的比重为30%，则 $X_1=0.3$，$X_2=1-0.3=0.7$，则：

$\bar{K}=0.3\times 16.5\%+0.7\times 16.5\%=16.5\%$

投资组合的方差和标准差为：

$$\begin{aligned}\sigma^2&=\sum_{i=1}^{2}\sum_{j=1}^{2}X_iX_j\sigma_{ij}=(X_1\sigma_1)^2+2X_1X_2\sigma_{12}+(X_2\sigma_2)^2\\&=(0.3\times 0.105)^2+2\times 0.3\times 0.7\times 0.02\\&\quad+(0.7\times 0.19114)^2\\&=0.0272941\end{aligned}$$

$$\sigma=\sqrt{\sigma^2}=\sqrt{0.0272941}=0.1652092$$

计算结果表明，$\sigma<\sigma_2$，$\sigma>\sigma_1$，即投资组合的风险较投资项目2降低，但高于投资项目1。如果进一步提高投资项目1的比重，投资组合的风险会进一步降低。例如，将投资项目1的比重提高到0.7，投资项目2的比重降低到0.3，那么，投资组合的标准差将降为0.1307298。

期望值和方差公式表明，投资组合的期望收益与投资项目之间的相关程度无关，投资组合的标准差的大小取决于各投资项目所占比重的大小、标准差的大小以及相关系数的大小，因此，投资组合的风险的大小，不仅与各投资项目风险的大小有关，而且与各投资项目之间的相互影响、联系方式有关。

根据公式：

$$\begin{aligned}\sigma&=\sqrt{(X_1\sigma_1)^2+(X_2\sigma_2)^2+2X_1X_2\sigma_{12}}\\&=\sqrt{(X_1\sigma_1)^2+(X_2\sigma_2)^2+2X_1X_2\rho_{12}\sigma_1\sigma_2}\end{aligned}$$

可知：当 $\rho_{12}=1$，即投资项目完全正相关时，

$$\begin{aligned}\sigma&=\sqrt{(X_1\sigma)^2+2X_1X_2\sigma_1\sigma_2+(X_2\sigma_2)^2}\\&=\sqrt{(X_1\sigma_1+X_2\sigma_2)^2}=X_1\sigma_1+X_2\sigma_2\end{aligned}$$

投资组合不减少风险。

当 $0<\rho_{12}<1$，即投资项目不完全正相关时，

$$\sigma=\sqrt{(X_1\sigma)^2+2X_1X_2\rho_{12}\sigma_1\sigma_2+(X_2\sigma_2)^2}<\sqrt{(X_1\sigma_1+X_2\sigma_2)^2}$$

$$= X_1\sigma_1 + X_2\sigma_2$$

投资组合可以减少风险。

当 $\rho_{12}=0$，即投资项目无相关性时，

$$\sigma = \sqrt{(X_1\sigma)^2 + (X_2\sigma_2)^2} < X_1\sigma_1 + X_2\sigma_2$$

投资组合可以减少风险。

当 $-1<\rho_{12}<0$，即投资项目不完全负相关时，

$$\sigma = \sqrt{(X_1\sigma)^2 - 2X_1X_2|\rho_{12}|\sigma_1\sigma_2 + (X_2\sigma_2)^2} < X_1\sigma_1 + X_2\sigma_2$$

投资组合可以减少风险。

当 $\rho_{12}=-1$，即投资项目完全负相关时，

$$\sigma = \sqrt{(X_1\sigma)^2 - 2X_1X_2\sigma_1\sigma_2 + (X_2\sigma_2)^2}$$

$$= \sqrt{(X_1\sigma_1 - X_2\sigma_2)^2} < X_1\sigma_1 + X_2\sigma_2$$

投资组合可以减少风险。

第三节　资本资产定价模型

资本资产定价模型

第二节的内容介绍了风险的概念、风险的测量以及利用投资组合来减少风险。需要说明的是，利用投资组合减少的是投资总风险中的非系统风险，系统风险是无法用投资组合来减少的，只能通过获取风险报酬的方式对于可能发生的风险所造成的损失予以补偿。关于如何确定风险报酬，如何将风险和报酬联系起来，国外已有成熟的理论研究成果。在这里，我们介绍著名的资本资产定价模型（CAPM）。

一、有效投资组合及投资组合边界

投资者选择风险投资项目时，若各投资项目预期报酬率相同，选择风险最小的投资项目；若各投资项目风险相同，则选择预期收益率最高的投资项目。根据这一规则选取的投资项目所构成的投资组合，即为一个有效投资组合。这样的投资组合之所以称为有效投资组合，是因为在某一风险水平下，投资者能够获取最高的收益率；或者是，在某一收益率水平下，投资者承受的风险最小。

市场上有众多个体投资者，每个个体投资者有自己的有效投资组合。就整个市场而言，在给定收益率水平 r 下，如果某个投资组合的风险是所有期望收益率为 r 的投资组合中最小的，则将这个组

合称为边界组合，所有边界组合构成的集合称为组合边界。组合边界可用图 4－1 表示。

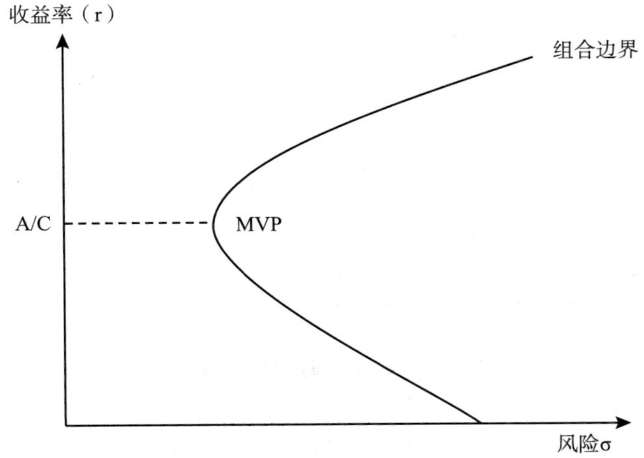

图 4－1　（σ，r）平面上的组合边界——双曲线

组合边界呈现为一条双曲线。显然，投资者永远不会选择组合边界上期望收益率低于 A/C 的那些资产组合，因为持有这些资产组合所得的收益率低于 MVP（双曲线顶点所对应的一个在所有组合中方差最小的组合）的收益率，同时还要承担比 MVP 更高的风险。所以，在图 4－1 中的双曲线的上半部分（A/C 以上的部分）为资产组合的有效边界，也称为有效前沿。这条线之所以有效是因为此线包含着所有符合投资项目选择规则的有效投资组合，即在此线上的所有投资组合有着最好的风险与收益率的关系。也就是说，在相同的风险水平上获得最高的收益率，或者是，在相同的收益率水平上承担最小的风险。高于此线的投资组合是不存在的，低于此线的投资组合不如线上的投资组合好。

二、无风险资产与最优投资组合

上述分析表明，在有效前沿线上有着最好的风险和收益关系。但是，就最优投资组合而言，不可能是一系列的组合，而只能是某一特定组合，这一特定组合必定落在有效前沿线上。那么，如何寻找这一最优组合点呢？答案就是要分析投资者的无差异曲线。

由于不同的投资者对风险和收益的偏好不同，因此，不同的投资者有着不同的无差异曲线，如图 4-2 所示。

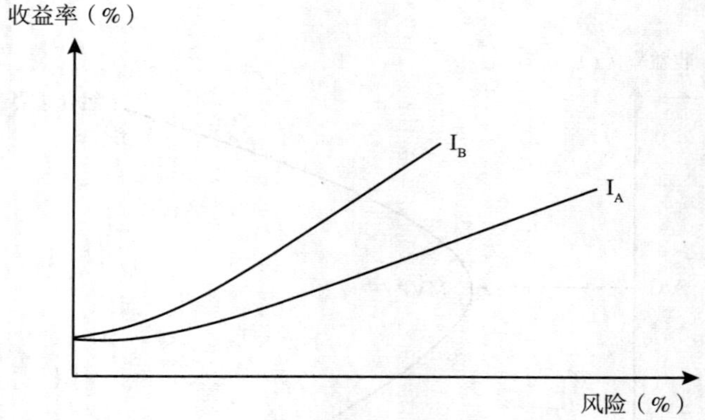

图 4-2　风险—收益无差异曲线

图 4-2 中无差异曲线表示投资者对风险和收益的偏好。无差异曲线包括两层含义：第一层含义是投资者对风险和收益的偏好不同，无差异曲线的斜率也不同，无差异曲线的斜率越大，表明投资者不愿承担较大的风险。图中投资者 B 的无差异曲线的斜率比投资者 A 的大，说明投资者 B 较投资者 A 不愿意承担较大的风险，相应地，投资者 B 较投资者 A 在风险增加一个单位时需要更多的风险收益作为补偿。第二层含义是在无差异曲线上有着最优的风险与收益关系，即风险越大，收益率也越高。可见，投资者对风险和收益的偏好不同，其选择的无差异曲线的斜率也不同，也就是说，无差异曲线的斜率的大小表明投资者对风险和收益的偏好程度。

对投资者 B 来说，在其确定了无差异曲线的斜率之后，会面临一组斜率相同的无差异曲线可供选择，如图 4-3 所示。每一条无差异曲线的斜率相同，但效用却是不一样的，四条无差异曲线的效用顺序分别是 $I_{B4} > I_{B3} > I_{B2} > I_{B1}$。

将投资者的无差异曲线和投资组合的有效前沿线叠加在一起，得到图 4-4。图中投资者的无差异曲线和投资组合的有效前沿相切于 C 点。在 C 点，两条曲线的斜率相同。对投资者来说，C 点一方面有着最好的风险和收益关系，即属于有效前沿上的一点，另一方面又有着符合风险和收益偏好的最高的效用，也就是说，在这一点上投资者有最好的投资组合，又达到了最高的效用。图中的 I_{B4} 有着最高的效用，但没有最优的投资组合与之配合，因而是无法实现的效用。图中的 I_{B2} 与有效前沿有两个交点 A 和 B，但 A 和 B 两点虽然是最优投资组合点，但却没有实现最高的效用，即没有给投资者带来最高的收益率。

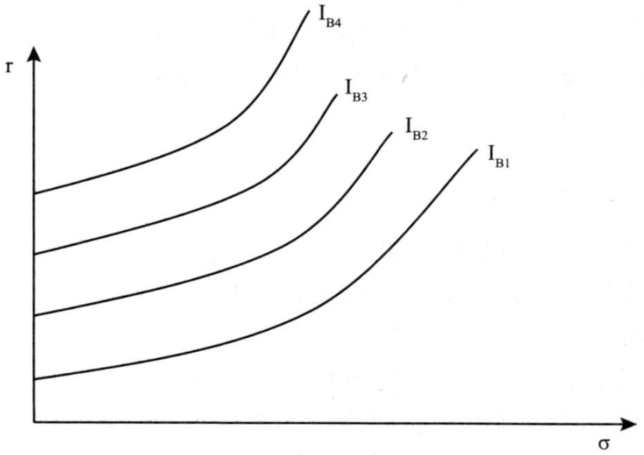

图 4－3 投资者的无差异曲线

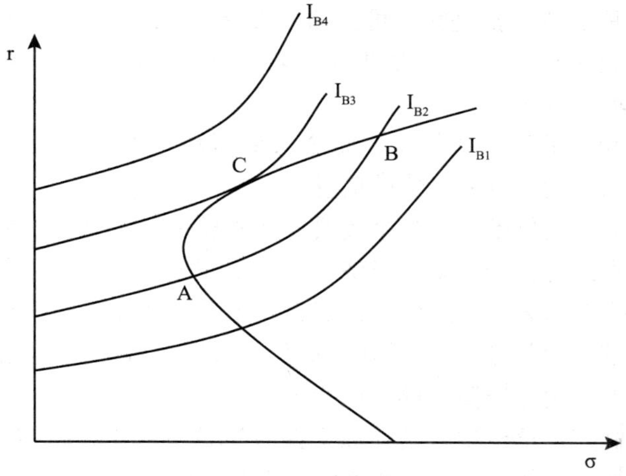

图 4－4 投资者最优投资组合

三、资本资产定价模型

根据马科维茨的资产组合理论，通过多样化或者风险分散化投资可以有效地规避非系统风险。但在分析中发现并未考虑到现实的金融领域中存在的无风险资产的情况，并且对于系统风险的定价问题未能有效的解决。1964 年，威廉·夏普在其研究的基础上，将无风险资产引入分析框架中，提出了资本资产定价模型（CAPM），从而给出了在市场均衡的状态下，预测风险资产预期收益率的方法。CAPM 是现代金融市场价格理论的支柱，广泛应用于投资决策和公司金融领域。

所谓资本资产定价模型（CAPM），是在投资组合理论和资本市场理论两种理论的基础上形成发展起来的。主要研究证券市场上多样化投资组合中资产的期望报酬率与风险资产之间的关系，以及均衡价格是如何形成的。

（一）基本假设

资本资产定价模型做出如下假设：

（1）投资决策是针对一个确定的阶段而言的，其决策标准是使其预期效用最大化。

（2）投资者以资产组合的预期收益率和标准差来评价资产组合。

（3）投资者的预测具有同质性，即每个投资者对证券的预期收益、标准差和协方差都具有相同的估计。

（4）投资者可以无风险利率 R_f 进行无限制的借贷。

（5）所有资产都是完全可分的，投资者可以任何比例投资。

（6）每个投资者都单独进行决策，个人的投资行为不可能影响到整个市场的价格。

（7）市场处于均衡状态，无个人所得税，无交易成本，所有投资者都可以免费得到有价值的信息。

资本资产定价模型的一个重要经济机理是：风险资产组合中各风险资产水平的选择依从微观经济学的基本原理，即如果一个风险资产组合对某个个体来说是最优的，那么其中每一种风险资产在边际上为组合投资带来的额外收益与额外成本（边际标准差）的比或者说均值与标准差的边际转换率都应该相等。

资本资产定价模型就是在以上两种理论基础上形成发展起来的。主要研究证券市场中资产的预期收益率与风险之间的关系，以及均衡价格是如何形成的。

（二）β 系数

CAPM 的主要特点是建立了客观测度公司证券的市场风险（系统风险）程度的指标——β 系数。

$$\beta_i = \frac{Cov(R_i, R_m)}{\sigma_m^2} = \rho_{im} \times \frac{\sigma_i}{\sigma_m} \qquad (4-17)$$

式中，β_i 表示第 i 种证券的 β 系数；$Cov(R_i, R_m)$ 表示第 i 种风险资产于市场组合收益率之间的协方差；σ_m^2 表示市场组合的方差；ρ_{im} 表示第 i 种风险资产于市场组合收益率的相关系数。

β系数在国内外金融市场上被广泛应用于测定某种证券或证券组合的相对风险，它代表了一种证券或证券组合在证券市场上其市场风险的相对大小。β系数通常应用于证券投资组合和资本资产定价模型（CAPM）里。在实际操作中，β系数的重要性在于它代表了一种证券对于未来市场变化的敏感度，某种股票的β系数较大，说明该股票在证券市场发生变化时，其价格上下波动剧烈，也就是通常所说的风险较大。如果投资者对收益有较高的期望，同时也有能力并愿意为之承担较大的风险，就可以在证券市场上选择那些有较大β系数的证券加到其证券组合中。反之则可以选择市场上具有较小β系数的证券。投资者购买证券主要是期望未来收益，而β值是由历史数据计算出来的，为了使历史β系数能预测未来的收益，需要对其进行调整，使之能在一定程度上预测未来的收益和风险。

（三）资本资产定价模型的说明

（1）单个证券的期望收益率由两部分组成：无风险利率以及对所承担的风险的补偿——风险溢价。

（2）风险溢价的大小取决于β的大小，β值越高，表明单个证券的风险越高，所得到的补偿也就越高。

（3）β值度量的是单个证券的系统性风险，非系统性风险没有风险补偿。

CAPM说明了风险与收益之间的线性关系，如果代表证券风险的横轴用β表示，纵轴仍然用期望收益率，得到一条斜率为市场组合风险溢价的直线，称为证券市场线，如图4－5所示。

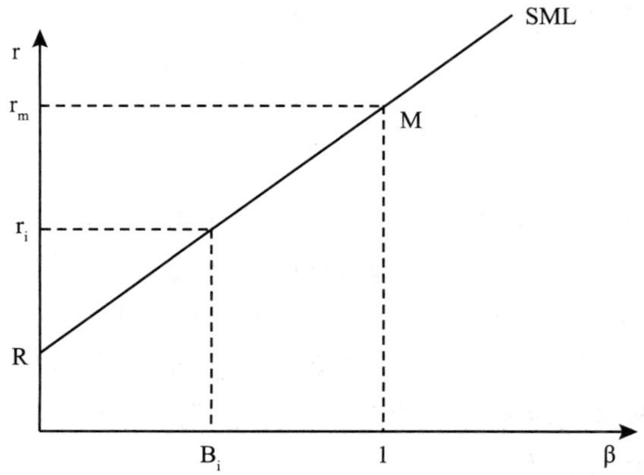

图4－5　证券市场线

资本资产定价模型的内容可描述为：普通股的预期收益率等于无风险利率加上风险报酬率。用公式表示为：

$$\overline{R_i} = R_f + (R_m - R_f) \cdot \beta_i \qquad (4-18)$$

其中，$\beta_i = \frac{\sigma_{im}}{\sigma_m^2}$。

式（4－18）中，R_m 表示市场组合预期收益率；R_f 表示无风险报酬率；β_i 表示股票的系统风险。

资本资产定价公式在坐标系（β，r）内显示为一条斜率为（r_m － R）的直线（见图4－5），实践中通常称为证券市场线（简称SML）。SML 表示某一种风险证券的风险报酬与其 β 值的关系。由于无风险证券的 β 值为零，所以，SML 在纵轴上的截距即为无风险证券收益率 R；在市场组合 M 点，β 值为 1（在 M 点，只有风险证券组合 M 点），$\sigma_{im} = \sigma_m^2$。位于 M 点右侧的证券，β 值大于 1，它们有着较高的期望收益率，同时也伴随着较大的风险，可归于攻击性证券。位于 M 点左侧的证券，β 值小于 1，它们的期望收益率较低，但风险也较低，属于防守性证券。

【例 4－9】 某股票的 β 系数是 1.3，市场的期望收益率为 14%，无风险收益率为 5%，问：这只股票的预期收益率是多少？

解：根据证券市场线的公式可得：

$$\overline{R_i} = R_f + (R_m - R_f) \cdot \beta_i = 5\% + (14\% - 5\%) \times 1.3 = 16.7\%$$

则：这只股票的预期收益率为 16.7%。

根据 CAPM 模型，按照资本市场有效原则，在市场均衡的条件下，必要报酬率等于期望收益率，因此，证券市场线也可用来计算包含在资本市场中的某证券的必要报酬率。

四、套利定价模型

20 世纪 70 年代，斯蒂芬·罗斯提出了另一风险收益模型，称为套利定价理论（arbitrage pricing theory，APT）。按照资本资产定价模型，只有一种不可分散的风险影响证券的预期收益，即“市场风险”。不同于资本资产定价模型，套利定价理论用一种更直观的方式明确指出多种风险因素影响收益。证券之间的相关性正是由于这些共同的风险因素造成的。

套利定价理论假定市场套利行为的存在使得证券的预期收益率与所承担的风险相当。

1. 什么是风险

在套利定价理论中，一个经济变量能否成为风险因素，并得到市场补偿，取决于它是否具备以下三个重要的性质：

（1）期初，市场无法预测这一因素。

（2）套利定价理论中的因素必须对市场中的证券具有广泛的影响。

（3）相关因素必须影响预期收益率，即价格不能为0。

性质（1）说明，风险因素不能从历史数据或从其他任何公开信息中预知。因此，在期初，风险因素的期望值为0。例如通货膨胀率不是APT中的风险因素，因为它部分可以预测。只有不能预测的通货膨胀率，即实际通货膨胀率与预期通货膨胀率之差，才是风险因素。同样道理，只有不能预测的国内生产总值（GDP）才是APT定义中的风险因素。如果将即将公布的信息分为预期的部分和不能预期的部分，相应地，金融资产的实际收益可以分为期望收益——取决于未来信息中预期部分的收益，以及非预期收益——取决于令投资者惊异的信息的收益，即风险收益。

性质（2）说明，公司特有的事件不构成APT风险因素。在前一章中已经指出，在一个规模较大的投资组合中，公司特有的风险，即非系统性风险可以被化解。只有系统性风险，即影响大多数资产的不确定因素，无法通过投资分散化而消除。因此在APT中，风险因素指的是系统性风险。

性质（3）说明，风险得到市场补偿。这一点是针对实际应用中的统计确认所讲。

根据以上三个性质，可以将股票的实际收益表示为：

$$R = \bar{R} + m + \varepsilon \qquad (4-19)$$

式中，R表示实际收益；$\bar{R}$表示期望收益；m表示系统风险；ε表示非系统风险。

按照套利定价理论，系统风险的因素可能不止一个。罗斯本人在1983年认为主要有四个系统性风险因素可以较好地解释股票收益率：（1）非预期的通货膨胀率的变化；（2）非预期的产出（如GDP）变化；（3）非预期的风险溢价的变化，反映了投资者对风险的偏好变化，表现为高收益债券与低收益债券的利差；（4）非预期的利率期限结构的变化，即长短期利率关系的变化。

2. 套利定价理论的等式

同一系统性风险对资产的影响程度不同，可以以β系数表明资产收益对于某种系统性风险的敏感程度。假设有四个风险因素，一项资产的收益率因此可以表示为：

$$R_i = \overline{R_i} + \beta_{i1}F_1 + \beta_{i2}F_2 + \cdots + \varepsilon_i \quad (4-20)$$

式中，R_i 表示资产 i 实际收益；$\overline{R_i}$表示资产 i 期望收益；F_1 表示系统风险因素 1 的价值；β_{i1}表示资产 i 对系统风险因素 1 的反应程度；ε_i 表示资产 i 特有风险。

如果每一资产都可以用式（4－20）表示，那么由这些资产组成的投资组合的收益率也是由三部分组成——期望收益、四个系统风险产生的风险补偿以及各资产特有风险的加权平均，套利定价理论假设资产或资产组合都可由式（4－20）表示，假定无套利机会的存在，即在不改变资产总值的情况下，通过调整资产比例，构建的无风险组合的收益率必等于无风险利率，APT 证明风险的单位价格必然相等，并进一步证明出某种证券或证券组合的收益与风险的关系如下：

$$R_i = R_f + \beta_{i1}(\overline{R_i} - R_f) + \cdots + \beta_{iN}(\overline{R}_N - R_f) \quad (4-21)$$

式中，R_i 表示对应因素 i 的 β 为 1；R_f 表示无风险利率；（$\overline{R}_i - R_f$）表示市场对风险 i 的价值补偿，也即风险 i 的价格；其他符号的含义同前。

式（4－12）表明资产的期望收益与相应的系统风险因素的 β 系数正相关，β 值越高，得到的补偿也就越高。

本章小结

1. 一般来说，风险是指行为主体为自己做出的某一决策所承担的不确定性，也就是行为主体决策所依据的主观预期与客观现实偏离的可能性。风险具有不确定性、客观性、相对性、突发性、损益性等特征。

2. 收益就是指投资所带来的回报。投资收益有两种表达形式：投资收益额和投资收益率。

证券投资收益可以分为两类：一类是已实现的收益，是指在过去的投资期间实现的收益；另一类是预期收益，是指未来投资期间可能实现的收益。

3. 投资组合就是两个或者两个以上证券组成的组合，将不同投资组合在一起构成的总投资则称为总投资组合。

4. 预期收益，是指投资者投资于证券所希望获得的收益，是投资者在未来投资期间可能实现的平均收益。分析时常用收益率的数学期望来反映预期收益的大小。

5. 风险是指行为主体决策所依据的主观预期与客观现实偏离的可能性。从单个投资者的角度看，风险分为市场风险和公司特有风险；从整个金融领域的角度看，金融风险可以分为市场风险、信用风险、流动性风险、操作风险、法律和监管风险等；从公司的角度看，风险分为经营风险和财务风险。

6. 风险衡量是借助于概率论中的方差、标准差、标准差系数等离散指标进行的。

7. 预期投资报酬率由无风险报酬率和风险报酬率构成。无风险报酬率是投资者到期一定能获得的报酬率，风险报酬率是投资者冒风险进行投资而获得一种风险补偿报酬率。

8. 资本资产定价模型是在市场均衡的状态下，预测风险资产预期收益率的方法。

9. 套利定价模型是考虑多因素风险的重要模型。

思考与练习

1. 风险有哪些种类？

2. 什么是投资收益率？如何度量风险与收益？

3. 什么是系统风险和非系统风险？

4. 如何理解资本资产定价模型？有哪些假设？

5. 什么是β系数？如何度量投资组合中的β系数？

6. 某投资者准备投资购买股票，现有A、B两家公司可供选择，从A、B公司上年的有关会计报表及补充资料中获知：A公司发放的每股股利为5元，股票每股市价为40元；B公司发放的每股股利为2元，股票的每股市价为20元。预期A公司未来5年内股利恒定，在此以后转为正常增长，增长率为6%，预期B公司股利将持续增长，年增长率为4%，假定目前无风险收益率为8%，市场上所有股票的平均收益率为12%，A公司股票的β系数为2，B公司股票的β系数为1.5。

要求：

（1）通过计算股票的价值并与股票的市价比较，判断两公司股票是否应当购买。

（2）若投资购买两种股票各100股，该投资组合的预期收益率为多少？

（3）计算该投资组合的综合β系数。

7. 某投资者准备从证券市场购买A、B、C、D四种股票组成投资组合。已知A、B、C、D四种股票的β系数分别为0.7、1.2、1.6、2.1。现行国库券的收益率为8%，市场平均股票的必要收益率为15%。

要求：

（1）采用资本资产定价模型分别计算这四种股票的预期收益率。

（2）假设该投资者准备长期持有A股票。A股票去年的每股股利为4元，预计年股利增长率为6%，当前每股市价为58元。投资A股票是否合算？

（3）若该投资者按5∶2∶3的比例分别购买了A、B、C三种股票，计算该投资组合的β系数和预期收益率。

（4）若该投资者按3∶2∶5的比例分别购买了B、C、D三种股票，计算该投资组合的β系数和预期收益率。

（5）根据上述（3）和（4）的结果，如果该投资者想降低风险，应选择哪一投资组合？

第五章
项目投资决策

本章要点

- ✧ 项目投资决策的概念
- ✧ 项目投资的分类及基本要求
- ✧ 现金流量的概念与构成
- ✧ 现金流量的估算
- ✧ 投资决策方法
- ✧ 净现值法
- ✧ 内含报酬率法

企业的投资决策关系到企业的经营和获利能力，而企业项目投资具有不可逆性，因此，在项目投资前，需对项目的未来经营状况进行预测，判断项目的未来经营收益是否能够收回期初的投资，以及能否获得令人满意的投资回报。

第一节　投资决策概述

一、投资决策的基本概念

投资决策是指公司利用从金融市场上筹集的资金，对所拥有的资产，特别是长期资产进行分析、估算和筛选的过程。通常，公司投资决策选定一个投资项目，实质上选定了该项目给公司带来的效用，它至少比直接投资于金融市场获得的效用要高。由于公司投资决策涉及的主要是长期投资项目，而在长期投资项目中，固定资产投资是占用投资资金最大、期限最长，也是能带来最高投资收益的项目。因此，本章介绍的投资决策内容和决策方法就是以固定资产投资决策为主要对象。

固定资产是公司从事生产经营活动的物质基础，是公司主要的生产资料。它具有在使用过程中能够保持原有物质形态、其价值随使用逐渐转移到新产品中去，并从新产品销售收入中逐渐获得补偿的特点。公司的建筑物、机器设备、运输工具、器具等都属于固定资产的范畴。

以固定资产为投资对象的项目投资是一种直接的、生产性的对内实物投资，即把资金投资于生产性资产，从而获取利润。项目投资一般被纳入公司资本预算程序中，主要目的是增加公司长期资产，获取未来现金流量的能力，从而使公司具备提高其价值的发展潜力。生产性公司的投资项目主要分为以新增生产能力为主的新增项目和已恢复或改善生产能力质量为目的的更新改造项目两大类。

项目投资具有投资次数少、投入金额大；投资的实物资产形态是厂房或机器设备，因而项目投资变现能力差，涉及项目时间长、风险较大等特点。在项目投资决策中要用科学的程序、较多的时间进行专门的研究和评价，并要做好项目前期的可行性分析。同时，项目投资耗资巨大，影响时间较长，要为项目投资做专门的筹措计划，一旦投资具有不可逆性，如果投资决策失误，会严重影响公司的财务状况和现金流量。因此，投资决策时要研究风险的来源并做好风险规避措施，将项目投资风险控制在公司可以承受的范围之内。

二、项目投资的分类

项目投资可以按照不同的标准进行分类。

（一）按照项目投资的目的，分为新建项目投资与更新改造项目投资

新建项目投资是指以新增公司生产能力为目的而进行的外延式扩大再生产投资，如新建厂房、购置设备和新产品研制开发等。更新改造项目投资是指以恢复或改善生产能力、提高质量为目的而进行的内涵式扩大再生产投资，如厂房的改扩建设备的更新、现有产

品的改造等。

（二）按照投资的影响程度，分为战略性投资和战术性投资

战略性投资是指对公司全局有重大影响的投资。如公司转产、新增生产品投资等。战术性投资是指不涉及整个公司前途，但与日常生产经营相关的投资，如为提高产品质量、改善工作环境所进行的投资。战略性投资一般所需资金较多，回收时间较长，风险相对较大。战术性投资则一般所需资金较少。回收时间短，风险相对较小。

（三）按照投资与利润的关系，分为扩大收入投资和降低成本投资

扩大收入投资是指通过不断扩大公司生产经营规模，以便增加公司销售额，进而增大公司利润的投资。降低成本投资是指通过挖掘内部潜力，不断降低公司经营成本，以便增加公司利润的投资。

（四）按照投资项目之间的关系，分为独立投资项目、互斥投资项目和关联项目

1. 独立投资项目

独立投资项目，就是对一投资项目无论做出接受或放弃的决定都不会影响其他项目的投资决策。即指在一组投资项目中是否接受一个项目与是否接受另一些项目之间不存在任何关系的项目就是独立投资项目。独立投资项目按照独立性的强弱，又可分为完全独立的投资项目和非完全独立的投资项目。项目的独立性可以从技术上和经济上来考察。技术独立，是指在一组投资项目中，是否接受某一项目并不影响其他投资项目实施的技术可行性。经济独立，是指是否接受某一项目并不影响其他投资项目的现金流量。完全独立的投资项目是技术上和经济上都独立的项目；非完全独立的项目是指仅在技术上独立，但在经济上不独立的项目。例如公司决定增设新的连锁销售店的决定和更新电脑系统可能毫不相关，为两个完全独立的投资项目。完全独立项目表明项目之间不存在依赖关系，因而对其可以进行单独分析。但在实际中，多数项目属于非完全独立的投资项目，比如上例中这两个项目，技术上是完全独立的，但他们的现金流量可能相互影响，在经济上是不独立的，因此，不是完全的独立投资项目。

2. 互斥投资项目

互斥投资项目，是指在一组投资项目中，各项目之间具有排他

性，其中一个项目的收益将会因采纳另一个投资项目而完全丧失。这是一种相关性项目投资，是项目之间的一种极端情况，两个项目或者都遭放弃，或者非此即彼。例如，在公司的一块闲置土地上是兴建写字楼还是居民楼；公司购买新设备，只能从诸个品牌中选择一家。这两个投资项目就是互不相容的投资项目。而到底选择哪一个投资项目为优的投资决策就是互斥项目的投资决策。在实际中，只要将各投资项目按某一标准计算出的结果从大到小顺序排列，就可以一目了然地判断投资项目的优劣。

3. 关联项目

关联项目是相对于独立项目而言的，是指在一组投资项目中，各项目之间的投资决策相互影响。这也是一种相关性项目投资，采纳或放弃某个项目时，将会直接引起另一个投资项目的有关经济指标发生变动。例如某些项目以其他项目的实施为前提条件，兴建一条新的生产线可能需要建造一座新的厂房，对于关联项目最好把它们联系起来，作为一个大的投资项目一并考察。

三、项目投资的程序

项目投资遵循以下程序进行决策：

（一）挖掘与公司发展战略一致的投资机会

公司首先要将公司未来发展战略的构想传达给每一位员工，并为员工自身的未来发展创造良好的环境，鼓励员工积极探索、寻找事关公司发展大计的有利的投资机会，这是决定固定资产投资的第一步。如一个新产品的想法，往往来自销售部门，但生产部门和售后部门也很有可能产生不错的想法，应有合理的渠道提交给决策者。多数公司对投资建议采取层层审批的制度，一个投资建议需要经过多少层才能到达决策人的手中，项目的审批权限如何划分，这些问题涉及公司的内部管理问题，本书不做讨论。

（二）收集项目有关的信息数据，评估项目的现金流量

项目有关资料的收集、分析和整理，将直接决定项目财务分析的可靠程度。信息数据齐备后，就需要对项目做出财务分析，关键的步骤就是估算项目的现金流量。有关现金流量估算的原则和方法，将在下一节做介绍。

（三）根据决策法则，选择投资项目

对各个潜在的投资机会进行财务分析后，就需要根据股东价值最大化的原则判断投资项目是否可行，根据公司的资金情况，决定需要取舍哪些项目。恰当的决策方法是帮助管理人员进行判断的标准，这也正是本章的讲述重点。

（四）重新评价已投资项目并适时调整，对已完成项目进行事后审计

固定资产投资项目作为长期投资项目，不仅需要事前的分析和论证，在项目的执行过程中，还需要适时的监督，并根据实际情况进行调整。项目结束后，还要经过事后的审计，评价实际和计划的出入情况，总结经验教训。

第二节 项目现金流量

项目投资决策的关键是要计算和评价投资项目的经济效益，而投资项目的经济效益取决于该项目的有关收入和支出。在对公司投资项目投资方案的价值评价中，以现金流量作为投资决策的评价指标，把同投资项目有关的全部资金支出称为现金流出；把同投资项目有关的全部资金收入称为现金流入。因此，正确地计算投资项目各期的现金流量，是运用有关指标对投资方案进行投资价值评价的基础。

现金流量估算

一、项目现金流量的构成

（一）现金流量的概念

项目现金流量是指与项目有关的现金流入量和现金流出量，在项目投资决策中，它是计算项目投资评价指标的主要依据和重要信息之一。这里的现金是指广义现金，它不仅包括各种货币资金，还包括项目需要投入的公司现有的非货币资源的变现价值，比如，更新项目中原有厂房、设备的变现价值。需要说明的是，在项目投资决策中使用的现金流量的概念与财务报表中所提供的现金流量相比，在具体构成

方面、计算口径方面，以及生成原理方面都有很大的不同，不能将二者混淆或者相互替代。

（二）投资项目现金流量的构成

投资项目的现金流量按照现金流发生的时间来表述，通常由现金流出量、现金流入量和净现金流量三部分所构成。

1. 现金流出量

现金流出量也称为初始现金流量。是指在项目从开始到寿命终止时所发生的现金流出。主要包括：固定资产投资支出、垫支的营运资本、付现成本、相关税金。

（1）固定资产投资支出。固定资产投资支出是指在项目投资中用于构成固定资产价值的现金流出，包括购入或建造成本、运输及安装成本等。这是建设期内所发生的主要现金流量。

（2）垫支的营运成本。又称为垫支的流动资金或流动资金投资，是指项目投产前后分次或一次投放于流动资产上的资本增加额。一般包括产品生产过程中所需要的材料、在产品和货币资金等，是运营期间内主要的现金流量项目。

（3）付现成本。付现成本是指在生产经营过程中，需要实际支付现金的营运成本，它相当于当年的营运成本总额减去固定资产折旧、无形资产摊销等的差额。

（4）相关税金。相关税金是指项目投产后，在营运期内依法缴纳的、单独列支的各种税款。

2. 现金流入量

现金流入量又称为营业现金流量。是指项目从投资开始到项目寿命终止过程中所发生的现金流入项目。主要包括营业收入、固定资产残值收入、流动资金回收额和其他现金流入量。

（1）营业收入。营业收入是指项目投产后，各期正常的生产经营活动中形成的现金流入量，它是运营期内主要的现金流量。

（2）固定资产残值收入。残值收入是指在投资项目终止时，固定资产报废、清理或中途转让时回收的固定资产价值。

（3）流动资金回收额。流动资金回收额是指在固定资产使用寿命终止时，回收的公司垫资在流动资产上的价值。

（4）其他现金流入量。其他现金流入量是指除上述三种情况以外的现金流入量。

3. 净现金流量

净现金流量是指在项目寿命期内，某一时期现金流入量与现金流出量之间的差额。用公式表示为：

$$净现金流量 = 现金流入量 - 现金流出量 \quad (5-1)$$

这里所说的某一期间泛指一年，有时也指投资项目持续的整个时间。当现金流入量大于现金流出量时，净现金流量为正。反之，净现金流量为负。因此，如果是在项目建设期内，则净现金流量一般为负值；在项目投产后的正常经营期内，各期净现金流量通常为正值。可见，项目计算期内的各期净现金流量指标是进行项目投资决策评价的重要信息。

二、项目现金流量估算原则

为保证项目现金流量估算的准确性，估算项目的现金流量必须遵循以下原则。

（一）只计算增量现金流量

在项目评估中，现金流量应当是因项目而产生的现金流量“增量”。增量现金流量是指采用该项目而直接导致的公司未来现金流量的变动。在项目投资中，只有增量现金流量才是与项目相关的现金流量。

确定增量现金流量采用的是区分原则，即只关注项目所产生的增量现金流量。根据区分原则，一旦确定了接受某个项目，就可以把该项目看成是一个“微型公司”，它拥有自己的未来收益和成本、资产，当然还拥有公司的现金流量。确定增量现金流量时，要与取得的成本进行比较。

在计算增量现金流量时应注意的问题：

1. 区分相关成本和非相关成本

相关成本是指与特定决策相关的、在分析评价时必须加以考虑的成本。新旧项目差额成本、未来成本等都属于相关成本。与特定决策无关的、在分析评价时不必加以考虑的成本是非相关成本，例如沉没成本、过去成本等。如果将非相关成本纳入投资方案的总成本，则一个有利的方案可能因此变得不利，从而造成决策失误。

沉没成本是指已经发生的成本，或者是已经发生、必须偿还的债务。这种成本不会因为今天是否决定接受一个项目而改变，如项目评估费用等。在项目评估中应忽略这种成本。

2. 考虑机会成本

机会成本是指采用某个项目而放弃的在其他项目上的收入。比如，我们投资 10 万元于某一项目，就该笔投资而言，用于该项目投资就不能用于其他项目投资，其他投资项目可能取得的收益就是投资本项目的一种代价，即存在机会成本。对于该机会成本的处理，体现在要对现金流量以资本成本作为贴现率进行贴现。

3. 重视外部效应

外部效应是指新增投资项目对原有项目或者其他部门造成的有利或者不利的影响。比如，某公司计划实施一项投资推出一款新车，该款新车的推出将降低旧款车的销售，那么，旧款车销售收入的减少就是新款车推出的负效应。此时，新款车的现金流量应该调减，也可能发生相反的情况，如新产品上市后促进了其他部门产品的销售增长，这就要考虑新项目与原有部门是竞争关系还是互补关系，从而外部效应也有不同的表现。诸如此类，实际中很难准确计算，但决策者进行投资分析时仍要将其考虑在内。

（二）融资现金流量不在投资项目现金流量的分析范畴

融资过程中的现金流入表现为项目融资取得的债务资本和权益资本，在数额上等于项目的初始投资。项目投资决策时，就应该相应制订了资金筹措计划，也即以具备了初始投资额为前提，因此，融资环节的现金流出体现为投资项目的现金流入。如果在项目投资环节考虑融资环节的现金流量，将导致重复计算问题。

（三）现金流量是税后的现金流量

项目实现的现金流量归投资者，而投资者获取的现金流量是公司缴纳所得税后的现金流量，估算时，所有的现金流量都要转换为税后现金流量。

（四）现金流量——而非会计利润

投资项目评价是对现金流量进行贴现，而非对会计利润进行贴现。这是因为：一是会计利润不等于现金流量，会计利润在一定程度上受存货估价、费用摊销和折旧计提等不同方法的影响较大，所以计算出来的利润具有一定的主观随意性，使得决策的主要依据不太可靠，采用现金流量能够使投资决策更符合实际。二是运用现金流量有利于科学地考虑时间价值因素，进而能科学地进行投资决策，由于利润的计算不考虑资金收付的时间，以权责发生制为基础，反映的是会计期间“应计”的现金流量，而不是实际的现金流量，因而应用现金流量能更科学、更客观地评价投资方案的优劣。

（五）考虑对净营运资本的影响

所谓净营运成本，是指项目增加的经营性流动资产与增长的经营性流动负债之间的差额。一般情况下，项目开始营运后，对于存货和应收账款的经营性流动资产的需求也会增加，公司必须筹措新的资金以满足这种额外需求；同时，随着营业继续，应付账款与一些应付费用等经营性流动负债也会同时增加，从而降低了公司营运资金的实际需要。通常，净营运成本为正值时，表明公司对营运成本的投资，则现金流出净额增加；净营运成本为负值时，表明公司对营运成本的回收，则现金流入净额增加。

当投资项目的寿命期结束时，公司将与项目有关的存货出售，应收账款变为现金，应付账款和应付费用也随着偿还，营运资本恢复到原有水平。通常在进行投资分析时，假定开始投资时筹措的营运资本在项目结束时收回。

三、项目现金流量估算方法

在项目投资中，公司固定资产投资有两种基本类型：一是新增固定资产投资；二是替代固定资产投资。新增固定资产投资属于扩大收入投资项目，其现金流量计算采用全额分析法；替代固定资产投资属于降低成本投资项目，其现金流量分析采用差额分析法。下面分别介绍这两种类型下的固定资产投资现金流量的估算。

（一）新增固定资产投资现金流量的估算

新增投资项目是公司可以独立采纳或否决的项目，即该项目的采纳不会因此排除其他项目，与其他项目之间不具备替代性或竞争性。在没有资本限额的限制下，只要独立项目符合最低评估标准，就将被采纳。

【例 5 - 1】某公司为扩大生产能力，购置价款为 110 000 元的设备，运输安装费用为 10 000 元。设备使用寿命为 5 年，采用直线法计提折旧，5 年后有残值收入 20 000 元。根据市场部门预测，5 年中该设备每年的销售收入为 80 000 元，付现成本为 30 000 元。第一年垫支营运资本 30 000 元，这笔资金在第 5 年末收回。假设公司所得税税率为 25%。

该设备产生的现金流量计算步骤如下：

第一步，计算现金流出量。

（1）设备投资支出 = 110 000 + 10 000 = 120 000（元）。

（2）营运资本垫支 = 30 000（元）。

初始现金流量总计 = 120 000 + 30 000 = 150 000（元）。

第二步，计算现金流入量。计算过程如表 5 – 1 所示。

表 5 – 1　　营业净现金流量计算表　　单位：元

项目	第 1 年	第 2 年	第 3 年	第 4 年	第 5 年
营业收入	80 000	80 000	80 000	80 000	80 000
减：付现成本	(30 000)	(30 000)	(30 000)	(30 000)	(30 000)
折旧	(20 000)	(20 000)	(20 000)	(20 000)	(20 000)
税前利润	30 000	30 000	30 000	30 000	30 000
减：所得税	(7 500)	(7 500)	(7 500)	(7 500)	(7 500)
税后利润	22 500	22 500	22 500	22 500	22 500
加：折旧	20 000	20 000	20 000	20 000	20 000
税后现金净流量	42 500	42 500	42 500	42 500	42 500

第三步，计算净现金流量。

（1）固定资产残值收入 = 20 000（元）。

（2）固定资产残值税后收入 = 20 000 ×（1 – 25%）= 15 000（元）。

（3）收回垫支的营运资本 = 30 000（元）。

净现金流量总计 = 15 000 + 30 000 = 45 000（元）。

将以上现金流量计算结果汇总起来，计算得出投资项目各年的现金流量，如表 5 – 2 所示。

表 5 – 2　　投资项目各年现金流量计算表　　单位：元

项目	第 0 年	第 1 年	第 2 年	第 3 年	第 4 年	第 5 年
设备投资支出	(120 000)					
营运资本垫支	(30 000)					
营业现金流量		42 500	42 500	42 500	42 500	42 500
设备残值收入						15 000
营运资本回收						30 000
现金流量合计	(150 000)	42 500	42 500	42 500	42 500	87 500

（二）替代项目投资现金流量的估算

替代项目都是互斥项目，通常在两个替代项目中，只能选择其中最好的一个项目。对替代项目的现金流量估算，与新增项目大不相同，这主要表现在需要比较两个或多个项目现金流量的区别，计算增量现金流量。

【例 5－2】 某公司准备用新设备替代旧设备，以减少成本、增加收益。旧设备原值为 40 000 元，已使用 5 年，已提折旧额为 20 000 元，该设备估计尚可使用 5 年，假定使用期满无残值；如果现在出售可得变价收入 10 000 元；使用该设备每年可获得收入 50 000 元，每年的付现成本为 30 000 元。该公司现购进一台新设备替代原有的旧设备，新设备的买价、运输费和安装费合计为 60 000 元，使用寿命估计为 5 年，期满后的残值预计为 10 000 元，使用新设备后，每年可获得收入 80 000 元，每年付现成本为 40 000 元。假设该公司所得税税率为 25%。问：用新设备替换原有设备的现金流量有什么变化？

在本例中，继续使用原有设备和用新设备替换原有设备，这属于成本降低的投资，可以采用差额分析法来分析用新设备替换原有设备所引起的增量现金流量。

增量现金流量的计算过程如下：

第一步，计算初始现金流出量。

设备投资支出＝60 000－10 000＝50 000（元）。

年折旧额＝10 000－4 000＝6 000（元）。

第二步，计算营业现金流量的差量。计算过程如表 5－3 所示。

表 5－3　　营业净现金流量的差量计算表　　单位：元

项目	第 1～5 年现金流量的差量
销售收入	30 000
付现成本	10 000
折旧额	6 000
税前利润	14 000
所得税	3 500
税后利润	10 500
营业净现金流量	16 500

第三步，计算终结现金流量的差量。

设备残值税后收入 = 10 000 ×（1 − 25%）= 7 500（元）。

将以上现金流量差量汇总，可得出用新设备替换原有设备的现金流量差量，如表 5 − 4 所示。

表 5 − 4　　用新设备替换原有设备现金流量差量　　单位：元

项目	第 0 年	第 1 ~ 4 年	第 5 年
初始投资现金流量差量	（50 000）		
营业净现金流量差量		16 500	16 500
终结现金流量差量			6 000
现金流量差量合计	（50 000）	16 500	22 500

第三节　项目投资评价方法

判断公司的投资项目是否可行，要借助一定的方法。投资决策的评价方法有两种：一是贴现现金流量法，是指考虑货币时间价值的分析方法，主要包括净现值法、盈利指数法和内含报酬率法、投资回收期法等。二是非贴现现金流量法：该方法不考虑货币时间价值，把不同时间的货币看成是等效的，一般在选择方案时起辅助作用。主要有普通投资回收期法和平均报酬率法。

一、净现值法

净现值法

净现值法是运用投资项目的净现值进行投资评价的基本方法，是在固定资产投资决策中最常用的决策标准。所谓净现值（NPV），是指投资项目未来现金流入量的现值之和减去现金流出量现值的差额。

任何一项投资总是希望未来获得的报酬总金额大于原来投资的金额。根据货币时间价值的概念，这两项金额必须统一在同一时间基础上才能进行比较。因此，必须把投资项目在项目期内各年的营业现金流入和期末残值按照资金成本折算成现值，求出现金流入总现值，然后再与该项目的投资额现值进行比较，计算出净现值。如果净现值为正值，即折现后的现金流入大于折现后的现金流出，该投资项目的报酬率大于投资者期望的报酬率，能为公司带来盈利；如果净现值为负值，即折现后的现金流入小于折现后的现金流出，该投资项目的投资报酬率小于投资者期望的报酬率，项目不可行。理论上讲，净现值越大说明方案越优。

净现值可以表示为：

$$\text{净现值} = \text{未来净现金流量现值} - \text{初始投资现值}$$

$$NPV = \frac{CF_1}{(1+i)^1} + \frac{CF_2}{(1+i)^2} + \frac{CF_3}{(1+i)^3} + \cdots + \frac{CF_n}{(1+i)^n} - CF_0$$

$$= \sum_{t=1}^{n} \frac{CF_t}{(1+i)^t} - CF_0 \qquad (5-2)$$

式中，NPV 表示净现值；CF_t 表示第 t 年的净现金流量；CF_0 表示项目的初始投资支出；i 表示预定贴现率（加权平均资本成本或项目的资本成本）；n 表示项目的预计使用年限。

【例 5-3】某公司有 A、B 两个投资项目，其资本支出如表 5-5 所示，第 0 年的现金流量代表初始投资，假如资本成本为 10%，要求计算 A、B 两个方案的净现值，并确定公司所要采纳的投资方案。

表 5-5　某公司资本支出数据　单位：万元

年数	项目 A		项目 B	
	现金流量	净利润	现金流量	净利润
0	(200)		(200)	
1	80	20	40	20
2	80	20	80	35
3	80	20	100	50
4	80	20	150	75

根据题意，项目 A 的各期现金流量相等，可采用年金现值折现法计算净现值；项目 B 各期现金流量均不相等，可采用复利现值折现法计算净现值。

净现值的计算如下：

$$NPV_A = \sum_{t=1}^{4} \frac{80}{(1+10\%)^4} - 200$$

$$= 253.59 - 200$$

$$= 53.59 \text{（万元）}$$

$$NPV_B = \Big[\frac{40}{(1+10\%)^1} + \frac{80}{(1+10\%)^2} + \frac{100}{(1+10\%)^3}$$

$$+\frac{150}{(1+10\%)^{4}}\Bigg]-200$$

$$=280.06-200$$

$$=80.06\text{（万元）}$$

计算结果显示：A、B两个项目的净现值都是正数，项目都是可行的。但项目B的净现值大于项目A的净现值，因此，如果两个项目是互斥的，应该选择项目B。

净现值法的决策规则：采用净现值法评估时，在独立项目决策中，净现值大于零，表明该项目会为股东创造价值，该方案则是项目的可行方案；在互斥项目决策中，净现值大于零且净现值中最大者为可行方案。

净现值法的优点：①考虑了项目各期现金流量的货币时间价值，有利于评价项目的经济性和时效性；②现值是可以相加的，一个公司或某个部门所有单个投资项目的净现值是可以相加成为该公司或部门总的净现值；③考虑了投资风险的影响，贴现率的选用包含了项目本身的机会成本及风险收益率；④净现金流量符合逻辑，投资项目的价值建立在项目预期的未来现金流量基础上，并能直接表明项目投资额与资金成本之间的关系，能够反映投资项目的可获得收益，从而反映股东财富绝对值的增加。

净现值法的缺点：①尽管净现值充分考虑了货币时间价值，但由于净现值并不能揭示各投资方案本身所能达到的实际报酬率是多少，因此当不同方案投资额不相等时，单从净现值的绝对量大小并不能做出正确评价；②净现值衡量的是经济效益，而非经济效率；③净现值无法控制项目的存续期，净现值可能偏向接受存续期较长的项目。

二、盈利指数法

盈利指数法，是根据投资方案盈利指数的大小来确定方案是否可行的决策方法。所谓盈利指数（PI），也称获利能力指数，是指项目投资的未来现金流量的现值与初始投资额的现值之比。

如果投资方案的盈利指数小于1，表示未来现金流量的现值小于初始投资额的现值，说明该方案不可行；如果投资方案的盈利指数大于1，表示未来现金流量的现值大于初始投资额的现值，说明该投资方案可行。理论上讲，盈利指数越大说明方案越优。

盈利指数的计算用公式表示为：

盈利指数＝现金流量现值/初始投资现值

$$PI = \frac{\frac{CF_1}{(1+i)^1} + \frac{CF_2}{(1+i)^2} + \cdots + \frac{CF_n}{(1+i)^n}}{CF_0} = \frac{\sum_{t=1}^{n} \frac{CF_t}{(1+i)^t}}{CF_0} \quad (5-3)$$

式中，PI 表示盈利指数；CF_t 表示第 t 年的净现金流量；CF_0 表示项目的初始投资支出；i 表示贴现率（公司的资本成本或要求的报酬率）；n 表示项目的预计使用年限。

【例 5－4】 根据【例 5－3】的数据，可以分别计算项目 A 和项目 B 的盈利指数。

$$PI_A = \frac{253.59}{200} = 1.27$$

$$PI_B = \frac{280.06}{200} = 1.40$$

根据上述计算，项目 A 和项目 B 的盈利指数均大于 1，说明两个项目都可以采纳。但比较来看，项目 B 的盈利指数更大，相对更优。

盈利指数法的决策规则：如果盈利指数大于 1，说明项目的收益率达到期望收益率或资本成本率，项目可以接受；如果盈利指数小于 1，说明项目的收益水平低于期望收益率或资本成本率，项目不能接受。如果存在多个项目且相互关联，则使盈利指数大于 1 的项目都是可接受的项目；而当各个项目互斥时，应该选择获利能力最大的项目，即盈利指数最大的项目是最优项目。

盈利指数法的优缺点：①该决策方法考虑了货币的时间价值，反映了不同投资方案项目投资额的获利情况。②盈利指数法克服了净现值法不便于不同规模项目的比较问题，可以进行独立投资机会的比较。③这一指标不能直接表示投资额的经济效果，不能揭示投资方案本身可能达到的实际报酬率是多少，也具有一定的局限性。

三、内含报酬率法

内部收益率法

内含报酬率法，也称内部收益率法，是根据投资方案的内部收益率是否高于资金成本来确定方案是否可行的决策方法。所谓内含报酬率，是指能够使未来现金流入量现值等于未来现金流出量现值的折现率，也就是使投资项目的净现值等于零的折现率。

其数学表达式为：

$$NPV = 0 = \sum_{t=1}^{n} \frac{CF_t}{(1+IRR)^t} - CF_0 \quad (5-4)$$

式中，IRR为内含报酬率，其他符号同上。

内含报酬率法是根据项目投资方案的现金流量计算而得出的，是投资方案本身的报酬率。它反映项目所占用资金的盈利率，是考察项目盈利能力的主要动态评价指标。

内含报酬率法的决策规则是：如果内含报酬率大于资金成本，则方案可行；如果内含报酬率小于资金成本，则方案不可行。采用内含报酬率法评估多个互斥投资项目时，则选用内含报酬率法最大的项目。内部收益率计算比较复杂，但其结果能正确反映投资方案所能达到的实际投资报酬水平。理论上来讲，内含报酬率越高，方案越优。

关于内含报酬率的计算，有两种方法：

（1）逐步测试法。计算方法为：先估计一个贴现率，用它来计算方案的净现值。如果净现值为正数。说明方案本身的内部报酬率超过估计的贴现率，应提高贴现率后进一步测试；如果净现值为负数，说明方案本身的报酬率低于估计的贴现率，应降低贴现率后进一步测试。经过多次测试，从而寻找出使净现值接近于零的贴现率，即为方案本身的内部报酬率。

（2）插入法计算。计算方法为：①选取一个贴现率 r_1 代入净现值的计算公式，计算出 NPV_1。如果计算出的净现值大于零，说明选取的贴现率比IRR要高；②提高贴现率代入净现值的计算公式，直至根据选取的贴现率计算出的净现值为正值且趋向于0，此时对应的贴现率称为低贴现率 r_1，与该贴现率对应的净现值称为低贴现率时的净现值 NPV_1。③选取贴现率 r_2 代入净现值的计算公式中，计算出的净现值称为 NPV_2，该净现值为负值且接近于0。如此计算的结果是，IRR比 r_1 大，比 r_2 小，介于 r_1 和 r_2 之间。

即内含报酬率的计算公式为：

$$\frac{r_1 - IRR}{r_1 - r_2} = \frac{NPV_1 - 0}{NPV_1 - NPV_2} \tag{5-5}$$

$$\Rightarrow IRR = r_1 + (r_2 - r_1) \times \frac{NPV_1}{NPV_1 - NPV_2}$$

【例5－5】 根据【例5－3】的数据，计算项目A和项目B的内含报酬率，并做出项目选择。

由于项目A的每年现金流量相等，可以采用如下方法计算IRR的值。

$$NPV_A = 0 = 80(PVIFA_{10\%,4}) - 200$$

$$PVIFA_{10\%,4} = \frac{200}{80} = 2.5$$

查年金现值系数表，第4年与2.5相近的年金现值系数是2.5887和2.4043，分别对应的贴现率是20%和24%，先计算投资项目的NPV值：

当$r_1=20\%$时，年金现值系数为2.5887，则：

$NPV_1=80\times PVIFA_{20\%,4}-200=80\times 2.5887-200=7.096$（万元）

当$r_2=24\%$时，年金现值系数为2.4043，则：

$NPV_2=80\times PVIFA_{24\%,4}-200=80\times 2.4043-200=-7.656$（万元）

将r_1、NPV_1、r_2、NPV_2等值代入插值法的计算公式，计算如下：

$$IRR_A=r_1+(r_2-r_1)\times\frac{NPV_1}{NPV_1-NPV_2}$$
$$=20\%+(24\%-20\%)\times\frac{7.096}{7.096-(-7.656)}$$
$$=21.92\%$$

所以，项目A的内部收益率是20%+1.92%=21.92%。

因为项目B的每年现金流量不相等，需要进行逐次测试。假定先估计一个贴现率为24%，进行第一次测试，可得：

$$NPV_B=\left[\frac{40}{(1+24\%)^1}+\frac{80}{(1+24\%)^2}+\frac{100}{(1+24\%)^3}+\frac{150}{(1+24\%)^4}\right]-200$$
$$=0.19\text{（万元）}$$

0.19万元大于零，说明应该提高贴现率，假定用25%进行第2次测试，可得：

$$NPV_B=\left[\frac{40}{(1+25\%)^1}+\frac{80}{(1+25\%)^2}+\frac{100}{(1+25\%)^3}+\frac{150}{(1+25\%)^4}\right]-200$$
$$=-4.1\text{（万元）}$$

代入插值法的计算公式得：

$$IRR_B=24\%+(25\%-24\%)\times\frac{0.19}{0.19-(-4.1)}$$
$$=24.04\%$$

因此，项目B的内含报酬率是24.04%。

从计算结果来看，项目B的内含报酬率大于项目A的内含报酬率，所以，以内含报酬率选择投资项目方案时，应该选择项目B。

内部收益率法的优点：①内部收益率法既适应于独立投资项目的

选择，也适应于互斥投资项目的比较选择，适应性非常广泛。②内部收益率法考虑了资金的时间价值，能正确地反映投资项目本身实际能达到的真实收益率。③内部收益率不受资本市场上利率的影响，而是完全根据项目的现金流计算出来，从而在一定程度上反映了项目的内在特征。所以，对于独立项目，内部收益率法总是能得出与净现值法一致的结论；互斥项目则经常不一致。

但是计算过程比较复杂，特别是每年现金流量不等时，需要多次测算求得，因此，一般须借助财务软件或者 Excel 完成。而且在互斥项目的选择中，内部收益率法有可能得出与净现值法不同的结论。

四、投资回收期法

投资回收期法是根据各投资项目回收期的长短来评价项目优势的一种决策方法。所谓投资回收期，是指收回投资项目初始投资所需的时间，一般以年为单位表示。

其计算公式为：

$$\text{回收期} = \text{收回全部投资的年数} - 1 + \frac{\text{未收回的投资}}{\text{收回全部投资年份的现金流量}} \tag{5-6}$$

如果一个项目的回收期低于公司预先设定的年份，那么，这个项目是可行的。一般来说，投资回收期越短，说明投资所冒风险越小，因此，在投资回收期法下投资回收期越短的项目越优。

以是否考虑资金的时间价值为标准，可将投资回收期分为普通投资回收期和贴现投资回收期。普通投资回收期和贴现投资回收期的差异来自时间价值因素，而时间价值的计算有单利和复利两种方法。在项目可行性分析中，贴现投资回收期的计算一般采用复利的方法。

（一）普通投资回收期

普通投资回收期是指在不考虑货币时间价值的情况下，以投资项目净现金流量抵偿原始总投资所需要的时间。简单理解，就是项目投入的资金，用多少年才能全部收回来。

【例 5－6】某公司有 A 和 B 两个投资项目，其预测现金流量如表 5－6 所示，计算 A、B 两个方案的投资回收期。

表 5－6　　项目投资有关资料　　单位：万元

年数	A 方案净现金流量	B 方案净现金流量
0	－1 000	－1 200
1	530	550
2	530	620
3	530	700

根据有关资料可知，该项目的回收期为：

A 方案的回收期 $=2-1+\frac{470}{530}=1.89$（年）

B 方案的回收期 $=3-1+\frac{30}{700}=2.04$（年）

在上述的两个项目中，A 项目每年的净现金流量相等，因此，投资回收期的计算公式也可以表示为：

投资回收期＝原始投资额÷每年相等的净现金流量　（5－7）

普通投资回收期的计算通常都是满足投资者尽快收回资金的要求，因此，普通投资回收期越短越好，通常会有一个行业规定的标准投资回收期或者行业平均投资回收期，只要计算出的项目普通投资回收期低于标准投资回收期或者平均回收期，那么就可以认为从该指标看，项目是可行的。

（二）贴现投资回收期

普通回收期忽略了货币的时间，回收期的另一种变化形式——贴现回收期则避免了这一问题。所谓贴现回收期是指贴现现金流的总和等于初始投资现值所需的时间。

【例 5－7】在【例 5－6】中，假定投资项目中 B 方案的贴现率为 10%，计算该项目的贴现投资回收期。

根据题意，将相关资料列示如表 5－7 所示。

表 5－7　　B 方案的现金流量　　单位：万元

年数	现金流量	折现现金流
0	－1 200	－1 200
1	550	500

续表

年数	现金流量	折现现金流
2	620	512.40
3	700	525.92

因此，该项目的贴现回收期为：

$$贴现回收期 = 3 - 1 + \frac{187.60}{525.92} = 2.36\ (年)$$

根据上述的计算结果，我们发现，B 方案用普通回收期法和贴现回收期法计算的结果相差不大。主要是因为，投资回收期不长或折现率不大的情况下，资金的时间价值因素对两种投资回收期法的计算结果的影响不大，因此不会影响项目或方案的优选。此时，用普通和贴现投资回收期法都可以进行项目可行性分析。但如果项目投资回收期较长或折现率较大的情况下，两种投资回收期法的计算结果的差别会很大。此时，只有计算贴现回收期才能较为准确地计算出接近实际的投资回收期，从而正确地进行项目的选择。

投资回收期法相对于其他方法而言，操作与计算简单；易于理解，可以近似反映一个投资项目的风险以及它的变现能力。但要取决于人为给出的投资回收期，主观性较强。且投资回收期法只考虑了投资回收期前的现金流，而忽视了投资回收期后的现金流。因此，对项目的考虑是不全面的。

五、年平均报酬率法

年平均报酬率法是根据各个投资方案的年平均报酬率的大小来评估方案优劣的一种决策方法。所谓年平均报酬率是指投资项目建成投产后，在投资项目寿命内年平均净收益与年平均账面投资额的比例。一般认为，年平均报酬率越高的方案越优。

计算项目的年平均报酬率，首先确定项目的年平均净收益率，即为扣除所得税和折旧后的项目平均收益率，再除以整个项目期限内的平均账面投资额。

年平均报酬率的计算公式为：

$$年平均报酬率 = \frac{年平均净收益}{年平均投资账面余额} \times 100\% \qquad (5-8)$$

根据计算结果与公司的目标收益率相比较，如果项目的年平均报酬率大于项目的目标收益率，则项目是可行的；反之，该项目将被放弃。当存在多个互斥方案时，要选择年平均报酬率最高的项目。

【例5-8】 某公司计划购置一套新设备用于扩大生产，设备成本为50 000元，使用寿命为5年，期末无残值，按直线法每年计提折旧10 000元，该公司的所得税税率为25%，预计每年新设备带来的净现金流量如表5-8所示，假定管理层设定的目标平均收益率为30%，判断该项目的可行性。

表5-8　　**公司项目资料**　　单位：元

年数	净现金流量	折旧	所得税（30%）	税后净利
0	-50 000			
1	20 000	10 000	2 500	7 500
2	30 000	10 000	5 000	15 000
3	35 000	10 000	6 250	18 750
4	20 000	10 000	2 500	7 500
5	10 000	10 000	0	0

根据相关材料，我们可以计算该项目的年平均报酬率：

$$\text{年平均净收益}=\frac{7\ 500+15\ 000+18\ 750+7\ 500+0}{5}=9\ 750\text{（元）}$$

$$\text{该项目平均账面投资余额}=\frac{50\ 000+40\ 000+30\ 000+20\ 000+10\ 000+0}{6}=25\ 000\text{（元）}$$

$$\text{该项目的年平均报酬率}=\frac{9\ 750}{25\ 000}\times 100\%=39\%$$

该项目的年平均报酬率39%大于管理层设定的目标平均收益率30%，因此，该项目可行。

年平均报酬率法简单、明了，易于理解和掌握，并且考虑了投资项目整个寿命时间内的全部现金流量，但它没有考虑货币的时间价值，因而不能正确反映各投资方案的真实效益，具有较大的局限性，一般用来进行已使用的各项目之间经济效益的比较。

六、项目评价方法的比较

（一）盈利指数法与净现值法的比较

盈利指数法与净现值法的基本原理是相同的。但当初始投资额不同或者其他的约束条件下，盈利指数法和净现值法在项目评估上会出现差异。

【例5-9】设某公司有A和B两个备选项目，项目的贴现率为10%，项目的现金流、净现值、盈利指数如表5-9所示。

表5-9　　项目A、项目B的盈利指数和净现值　　单位：万元

项目	预期现金流量			PI	NPV
	0	1	2		
A	-200	700	100	3.60	519.01
B	-100	150	400	4.67	366.94

如果这两个项目是独立项目，根据净现值法评估，这两个项目的净现值均为正值，可行；根据盈利指数法评估，这两个项目的盈利指数均大于1，投资项目均可行。可见，对于独立项目来说，净现值法与盈利指数法的决策结果相同。

如果项目A和项目B是互斥项目，根据净现值法，应选择净现值最大的项目，即项目A；根据盈利指数法，应选择盈利指数最大的项目，即项目B。可见，盈利指数法评估与净现值法评估发生矛盾，其原因在于盈利指数法忽略了初始投资规模问题。解决问题的办法是计算增量现金流量的盈利指数。如表5-10所示。

表5-10　　增量现金流量盈利指数计算表　　单位：万元

项目	预期现金流量			PI	NPV
	0	1	2		
A-B	-100	550	-300	2.52	152.07

计算结果表明，增量现金流量的盈利指数大于1，项目A可行，这与净现值法的结论是一致的。因此，当盈利指数法与净现值法得出不同结论时，应该以净现值为准。

盈利指数法与净现值法的相同点是：二者都考虑了货币的时间价值，有助于评价项目的收益和成本，是投资项目评价的主要方法。

盈利指数法与净现值法的不同点是：净现值法计算的结果是绝对数，反映投资的效益额大小，衡量项目未来经济效益减去初始投资后还剩多少；而盈利指数法计算结果是相对数指标，反映投资的效率，

衡量项目未来经济效益与初始投资成本的比值。一般情况下，二者会得出相同的结论。当二者出现差异时，若是独立方案，应当优先安排盈利指数高的项目；若是互斥项目，应当采用净现值最大的方案。

（二）内含报酬率法与净现值法的比较

对于相互独立的项目来说，用内含报酬率法与净现值法最后得出的结论是一致的，不会产生冲突，但是在互斥项目的状态下，两种方法有时会得出不同的结果。

【例5－10】设某公司有A和B两个备选项目，项目的贴现率为10%，项目的现金流、净现值、内含报酬率如表5－11所示。

表5－11　　项目A、项目B的内含报酬率与净现值　　单位：万元

项目	预期现金流量			IRR	NPV
	0	1	2		
A	－1 000	500	1 500	50%	694
B	－2 000	1 000	2 500	39.6%	975

如果这两个项目是独立项目，根据净现值法评估，这两个项目的净现值均为正值，可行；根据内含报酬率法评估，这两个项目的内含报酬率均大于资本成本（10%），可行。可见，对于独立项目来说，净现值法与内含报酬率法的决策结果相同。

如果项目A和项目B是互斥项目，根据净现值法，应选择净现值最大的项目，即选择项目B；根据内含报酬率法，应选择内含报酬率大的项目，即项目A。这时也用增量内含报酬率法进行判断。如表5－12所示。

表5－12　　增量内含报酬率计算表　　单位：万元

项目	预期现金流量			IRR	NPV
	0	1	2		
B－A	－1 000	500	1 000	28.1%	281

计算结果表明，增量内含报酬率大于资本成本，项目B可行，这与净现值法的结论是一致的。因此，当内含报酬率法与净现值法得出不同结论时，应该以净现值法为准。

净现值法与内含报酬率的相同点是：二者都考虑了货币的时间价值，都是比较客观准确地反映投资项目的经济效益，都是比较好的投资决策评估方法。

净现值法与内含报酬率法的不同点是：①净现值法计算的结果是绝对数，反映投资收益额的大小；而内含报酬率法计算结果是相对数，反映投资项目的真实收益水平。②二者在对独立项目的可行性进行决策时，将得出相同的结论：即对于独立项目净现值指标认为可行，内含报酬率也会同样认为可行。这时一般应当根据内含报酬率指标优先安排指标值较高的方案。③在对互斥项目的可行性评价中，二者可能会得出不一致的结论。二者产生矛盾的关键在于认定再投资收益率方面存在着不同的观点：净现值指标隐含着早得到的现金流量是按投资者所要求的收益率进行再投资的假定；而内含报酬率指标隐含着公司可以按项目本身内含报酬率进行再投资的假定。如果二者得出的结论不一致时，应采用净现值法的结论，即选择净现值大的项目作为最优投资方案。此外，内部报酬率很可能出现多个内含报酬率的问题，而净现值则不会出现这样的困境。

第四节　其他投资决策方法与应用

一、特殊条件下的投资决策

在前面阐述的项目投资决策分析方法中，忽略了项目投资的资本限制、项目的寿命周期不同以及项目可能是更新改造等问题。在现实中，这些问题是不可避免的，因此，在特殊情况下，需要灵活使用项目投资决策方法。

（一）资本限额下的决策

所谓资本限额，是指公司用于投资的资本存在最高限额，即资本是有限的。在存在资本限额下，如果公司有多个可供选择的项目，就需要选择使项目净现值之和最大的项目或项目组合。所使用的方法就是盈利指数法。

运用盈利指数法选择项目的步骤是：

（1）确定可用于项目投资的资本数额，这代表资本预算的约束条件。

（2）计算所有项目的净现值，估算每一个项目所需的初始投资。

（3）计算所有项目的盈利指数。

（4）根据盈利指数将项目排序。

（5）按盈利指数的大小，由高到低选择项目。同时计算被采用项目的累积初始投资，并把它与可用于投资的资金数额进行比较。

（6）当项目累计初始投资数额达到资本限额时，就不再接受其他项目。

【例 5－11】假设公司在现在和 1 年后可分别筹集到 10 万元，可供选择的项目有四个，假设项目的资本成本为 10%，贴现率为 10%。如表 5－13 所示。

表 5－13　　项目 A、项目 B、项目 C、项目 D 的净现值与盈利指数　　单位：万元

项目	预期现金流量			PI	NPV
	0	1	2		
A	－10	30	5	3.14	21.40
B	－5	5	20	4.21	16.07
C	－5	5	15	3.39	11.94
D	0	－40	60	1.33	13.22

对于这四个项目，一种选择是接受项目 B 和项目 C，因为项目 B 和项目 C 的初始投资之和等于 10 万元，且净现值之和大于项目 A。但是，这种选择会导致项目 D 被拒绝，因为 1 年后项目 B 和项目 C 收回的现金流量为 10 万元，加上筹集到的 10 万元，总共只有 20 万元，不能满足项目 D 的投资所需。

另一种选择是接受项目 A，因为项目 A 在 1 年后收回 30 万元的资金，再加上 1 年后筹集到的 10 万元，正好等于项目 D 的初始投资，与项目 B 和项目 C 的组合而言，项目 A 和项目 D 实现的净现值要高。所以，应该选择项目 A 和项目 D 的组合。

净现值应用的其他问题

（二）不同寿命期的决策

在许多情况下，公司必须对具有不同寿命周期的项目进行选择。在此情况下，公司就不能仅仅依赖净现值法进行判断，因为项目的寿命周期越长，其净现值就越大。如果在两个具有不同寿命周期的互斥

项目中进行选择，就必须在相同的寿命周期内进行评价。

【例 5－12】假设有 A、B 两个项目，项目 A 的寿命周期是 5 年，初始投资是 1 000 元，且在以后的 5 年内每年产生 400 元的现金流量；项目 B 的寿命周期是 10 年，初始投资是 1 500 元，且在以后的 10 年内每年产生 350 元的现金流量。假设两个项目的资本成本是 12%。那么，哪个项目更好呢？

首先，计算两个投资项目的净现值。

两个项目的现金流量为年金，根据年金现值的计算公式，有：

$NPV_A = 400 \times 3.6048 - 1\,000 = 441.92$（元）

$NPV_B = 350 \times 5.6502 - 1\,500 = 477.57$（元）

计算结果表明，项目 B 优于项目 A。然而，就项目 A 而言，忽略了 5 年后项目取得的现金流量进行再投资所产生的额外收益。

对于不同寿命周期的项目的选择，可利用以下两种方法：周期匹配法和约当年金法。

1. 周期匹配法——重置链法

为解决项目的不同寿命周期的问题，假设项目可以被复制，直到各个项目具有相同的寿命周期为止，然后计算复制后的项目净现值，再根据净现值的大小进行选择。

【例 5－13】假定在【例 5－12】中，项目 A 被进行了两次，其寿命周期达到 10 年。这样项目 A 的 10 年期的现金流量为：

时期	0	1	2	3	4	5	6	7	8	9	10
现金流	−1 000					−1 000					
		400	400	400	400	400	400	400	400	400	400

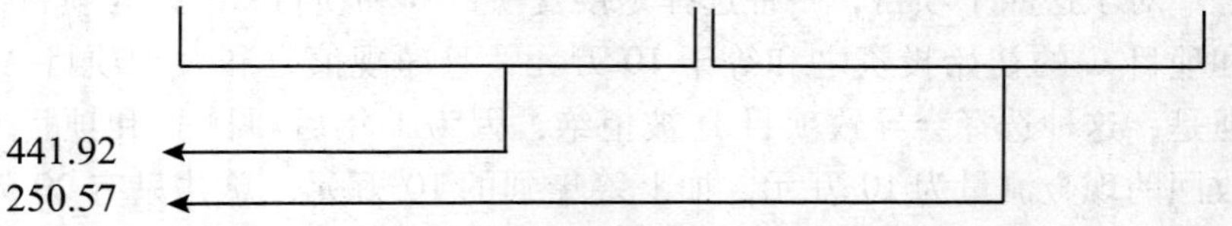

$NPV_A = 441.92 + 441.92/(1+12\%)^5 = 692.49$（元）

可见，项目 A 被复制为一个 10 年期的项目后，其净现值（692.49 万元）大于 10 年期的项目 B 的净现值（477.57 万元），即项目 A 为可行投资方案。

2. 约当年金法

约当年金法是指某项资产或者某项目（NPV）在整个寿命期每年收到或支出的现金流量。就是把寿命不同的项目的净现值转换成同等价值的年金后加以比较。其计算公式为：

$$EAC = NPV \times PVIFA_{r,n} \quad (5-9)$$

式中，EAC 表示约当年金；NPV 表示净现值；r 表示贴现率；n

表示期限。

约当年金法的决策步骤：（1）计算项目的 NPV 值；（2）计算项目的 EAC，即寿命期内的年金现值；（3）比较两个项目的 EAC 值，进行决策。

约当年金法的决策方法：若是收益类投资项目，收到现金流量，接受 EAC 大的项目；若是成本费用类投资项目，支出现金流量，接受 EAC 小的项目。

在实践中，如果项目的数量较多，且项目的寿命周期较长时，那么，各项目寿命周期的最小公倍数就非常大，计算就相当麻烦。比如，有寿命周期分别为 7 年、9 年和 11 年的三个项目，就不能使用周期匹配法，在此情况下，可考虑采取约当年金法。约当年金法即是按照年金的概念，将不同项目的净现值换算成每年等额的年金，然后比较不同项目的年金。

【例 5 – 14】 如果在【例 5 – 12】中，项目 A、项目 B 的约当年金为 EAC，试计算两项目哪个更适合做可选投资方案？

不同寿命的项目只要给定贴现率和寿命，就能够按照式（5 – 9）将 NPV 转换为同等价值的年金。根据式（5 – 9）计算如下：

项目 A：$EAC = 441.92 \times PVIFA_{12\%,5} = 122.62$（元）

项目 B：$EAC = 477.57 \times PVIFA_{12\%,10} = 84.6$（元）

计算结果可知，项目 A 的净现值比项目 B 低；但约当年金却比项目 B 高，因此，应当选择项目 A，这与用重置链法计算的结论一致。

3. 更新决策

更新是对技术上或经济上不宜继续使用的旧资产，用新的资产更换或用先进的技术对原有设备进行局部改造。

更新决策指是否用一个具有相同功能的新资产取代旧资产的决策，也就是在继续使用旧设备和购置新设备之间进行选择，它包括两个方面的问题：一是决定是否更新，即继续使用旧资产还是更新为新资产；二是决定选择什么样的资产来更新。

更新决策会带来现金流量的变化，体现在：

（1）因为购置新设备的金额超过出售旧设备所得到的金额，所以，用新设备置换旧设备将导致现金流出。

（2）使用新设备将会降低经营成本或提高经济效益，从而在新设备的使用期内产生现金流入；同时，新设备的使用会增加折旧的节税效应，这也使得现金流入增加。

（3）新设备使用期末的残值表现为差别残值，即新设备的残值与旧设备不被置换并继续使用至期末时的残值的差，残值收入也是一种现金流入。

【例5-15】 某公司正考虑更新计算机设备。旧设备目前的账面价值为50 000元，剩余使用年限为5年，且可以按20 000元出售，无资本收益税；新设备的购置成本为150 000元，试用期为5年，使用新设备后营业费用将下降40 000元。假设新旧设备均采用直线法计提折旧，期末无残值。公司所得税税率为25%，贴现率为10%。问：该公司是否应该进行计算机设备的更新？

采用新设备的净初始投资 = -150 000 + 20 000 = 130 000（元）

采用新设备增加的每年税后收益 = 40 000 ×（1 - 25%）= 30 000（元）

采用新设备增加的折旧节税收益 =（3 000 - 10 000）× 25% = 5 000（元）

采用新设备的净现值 =（3 000 + 5 000）× $PVIFA_{5,10\%}$ - 130 000 = 2 678（元）

计算结果表明，更新设备后将产生2 678元的净现值，因此，对设备进行更新是可行的。

4. 扩展决策

扩展是指在现有资产的基础上，通过额外投资，从而实现资产规模扩张，以增加未来现金流量。扩展决策就是对是否进行额外投资的选择。

扩展决策引起的现金流量的变化包括：

（1）对现有资产进行额外投资会导致现金流出量的增加。

（2）对现有资产进行额外投资会带来生产能力的提高，进而带来现金流入量的增加。

（3）在项目期末，扩展投资产生的增量残值也是一种现金流入量。

【例5-16】 某企业正考虑扩大经营规模，预计投资金额为500 000元，并在未来10年内采用直线法计提折旧，期末无残值。扩展投资后的下一年开始，每年收益将增加200 000元。假设贴现率为10%，公司所得税税率为25%。问：该扩张决策是否可行？

扩展的初始投资 = -500 000（元）

扩展增加的年税后收益 = 200 000 ×（1 - 25%）= 150 000（元）

扩展带来的折旧节税收益 = 50 000 × 25% = 12 500（元）

扩展产生的净现值 =（150 000 + 12 500）× $PVIFA_{5,10\%}$ - 500 000 = 116 005（元）

计算结果表明，扩展产生的净现值为116 005元，项目可以实施。

二、不确定条件下的投资决策

项目现金流量是项目投资决策的重要分析变量。影响项目现金流量的因素很多如销售量、销售价格等。在前面阐述的项目投资决策分析中，我们都假定是根据销售量、销售价格、固定成本和变动成本的预测值来估算项目现金流量的，且假设它们是确定的。实际上，当外部经济环境变化时，这些因素的数值也是变化的，进而对评估结果产生影响，因此，我们必须分析当这些因素变化时，其对评估结果的影响程度，进而分析判断项目风险程度的大小，即要对项目投资决策进行不确定性分析。项目投资决策中的不确定分析的方法有敏感性分析、场景分析和盈亏平衡分析。

（一）敏感性分析

敏感性分析是指研究 NPV 对项目假设条件变动敏感性的一种分析方法。其分析步骤如下：

（1）基于对未来的预期，估算基础状态分析中的现金流量。

（2）找出基础状态分析中的主要假设条件。

（3）改变分析中的一个假设条件，保持其他假设条件不变，然后估算该项目在发生条件变化后的净现值。

把所得到的信息与基础状态分析相联系，从而决定项目是否可行。

【例 5－17】 假设有一个投资方案，设备初始投资为 500 万元，使用期为 10 年，期末无残值。该投资的一些基本数据如表 5－14 所示。

表 5－14　　投资方案的基本数据　　单位：万元

项目	第 0 年	第 1～10 年
初始投资	500	
销售收入（销售价格 5 元，销售量 100 件）		500
销售费用		250
管理费用		20
折旧		50
税前利润		180

续表

项目	第0年	第1～10年
所得税（税率为25%）		45
税后利润		135
现金流量		185

该项目投资的净现值：

$NPV = 185 \times PVIFA_{10,10\%} - 500 = 636.75$（元）

在实际中，每年的现金流量都会受销售量、销售价格、成本等因素变化的影响。表5－15列示了产品销售价格变动引起的现金流量的相应变化。

表5－15　　销售价格变动的敏感性分析　　单位：万元

销售价格变动	销售价格	销售收入	销售费用	管理费用	折旧	税前利润	所得税	税后利润	现金流量	投资总额	净现值（贴现率10%）
－30%	3.5	350	250	17	50	33	8.25	24.75	74.75	500	－40.69
－20%	4.0	400	250	18	50	82	0.5	61.5	111.5	500	185.12
－10%	4.5	50	250	19	50	131	32.75	98.25	148.25	500	410.94
0	5.0	500	250	20	50	180	45	135	185	500	636.75
10%	5.5	550	250	21	50	229	57.25	171.75	221.75	500	862.57
20%	6.0	600	250	22	50	278	69.5	208.5	258.5	500	1 088.38
30%	6.5	650	250	23	50	327	81.75	245.25	295	500	1 312.66

从表5－15可以看出，产品的销售价格变动越大，净现值的变动也越大。同样，我们也可以计算出销售量、销售费用中的变动成本等变动对NPV的影响程度。

敏感性分析的局限性：

（1）在进行敏感性分析时，只允许一个假设条件发生变动，其他假设条件不变。而实际上，这些假设条件会相互影响，同时变动，比如通货膨胀推动产品销售价格上升，而产品成本可能已上升到相当高的程度。在此情况下，仅仅分析销售价格变动对NPV的影响是欠全面的。

（2）对敏感性分析结果的应用也存在主观性，影响 NPV 的假设条件有多个，显然仅仅依靠某一因素对 NPV 的影响而决定是接受还是放弃某一项目将导致决策的主观性。

（二）场景分析

场景分析是一种改进后的敏感性分析方法。这种分析方法测算的是 NPV 对未来不同场景的敏感程度。每个场景是由多个变量的不同情况构成的。

【例 5－18】某公司正考虑投入 150 万元生产一种电动自行车。估计正常情况下的市场规模为 10 万辆，公司的市场占有率为 10%。由于石油价格的上升，公司的市场份额将增加 3%，而石油价格上升可能导致经济衰退，同时引起通货膨胀。在此情形下估计市场规模将达到 20 万辆，产品销售价格和成本也可能上升 15%。表 5－16 列示了不同场景下的项目现金流量。

表 5－16　　不同场景下的现金流量预测　　单位：万元

项目	基础情形	油价上升、经济衰退情形
市场规模（万辆）	10	20
市场份额	0. 1	0. 13
单位价格	0. 2	0. 23
单位变动成本	0. 15	0. 17
固定成本	25	28. 75
销售收入	2 000	5 980
变动成本	1 500	4 485
固定成本	25	28. 75
折旧	15	15
税前利润	460	1 451. 25
所得税（20%）	115	362. 81
税后利润	345	1 088. 44
现金流量	360	1 103. 44

续表

项目	基础情形	油价上升、经济衰退情形
投资总额	150	150
净现值（10%）	2 062.06	6 630.2

从表 5－16 的计算结果可以看出，石油价格上升、经济衰退最终可能会对公司的投资有益。

（三）盈亏平衡分析

盈亏平衡分析，又称为保本点分析，是考察公司盈亏平衡时所要达到的销售量和业务量。该分析方法研究在其他经济解释变量保持不变时，产品销售量与项目分析对象之间的关系。当目标项目所产生的预期销量或预期销售收入超过盈亏平衡点时，该项目可行。反之，就应该放弃该项目。

1. 会计保本点

会计保本点是指净利润为零时的销售量或业务量，也就是销售收入刚好弥补成本。

假设 P 表示销售价格，V 表示单位变动成本，$Q_{会计}$ 表示销售量，S 表示销售收入，VC 表示总变动成本，FC 表示固定成本，D 表示折旧，T 表示所得税税率。

根据定义，下列等式成立：

$$(VC - FC - D) \times (1 - T) = 0 \tag{5-10}$$

$$Q_{会计} \times (P - V) = FC + D \tag{5-11}$$

$$Q_{会计} = (FC + D)/(P - V) \tag{5-12}$$

式中，P－V 为边际利润；$Q_{会计} \times (P - V)$ 为边际总利润，保本点实际上就是边际总利润等于固定成本时的销售量。

【例 5－19】假设某公司生产一批新设备，产品销售价格为 4 万元，单位变动成本为 2 万元，固定成本为 50 万元，总投资为 350 万元，所得税税率为 30%，这笔投资将在 5 年内按直线法计提折旧，期末无残值，即每年计提折旧 70 万元。

根据会计保本点的计算公式，保本点的销售量为：

$Q_{会计} = (50 + 70)/(4 - 2) = 60$（件）

会计保本点分析如图 5－1 所示。

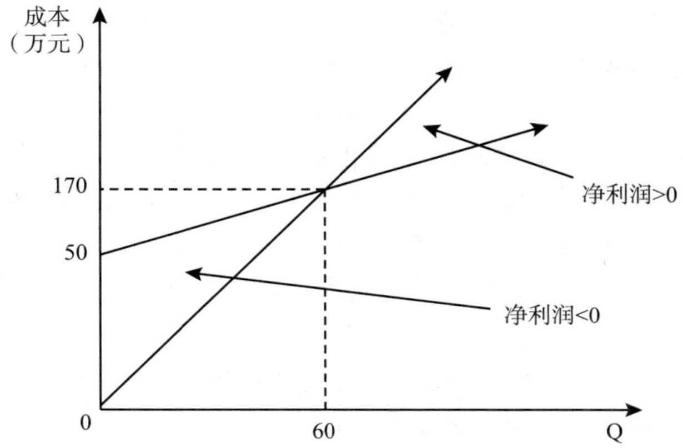

图5－1　会计保本点分析

2. 财务保本点

财务保本点是指项目净现值为零时的销售量或业务量。

假设P表示销售价格，V表示单位变动成本，$Q_{财务}$表示销售量，S表示销售收入，VC表示总变动成本，FC表示固定成本，D表示折旧，T表示所得税税率，r表示年利率，CF_0表示初始投资额。则：

$$NPV(Q) = \sum_{t=1}^{N} \frac{CF}{(1+r)^t} - CF_0 = 0 \qquad (5-13)$$

$$NCF = [(P-VC)Q_{财务} - FC - D](1-T) + D \qquad (5-14)$$

$$Q_{财务} = \frac{FC \times (1-T) - D \times T + \frac{CF_0}{A_r^N}}{(P-VC)(1-T)} \qquad (5-15)$$

【例5－20】假如在【例5－19】中，公司对新项目所要求的报酬率为20%。则该项目的财务保本点为：

$$Q_{财务} = \frac{50 \times (1-30\%) - 70 \times 30\% + 350 \div 2.9902}{(4-2)(1-30\%)} = 93.6\ (件)$$

显然，在其他条件相同的情况下，会计保本点和财务保本点不相等，财务保本点会高于会计保本点。从这个意义上来看，用财务保本点进行投资决策更稳妥、更稳健。

本章小结

1. 投资决策是指公司利用从金融市场上筹集的资金，对所拥有的资产，特别是固定资产进行分析、估算和筛选的过程。其中固定资产投资决策是涉及投资金额最大、期限最长、对公司收益及风险影响最大的决策方法，因此，它是公司投资决策的重点所在。

2. 固定资产是公司从事生产经营活动的物质基础，是公司主要的生产资料，是公司长期投资决策和资金预算的主要对象。由于对其投资涉及长期的、未来的投资计划，资金投入数额大，投资回收期长，现金流量估算困难，投资过程中存在着诸多的不确定因素。因此，公司必须建立明确合理的程序，以保证投资项目决策的正确性。

3. 投资项目可以按照不同的口径进行分类。其中，按照投资项目之间的相互关系可分为：独立投资项目、互斥投资项目、关联投资项目三类。

4. 项目投资进行正确决策的关键是要准确估计投资项目在不同时期的现金流入量和现金流出量，即净现金流量的大小。现金流量估算要遵循一定的原则。在对现金流量估算时新建项目还是替代项目有不同的估算方法。

5. 项目投资的评价方法一般分为两大类：一类是不考虑货币时间价值的方法，称为非贴现现金流量法，具体包括：投资回收期法和年平均报酬率法；另一类是考虑货币时间价值的方法，称为贴现现金流量法，它包括：净现值法、现值指数法和内含报酬率法等。

6. 净现值法与现值指数法相比，二者的相同点表现为：使用的信息是相同的，通常二者会得出相近的结论。二者的不同点表现为：当初始投资额不等时，二者得出的结论有差异。实践证明，净现值由于反映回收的多少，符合公司的最大利益要求，净现值越高，说明收益越大。

7. 内含报酬率是指使投资项目的未来现金流入量现值等于未来现金流出量现值时的贴现率。内部收益率即是净现值等于零时的贴现率。

8. 对于存在资本限额的投资项目，可采用盈利指数法则；对于寿命周期不同的投资项目，可采用周期匹配法和约当年金法进行评价；对于更新项目和拓展项目，应首先计算项目产生的现金流量，然后用净现值法进行决策。

9. 资本投资决策中的不确定分析的方法有敏感性分析、场景分析和盈亏平衡分析。

思考与练习

1. 试理解投资决策的含义。
2. 简述现金流量的含义和种类。
3. 估算现金流量要遵循什么原则？为什么？
4. 投资决策的方法有哪些？哪种方法在实际中应用最广，为什么？

5. 与敏感度分析法相比，场景分析法有何优势？

6. 试理解净现值法、现值指数法与内含报酬率法含义，并比较这三种方法在投资项目决策时的异同。

7. 某公司正在评估 A、B 两个投资项目，这两个项目的净现金流量如表 5－17 所示。假设该公司的资本成本为 6%，公司决定的投资回收的标准期限为 2 年，投资项目的平均报酬率不低于 40%。

要求：

（1）计算这两个项目的投资回收期、平均报酬率、净现值、现值指数、内含报酬率等评价指标。

（2）如果它们是独立项目，是否都可行？如果是替代项目，应选择哪一个？

表 5－17　　A、B 两个项目的净现金流量表　　单位：元

年数	净现金流量	
	A 项目	B 项目
0	(8 000)	(8 000)
1	5 000	3 000
2	3 000	3 000
3	2 000	3 000
4	1 000	3 000

8. 综合练习题：使用以下资料练习现金流量估算、投资项目决策的各种方法。

资料：某公司有一投资项目，需要投资 6 000 万元（其中：5 400 万元用于购买设备，600 万元用于追加流动资金）。预期该项目可使销售收入增加，第 1 年为 2 000 万元，第 2 年为 3 000 万元，第 3 年为 5 000 万元，预计项目的付现成本每年都为 800 万元，第 3 年末项目结束，收回垫支的流动资产 600 万元，假设公司所得税税率为 25%，固定资产按 3 年用直线法计提折旧并不计残值。公司要求的最低报酬率为 10%。

要求：

（1）计算该项目的税后现金流量；

（2）计算该项目的净现值；

（3）计算该项目的盈利指数；

(4) 计算该项目的内含报酬率;

(5) 如果不考虑其他因素,你认为该项目能否被接受?

9. 某公司拟进行一项目投资,引进新设备生产商品,存续期为5年。预计初始设备投资为2 000万元,固定成本为200万元,产品售价为10元/件,单位变动成本为4元/件,所得税税率为20%,设备按直线法计提折旧,期末无残值。假设项目的折现率为10%。

要求:

(1) 这种生产方案的净现值为多少?

(2) 计算这种生产方案的会计保本点和财务保本点。

(3) 根据计算结果,给出你的解释。

10. 某公司拟建一条生产线,预计有两个建设方案可供选择,两方案的现金流量如表5-18所示,若假定两方案的资本成本均是10%。

要求:

(1) 两方案的净现值为多少?

(2) 计算两方案的盈利指数是多少?

(3) 假定两方案为互斥方案,试对两方案做出选择,并说明理由。

表5-18　　甲、乙两方案的净现金流量　　单位:元

项目	第0年	第1年	第2年	第3年	第4年	第5年
甲方案	-80 000	25 000	25 000	25 000	25 000	25 000
乙方案	-100 000	30 000	25 000	35 000	20 000	35 000

第六章

长期资本融资

本章要点

- ✧ 长期资本融资的动机
- ✧ 长期资本融资种类
- ✧ 公司债券发行与特征
- ✧ 权益融资方式与种类
- ✧ 公开发行条件与内容
- ✧ 金融租赁与经营租赁的内容
- ✧ 混合融资方式与内容

本章以公司融资方式、渠道选择为角度，阐述公司应当合理组织融资活动，以最小的代价筹足所需资本，保持合理的资本结构。现代金融工具的创新，为长期资本融资提供了多种可供选择的方式和渠道，本章主要讨论股权融资、债务融资和混合融资工具的内容、特征以及创新发展。

第一节 长期资本融资概述

公司融资是指公司作为融资主体，根据其生产经营活动、投资活动、资本结构管理和其他需要，运用一定的融资方式，通过多渠道融资，经济有效筹措资金的活动。

一、公司融资动机

融资是公司获取资金的重要手段，是公司资金运动的起点，公司融资最基本的目的是满足公司经营活动和投资活动所需资金，归纳而言，融资动机表现为以下几类：

（一）公司创立时的资金需要

公司创立时为取得资本金，并形成开展生产经营活动的基本条件而产生的融资动机。在公司新建时，按照公司战略所确定的生产经营规模，需要核定长期资本需求量和流动资金需求量，以及维持经营活动正常波动而需要安排铺底资金，以便形成经营能力。

（二）满足经营中的支付需求

生产产品和提供服务是公司的基本功能。为此，所有公司都需要物质资本，如厂房、机器设备以及在生产过程中的其他中间投入品。为形成物质资本，公司需要通过不同融资渠道和融资方式筹集资金。随着生产经营规模的扩大，公司经常会出现超出正常经营活动的季节性、临时性的资金需求，也会开始对外投资而产生大量的追加投资需求，可见，公司融资要满足生产经营过程中的不同支付需要。

（三）满足资本结构调整的需要

公司是否具有最优资本结构，不仅影响公司融资方式选择，特别是债务融资方式，而且影响着公司价值最大化目标能否实现。因此，构建并维持能够促进公司价值最大化的最优资本结构是公司在金融管理中追求的决策目标之一。一旦公司的资本结构偏离最优资本结构，便将对公司价值产生不利影响，因而需要对资本结构进行调整。具体来说，调整资本结构的融资动机有两个原因：一是优化资本结构，合理利用财务杠杆效应，如筹集债务资本以回购股票等；二是偿还到期债务，债务结构内部调整，如筹集权益资本以偿还部分债务等。这类融资的目的是调整资本结构，通常不会增加公司的资本总额。

（四）满足混合性融资需求

公司在成长发展过程中，往往既需要扩大经营的长期资金，又需要偿还债务的现金，还会因对外投资而需要大额资金，此时，公司需要在融资时间和数量上，服从融资决策和投融资计划的安排，避免资金闲置，也不能贻误投资时机。混合性融资兼具扩张性融资和调节资本结构等特性，同时增加公司的资产总额和资本总额。

二、公司融资种类

所谓融资方式是指公司筹集金融资本所采取的方式。按照不同的标准可以把融资方式分为以下种类：

（一）按照资本来源的方向划分，融资方式分为内源融资和外源融资

1. 内源融资

内源融资是指公司从内部筹集资本的一种融资方式，包括公司设立时股东投入的股本、折旧以及留存收益，是公司将自身储蓄转化为投资的过程。

内源融资与外源融资

内源融资具有以下特点：

（1）自主性。内源融资获取的资本来源于公司内部，公司在使用这部分资本时，具有较大的自主权，受外部的制约和影响较小。

（2）低成本。相对于外源融资支付的大量费用而言，内源融资无发行成本。

（3）低风险。外源融资特别是债务融资需要承担还本付息的财务负担，容易使企业陷入破产的困境，而内源融资的风险较低。

（4）有限性。内源融资资本来源中的主要部分是保留盈余，它主要取决于公司的盈利，因此，相对于外源融资而言，内源融资的融资量是有限的，不适用于大规模的资金需求。

2. 外源融资

外源融资是公司从外部其他经济主体筹集资本的一种融资方式，包括发行股票和债券、向银行借款、融资租赁等。

外源融资具有以下特点：

（1）高效性。外源融资不受公司自我积累能力的限制，资金来源极其广泛，方式多种多样，使用灵活方便，可以满足资金短缺者的各种各样的资金需求，提高资金的使用效率。

（2）限制性。公司的外源融资要受诸多条件的限制，特别是公开融资，比如，公开发行债券和股票，条件比较严格，不符合条件者很难获得资金供给，公司缺乏自主性。

（3）高成本。发行债券和股票需要支付较高的发行费用，向银

行借款和融资租赁也要支付手续费用，因而与内源融资相比，外源融资会发生较高发行成本。

（4）高风险。对于债务融资而言，公司不仅要向债权人还本，还要支付利息，因而债务融资不仅具有偿还性的特点，还具有较高的财务风险。权益融资有可能导致原有的企业控制者面临企业控制权转移的风险。

（二）按照公司取得资金的权益特性不同，融资方式分为股权融资、债务融资和衍生工具融资

股权融资、债务融资与衍生工具融资

1. 股权融资

股权融资是指公司通过出售股权而向股东筹集资本的一种方式。股权融资是公司筹集长期资本的重要方式，筹集的资本形成公司的股本。因而，股权融资也称为权益融资。股权融资的方式包括：发行股票、留存收益和其他形式等。其中，发行股票包括发行普通股和发行优先股两种形式，由于优先股兼具普通股和公司债券的特点，将在混合型融资方式予以介绍。股权融资着重介绍普通股融资。

股权融资具有以下特征：

（1）股权融资筹集的资本形成公司的股本。股本是股东对公司实施股权控制和享有剩余索取权的基础。

（2）股权融资筹集资本的多少制约着公司的负债能力。

（3）股权融资具有股权稀释效应。即股权融资会削弱原有股东对公司的控制权和收益权。

2. 债务融资

债务融资，也称为借入资本，是指公司依法筹集，需要按期偿还本金和利息的资本来源，是公司向债务人筹集资本的一种方式，债务融资筹集的资本形成公司的负债。债务融资的方式包括发行公司债券、向银行借款以及融资租赁等。

债务融资具有以下特征：

（1）债务融资形成公司的负债，具有偿还性的特征。

（2）债务融资能够提高股东的回报率，具有财务杠杆效应。

（3）债务融资的利息在税前列支，具有抵税效应。

（4）债务融资形成债权人对公司的债权控制。

债权控制是一种相机控制，即如果公司能够向债权人按期支付本息，公司的控制权就掌握在股东手中，否则，债权人就会对公司实施债权控制。

股权融资和债务融资的比较，二者具有以下区别：

（1）筹集的资本性质不同。股权融资筹集的是权益资本，具有永久性的特点，而债务融资筹集的是债务资本，具有偿还性的特点。

（2）财务负担不同。不同的资本性质形成了不同的财务特征，具体表现在：①股权融资不用还本，而债务融资需要还本；②股权融资需要向股东支付股利，且股利的多少取决于公司的盈利状况和股利政策，具有软约束的特点；③债务融资需要向债权人支付利息，支付的利息的多少取决于债务契约的约定，具有硬性约束的特点。

（3）索取权的顺序不同。负债是债权人对公司资产的索取权，而股权是股东对公司净资产的索取权。由于负债和股权所具有的索取权的性质不同，因此，其索取权的顺序也不同，体现为在公司经营破产或清算时，清算财产首先向债权人清偿，然后再向股东清偿。

（4）管理权限不同。债权人拥有的是对公司的债务控制权，而股东拥有的是对公司的股权控制权，这是两类性质不同的控制权。当在公司能够保证向债权人还本付息时，对公司的控制权就掌握在股东手中，由股东行使对公司的股权控制；否则，对公司的控制权就转移到债权人手中，由债权人实施对公司的债务控制。

（5）税收优惠不同。债务融资向债权人支付的利息可以作为利息费用在税前列支，具有抵税效应，而股权融资向股东支付的股利是在税后列支的，不具有抵税效应。

3. 衍生工具融资

衍生工具融资是指兼具股权和债务融资性质的混合融资和其他衍生工具的融资。我国上市公司目前最常见的混合融资方式是可转换债券融资，最常见的其他衍生工具融资方式是认股权证融资。

三、公司资本融资管理原则

公司为了有效地筹集所需资金，应根据公司生产经营和资金需求的特点，在权衡资金的性质、数量、成本和风险的前提下，合理选择融资方式，提高资金效果。为此，公司融资时要遵循以下原则：

（一）筹资及时原则

公司在融资前必须制订完备的融资计划，掌握公司用资时间、数量，以便根据资金需要的具体情况，合理安排融资方式与融资时间，适时获取所需资金，使得融资与投资在时间上相互协调，减少资本闲置，或者融资滞后而贻误投资的风险。

（二）规模适当原则

公司要根据生产经营中各项业务发展的需要，合理测算资金需求。公司融资金时要合理预测资金的需要量，使融资规模与融资需要量相匹配，既要避免因融资不足影响生产经营的正常进行，又要防止融资过度造成资金闲置。

（三）筹措合法原则

公司要充分利用各种融资渠道选择经济可行的资金来源。不论是直接融资还是间接融资，都要遵循国家法律法规，合法筹措资金，依法披露筹资和用资信息，维护出资人或投资方的合法权益。公司要履行与相关各方约定的责任，并力求降低融资成本。

（四）来源经济原则

公司在确定融资数量、融资时间、融资可得性等基础上，还必须认真研究、比较各种融资方式优缺点，考虑需要付出的融资成本和承担的融资风险，从而选择经济可行的融资方式，遵循降低成本，减少风险的原则，确定合理的资本结构。

第二节　债务融资

债务融资是公司有偿使用外部资金的一种融资方式，是公司通过负债方式进行的融资。债务融资所获得的资金，需要承担支付使用资金的利息，在债务到期后要向债权人偿还本金。债务融资分为短期债务融资和长期债务融资，短期债务融资将在第九章介绍，此处仅介绍长期债务融资。

目前，在我国，长期债务融资主要有发行公司债券和长期借款两种方式。

一、长期债券融资

债券是经济主体为筹集资金而发行的，用以记载和反映债权债务关系的有价证券。由公司发行的公司债券或称企业债券，发行目的通常是为建设大型项目筹集大笔长期资金，通常期限都在一年以上，如西方国家的公司债券期限多在10年以上，因而是公司筹集长期资金的重要手段。

（一）长期债券的类型

1. 按照有无特定财务担保，分为有担保债券和信用债券

有担保债券是指以某种特定财产作为担保而发行的债券。主要有抵押债券、质押债券和保证债券。抵押债券是指以土地、房屋、设备等不动产作为抵押而发行的债券，当债务人在债务到期不能按时偿还本息时，债券持有人有权处理抵押品作为抵偿。质押债券也称抵押信托债券，债券发行人通常将作为抵押品的有价证券委托给信托机构保管，当债务人无力偿债时，由信托机构代为处理抵押品并用于偿还债务。保证债券是指由第三者担保偿还本息的债券，担保人一般由政府、银行及公司等承担。

信用债券也称无担保债券，是指债券发行人不提供任何形式的担保，仅凭自身信用发行的债券。在公司清算时，信用债券的持有人因无特定的资产做担保品，只能作为一般债权人参与剩余财产的分配。

2. 按照能否转换为公司股权，可分为可转换债券和不可转换债券

可转换债券，简称可转债，是一种可以在特定时间、按特定条件转换为普通股票的特殊公司债券。它兼具债务和期权的特征，又可称为混合证券。可转换债券的发行主体是股份有限公司的上市公司。

不可转换债券是指不能转换为发债公司普通股股票的债券。大多数公司债券属于这种类型。由于可转换债券给予债券持有人更多的选择权，其利率一般要低于不可转换债券。

3. 按照是否能够赎回，可分为可赎回债券和不可赎回债券

可赎回债券是发行人有权在特定的时间按照某个价格从债券持有人手中赎回的债券。通常，债券赎回时的价格高于债券面值，高出的部分则称为赎回溢价。

不可赎回债券是指在债券到期前，发行债券的公司不可赎回的债券。

4. 按照利率是否固定，可分为浮动利率债券和固定利率债券

浮动利率债券是指在债券有效期内，债券利率会在某种预先规定的基准上定期调整的债券。作为参照基准的多是一些有代表性的利率（如LIBOR），债券利率根据基准利率的变化每6个月或3个月（依债券发行条件规定）调整一次。

固定利率债券是指在债券有效期内，债券的利率水平是固定的，且载于债券票面上。

5. 按照是否记名，可分为记名公司债券和无记名公司债券

记名公司债券，是指在公司债券存根簿上载明债券持有人的姓名及住所、债券持有人取得债券的日期及债券的编号等信息。若需要转让，由债券持有人以背书形式或者法律法规规定的其他方式转让。转让后，由公司将受让人的姓名或者住所记载于公司债券存根簿。

无记名公司债券，是指在公司债券存根簿上载明债券总额、利率、偿还期限和方式、发行日期及债券的编号。无记名公司债券的转让，由债券持有人将该债券交付给受让人后即发生转让的效力。

（二）长期债券的发行

1. 长期债券的发行条件

我国《证券法》规定，公开发行公司债券的公司应当符合下列条件：①股份有限公司的净资产额不低于人民币 3 000 万元，有限责任公司的净资产额不低于人民币 6 000 万元；②累计债券总额不超过公司净资产额的 40%；③最近 3 年平均可分配利润足以支付公司债券 1 年的利息；④所筹集资金的投向符合国家产业政策；⑤债券的利率水平不得超过国务院限定的利率水平；⑥国务院规定的其他条件。

另外，发行公司债券所筹集的资金，必须用于核准的用途，不得用于弥补亏损和非生产性支持，否则会损害债权人的利益。

2. 长期债券发行的程序

（1）制订发行计划。在长期债券发行之前，发行债券的公司应就债券发行的目的、可行性以及具体工作内容等制订发行计划和发行章程。

（2）公司权力机关做出决议。股份有限公司、有限责任公司发行债券，应由董事会制订方案，股东大会做出决议。国有独资公司发行债券，需由国家授权的机构或部门做出决定。

（3）提交发行债券的申请。发行债券的公司须向国务院证券监督管理部门提交申请，同时提交公司登记证明、公司章程、公司债券募集办法、资产评估报告和验资报告等文件。国务院证券管理部门根据有关规定，对公司的申请予以核准。

（4）签订委托代理协议。公司发行债券的申请得到批准后，应与债券承销商就本次发行债券的发行总额、发行价格、发行时间以及双方的权利、义务、责任进行磋商并签订相关协议。

（5）公告募集办法。根据《公司法》的规定，发行债券的公司应以公告的形式公布发行内容，主要包括发行债券总额、面额、债券利率、还本付息期限和方式、债券发行起止日期、公司净资产总额、已发行但尚未到期的债券总额，以及债券的承销机构等。

（6）募集资金。公司债券募集资金的方式有公募和私募两种。公募发行是指由证券承销机构面向社会公开发行债券；私募发行是指发行债券的公司直接向少数特定的投资者发行债券。

（7）交割。我国公司债券的公募发行采取间接发行方式。在这种发行方式下，发行公司与承销商签订承销协议，投资者直接向承销商付款购买，承销商代理收取债券款，交付债券。然后承销商向发行债券的公司结算债券款项。

3. 债券的发行价格

债券的发行价格是指债券发行时所使用的价格。发行价格是以票面金额为基础，主要取决于票面利率及市场收益率的关系，同时还与发行成本、发行者与承销机构的信誉、市场供求状况有关。

发行价格与票面金额是两个不同的概念，债券面额是指用于计算票面利率的金额。按照发行价格与票面金额的关系，债券的发行价格通常有三种：平价、溢价和折价。其中：平价是指以债券的票面金额为发行价格；溢价是指以高于债券票面金额为发行价格；折价是指以低于债券票面金额为发行价格。

债券发行价格的形成受诸多因素影响，其中主要的因素是市场利率与票面利率的一致程度。由于债券票面金额、票面利率在债券发行前即已参照市场利率与发行公司的具体情况确定下来，并载明于债券条款。如果发行债券时市场利率发生变动，为协调债券购销双方在债券利息上的利益，就需要调整发行价格。当市场利率低于债券票面利率时，如果债券按面值发行，发债公司就会多付利息，这时债券以溢价发行，从而使发债公司按市场均衡利率支付利息，债券购买者也按市场均衡利率获取利息。反之，当市场利率高于债券票面利率时，就以折价发行债券。当市场利率与票面利率一致时，则以平价发行债券。

4. 长期债券的信用评级

公司公开发行债券通常需要由债券评级机构评定信用等级。投资者可以根据评级结果选择债券进行投资，所以债券的评价等级对于发债公司和投资者都有重要影响。

国际上流行的债券等级是 3 等 9 级。以标准普尔公司的级别为例：AAA 级为最高级，AA 级为高级，A 级为上中级；BBB 级为中等级，BB 级为中下级，B 级为投机级；CCC 级为完全投机级，CC 级为高度投机级，C 级为最差级，D 级为已违约。从 AA 到 B5 级还可以用“+”或“-”进一步细分。其中，前4个级别债券信誉高，违约风险小，是“投资级债券”，第5级开始债券信誉低，是“投机级债券”。

我国债券评级工作正在开展，尚无统一的债券等级标准和系统评级制度。根据中国人民银行的有关规定，凡是向社会公开发行的企业债券，需要由经中国人民银行认可的资信评级机构进行评级。

（三）长期债券的偿还

债券偿还的方式，按照实际发生的时间与规定的到期日之间的关系，分为提前偿还与到期偿还两类。其中后一种又包括分批偿还和一次偿还两种。

1. 提前偿还

提前偿还又称为提前赎回或收回，是指在债券到期日之前予以偿还。只有在公司发行债券的契约中明确规定了有关允许提前偿还的条款，公司才可以进行此项操作。提前偿还所支付的价格通常要高于债券面值，并随到期日的临近而逐渐下降。具有提前偿还条款的债券，可使公司筹资有较大的弹性。当公司资金有结余时，可提前赎回债券；当预测利率下降时，也可提前赎回债券，而后以较低的利率来发行新债券。

2. 到期分批偿还

分批偿还是指在公司债券有效期内，分期偿还债券本金的偿还方式。分批偿还债券能够减轻发债公司期末偿还债券本息的资金运用压力，该债券还通常建立偿债基金分批偿还本息。由于这种债券发行时便制定了不同批次到期日，便于投资者进行挑选，因而易于发行。

3. 到期一次偿还

到期一次偿还是指除按期支付利息外，债券的本金在到期前一次性付清。这种偿还方式多数情况下，会使发债公司在偿还本息时要承担巨额资金支付压力，另一方面也不利于债权人对发债公司的监督。

（四）长期债券融资的利弊分析

1. 长期债券融资的优点

（1）融资成本低。债券利息可以税前列支，具有抵税作用；债券比股票投资风险低，所以公司债券的资本成本低于普通股和优先股的资本成本。

（2）保护股东控制权。债券持有人不直接参与公司经营管理，一般也不享有公司决策的表决权，发行债券融资与发行股票融资相比，更能保持股东对公司的控制权。

（3）便于调整资本结构。公司通过发行债券时规定赎回条款，有利于公司在必要时调整资本结构。

（4）筹集长期资金。发行债券所筹集的资金一般属于长期资金，可供企业在1年以上的时间内使用，这为企业安排投资项目提供了有力的资金支持。

2. 债券筹资的缺点

（1）财务风险大。发行债券需要按期还本付息，若公司经营状况不佳，会影响公司偿债能力，严重时会使公司陷入财务危机，甚至会招致破产。

（2）筹资数额有限。公司负债越多，投资者要求的回报率就越高，财务风险也将增大。我国《公司法》规定，企业发行在外的债券累计总额不得超过其净资产的40%。

（3）限制性条款多。为了保障债权人的资金安全，债券合同中通常包含各种限制性条款。严格的债券合同会影响企业资金使用的灵活性。

二、长期借款

长期借款是指公司向银行或非银行金融机构借入的期限在1年以上的借款。长期借款主要用于固定资产投资、更新改造以及研究开发投资等方面，是公司筹集长期资本的一种重要方式。

（一）长期借款的种类

按照不同的划分标准，长期借款可以做下列分类：

（1）根据借款用途划分，可分为固定资产投资借款、更新改造借款、科研开发借款和新产品试制借款。

（2）按照有无提供担保划分，可分为信用借款和担保借款。

（3）按照偿还方式划分，可分为一次性偿还借款和分期偿还借款。

（4）按照涉及的货币种类划分，可分为人民币借款和外币借款。

（5）按照资金来源划分，可分为从商业银行借款、从政策性银行借款和从其他金融机构借款。

（二）长期借款的基本条件

金融结构对企业发放贷款时，为降低贷款风险，对借款企业提出了必要条件。企业申请贷款一般应具备的条件是：

（1）借款企业要独立核算、自负盈亏、具有法人资格。

（2）遵守国家有关的政策法规和信贷制度，经营方向和业务范围符合国家产业政策，借款用途属于银行贷款办法的规定范围。

（3）经营管理制度健全，有固定的经营场所，财务状况良好，不挤占挪用信贷资金，恪守信用，资产负债率符合贷款人的要求，有按时还本付息的能力。

（4）企业具有一定的物资和财产保证，担保单位具有相应的经济实力。

（5）在银行开立基本账户或一般存款账户，通过银行办理结算。

（6）企业应经工商管理部门办理年检手续。

（7）除国务院规定外，有限责任公司和股份有限公司对外权益性投资累计额未超过其净资产的50%。

符合以上条件的企业，如果需要资金，可向银行或非银行金融机构提出借款申请。

（三）长期借款的保护性条款

由于长期借款期限长、风险大，按照国际条例，银行通常对借款企业提出一些有助于保证贷款按时足额偿还的条件。这些条件列入贷款合同，就形成了合同的保护性条款。长期借款的保护性条款大致有如下几类：

1. 一般性保护条款

这是应用于大多数的借款合同，但会根据具体情况会有不同的内容，主要包括：对借款企业流动资金保持量的规定，其目的在于保持借款企业资金的流动性和偿债能力；对支付现金股利和再购入股票的限制，其目的在于限制现金外流；对资本性支出规模的限制，其目的在于减少企业日后不得不变卖固定资产以偿还贷款的可能性；限制其他长期债务，其目的在于防止其他贷款人取得对企业资产的优先求偿权。

2. 例行性保护条款

这是常规条款，在大多数借款合同中都会出现，主要包括：借款企业定期向银行提交财务报表，其目的在于及时掌握企业的财务情况；不准在正常情况下出售较多资产，以保持企业正常的生产经营能力；如期缴纳税费和清偿其他到期债务，以防被罚款而造成现金流失；不准以任何资产作为其他承诺的担保或抵押，以避免企业负担过重；不准贴现应收票据或出售应收账款，以避免或有负债；限制租赁固定资产的规模，其目的在于防止企业负担巨额租金以致削弱其偿债能力，还在于防止企业以租赁固定资产的办法摆脱对其净经营性长期资产总投资和负债的约束。

3. 特殊性保护条款

这是只有在特殊情况下才生效的保护性条款，一般出现在部分借款合同中。主要包括：贷款专款专用；贷款不能用于购买有价证券、期货；限制企业高级职员的薪金和奖金总额；要求企业主要领导人在借款期内担任领导职务；规定企业的领导人员必须购买人身保险；等等。

（四）长期借款的利弊分析

1. 长期借款的优点

（1）能够降低信息不对称问题。债务融资中，债权人与债务人往往存在诸如生产经营状况、盈利分配情况等方面的信息不对称。由于银行在放贷之前可以深入借款企业做实地调查，放款之后又可以跟踪检查，银行可以及时了解掌握借款企业的实际情况，从而有助于解决信息不对称问题，降低信用风险。

（2）借款弹性较大。与发行债券相比，债券融资企业所面对都是社会公众，出现问题时，与广大投资者协商改善融资条件的可能性很小。而向银行借款时，企业是与银行直接交涉，有关条件可以谈判确定；用款期间发生变动，借款企业也可与银行再协商。

（3）有利于维护借款企业的商业秘密。与发行债券相比，借款企业不用向社会公众披露筹集资金的用途，有助于保守投资机会的秘密，增强其市场竞争力。

（4）长期借款资本成本较低。与发行债券相比，向银行借款省去了债券发行的承销费、发行费、审批费等费用，且向银行借款所需时间比发行债券要短，融资速度快。

2. 长期借款的缺点

（1）限制性条款多。与发行债券相比，银行借款对借款用途有明确规定，通过借款的保护性条款，对公司资本支出额度、再融资、股利支付等行为有严格的约束，借款合同的这些限制性条款对公司经营活动与财务政策必将产生一定程度的影响。

（2）筹资数额有限。银行借款的数额往往受到金融机构资本实力的制约，难以像发行公司债券、股票那样筹集到大笔资金，无法满足公司大规模融资的需要。

（3）融资风险较大。与股权融资相比，长期借款需要还本付息，且这项要求债权人受到法律保护，对公司而言是“硬约束”。一旦公司经营管理不善，或资金周转出现困难而不能按时还本付息，企业将面临破产的可能。

第三节　权益融资

权益融资通过扩大企业所有者权益来实现，筹集的资金是公司长期资本的主要来源。权益融资的主要渠道有普通股融资、留存收益、优先股融资。

普通股融资

一、普通股融资

普通股是指在公司的经营管理和财产分配上享有普通权利的股份，代表满足债权偿付要求及优先股东的收益权与求偿权后，对企业盈利和剩余财产的索取权，它构成公司资本的基础，是股票的一种基本形式，也是发行量最大、最为重要的股票。发行普通股是公司最重要的融资方式，普通股融资的方式有公开发行（IPO）、再融资和其他形式等。

（一）公开发行

公开发行也叫公募发行，是指没有特定的发行对象，面向广大投资者公开推销的发行方式。股票的公开发行包括首次公开发行（IPO）和再次权益发行（再融资）。

1. 首次公开发行

股份有限公司第一次向社会公众公开招股被称为首次公开发行（initial public offering，IPO）。IPO一般发生在一家公司决定要公开上市时。

公司进行首次公开发行的目的是多方面的，归纳起来主要有：为了筹集新资金，满足公司的融资需求；获得资本市场的定价，提高公司股票的流动性；获得在未来并购中可作为支付对价的公众股票；提高公司的声誉、知名度和员工的认同感；完善公司治理，提高公司价值；分散公司主要经营者兼股东的投资风险，降低融资风险；帮助公司包括风险投资基金在内的原始股东退出；等等。

但是，IPO也存在劣势，主要包括：上市成本高，手续复杂严格；公司将负担较高的信息披露初步；信息公开的要求可能会暴露公司的商业机密；股价有时会歪曲公司的真实情况，影响公司声誉；可能会分散公司的控制权，造成管理上的困难。

（1）IPO 条件。

根据《证券法》《公司法》《股票发行与交易管理暂行条例》和《上市公司证券发行管理办法》等的有关规定。首次公开发行股票必须具备一定条件：

①公司的生产经营符合国家产业政策。

②公司发行的普通股只限一种，同股同权。

③发起人认购的股本数额不少于公司拟发行股本总额的 35%。

④在公司拟发行的股本总额中，发行人认购的部分不少于人民币 3 000 万元。但国家另有规定除外。

⑤向社会公众发行的部分不少于公司拟发行股本总额的 25%。其中，公司职工认购的股本数额不得超过拟向社会公众发行的股本总额的 10%；公司拟发行的股本总额超过人民币 4 亿元的，证监会按照规定可酌情降低向社会公众发行部分的比例。但是，最低不少于公司拟发行股本总额的 10%。

⑥发行人在近 3 年内没有重大违法行为。

⑦证监会规定的其他条件。原由企业改组设立股份有限公司申请公开发行股票，除了要符合新设立股份有限公司申请发行股票的条件外，还要符合下列条件：发行前一年年末，净资产在总资产中占比不低于 30%；无形资产在净资产中占比不高于 20%；近 3 年连续盈利。

（2）IPO 程序。

我国实施 IPO 发行的基本程序是：

①对企业改制并设立股份有限公司。发行公司聘请保荐机构（证券公司）和其他中介机构将企业改组为股份有限公司，对企业的资产和财务进行评估审计，起草制作股票发行文件。

②对企业进行尽职调查与辅导。保荐机构（证券公司）和其他中介机构按照公司上市的有关规定进行上市前准备。

③制作申请文件并申报。由保荐机构保荐并向证监会申报。

④证券会受理并审批核准。证监会初审后，发行审核委员会审核前，进行申请文件预披露，最后提交发行审核委员会审核。

⑤路演、询价与定价。发行公司在获得中国证监会核准后，发行公司发布招股说明摘要及发行公告等信息，证券公司与发行公司进行路演，向投资者推荐和询价，并根据询价结果协商确定发行价格。

⑥发行与上市。发行公司应向证监会报告并登记发行结果，并向

股东和社会披露公司的相关信息。并在登记结算公司办理股份的托管与登记，挂牌上市。

（3）IPO 定价。

确定合理的发行价格是首次公开发行股票中最重要也是最困难的工作。它关系到发行公司和投资者的根本利益和股票上市后的表现。若发行价格太高，会抑制投资者的热情，增大投资者风险，同时增加承销机构的发行风险和发行难度，并会影响上市后的价格走向；发行价格定在真实价格之下，则难以满足发行公司的融资需求，甚至会损害原有股东利益。因此，发行公司和承销商必须对公司的利润即期增长趋势、行业因素、二级市场的股价水平等因素综合分析、评估，合理确定发行价格。

从各国股票发行市场的经验来看，具体确定股票发行价格的方法有以下几种：

①议价法。议价法是指证券发行者与证券承销商就证券发行价格、手续费等权责事项充分商讨后再发行或推销的一种发行方式。议价法一般有固定价格方式和市场询价方式两种方式：

固定价格方式是由发行人和主承销商在新股公开发行前商定一个固定价格，然后根据该价格进行公开发售。

市场询价方式是由发行人和承销商根据发行人的情况和市场需求，先确定一个发行价格的区间，这个价格区间可以通过现金流贴现或者可比公司估值等方法得到，然后确定发行价格。

②竞价法。竞价法是指由各承销商或者投资者以投标方式相互竞争确定股票发行价格。竞价法在具体实施过程中有三种形式：网上竞价是通过证券交易所电脑交易系统按集中竞价原则确定新股发行价格；机构投资者竞价是采取对法人配售和对一般投资者上网发行相结合的方式，通过法人投资者竞价来确定股票发行价格；券商竞价是由多家承销商通过招标竞争确定证券发行价格。

竞价法虽然有各种不同的方式，但都是以股票价值作为发行底价，以此为基础由承销商或者投资者进行竞价，是一种“直接”的市场化定价方式，只是参加定价的市场主体及其范围存在差异。

③净资产倍率法。净资产倍率法是指通过资产评估等手段确定发行公司拟募每股资产的净现值和每股净资产，然后根据市场状况将每股净资产乘以一定的倍率或折扣确定发行价格。其定价公式为：

$$发行价格 = 每股净资产 \times 溢价倍率（或折扣倍率）$$

一般来说，发行价格在净资产的 3～5 倍是正常状况。

④市盈率法。市盈率（P/E），是资本市场常用的一个重要指标，

它反映了在某一时刻投资者对企业每一元盈利所愿意支付的价格。通过市盈率法确定股票发行价格，首先应根据专业会计师审核后的盈利预测出发行人的每股净收益；其次可根据二级市场的平均市盈率、发行公司所在行业平均市盈率、发行公司经营状况、成长性等确定发行市盈率；最后依据发行市盈率和每股净收益的乘积决定发行价格。计算公式为：

$$发行价格=平均市盈率\times每股收益$$

⑤现金流量折现法。现金流量折现法是指通过预测发行公司未来盈利能力，然后按一定折现率测算，计算发行公司的净现值，从而确定股票发行价格。使用现金流量折现法定价的关键在于：一是预测发行人未来存续期各年度的现金流量；二是确定一个合理的、公允的折现率，折现率的大小要反映未来现金流量的风险。

我国股票 IPO 定价先后采取过固定价格法、相对固定市盈率定价法、累积投标定价、控制市盈率定价、初步询价和累计投标询价法，等等。随着我国资本市场的不断发展和法治体系的不断健全，我国新股发行制度不断向市场化方向迈进。新股发行制度越来越强调市场纪律，重视中小投资者意愿，促进长期理性投资，提高了新股发行的市场化程度。

（4）IPO 抑价现象及解释。

IPO 抑价现象是指公司股票常常以过低的价格发行，上市首日（或初期）的市场交易价格显著高于发行价格，发行市场与交易市场出现了巨额的价差，从而使申购到新股者获得稳定的超额收益，并导致公司上市前的现有股东遭受重大损失的现象。新股超额收益现象的存在，表明 IPO 市场存在效率损失，并直接表现为上市公司可募集资金的减少。

IPO 抑价现象在世界所有的股票市场几乎都存在，但是各国抑价程度差异较大。一般来说，发达国家市场的抑价幅度普遍小于新兴市场国家。为什么会存在 IPO 抑价，有以下相关解释：

①“赢家的诅咒”。这是罗克（Rock）在 1986 年的论文中提出的观点，他认为，市场上存在两种投资者，即掌握信息的投资者和未掌握信息的投资者。前者往往能利用其信息优势购买到具有投资价值的股票，而后者只能根据其他主体的行为做出判断，最终购买前者所规避的、不具有投资价值的股票。当未掌握信息的投资者意识到自己处于不利地位时，就会退出市场。为了避免这一现象发生，吸引所有投资者参与首发新股投资，承销商不得不使新股发行定价平均偏低，以确保发行的顺利进行。

②承销商的动机。在制定发行价格时，如果发行企业将新股定价权交给更具有信息优势的承销商，承销商会倾向于将新股的发行价定在其价值之下。这样做对承销商有利：一是可以降低其在承销或包销该股票时的风险，更有利于新股的成功发行，不会因新股发行失败给承销商声誉造成影响。二是折价发行实际上给承销商的投资者提供了一个“超额收益率”，可以与投资者建立起良好的关系，而发行公司对承销商往往缺乏有效的监督，承销商便经常性地采取折价发行策略。

③信号假说。由于发行人、承销商和投资者之间拥有不同的信息资源。一般来说，发行人和承销商掌握更全面的信息，具有信息优势，这将会给投资者购买新发股票带来风险，IPO 抑价就是对因不对称信息带来风险的补偿。

④股权分散假说。该理论认为。新股上市后需要保持一定的流动性。才有助于其价格发现。而流动性需要通过大量投资者交易该股票才能实现。发行人有意压低新股发行价格，就是为了造成新股的超额需求，从而使公司拥有大量的小股东。这种分散的股权将大大增加公司股票的流动性。同时，也使得自己能够持有足够的所有权份额。这不仅可以减少公司外部对管理层所造成的压力，而且还可以防止公司控制权旁落，从而保持对该公司的控制。

⑤流行效应假说。这一假说是从行为金融学角度进行的分析。该假说认为，通常投资者进行投资时，往往并不只是根据自己所掌握的信息进行，而是经常受到其他投资者行为的影响。若投资者看到其他投资者对该新股反应冷淡，即便自己拥有该新股某一利好消息，也会动摇他购买的信心。相反，若是其他投资者购买比较活跃，则会增强其购买新股的信心。而要避免无人购买情况出现的最实际的方法就是抑价发行，即通过有意压低新股发行价格以吸引第一批投资者购买，从而带动其他投资者踊跃购买。

（5）IPO 的成本。

股票 IPO 成本是指发行公司在股票发行过程中所支付的各项费用，通常包括以下几项：

①承销费用。承销费用是指发行人委托证券承销机构发行股票时支付给后者的佣金。通常在股票发行费用中所占的比重最大。承销费用一般按募集资金总额的一定百分比计算，从承销商在投资者付给企业的股款中扣除。股票承销费用的影响因素包括承销方式、发行总量、发行总金额、发行公司的信誉、发行股票的种类等。

②保荐费用。依法采取承销方式公开发行股票时，应当聘请具有

保荐资格的机构担任保荐人。保荐费用则是发行公司委托保荐机构推荐股票发行上市所支付的费用。

③其他中介机构费用。股票发行过程中必然会涉及评估、财务和审计等问题。因此，发行公司聘请资产评估机构、会计师事务所、律师事务所参与发行工作就需要支付中介费用。此类费用的收费标准基本上按企业规模大小和工作难易程度来确定。

④其他费用。它指股票发行中除上述外的其他所有费用，包括印刷费、宣传广告费及其他需要支付的直接费用，以及发行中需要支付的间接费用。

⑤绿鞋条款。绿鞋条款是公司赋予承销商按发行价格买入额外股份的权利。如果股票发行价格低于市场价格，这一选择权就会更有价值，对公司而言就是一种发行成本。

专栏 6－1

绿鞋机制

“绿鞋机制”也叫绿鞋期权（green shoe option），是“超额配售选择权”制度的俗称。“绿鞋”一词由美国名为波士顿绿鞋制造公司1963年首次公开发行股票时率先使用而得名，此后成为IPO承销协议中的一项条款。超额配售权即是指除了最初发行的股票外，承销商还能够获得额外的股票，即公司向承销商提供以发行价格向发行者购买额外股份的选择权。

绿鞋机制是为了满足超额需求和超额认购。其工作原理为：承销商充当联络人的角色，为客户新发行的股票寻找买方；卖方（公司所有者和董事）和买方（承销商和客户）确定股价；一旦股价确定，买卖双方就准备公开交易，承销商则使用一切法律手段，将股价维持在发行价之上；如果承销商预计股价有跌破发行价的可能，他们就会行使绿鞋选择权；为了保持定价控制，承销商比公司最初的计划多卖出或卖空15%的股票（即不得超过新发行股份的15%）。

绿鞋机制可以稳定大盘股上市后的股价走势，防止股价大起大落。在股票上市之日起30日内，当股价上扬时，主承销商即以发行价行使绿鞋期权，从发行人购得超额的15%股票并发售，满足市场需求；当股价下跌时，主承销商将不行使该选择权，而是从股票二级市场上购回超额发行的股票以支撑价格。可见，绿鞋机制的引入起到了稳定新股股价的作用。

中国证监会2006年颁布的《证券发行与承销管理办法》第48条规定："首次公开发行股票数量在4亿股以上的，发行人及其主承销商可以在发行方案中采用超额配售选择权"。国际市场上大部分新股发行都规定有绿鞋机制。在海外股票发行中采用"超额配售选择权"机制已成为惯例。我国交行、建行、中行和招行等多家境内商业银行赴海外上市时均采用了"超额配售选择权"机制。

2. 再次权益融资

再融资是指上市公司首次公开发行股票后，再次在证券市场上公开募集资金的行为。具体内容参见（二）所述。

（二）再融资

再融资的方式主要包括向不特定对象公开募集股份（简称增发）、向原股东配售股份（简称配股），以及向特定对象公开发行新股等。

1. 增发方式

增资发行是指已发行股票的公司，经过一定时期后，为了增加资本而发行新股票的行为。

按照是否缴纳股金来划分，增资发行分有偿增资和无偿增资两种。有偿增资是指股份公司通过增发股票吸收新股份的办法增资，认购者必须按照发行价格支付现款才能取得股票。采用这种方式可以直接从外界募集股本，增加公司的资本金。无偿增资是指公司原股东不必缴纳现金即可获得新股的方式，发行对象仅限于原股东，主要包括公积金转增资、红利增资和股票分割。无偿增资的目的是为了使股东增强对公司的信心，或者为了调整资本结构。

本章的主题是研究长期资本融资，因此主要探讨有偿增资方式。有偿增资的具体形式即是增发和配股两种。

（1）增发的含义及条件。

增发是上市公司向社会公众（既包括原股东，也包括潜在投资者）发售股票进行融资的行为。增发的目的是扩大资本金额，分散股权，增强股票的流动性，并可避免股权过分集中。增发的股票价格大都以市场价格为基础，是最常用的增资方式。

根据证监会规定，上市公司申请增发新股，除应当符合《上市公司证券发行管理办法》规定外，还应当符合以下条件：①最近3个会计年度加权平均净资产收益率不低于10%。扣除非经常性损益后的净利润与扣除前的净利润相比，以低者作为加权平均净资产收益率的计算依据。②除金融类企业外，最近1期末不存在持有金额较大的交易性金融资产和可供出售的金融资产、借予他人款项、委托理财等财务性投资的情形。③发行价格应不低于公告招股意向书前20个交易日公司股票均价或前一个交易日的均价。④前次募集资金投资项目的完工进度不低于70%。⑤增发新股的股份数量超过公司总数20%的，其增发提案还须获得出席股东大会的流通股股东所持表决权的半数以上通过。股份总数以董事会增发提案的决议公告日的股份总数为计算依据。

（2）增发价格。

增发新股时，如果新股的定价不能合理的反映股票的价值，必然会造成新老股东之间的财富转移。

例如，某公司目前有1亿股发行在外的普通股，当前股价为10元/股，则公司的股东权益价值为10亿元。如果公司按照每股12元的价格增发500万股，可以筹集的资金额为6 000万元。公司的权益价值增加到10.6亿元，股价变为10.095元/股（106 000万元/10 500万股）。于是，公司原股东的每股价值增加了0.095元，而新股东每股损失了1.905元，这就产生了新股东向老股东的价值转移。

反之，如果公司按照每股8元的价格增发500万股，可以筹集的资金额为4 000万元，增资后公司的权益总价值增加到10.4亿元，股价变为9.904元/股（104 000万元/10 500万股）。则原股东的每股价值减少了0.096元，而新股东的每股价值增加了1.904元，从而产生了老股东向新股东的价值转移。

可见，增发定价非常重要，为保护新老股东权益，上市公司要合理确定增发价格。

2. 配股

配股是上市公司根据发展需要，按照股东的持股比例向原股东分配该公司新股认购权，准其优先认购新股的股权融资行为。这种新股的发行价格一般低于市场价格，实际上是对原股东的优惠，一般老股东都乐于认购。原股东对公司的配股，没有必须应募的义务，可以放弃新股认购权，也可以把认购权转让给他人，从而形成了认购权的交易。

配股作为一种再融资工具，在我国证券市场上有着广泛的应用。由于配股仅是对原有股东发行的新股认购权，通常也被视作是对原有股东权益的一种保护。上市公司配股融资对股票价格和股东财富有何影响呢？一般而言，配股的发行价要低于原有股票价格，因而，配股后股票的价格会下降。通常，配股前股票的发行价格称为除权前价格；配股后股票价格称为除权后价格，则有如下关系：

$$P_1 \times n_1 + P_i \times m \times n_1 = P \times (n_1 + m \times n_1) \quad (6-1)$$

把式（6-1）简单变形后，则有：

$$P = \frac{P_1 + mP_i}{1 + m} \quad (6-2)$$

式（6-2）中：P_1 为配股前价格；n_1 为配股前股数；P_i 为配股价格；m 为配股比例；P 为配股后理论价格。

【例 6-1】 假若某公司发行在外的普通股数量为 500 万股，配股比例为 10 股配 1 股，若股票除权前的市场价格为 10 元。配股价格为每股 8 元，则，配股后该公司股票的除权价格是多少？

由式（6-2）可知：$P = \frac{10 + 0.1 \times 8}{1 + 0.1} = 9.82$（元）

显然，由计算结果可知，配股后股票的除权价格小于配股前价格。这两者之间的差额即为配股权的价值。而且，配股价格越高，配股后的除权价格就越高，除权前后股票的价值差异就越小。但只要所有股东都按照配股比例认购新股，则新股定价的高低不会影响股东财富的变化。仍以上例说明：假设某股东在配股发行之前持有该公司的股票数量为 100 股，配股前的市场价值为 1 000 元。按照上述每 10 股配 1 股的比例，他将得到 10 股配股且配股价格为 8 元/股，该股东付出 80 元。此时他持有的股票数量变为 110 股，除权后股票价格 9.82 元/股计算，股票的市场价值为 1 080 元（忽略误差），等于配股前的股票价值 1 000 元加上购买新股的资金 80 元。即该股东的股票价值没有发生变化。

可见，配股发行后公司股票的市场价格低于配股前的市场价格，而且，新股的认购价格越低，配股发行引起的价格下降幅度越大。但是，原股东不会因为配股发行而遭受损失。即只要所有股东都能按照配股价格无偿配股，则不论配股价格如何确定，公司股东在配股中得到的利益都是相同的，不会出现一部分股东侵害另一部分股东利益的情况。但若一部分股东没有参加配股，也没有出售配股权，就可能出现一部分股东侵害另一部分股东利益的情况。

在我国，配股融资先于增发融资，配股融资的费用比增发新股要低，可以减轻上市公司的负担；当原有股东都认购配股，则配股不会改变原有股东股份在总股份中的占比，不会使原有股东的利益受到损害。

3. 非公开发行新股

由于公开发行对公司的要求较为严格，很多公司在无法满足公开发行的条件时，可通过私募发行为公司筹集权益资本。

非公开发行新股又称为私募发行、私下发行或者内部发行，是指面向少数特定投资人发行证券的方式。非公开发行的特定对象大致有两类：一类是个人投资者，例如公司老股东或发行机构自己的员工；另一类是机构投资者，如投资基金、社会保险基金、商业银行或与发行人有密切往来关系的企业等机构投资者。

对于特定发行对象，通常需满足一定的条件，包括：特定对象符合股东大会协议规定的条件；发行对象不超过 10 名；如果发行对象为境外战略投资者，应当经国务院相关部门实现批准。

非公开发行新股是证券发行中最常见、最基本的发行方式，适合于证券发行数量多、筹资额大、准备申请上市的发行公司。非公开发行的优点有：①发行费用较低。由于有确定的投资者，不需要中间机构承销，发行层次较少，手续简便，发行费用相对于公开发行要低很多，且发行时间相对要短。②发行要求宽松。与公开发行相比，非公开发行要求较低，也可以通过对发行条件加以修改来吸引投资者。③发行规模灵活。非公开发行更适合小规模发行，且发行规模由交易双方协商，较为灵活。④保护商业秘密。非公开发行没有严格的信息披露要求，有助于对公司重大经营活动进行保密。非公开发行的缺点有：①更高的资本成本。由于非公开发行缺少监管部门的严格审批和管理，信息披露不充分，容易造成信息不对称，投资者承担着较大的风险，为此，投资者要求更高的投资收益率。②股票流动性差。非公开发行规模往往较小，发行面较窄，股票流动性较差。

（三）其他权益融资

1. 引入战略投资者

战略投资者是指与发行公司具有合作关系，或有合作意向和潜力，与发行公司业务联系紧密，且欲长期持有发行公司股票的法人。我国在新股发行中引入战略投资者，允许战略投资者在公司发行新股中参与配售，形成了权益融资的一项融资方式。

一般说来，作为战略投资者的基本要求是要与公司的经营业务联系紧密；出于长期投资目的而较长时期将持有股票；具有相当的资金实力，且持股数量较多。我国在股权结构中引入战略投资者，主要是因为战略投资者具有资金、技术、管理、市场、人才等方面的优势，能够增强企业核心竞争力和创新能力。上市公司引入战略投资者能够和上市公司之间形成紧密的伙伴式的合作关系，并由此增强公司经营实力，提高公司管理水平，改善公司治理结构。因此，对战略投资者的基本资质要求是拥有比较雄厚的资金、核心的技术、先进的管理等，有较好的实力基础和较强的投资能力。

从现有情况看，目前我国上市公司确定引入战略投资者还处于募集资金最大化的使用原则阶段。谁的申购价格高，谁就能够成为战略投资者，管理型、技术型的战略投资者还很少见。资本市场中的战略投资者大多是追逐持股价差，有较大承受力的股票持有者，一般都是大型证券投资机构。

2. 风险投资

风险投资（venture capital，VC）也叫创业投资。广义的风险投资泛指一切具有高风险、高潜在收益的投资；狭义的风险投资是指以高新技术为基础，对生产与经营技术密集型产品的投资。风险投资主要针对创立不久的增长驱动型风险企业，如高新技术企业、具有广阔市场前景且具有新的商业模式的传统零售业，或者某些特殊的消费品行业。这类企业一般都能够为社会大众提供高附加值的产品、服务或者技术，并且能够保持一定期间的产品和技术优势，可以为企业提供较稳定的盈利回报。

风险投资虽然是一种股权投资，但投资的目的不是为了获得企业的所有权，不是为了控股，更不是为了经营企业，而是通过投资和提供增值服务把被投资企业做大，然后通过公开上市（IPO）、兼并收购或其他方式退出，在产权流动中实现投资回报。

风险投资的特点是不规避风险，放眼企业未来的收益和高成长性，追逐高风险后隐藏的高收益。因为风险投资一般都是投资处于初创期的企业，真正能够通过 IPO 的概率一般只有 10%，但是对风险投资来说，这 10% 所获得的丰厚利润远远大于其他 90% 项目带来的损失。所以对风险投资来说风险很大，利润空间亦大。

风险投资中有一种“天使投资”，是在公司初创期甚至是种子期进行的权益融资，比典型意义上的风险投资介入更早。天使投资人要承担的风险更加巨大，一般天使资金的提供者是创业者的朋友和家人。由于天使投资人提供的资金对于一家刚刚创立的小公司而言极为重要，所以天使投资人所占有的股权也比较多。

3. 私募股权基金

私募股权基金（private equity，PE），指通过私募形式对非上市企业进行的权益性投资，在交易实施过程中附带考虑了将来的退出机制，即通过上市、并购或管理层回购等方式，出售股权获利。

私募股权基金分为广义和狭义两种概念。广义的私募股权基金包括对企业首次公开发行股票上市（IPO）前各个阶段所进行的权益性投资。因此，广义的私募股权基金包括我们前面所讲的风险投资，在企业的初创期进行投资的私募股权基金的表现形式就是风险投资。狭义的私募股权基金是指对那些已有一定规模，并在实践中已有稳定的现金流且比较成熟的企业进行投资。

因此，比较典型的风险投资是投资企业的前期，私募股权基金投资企业的后期。但目前，很多传统意义的风险投资和私募股权基金业务互相融合，边界越来越模糊。

需要注意的是，私募股权基金与我们常说的“私募基金”不是一个概念。我们常说的私募基金指的是私募证券基金，是指通过私募形式，向投资者筹集资金，进行管理并投资于证券市场（多为流通市场）的基金，是用来区别公募基金的。而私募股权基金主要以私募形式投资于未上市的公司股权，绝少投资已经公开发行的公司证券。

二、留存收益

（一）留存收益概述

留存收益是盈余公积和未分配利润的合称。从性质上说，企业通过合法有效的经营所实现的税后净利润都属于企业的所有者。因此，属于所有者的利润包括分配给所有者的利润和尚未分配留存于企业的利润。

企业将净利润的一部分留存下来的原因很多，主要有：

1. 净利润经常与现金流量不同步

企业收益的确认与计量是建立在权责发生制基础上，企业实现利润后，不一定有相应的现金流量增加，因此，盈利的企业也不一定有足够的现金流将利润全部或部分分配给所有者。

2. 保护债权人和企业自身长期发展的目的

有关法律法规从保护债权人利益和要求企业可持续发展等角度出发，也限制企业将利润全部分配出去。我国《公司法》规定：企业每年的税后利润必须提取10%的法定盈余公积金。

3. 企业有净现值为正的项目需要资金

企业近期有良好的投资项目需要筹集资金时，基于自身生产经营和扩大再生产的筹资需要。也要将一部分利润留存下来。

（二）留存收益融资的特点

1. 不发生筹资费用

与企业从外界筹集长期资本，如普通股融资相比较，留存收益融资不需要发生筹资费用，筹资成本较低。

2. 维持公司的控制权分布

利用留存收益融资不用对外发行新股或吸收新投资者，由此增加的权益资本不改变公司的股权结构，也不稀释原有股东的控制权。

3. 融资数额有限

留存收益的数额大小一方面取决于当期利润的高低，而不像从外部融资，一次性可以筹集到大量资金，一旦企业发生亏损，当年就没有了利润留存。另一方面，留存收益的高低还取决于公司的股利政策，股东和投资者从自身利益出发，往往希望从净利润中发放一定比例的现金股利，因此，现金股利的大小与留存收益此消彼长。

三、优先股融资

所谓优先股，是同普通股相对应的一种股权形式，持有这种股份的股东在盈余分配和剩余财产分配上优先于普通股东。但在参与公司决策管理方面，优先股的权利受到限制。因此，优先股并不完全具备通常意义上所定义的股票特征，它是兼具股票和债券某些共同特点的一种混合证券。

（一）优先股的特征

1. 约定的固定股息率

相对于普通股而言，优先股按照事先设定的股息率获取股息，即在公司发售股票时就已经确定了股息率，股息是相对固定的，一般不会随公司业绩的变化而变化。

2. 优先分配股息

相对于普通股而言，优先股具有优先利润分配权，即优先股股东优先于普通股股东分取股息。且不论公司当年盈余多少，一般优先股也不再参与普通股的利润分红。

3. 优先清偿剩余资产

相对于普通股而言，优先股具有破产财产优先求偿权。即在公司破产清算时，清算财产在偿还了全部债务之后，优先股对公司剩余财产的分配顺序在普通股之前。

4. 表决权受到限制

一般情况下，优先股股东不能参加公司的经营管理，不享有投票表决权，只有当公司活动涉及优先股所保障的权利时，优先股的股东才能享有相应的表决权。

5. 股票可由公司赎回

相对于普通股而言，优先股可由公司赎回。优先股与普通股一样没有到期日，股东不能要求退股。但是公司在发行优先股时，通常会设定赎回条款，有权按照规定的价格赎回。

（二）优先股的类型

1. 累积优先股和非累积优先股

累积优先股是指在某个营业年度内，如果公司所获的盈利不足以分派规定的股利，在以后年度，可以对往年未付的股息进行累积补发的优先股。在累积未发的优先股股利没有补足前，公司不得分派普通股股利。这是一种常见的、发行范围非常广的优先股。非累积优先股是指在某个营业年度内，如果公司所获得的盈利不足以按规定的股利分配时，非累积优先股的股东不能要求公司在以后年度中予以补发。其特点是股息固定，且只能在本营业年度净利润中进行分配。一般来讲，对投资者来说，累积优先股比非累积优先股对投资者具有更大的吸引力。

2. 参与优先股和非参与优先股

参与优先股是指优先股股东在获取固定股息后，还有权与普通股股东一起参与剩余利润的分配。参与优先股可以享受除固定股息之外的额外股利。非参与优先股是指优先股股东只按固定股息率获取股息，不能参与剩余利润分配。一般来讲，参与优先股比非参与优先股对投资者更为有利。

3. 可转换优先股和不可转换优先股

可转换优先股是指在特定条件下，股东可以按照一定价格将其持有的优先股转换成公司的普通股或公司债券的一种优先股。持有这种股票的股东，可以根据公司的经营情况和市场行情自主决定是否进行转换。一般来说，当公司盈利增加，市场行情好转时，持有者可以将优先股转成普通股，以获得较大收益，并且可以取得表决权，参与公司管理；当公司发展前景不明，盈利减少时，持有者可以将优先股转成公司债券，持有者由公司的股东变为债权人，有权在规定时间内收回本息。这种可以转换的权利减少了投资者的风险，但这类可转换优先股在出售时一般价格较高。不可转换优先股是指不具有转换成公司普通股或公司债券的优先股。

4. 可赎回优先股和不可赎回优先股

可赎回优先股又称为库藏股或库存股，是指公司可以在未来某一时期按照规定价格赎回的优先股，一般的，赎回价格要高于原来的发行价格。不可赎回优先股是根据规定公司无权从持股人手中赎回的优先股。

5. 固定股息率优先股和浮动股息率优先股

优先股股息率在存续期内不做调整的，称为固定股息率优先股；优先股股息率根据约定的计算方法进行调整的，称为浮动股息率优先股。优先股采用浮动股息率的，在优先股存续期内票面股息率的计算方法在公司章程中要事先明确。一般常见的都是固定股息率优先股。

（三）优先股融资的利弊分析

优先股融资属于混合证券，融资特点兼有债务融资和权益融资的特性。

1. 优先股融资的优点

（1）增强融资能力。发行优先股筹集的是公司权益资本，因此，发行优先股能增强公司的权益资本实力，提高公司的负债能力。

（2）减少财务负担。优先股没有固定的到期日，不用偿还本金。如果公司财务状况恶化，这种优先股股利也不是必须偿付的一项法定债务，从而相对避免了公司的财务负担，减少了公司的破产风险。

（3）增加财务灵活性。与普通股票相比，大多数优先股附有赎回条款，使得这部分资金运用具有较大的弹性，也便于控制公司的资本结构，具有较大的灵活性。

（4）保障普通股收益和控制权。与普通股票相比，优先股每股收益是固定的，只要企业净资产收益率高于优先股股息率，普通股每股收益就会上升。同时优先股股东没有表决权，不影响普通股股东对企业的控制权。

（5）有利于丰富资本市场的投资结构。优先股的发行，有助于为投资者提供多元化的投资渠道，增加固定收益型产品。偏好现金红利的投资者可以选择投资优先股。

2. 优先股融资的缺点

（1）资金成本高。发行债券需要支付固定的利息，且利息支付是公司的法定义务；发行优先股也需要支付固定的股息，但支付优先股股息没有强制性，在公司经营恶化时，这种股利可以不付，因此优先股股东面临的风险大于债权人，因此，发行优先股的股息率一般高于发行债券的利息率。

（2）不具有节税效应。与债券相比，优先股不具有节税效应。公司发行债券支付的利息可在税前列支，从而给公司带来节税收益，而发行优先股支付的股息则在税后列支，不会产生节税收益。

（3）发行限制较多。发行优先股通常有许多限制条件，如对普通股现金股利支付的限制、对公司借债的限制等。

（4）损害普通股股东利益。优先股股东在利润分配和破产清算等方面享有优先权，因此，在公司经营状况不佳时，普通股股东利益受到影响较大；有些优先股（累积优先股、参与优先股等）要求分享普通股的剩余所有权，稀释普通股的每股收益。

第四节 混合性融资

现代金融工具的创新为资本筹集提供了更多的选择方式。公司可以根据实际情况，选择更有效的融资渠道，降低融资成本，减轻财务负担。本节主要介绍金融租赁、可转换债券和认股权证几种混合融资方式。

一、金融租赁

（一）租赁概念及构成要素

租赁是由“租”和“赁”两个词构成的。“租”是指将物件借给他人使用而收取报酬，“赁”是指从他人手中借入物件使用而支付费用。因此，租赁是指出租人按照合同的规定，将物件在一定期限内出租给承租人使用，承租人按照约定向出租人支付租金的经济行为。

一个完整的租赁关系，主要由以下要素构成：①租赁当事人。租赁的基本当事人是出租人和承租人。在融资租赁、杠杆租赁等租赁活动中，租赁当事人除了出租人、承租人外，还包括其他当事人，如供货商、贷款人等。②租赁标的。在租赁业务中，由于出租的是租赁物件的使用权，因此，在理论上，可以合法转让使用权的物品都可以作为租赁标的。不过，在实务操作过程中，各国对租赁标的都有一些限制。如我国的《金融租赁公司管理办法》第三条规定：适用于融资租赁交易的租赁物为固定资产。③租赁权。租赁权在性质上属于债权，它是基于租赁交易在出租人与承租人之间产生的债权债务关系。④租金。租金是承租人在租赁期内获得租赁物品的使用权而支付给出租人的代价。⑤租期。租期是指出租人出让物品给承租人使用的期限。租期的长短与租赁标的的性质及租赁业务类型有关，由出租人和承租人约定。金融租赁的租期一般为5~10年。

（二）融资租赁和经营租赁

以租赁的目的划分，各国普遍将租赁分为融资租赁和经营租赁两类基本形式。

1. 融资租赁

融资租赁又称设备租赁，是指企业通过租赁的方式获取长期所需设备以代替融资购买，从而达到融通资金、改善财务状况的目的。融资性是现代租赁业务中最主要、使用最广泛的租赁形式，具有浓厚的金融业务特征。

融资租赁具有以下特点：①融资租赁一般涉及三方当事人，即出租人、承租人和供货商，并至少有两个以上合同，即买卖合同和租赁合同。②承租人负责租赁设备的维修保养。③承租人须按合同的规定，分期、足额地向出租人缴纳租金，出租人以此收回投资并获取收益。④完全付清，即在基本租期内，设备只租给一个特定的客户使用，通过收取租金形式收回全部投资。⑤不可撤销，即在基本租期内，租赁双方无权取消合同，任何一方违约，将课以重罚。⑥租赁期限较长，与生产设备的使用年限基本一致。⑦租赁期满后，承租人对设备有留购、续租和退回三种选择权。留购是指承租人按双方商定的价格把设备买下来，以此作为所有权转移的法律手段。续租是指租赁双方另行签订租赁合同，以新的较低的租金再租。退回是指承租人将设备退还出租人。

2. 经营租赁

经营租赁，是指企业通过租赁的方式以解决对某些大型通用设备、专用设备的一次性使用和临时性使用的需要。

经营租赁具有以下特点：①经营性租赁只涉及两方当事人，即出租人和承租人，只签订一个合同，即租赁合同。②不足支付。即在基本租期内，出租人只能从一个承租人手中收回设备的部分投资，收回全部投资需要通过多次租赁活动。③租金较高。经营性租赁的出租人，不仅要负责设备的维修保养、保险，而且还要承担设备过时和闲置风险，因此，经营性租赁的租金较融资性租赁的租金要高。④可撤销性。在一定条件下，承租人可提前解约，终止合同，退回设备或改租更先进的设备。⑤租期较短，具体期限视承租人对租赁设备的使用期限而定。

3. 融资租赁和经营租赁的比较

融资租赁和经营租赁的特点通过表 6－1 可知。

表 6－1　　融资租赁和经营租赁的比较

项目	融资租赁	经营租赁
当事人	出租人、承租人、供应商	出租人、承租人
合同	购买合同、租赁合同	租赁合同
租金支付	足额支付	不足额支付
租金水平	较低	较高
设备维护保养	承租人	出租人
合同性质	不可撤销	可撤销
租赁期限	较长	较短

（三）融资租赁租金的构成及计算方法

租金是融资租赁合同中一项非常重要的内容。由于租赁双方均以盈利为目的，而租金又直接影响到利润，所以租金的确定在融资租赁交易中至关重要。通常情况下，出租人消耗在租赁物上的价值包括三部分，即租赁物件的购置成本、租赁业务的营业支出、租赁期间的利息费用和利润。

租金的计算方法有很多，最常见的是等额年金法。所谓等额年金法，是以现值理论为基础，从租赁开始的那个年份起，每隔一段时间向出租人支付等额租金的一种租金支付方式。承租人定期支付等额租金，租赁期满，出租人收取的租金现值总额应正好等于租赁设备的成本。等额年金法有期初等额年金法和期末等额年金法两种计算方法。

1. 期初等额年金法

期初等额年金，又称先付年金，租金是在租赁期开始后的每期期初支付，属于即付年金性质。假定每期利率用 i 表示，租赁资产的价值用 P 表示，租期用 n 表示，每期租金用 R 表示，根据先付年金的计算方法，计算公式为：

$$R+\frac{R}{(1+i)^{1}}+\frac{R}{(1+i)^{2}}+\cdots+\frac{R}{(1+i)^{n-1}}=P \qquad (6-3)$$

整理得到：

$$R = P \times \frac{1}{1 + PVIFA_{i,n-1}} \quad (6-4)$$

其中，$PVIFA_{i,n-1}$为利率 i，期限为 n - 1 期的年金现值系数。

【例 6 - 2】 某租赁公司将价值为 100 万元的一台设备出租给一生产企业使用，租期为 5 年，每年支付一次租金，租金于每期期初支付，年利率为 10%。计算承租企业每期支付的租金。

根据题意，查表得知 $PVIFA_{10\%,4} = 3.17$，则该企业每年年初支付的租金为：

$$R = P \times \frac{1}{1 + PVIFA_{i,n-1}} = 100 \times \frac{1}{1 + 3.17} = 23.98\text{（万元）}$$

2. 期末等额年金法

期末等额年金，即后付年金，租金是在租赁期开始后的每期期末支付，属于普通年金性质。假定每期利率 i 用表示，租赁资产的价值用 P 表示，租期用 n 表示，每期租金用 R 表示，根据后付年金的计算方法，计算公式为：

$$\frac{R}{(1+i)^1} + \frac{R}{(1+i)^2} + \cdots + \frac{R}{(1+i)^n} = P \quad (6-5)$$

整理得到：

$$R = P \times \frac{1}{PVIFA_{i,n}} \quad (6-6)$$

其中，$PVIFA_{i,n}$为利率 i，期限为 n 的年金现值系数。

【例 6 - 3】 在【例 6 - 2】中，如果租金改在每期期末支付，其他条件不变。计算承租企业每期支付的租金。

根据题意，查表得知 $PVIFA_{10\%,5} = 3.791$，则该企业每年年末支付的租金为：

$$R = P \times \frac{1}{PVIFA_{i,n}} = 100 \times \frac{1}{3.791} = 26.378\text{（万元）}$$

（四）融资租赁的利弊分析

1. 融资租赁的优点

（1）减轻购置资产的财务压力。

融资租赁集“融资”与“融物”于一身，承租人不必立即支付大量的资金就可取得所需要的资产或设备，可以帮助企业解决资金短缺和想要扩大生产的问题。对于中小企业、新创企业而言，融资租赁是一条重要的融资途径。对于大型企业的大型设备、工具等固定资产，通过融资租赁，可以解决巨额资金需要。如商业航空公司的飞机，大多是采用融资租赁取得的。

（2）融资租赁的成本较低。

通常，政府为鼓励融资租赁业务的发展，给予出租人加速折旧、投资减免税等税收优惠，从而使得出租人在赚取合理利润的同时，可以降低租金水平，降低承租人的融资成本。

（3）财务风险小，财务优势明显。

融资租赁与购买的一次性支出相比，能够避免一次性支付的负担，且租金支出是分期、未来支付的，企业无须一次筹集大量资金偿还。还款时，租金可以通过项目本身产生的收益来支付，是一种未来的现金流量。可见，融资租赁的财务优势非常明显。

（4）融资的限制条件较少。

企业运用股票、债券、长期借款等融资方式，都受到金融机构相当多的条件限制，如抵押品、信用标准等，相比而言，租赁协议中各项条款的要求则宽松很多，融资租赁比较容易获得。

（5）能够保存企业的借款能力。

有些融资租赁并不体现在企业的资产负债表上，因此不会增加企业负债，也不会改变资本结构，不会削弱企业的对外融资借款能力。

2. 融资租赁的缺点

融资租赁的资金成本较高，通常其隐含利率要高于银行借款利率，所以融资租赁的租金比银行借款或者发行公司债券所负担的利息高很多。尽管出租人可以采取措施改变融资租赁的标准，而免于将长期租赁在资产负债表中列示为负债，但事实上，不论租赁是否出现在资产负债表中，固定的租金支付都是企业一项较为沉重的负担。另外承租人通常还必须放弃资产残值。

对于融资租赁的出租人而言，由于租赁收入的全部金额都是应税所得，租赁带来的税收好处则会在一定程度上被抵销。因此，只有当租赁收益的现值高于租赁成本的现值时，融资租赁才是有意义的。

二、可转换债券

可转换债券融资

（一）可转换债券的概念和种类

可转换债券是指债券持有人可以在特定时间，按照约定的价格将债券转换成普通股的特殊债券。可转换债券是一种混合型证券，兼具公司普通债券和股票期权的特点。

可转换债券一般可分为两类：

1. 不可分离的可转换债券

这类可转换债券其转股权与债券不可分离。债券持有者直接按照债券面额和约定的转股价格，在规定的期限内将债券转换为股票。

2. 可分离交易的可转换债券

这类可转换债券在发行时附有认股权证，是认股权证与公司债券的组合。可转换债券发行上市后，公司债券与认股权证各自独立流通交易，认股权证的持有者认购股票时，需要按照认购价格（行权价）出资购买股票。

（二）可转换债券的基本要素

可转换债券除了具有与普通债券相同的票面金额、票面利率、到期日和选择性赎回特征外，其可转换性有别于一般债券，具体包括以下基本要素：

1. 标的股票

可转换债券对股票的可转换性，实质就是一种股票选择权，是看涨期权。它的标的物就是发行公司自己的普通股票，但也有其他公司的股票，如该公司的上市子公司发行的股票。

2. 转换期限

转换期限是指可转换债券转换为普通股票的起始日至结束日的有效期间。大多数情况下，发行人都规定一个特定的转换期限，允许持有人在这个期限内将债券转换成股票。我国《上市公司证券发行管理办法》规定："可转换公司债券的期限最短为 1 年，最长为 6 年，自发行结束之日起 6 个月方可转换为公司股票，转股期限由公司根据可转换公司债券的存续期限及公司财务状况确定。"

3. 转换价格和转换比例

转换价格是指可转换债券转换为每股普通股份所支付的价格，一般高于股票发行时的价格。转换比例是指每张债券可转换的普通股股数。用公式表示为：

$$转换价格 = 可转换债券面值/转换比例$$

4. 赎回条款与回售条款

赎回条款一般是当公司股票在一段时间内连续高于转换价格达到一定幅度时，公司可按照事先约定的赎回价格买回发行在外尚未转股的可转换公司债券。赎回条款通常包括赎回期和不可赎回期、赎回价格、赎回条件等。

回售是指公司股票在一段时间内连续低于转换价格达到某一幅度时，可转换债券持有人按事先约定的价格将所持可转换债券卖给发行人的行为。与赎回类似，回售条款也有回售时间、回售价格和回售条件等规定。

5. 转换价格修正条款

转换价格修正是指发行公司在发行可转换债券后，由于公司送股、配股、增发股票、分立、合并、拆细及其他原因导致发行公司股份发生变动，引起公司股票名义价格下降时而对转换价格所做的必要调整。

6. 强制性转换条款

强制性转换条款是指在某些转换条件具备后，债券持有人必须将可转换债券转换为股票，无权要求偿还本金的规定。设置强制性转换条款，有助于保证可转换债券顺利地转换成股票，可预防投资者到期集中挤兑引发公司财务危机的悲剧，实现发行公司扩大权益融资的目的。

（三）可转换债券融资的利弊分析

1. 可转换债券融资的优点

（1）可获得较低的资本成本。

可转换债券给予了债券持有人转换公司股票的选择权，故其利率低于相同风险条件下的不可转换债券的利率。从投资者的角度看，可转换债券一方面可以使投资者获得固定利率，另一方面又向投资者提供了债券投资或股票投资的选择权。对投资者有较大吸引力，便于发行公司筹集资金。可转换债券的发行费用也低于股票的发行费用。

（2）可以缓解对现有股权的稀释程度。

可转换债券的持有者都期望在未来的某一时间点将这种债券转换成股票，以使自己获得最大收益，因此，可转换债券也被认为是延迟的普通股。与直接发行普通股相比，由于可转换债券的转换价格要高于新发行的普通股的价格，所以其在将来对每股收益的稀释较低，从而能保护股东的当前权益。

（3）可使资金管理拥有较大灵活性。

可转换债券具有可提前赎回的特征，可以使公司有权按照特定价格在到期日之前收回债券。当可转换债券的转换价值超过赎回价格时，公司可行驶购回权利，强迫可转换债券的持有者将可转换债券转换成股票。强迫转换的权利行使使公司的负债转换成股东权益，改善了公司的资本结构，有助于增强公司的再融资能力。

2. 可转换债券融资的缺点

（1）可能给发行公司带来财务负担。

当发行公司的股票无法达到促使可转换债券转换的价格时，持有者可能不会行使转换权利，从而使可转换债券变成“呆券”。这对于发行公司非常不利：一是可转换债券在转换前是公司债务，计入公司负债总额，若公司已有负债较高，未进行转换的可转换债券数额将影响公司继续举债资格；二是如果可转换债券到期时，无法迫使持有者进行转换，公司就需要筹集现金支付可转换债券本息，这笔现金流出将会给公司带来极大的财务压力。

（2）转换率与转换价格较难确定。

由于股票未来价格的变化难以准确预测，所以可转换债券的转换率与转换价格很难合理地确定。如果转换价格定得过高，则会引起转换失败，无法达到发行可转换债券的预期目标；如果转换价格定得过低，持有者将可转换债券转换为股票时，与公司按转换日的股票价格发行新股相比，所获得的资金将大大减少，并严重损害现有股东的利益。

（3）低成本筹资的时限性。

发行可转换债券虽然利息比较低，但转换后这种低成本优势则不复存在。

三、认股权证

（一）认股权证的概念和特征

认股权证是由公司发行的，允许持有人在指定的时间内，以确定的价格购买公司普通股的一种权利证书。

公司发行认股权证的目的是为了筹资。认股权证通常和公司债券或优先股一起发行，也可以单独发行。前者发行的证券称为附有认股权证债券。绝大部分的认股权证可以在二级市场单独交易。

认股权的基本特征是：

（1）认股权证中含有的认股权可以看作是一种以普通股为标的的看涨期权。

与期权一样，权证持有人在支付权利金后获得的是一种权利而非义务，而权证的发行人负有履约的义务。对权证持有人而言，持有认股权证和持有看涨期权的权利行使情况相同，即在股票的市场价格高于认股权证或看涨期权规定的执行价格时，持有人才会行使权利，否则，持有人就放弃这一权利。而且，两种形式给持有人带来的收益差别不大。但对于发行公司而言，认股权证和股票看涨期权存在很大不同：执行认股权证相当于公司增发新股，改变了公司资本结构；而看涨期权是由期权的卖方执行，属于流通市场行为，不改变公司的权益资本数额。

（2）认股权证是一种购买普通股的选择权。

在行使选择权时，持有人既不是公司股东，也不是公司的债权人。

（3）认股权证具有一定的价值。

认股权证可以在证券市场上作为一种独立的等额证券流通，认股权证的价值取决于股票的市场价格和认购价格。

（4）认股权证一般不能赎回，并以定向募集的形式发行。

（二）认股权证的基本要素

认股权证只是一种权利的凭证，其基本要素包括认购数量、认购价格、认购期限和赎回条款。这些要素都要在发行认股权证时明确规定。

1. 认购数量

规定每一份认股权证可以认购公司发行的普通股股数，或认购一股普通股需要的认股权证份数。

2. 认购价格

规定到时购买公司普通股的价格，也称为认证权的执行价格。

3. 认股期限

指认股权证的有限期。在此期间，认股权证的持有者可以随时认购股价，超过此期限，认股权证将失效。通常为认股权证发行后的3～10年。

4. 赎回条款

通常发行认股权证的公司均会制订赎回条款，即在特定情况下，公司有权赎回已发行的认股权证。

（三）认股权证融资的优缺点

1. 认股权证融资的优点

（1）吸引投资者。

认证股权为投资者提供了一个杠杆较大的理财工具，能够吸引到投资者，发行公司能够容易地筹集资金。

（2）降低筹资成本。

由于认股权证具有价值，因此如果发行公司将认股权证和债券捆绑发行，债券的票面利率就会低于一般债券的票面利率。

（3）增加额外权益资金来源。

认股权证的发行人是发行标的股票的上市公司，如果持有者执行认股权证，公司能够在规定期限内完成股票发行计划，顺利实现融资。

（4）有助于推进上市公司的股权激励机制。

认股权证是上市公司常用的员工激励工具。通过给予管理者和重要员工一定的认股权证，可以把他们的利益与公司的价值成长紧密联系，从而建立起由公司价值与员工自身财富增值相连的利益驱动机制。

2. 认股权证融资的缺点

（1）认股权证行使的时间具有不确定性。

认股权证的行使权掌握在投资者手中，何时行使权利往往不能为公司所控制，导致公司对资本结构的调整较为被动。

（2）易稀释普通股权益。

当认股权证被行使时，将使普通股数量增多，上市公司每股收益下降，同时股份总额的增加也将稀释原股东对公司的控制权。当稀释到一定程度后，股价往往会被调整，从而引发下跌，进而影响公司的业绩表现。

（3）认股权证行权受市场行情影响。

认股权证本市包含了期权条款，规定了每份认购权所能认购的普通股股数，明确了认购股票的价格，该执行价格的计算较为复杂，一般在发行时即以设定，且高于发行时的股票市价。发行上市后如果公司股票市价低迷，认股权证的持有者可能不会行权，认股权证上还载有有效期限，超过期限，认股权证即失效。

本章小结

1. 长期资本融资按融资方式和融资渠道，可划分内源融资和外源融资；股权融资、债务融资和衍生工具融资。公司融资时要遵循筹资及时性、规模合理性、筹措合法性，来源经济性等管理原则。

2. 债务融资是公司有偿使用外部资金的一种融资方式，是公司通过负债方式进行的融资。在我国，长期债务融资主要有发行公司债券和长期借款两种方式。

3. 长期公司债券类型很多，公司发行长期债券的目的通常是为建设大型项目筹集大笔长期资金，通常期限都在一年以上。公司发行长期债券，必须符合《证券法》规定条件，并且遵照严格的发行程序才能公开发行，发行时要合理确定债券的发行价格。长期债券的发行价格是以票面金额为基础，主要取决于票面利率及市场收益率的关系，同时还与发行成本、发行者与承销机构的信誉、市场供求状况有关。

4. 长期借款是指公司向银行或非银行金融机构借入的期限在1年以上的借款，是公司筹集长期资本的一种重要方式。公司向金融机构等筹集长期借款时，必须符合借款条件，并要按照借款合同的有关规定规范借款资金的使用，特别是长期借款单的保护性条款更要严格执行，否则就会影响继续举债，也会给公司的各项经营活动所需资金的使用带来影响。

5. 权益融资通过扩大企业所有者权益来实现，筹集的资金是公司长期资本的主要来源。权益融资的主要渠道有普通股融资、留存收益、优先股融资。发行普通股是公司最重要的融资方式，特别是股份有限公司，通常情况下主要是发行普通股融资。普通股融资的方式有公开发行（IPO）、再融资和其他形式等。

6. 首次公开发行股票过程中会涉及证券承销、绿鞋机制、新股定价、发行成本等问题。股票的增发分为增资和配股两种方式，如果定价不合理，这两种方式对原股东的影响不同。公开发行股票会获得稳定资金、改善资本结构、降低财务压力，但也会带来稀释股权、发行成本高等问题。

7. 公司也可以通过非公开发行方式发行证券，其费用较低、规模灵活、要求较宽松，但非公开发行的资本成本高，证券流动性差。引进战略投资者、风险投资和私募股权投资属于比较常见的权益融资方式。

8. 优先股是一种混合证券。在分配利润和破产清算时的顺序优于普通股，不过，优先股股东没有投票权。公司在发行优先股时，也要考虑到其缺点。

9. 金融租赁包括融资性租赁和经营性租赁，可以用年金法计算租金。可转换债券是一种复杂的金融衍生品，具有指债权性、股权性和可转换性，可以看作是债券和期权的结合体；认股权证中含有的认股权可以看作是一种以普通股为标的的看涨期权。

思考与练习

1. 股权融资和债务融资的特点是什么？他们有什么区别？
2. 公开发行股票的成本有哪些？
3. 增发和配股对公司股票价格和股东价值的影响是什么？
4. 试对比内源融资和外源融资的优缺点。
5. 优先股的特征有哪些？优先股融资的利弊是什么？

6. 再融资有哪几种融资形式？各有哪些特点？
7. 什么是配股？需要具备哪些条件才能配股融资？有何特点？
8. 公司债券主要有哪些种类？发行债券的限制性条款有哪些？
9. 长期借款的优点有哪些？保护性条款有哪些内容？
10. 融资租赁和经营租赁的区别是什么？
11. 什么是认股权证？如何分析认股权证融资的利弊？
12. 什么是可转换债券？其基本要素有哪些？

第七章
资本成本与资本结构

本章要点

- ✧ 资本成本的含义与作用
- ✧ 普通股资本成本估算
- ✧ 债务资本成本估算
- ✧ WACC 的估算与应用
- ✧ 资本结构含义与影响因素
- ✧ MM 理论的内容与观点
- ✧ 资本结构的其他理论
- ✧ 最优资本结构的决策方法

本章从公司融资需要付出不同的资本成本，而资本成本最低是确定最优资本结构主要依据的逻辑关系出发，着重介绍了各类型资本成本的估算、资本结构理论、最优资本决策方法等内容。本章内容由一条主线所贯穿，即公司要保持最优资本结构，必须重视资本成本、公司价值与资本结构之间的关系与影响因素，并要合理计量。

第一节　资本成本概述

一、资本成本的概念

资本成本是指公司为筹集和使用资金而付出的代价。广义上讲，公司筹集和使用任何资金，不论短期或长期都要付出代价。狭义而言，资本成本仅指筹集和使用长期资金，包括自有资金（股东权益）和借入长期资金的成本，由于长期资金也被称为资本，所以长期资金成本也称作资本成本。由于公司资金来源由负债和自有资本（股东权益）两部分构成，因此资本成本也包括债务资本成本和权益资本成本。公司使用债务资本需要支付利息，使用权益资本需要付出股利。此处，研究公司资本成本时，仅指长期资本成本，而短期债务成本一般归入流动资金管理。

资本成本作为公司金融管理最重要的概念之一，直接影响着公司的融资、投资、运营和分配等财务决策，正确理解和估算资本成本是公司实施各项管理决策的基础和前提。

在实务中，为了便于比较和分析，资本成本通常不用绝对金额表示，而是用资本成本率这样的相对数表示。资本成本率是资本使用费用与筹资总额的比率，用公式表示为：

$$资本成本 = 资本使用费用 \div 筹资总额$$

理解资本成本这一概念时，要着重关注以下角度：

从投资者的角度来看：资本成本是一种典型的、面向未来的机会成本，它是投资者进行投资所要求的必要报酬率，也即预期收益率。根据风险收益理论，预期收益率是风险的函数，在相同的风险等级下，投资者要求的预期收益率是相同的，因此，资本成本就是机会成本。投资者选择将资金投资向某个企业或某个项目时，他同时放弃了其他的投资机会，其所放弃的其他投资机会中收益最高的，就是他选择投资该公司或该项目所要求的最低报酬率，即投资者所要求获得的必要报酬率，因此，资本成本就是投资者为了达到特定目的而放弃其他投资的价值。

从资本成本的实质来看：资金的本质是具有时间价值和风险价值。其中，时间价值表现为在无风险和无通货膨胀的条件下的社会平均资金利润率，它取决于一定时期的社会生产水平和资金平均盈利能力，资本成本的衡量体现了资金的实质。因为，资本成本由无风险报酬和风险报酬所构成。其中，无风险报酬率相当于社会平均资金利润率的基本报酬，这部分内容就等同于资金的时间价值，是资本成本的基础；风险报酬则是指对投资者承担风险的补偿。所以，资本成本既包括资金的时间价值，又包含了投资风险报酬。

综上所述，从筹资者的角度来看，资本成本是使用投资者的资本所付出的代价，即筹资者所支付的资本使用费；从投资者的角度看，资本成本是其要求获得的资本报酬率。

二、资本成本的作用

（一）资本成本是公司评价和选择投资项目的重要标准

资本成本实际上是投资者应当获得的最低报酬率，在投资项目评估中，只有当投资项目的收益高于资本成本时，才值得为之筹措资本，否则，就该放弃该项目。

（1）采用净现值法进行投资决策时，以资本成本作为贴现率。当净现值大于或等于零时，投资项目在经济上可行；反之，则不可行。

（2）采用内部收益率法进行投资决策时，以资本成本作为基准收益率。只有当项目的内部收益率大于等于资本成本时，投资项目才可行；反之，则不可行。

（二）资本成本是公司融资决策的重要依据

通过不同渠道和方式所筹集的资本，将会形成不同的资本结构，由此将产生不同的融资风险和资本成本。

（1）资本成本是融资渠道和方式选择的重要依据之一。可供公司选择的融资渠道和方式很多，每一种融资渠道和方式下有着不同的资本成本。从最优途径选择将有助于公司实现价值最大化目标，因此，公司应尽可能选择那些资本成本低的融资渠道和方式。

（2）资本成本是确定最优资本结构的依据。由于不同融资渠道和方式对应着不同的资本成本，因而由不同融资方式及其融资量所决定的资本结构下的平均资本成本也不同。因此，从实现价值最大化目标出发，公司会尽可能选择那些平均资本成本最低的资本结构。

（三）资本成本是衡量公司整体业绩评价的标准

一定时期资本成本的高低，不仅反映公司融资管理的水平，还可以作为衡量公司整体经营业绩的标准。公司的生产经营活动，实际上是公司筹集资本经过投放后形成资产的营运，当公司总资产的税后报酬率高于其平均资本成本时，才说明公司资本的营运效益好。

三、资本成本的影响因素

公司融资活动在市场经济环境下，受到多种因素的影响，因此，资本成本的大小也是多方面因素综合作用的结果，具体因素有：

（一）总体经济环境

总体经济环境状况的影响体现在无风险报酬率上，若整个社会经济中的资金需求量和供给发生变动，或者预期的通货膨胀率发生变化，投资者也会相应改变其所要求的投资报酬率，这些都会对公司融资的资本成本产生影响。如果整个社会经济的资金供给和需求相对均衡，且通货膨胀水平低，投资者所承担的投资风险小，预期投资报酬率低，融资资本成本相应就比较低。相反，如果经济过热，通货膨胀持续居高不下，投资者风险大，预期投资报酬率要求高，公司融资的资本成本就高。

（二）资本市场条件

资本市场条件包括资本市场的效率和价格波动程度。如果资本市场缺乏效率，证券的市场的流动性低，投资者投资风险大，要求的预期报酬率就高，通过资本市场融通的资金，其资本成本水平就比较高。反之，资本市场效率较高时，证券市场流动性高，资本成本则会相应降低。在市场流通状况正常的情况下，价格波动较大，意味着投资风险大，投资者所要求的收益率也会提高。

（三）公司经营状况和融资状况

公司的经营和财务状况，指的是经营风险和财务风险的大小。公司经营风险是投资决策的结果，表现为自查收益率的变动。财务风险是公司融资决策的结果，表现为普通股收益率的变动。如果企业经营风险高，财务风险大，则公司总体风险水平高，投资者便会要求较高的报酬率，公司资本成本相应就大。反之亦然。

（四）公司的融资规模

资本是一种稀缺资源。一般来说，融资规模在一定限度内并不会引起资本成本的明显变化，但当融资规模突破一定限度时，可能会增加公司的财务风险，才会使资本成本增高。

四、资本成本的种类

（一）按照资本性质不同，可划分为权益资本成本和债务资本成本

权益资本成本是指各种权益融资方式下各融资工具的资本成本，包括普通股资本成本、优先股资本成本、留存收益资本成本等。

债务资本成本是指向债权人融资后各项融资工具的资本成本，包括长期借款资本成本、长期公司债券资本成本等。

（二）按照资本用途不同，可划分为单项资本成本、综合资本成本和边际资本成本

单项资本成本是指各项融资方式的资本成本。主要包括长期债券成本、银行借款成本、优先股成本、普通股成本和留存收益成本。单项资本成本主要用作对各种资本融资方式的比较、评价和选择，是公司进行资本成本管理的定量分析工具。

综合资本成本又称为加权平均资本成本。是以各种不同融资方式的资本成本为基数，以各种不同融资方式占资本总额的比重为权数计算的加权平均数，综合资本成本主要用于计算确定公司的资本结构，从公司的整体出发，对资本成本进行管理。

边际资本成本是指公司最近或最后融资付出的代价，即新增融资的成本。公司无法以某一固定的资本成本筹集无限的资金，当公司融资超过一定限度时，资本成本就会上升。追加一个单位资本增加的成本为边际资本成本。边际资本成本主要考量追加筹资的决策，为降低公司资本成本提供依据。

第二节 资本成本估算

一、单项资本成本估算

单项资本成本是指单一融资方式本身的资本成本，主要包括债务资本成本和权益资本成本两种类型，要分别进行资本成本估算。单项

资本成本的高低用相对数表示，即资本成本率。

不考虑资金的时间价值，资本成本的一般计算公式为：

$$K=\frac{D}{P-f}=\frac{D}{P(1-F)} \tag{7-1}$$

式中，K 表示资本成本；D 表示资本使用成本；P 表示融资总额；f 表示资金筹集成本；F 表示筹资费率，即资金筹集成本占融资总额的比率。

考虑资金的时间价值，资本成本的折现公式为：

因：融资净额现值－未来资本清偿现金流量现值＝0

则：资本成本率＝所采用的贴现率

下面分别介绍各融资方式资本成本的估算：

（一）债务资本成本估算

按照国际惯例和我国所得税法规定，公司股票的股利是从税后利润中支付的，而债务利息是作为财务费用从税前利润中支付的。因此，为使负债与权益具有可比性，需要对负债成本进行调整，即将负债成本调整为税后成本。这样，公司负债实际负担的利息费用为：利息×（1－所得税率）。

1. 长期借款的资本成本

长期借款的资本成本包括借款成本和借款手续费。在不考虑纳税因素的情况下就是长期借款利率，考虑到长期借款利息可作为财务费用从税前利润中扣除，因此，长期借款成本可按下式计算：

$$K_L=\frac{i\cdot(1-T)}{1-F_1} \tag{7-2}$$

式中，K_L 为长期借款资本成本；i 为银行借款利率；F_1 为借款筹资费用率；T 为所得税率。

在实际工作中，还会出现一些相对复杂的情况，如年内结息次数超过一次、借款协议中的一些限制性条款等，因此，要根据具体情况对借款成本的计算公式做相应调整。

譬如，当借款期内计息次数超过一次时，借款成本的计算公式为：

$$K_L=\frac{\left[\left(1+\frac{i}{m}\right)^m-1\right]\times(1-T)}{1-F_1} \tag{7-3}$$

式中，i 为银行借款年利率；m 为年内计息次数。

【例 7－1】某公司从银行借入一笔长期资金，年利率为 12%，借款的筹资费用率为 0.2%，公司所得税率为 25%。（1）若每年付息一次，到期一次还本付息；（2）若每季度计息一次，试计算公司借款资本成本是多少？

（1）每年计息一次，借款资本成本为：

$$K_L=\frac{12\%\times(1-25\%)}{1-0.2\%}=9.02\%$$

（2）每季计息一次，借款资本成本为：

$$K_L=\frac{\left[\left(1+\frac{12\%}{4}\right)^4-1\right]\times(1-25\%)}{1-0.2\%}=9.43\%$$

在实务中，由于银行借款的手续费等筹资费用较低，一般可以忽略不计。这样，长期银行借款的资本成本可以简化为：$K_L=i(1-T)$。

2. 长期债券资本成本

公司发行长期债券筹资时，其基本要素也包括债券的利息成本和筹资费用（即发行费用），以及债券发行与还本的方式。债券发行方式有面值、溢价和折价三种，因此，公司发行债券的资本成本不能简单地以债券的票面利率表示，需要分别不同情况处理。

债券资本成本分为两种情况，如果公司已经有发行在外的债券，那么，该债券的到期收益率就是该公司的债券的市场必要报酬率。若该债券是新发行的债券，那么可以参考同类型公司发行的债券到期收益率来确定其资本成本。

（1）债券按照面值发行时，债券资本成本的计算公式为：

$$K_b=\frac{i\cdot(1-T)}{1-F_b}\tag{7-4}$$

其中，K_b 为税后债券资本成本；F_b 为债券筹资费用率。

需要说明的是，由于发行债券的筹资费用一般较高，因此在计算债券资本成本时，必须将其作为影响资本成本的因素加以考虑。

【例 7-2】某公司发行年利率为 15% 的长期债券，发行价格等于债券面值，发行费率为 10%，所得税率为 25%，那么，债券资本成本为：

$$K_b=\frac{15\%\times(1-25\%)}{1-10\%}=12.5\%$$

（2）当债券发行价格与债券面值不一致，即以溢价或折价发行时，则需要采用试错法、插值法等计算到期收益率。

假设以 K_b 表示债券资本成本，B 表示债券面值，P_0 表示债券的市场价格，i 表示债券的票面利率，n 表示债券到期日，F_b 为债券筹资费用率，其计算公式如下：

$$P_0(1-F_b)=\sum_{t=1}^{n}\frac{I_t(1-T)}{(1+K_b)^t}+\frac{B}{(1+K_b)^n} \quad (7-5)$$

式中，P_0 表示债券发行价格净额，等于债券发行价格扣除发行费用；P_n 表示债券面值；I_t 表示定期按票面利率支付的利息；n 表示债券期限；t 表示计息期数；K_i 表示债券收益率，即债券的税前资本成本。

【例 7－3】 某公司发行期限为 5 年、票面利率为 15%，面值为 1 000 元的债券，发行价格为 1 200 元，发行费率为 10%，公司所得税率为 25%。那么，债券的到期收益率是多少？

根据式（7－5），结合题意，下列等式成立：

$$1\,200\times(1-10\%)=\sum_{t=1}^{5}\frac{150(1-25\%)}{(1+K_b)^t}+\frac{1\,000}{(1+K_b)^5}$$

若令等式右边减去左边，则可以使用试错法计算如下：

当 $r_1=8\%$ 时，代入上式计算可得：

$P_1=112.5\times3.993+1\,000\times0.681-1\,080=50.21$（元）

当 $r_2=10\%$ 时，代入上式计算可得：

$P_2=112.5\times3.791+1\,000\times0.621-1\,080=-32.51$（元）

根据插值法计算债券的到期收益率，计算结果为：

$$K_b=r_1+(r_2-r_1)\times\frac{P_1}{P_2-P_1}$$

$$=8\%+(10\%-8\%)\times\frac{50.21}{50.21-(-32.51)}=9.21\%$$

（二）权益资本成本估算

1. 普通股资本成本

普通股资本成本主要是向股东支付各期股利。由于各期股利不一定固定，随公司盈利状况在各期波动，所以普通股的资本成本主要按照贴现模型计算，并假定各期股利的变化呈现一定规律性。对于上市公司的普通股，其资本成本估算还可以根据该公司股票收益率与市场收益率之间的相关性，按照资本资产定价模型法估计。

按照资本成本的实质是投资者所要求的收益率的思路，计算普通股资本成本的方法相当于计算普通股要求的收益率。计算方法大致有以下几种：

（1）股利折现法。

所谓股利折现法，就是根据普通股价值为预期未来现金股利按普通股股东所要求的收益率折现后的现值的定义，通过建立股利折现模型，计算普通股股东所要求的收益率，进而估算普通股资本成本。

由于普通股没有到期日，故普通股股东的未来现金红利是无限的。股利折现基本模型为：

$$P_0 = \sum_{t=1}^{\infty} \frac{D_t}{(1+K_s)^t} \qquad (7-6)$$

式（7－6）中，P_0 为普通股市场价格（或发行价格）；D_t 为预期第 t 年的普通股股利；K_s 为普通股股东要求的收益率。

但是，准确预测各期股利是相当困难的，因此，式（7－6）是估算普通股资本成本的理论模型。使用该模型时，假定资产市场有效，股票市场价格与价值相等，普通股股东长期持有股票，股票股利以某一固定比率增长，在实务中，通常采用公司过去的年增长率来代替未来的增长率。由此，估算普通股资本成本的计算公式如下：

$$K_s = \frac{D_1}{P_0} + g \qquad (7-7)$$

式中，K_s 与 P_0 的含义同上；D_1 为预期第一年股利额；g 为普通股股利固定年增长率。

【例 7－4】 某公司股利增长预期固定在6%，最近一年每股派现 0.5 元，股票市价为 10 元。则普通股资本成本为：

$$K_s = \frac{D_1}{P_0} + g = \frac{0.5 \times (1 + 6\%)}{10} + 6\% = 11.3\%$$

运用股利折现模型法估算普通股资本成本这种方法，最大的优点是数据容易获取，计算比较简单。但也有许多限制：①公司不能不支付现金股利，即 $D_0 > 0$；②资本成本（投资收益率）必须大于股利增长率，$K_s > g$，否则该公式无意义；③公司股利增长率必须是稳定不变的，意味着公司的利润留存也必须稳定不变。现实中，很少有公司能在较长时间里完全符合上述条件，因而，该估算方法的运用具有局限性。

（2）资本资产定价模型法。

资本资产定价模型（CAPM）是西方金融理论学界于 20 世纪 60 年代提出资产组合理论后的又一新发展。该理论为投资者提供了一个很有用的投资价值分析工具，广泛应用于投资价位评估和基金管理中。

资本资产定价模型是通过调整风险因素来确定普通股资本成本的一种方法，其内容可描述为：普通股的预期收益率等于无风险利率加上风险报酬率。用公式表示为：

$$K_s = R_f + (R_m - R_f) \cdot \beta_i \qquad (7-8)$$

其中，$\beta_i = \frac{\sigma_{im}}{\sigma_m^2}$ (7－9)

式（7－8）中，K_s 为普通股的股东收益率；R_m 表示市场组合的平均期望收益率；R_f 表示无风险报酬率；β_i 表示股票的系统风险系数。

【例7－5】 某公司拟上市发行股票。此时市场上无风险报酬率为3.5%，用市场综合指数表示的市场组合收益率为15%，与该公司相类似的另一家上市公司股票的β值为1.4，则该公司股票资本成本为：

$K_s = 3.5\% + (15\% - 3.5\%) \times 1.4 = 19.6\%$

运用资本资产定价模型法估算普通股资本成本，意味着普通股资本成本等于无风险报酬率加上风险系数调整后的风险溢价，风险系数与资本成本正相关，即风险系数越大，资本成本也越大。运用该模型估算普通股资本成本时，确定β值的大小非常重要。在理论上，该模型建立在一系列的假设基础上，非常严密。β值用来衡量系统风险，普通股的β值的影响因素有商业周期、经营杠杆和财务杠杆等。因此，在具体应用时，一般是以公司历史风险收益为基础或以预测的风险收益为基础加以确定。

（3）风险溢价法。

风险溢价法的基本思路是：根据风险与收益相匹配的原理，普通股股东要求的收益率，应该以债券投资者要求的收益率，追加一定的风险溢价。因此，普通股资本成本可表述为：

$$K_s = K_i + KP_s \quad (7-10)$$

式中，K_s 表示普通股资本成本；K_i 表示债务资本成本；KP_s 表示股东对预期承担的比债券持有人更大风险而要求追加的收益率。

由于债务成本（长期借款成本、长期债券成本）比较容易估算，因此，估算 K_s 的关键是估算风险溢价 KP_s。但 KP_s 并无直接的计算方法，只能从经验中获得。资本市场经验表明，公司普通股的风险溢价对公司自己的债券来讲，绝大部分在3%～5%之间。这种估算方法在逻辑上不够严密，实际中较少应用。

2. 留存收益资本成本

留存收益是公司税后净利在扣除所宣告派发的股利后形成的，它包括提取的盈余公积与未分配利润，其所有权属于普通股股东。它既可以用作未来的股利分配，也可以作为公司扩大再生产的资金来源，是公司一项重要的筹资来源。

股东是留存收益的所有者，公司运用留存收益时，意味着使用了本该归属于股东的资金，即相当于股东对公司的追加投资，选择该项投资则放弃了其他投资机会，因而该项投资的资本成本表现为投资的机会成本。因此，留存收益也有成本，是一种机会成本。

一般而言，将留存收益视作普通股股东对公司的再投资，留存收益的资本成本是股东失去向外部投资的机会成本，因此，留存收益资本成本的估算可比照普通股资本成本估算方法进行，只是不需考虑融资费用。

留存收益资本成本用 K_r 表示，其计算公式为：

$$K_r = \frac{D_1}{P_0} + g \quad (7-11)$$

3. 优先股资本成本

公司发行优先股融资，要支付融资费用，定期支付股利，这一点与公司发行债券相似，它与债券的区别在于，优先股股利在税后支付，且没有固定的到期日。

优先股资本成本的计算公式为：

$$K_p = \frac{D_p}{P_0} \quad (7-12)$$

式中，K_p 表示优先股资本成本；D_p 表示优先股股利；P_0 表示优先股当前的市场价格。

公司破产时，由于优先股股东对公司剩余财产的索取权位于债权人之后，则优先股股东面临的风险大于债权人的风险。优先股股利要从税后利润中支付，不减少公司所得税。因此，优先股的资本成本要高于债券融资的资本成本，即 $K_P > K_b$。与普通股融资相比，由于优先股股东在公司收益分配和清算财产分配顺序上先于普通股股东，因此，优先股股东面临的风险较普通股股东低，从而优先股成本低于普通股成本，即 $K_P < K_s$。概括起来，可表示为：$K_s > K_P > K_b$。

二、加权平均资本成本估算

加权平均资本成本估算

通常，公司融资并非只是采取单一融资方式，而是多种融资方式并用，为了更好地进行融资决策，公司需要计算全部长期资本的总成本——加权平均资本成本。加权平均资本成本一般是以各种资本占全部资本的比重为权数（又称为资本权重），对单项资本成本进行加权平均确定的。加权平均资本成本的计算公式为：

$$WACC = \sum_{i=1}^{n} W_i K_i \quad (7-13)$$

其中，WACC 表示加权平均资本成本；n 表示融资方式组合的个数；W_i 表示第 i 种融资方式下的融资量在总融资中所占比重；K_i 表示第 i 种融资方式下的资本成本。

从式（7-13）可知，计算加权平均资本成本有两个关键因素：单项资本成本和资本权重。单项资本成本的计算方法前已述及，而资本权重有三种不同的计算方法，分别代表了对资本权重的不同的衡量角度。

所谓资本权重，是指公司总资本来源中各种融资方式下的资本额所占的比重。资本权重的选择应当与资本成本中的投资额保持对应。资本权重有以下三种：

1. 账面价值权重

账面价值权重以公司资产负债表列示的债券、股票等资本的账面价值为基础，计算各类资本占总资本的比重，并以此作为权重计算加权平均资本成本。

账面价值权重的确定较为容易，且以公司单项资本账面价值为基础计算的加权平均资本成本与公司对外公布的数据一致，便于对公司进行事后评价。但是若股票或债券的账面价值与其市价偏离较大时，将对总成本的准确性产生较大影响，因而，不便于作为融资决策的依据。

2. 市场价值权重

市场价值权重是指以股票、债券等资本的市场价值为基础，计算各类资本占总资本的比重，并以此作为权重计算加权平均资本成本。

由于：V = D + S，则有：D/V、S/V 被称为资本结构的市场价值权重。

加权平均资本成本的计算公式可以表示为：

$$WACC = K_A = \frac{D}{V} \times K_D \times (1 - T) + \frac{S}{V} \times K_S \qquad (7-14)$$

式中，WACC、K_A 都表示加权平均资本成本；T 表示所得税税率；K_D 表示债务资本成本；K_S 表示权益资本成本；其他代表含义同前。

按照市场价值计算的加权平均资本成本能反映公司目前的实际情况，有利于公司当前的融资决策。但由于现行资本市场的价格处于波动状态中，因而，该市场价值只能反映当时某一时点的资本结构，作为未来融资决策的依据时，该资本权重应采用平均市场价格来计算。

【例 7-6】某公司新上一个投资项目，投资总额为 1 000 万元。融资组合及其资本成本为：向银行借款 300 万元，借款利率为 10%；发行债券（面值发行）300 万元，债券票面利率为 12%；发行普通股400万股，发行价格为1元，经估算，该普通股的资本成本为18%，公司所得税税率为25%。假若不考虑筹资费用，公司融资的加权平均资本成本为：

$$K_A = \frac{300}{1\ 000} \times 10\% \times (1 - 25\%) + \frac{300}{1\ 000} \times 12\% \times (1 - 25\%) + \frac{400}{1\ 000} \times 18\% = 12.15\%$$

3. 目标价值权重

目标价值权重是指以股票、债券等未来预计的目标市场价值为基础，计算各类资本占总资本的比重，并以此作为权重计算加权平均资本成本。

使用目标价值权重来计算加权平均资本成本能够满足公司对未来融资的决策需要，能够体现期望的目标资本结构。但是，公司很难客观地确定各种证券的目标价值，因而，这种计算方法不易推广。

三、边际资本成本

边际资本成本是公司新增资本的加权平均资本成本。公司在追加筹资和追加投资的决策中，必须考虑边际资本成本的高低和相应的变动趋势。

前述单项资本成本和加权平均资本成本都是公司过去筹集或目前使用的资本成本。随着时间推移和公司融资条件的变化，筹集各类资本的资本成本也是在不断变化，加权平均资本成本也不是一成不变的。因此，公司在未来追加融资时，不仅要考虑目前使用的资本成本，还要考虑为投资项目新筹集资本的成本，即边际资本成本。

边际资本成本可看作是在多次筹措资本中，每次筹集最后一笔资本的成本。边际资本成本也是按照加权平均法计算的，是追加投资时所适用的加权平均成本。

四、杠杆分析

杠杆原理

杠杆分析是公司选择融资方式、确定资本结构、进行风险分析时常用的分析工具。公司因融资方式和资本结构的不同，将会产生经营风险和融资风险，二者并存时的风险称为复合风险，即公司总风险。影响风险的因素有很多，通常认为，固定费用（包括生产中的固定成本和融资中的固定费用）是影响风险的一个重要因素，由于固定费用存在而产生的杠杆效应有助于衡量公司风险的大小。常见的杠杆有经营杠杆、财务杠杆和综合杠杆。

（一）经营风险与经营杠杆

经营风险又称为商业风险，是指公司由于经营上的原因而导致未来收益的不确定性，它是由经营环境和经营策略的改变而产生的风险。影响公司经营风险的因素很多，如原材料价格变动、生产成本、产品需求、产品价格等，其中固定成本是影响公司经营风险的一个重要因素。

公司成本按照习性划分，可划分为固定成本和变动成本。其中，固定成本是指不随业务量（销售收入）变动而变动的成本，如管理费用、折旧等；变动成本是指随业务量（销售收入）变动而变动的成本，如原材料消耗、人工费等。公司成本与销售收入、息税前利润之间的关系可表示为：

$$EBIT = P \cdot Q - Q \cdot V - F = Q(P - V) - F \qquad (7-15)$$

式（7－15）中，EBIT 为息税前利润；Q 为销售量；P 为单位销售价格；V 为单位变动成本；F 为固定成本。

在某一固定成本的作用下，销售量（销售收入）的变化而带来息税前利润的变化的作用称为经营杠杆。在一定固定成本下，公司销售量越高，盈利越大；反之盈利越小。在公司的生产经营中，存在固定成本而导致公司息税前利润变动率大于产销量变动率的现象。一般，经营杠杆用来衡量经营风险的大小。

通常，经营杠杆的大小用经营杠杆系数（DOL）来衡量。所谓经营杠杆系数是指息税前利润（EBIT）变动率与销售量（Q）变动率之比，它反映息税前收益随销售量的变动而变动的幅度，用公式表示为：

$$DOL = \frac{\Delta EBIT / EBIT}{\Delta Q / Q} \qquad (7-16)$$

如果以 M 代表边际总利润，$M = Q \times (P - V)$，则有：

$$EBIT = Q(P - V) - F = M - F$$

$$\Delta EBIT = \Delta Q \times (P - V) = \frac{\Delta Q}{Q} \times Q \times (P - V) = \frac{\Delta Q}{Q} \times M$$

将上述 EBIT 和 ΔEBIT 的结果代入式（7－16）中，则得：

$$DOL = \frac{\left(\frac{\Delta Q}{Q} \times M\right) / EBIT}{\frac{\Delta Q}{Q}} = \frac{\frac{\Delta Q}{Q} \times M}{EBIT \times \frac{\Delta Q}{Q}} = \frac{M}{EBIT} = \frac{M}{M - F} \qquad (7-17)$$

式（7－17）表明，在边际总利润既定的情况下，固定成本越高，经营杠杆系数越大，销售量的一定幅度的变化会带来息税前利润成倍的变化，这也意味着公司息税前利润对销售量变化的敏感程度在变大，公司经营风险也增大。反之，经营杠杆系数越低，表示公司息税前利润受销售量变化的影响越小，经营风险也越小。

【例7－7】某公司生产A产品，固定成本为60万元，变动成本率（变动成本占销售收入的比率）为40%，当该公司的销售额分别为400万元、200万元、100万元时，经营杠杆系数分别为：

$$DOL_1=\frac{400-400\times40\%}{400-400\times40\%-60}=1.33$$

$$DOL_2=\frac{200-200\times40\%}{200-200\times40\%-60}=2$$

$$DOL_3=\frac{100-100\times40\%}{100-100\times40\%-60}=\infty$$

以上计算结果表明：

（1）在固定成本不变的情况下，经营杠杆系数表明了销售额增长（减少）所引起的息税前利润增长（减少）的幅度。如，DOL_1说明销售额在400万元时，销售额的增长引起了息税前利润1.33倍的增长。

（2）在固定成本不变的情况下，销售额越小，经营杠杆系数越大，经营风险也越大，反之销售额越大，经营杠杆系数越小，经营风险则越小。

（3）当固定成本变动时，固定成本增大，经营杠杆系数也增大，经营风险随着增加，反之则减小。以【例7－7】说明如下：如变动成本率不变，固定成本为100万元、150万元，销售额为400万元时，经营杠杆系数是：

$$DOL_4=\frac{400-400\times40\%}{400-400\times40\%-100}=1.71$$

$$DOL_5=\frac{400-400\times40\%}{400-400\times40\%-150}=2.67$$

由此可见：公司经营杠杆系数的大小与销售量为反向变动关系；经营杠杆系数与固定成本为正向变动关系；经营杠杆系数的大小同时意味着公司经营风险的高低。

（二）融资风险与财务杠杆

融资风险也称为财务风险，是指公司在融资活动中，由于负债所产生的到期不能按时、足额还本付息的可能性。由于负债不能按时偿还，而给普通股股东带来了额外风险，从而影响了普通股的权益。因此，融资风险是公司融资决策的直接后果，公司需要衡量对普通股股东影响的程度，以评估需要承担融资风险的大小。通常，融资风险的大小用财务杠杆来进行衡量。

负债经营的公司都会面临一定的融资风险，但负债也会给公司带来益处。公司实现收益后，负债利息可以在税前利润中扣除，可以获得节税的益处；公司支付的负债利息并不随公司的收益高低而发生变动，即这部分利息是固定利息费用，因而，股东收益也随着公司收益的增加而提高，从而获得财务杠杆的益处。

所谓财务杠杆是指由于固定利息费用的存在，而使公司普通股收益变动率大于息税前利润变动率的现象。通常负债率越大，财务杠杆作用越大；反之，负债率越低，财务杠杆作用越小。

财务杠杆作用的大小通常用财务杠杆系数（DFL）表示。它是指公司普通股税后收益变动率与息税前收益变动率之比，即财务杠杆系数反映的是税后净收益随息税前收益变动而变动的程度。通常，财务杠杆系数越大，表明财务杠杆作用越大，融资风险也越大；反之，融资风险则越小。财务杠杆系数的计算公式为：

$$DFL = \frac{\Delta NE/NE}{\Delta EBIT/EBIT} \qquad (7-18)$$

式中，DFL 表示财务杠杆系数；EBIT 表示息税前利润；NE 表示税后净收益。

由于：$NE = (EBIT - I) \times (1 - T)$，则：$\Delta NE = \Delta EBIT \times (1 - T)$，代入式（7－18）后表示为：

$$DFL = \frac{\Delta EBIT \times (1-T)}{(EBIT - I) \times (1-T)} \times \frac{EBIT}{\Delta EBIT} = \frac{EBIT}{EBIT - I} \qquad (7-19)$$

式（7－19）表明，在 EBIT 既定的情况下，公司负债利息 I 越多，财务杠杆系数 DFL 越高，也即利息支出越大，税后净收益随息税前利润变化的幅度更大。

【例7－8】某公司全部资本为1500万元，负债比率分别为45%、55%时，债务利率10%，若息税前利润分别为200万元、400万元时，财务杠杆系数分别是多少？

$$DFL_1 = \frac{200}{200 - 1\,500 \times 45\% \times 10\%} = 1.51$$

$$DFL_2 = \frac{400}{400 - 1\,500 \times 45\% \times 10\%} = 1.20$$

以上计算结果表明：

（1）在固定利息费用不变的情况下，财务杠杆系数表明了息税前利润增长（减少）所引起的税后净利润增长（减少）的幅度。如，DFL_1 说明 EBIT 在 200 万元时，引起了税后净利 1.51 倍的增长。

（2）在固定利息费用不变的情况下，EBIT 越小，财务杠杆系数越大，融资风险也越大，反之 EBIT 越大，财务杠杆系数越小，融资风险则越小。

（3）当固定利息费用变动时，如增大，则财务杠杆系数也增大，融资风险随之也会增加，反之则减小。以【例 7－8】说明如下：若该公司负债在总资本占比为 55% 时，息税前利润为 200 万元时，财务杠杆系数是多少？

$$DFL_3 = \frac{200}{200 - 1\ 500 \times 55\% \times 10\%} = 1.70$$

（三）总风险与总杠杆

由上述内容可知，经营杠杆通过扩大销售量影响息税前利润，而财务杠杆通过扩大息税前利润影响收益，当两种杠杆共同发挥作用时，那么销售量稍有变动就会使税后净利润产生更大的变动，通常把这两种杠杆的连锁作用称为总杠杆作用。总杠杆有时也被称为综合杠杆。

总杠杆的作用程度通常用总杠杆系数（DCL）表示，它是经营杠杆系数和财务杠杆系数的乘积。其连锁作用下的计算公式为：

$$DCL = DOL \times DFL = \frac{\Delta NE/NE}{\Delta Q/Q} = \frac{Q(P-V)}{Q(P-V)-F-I} \qquad (7-20)$$

从式（7－20）可知，在经营杠杆和财务杠杆的综合作用下，销售量的一定幅度变化，会导致税后净利润以两个杠杆系数乘积的倍数而变化。

公司利用杠杆原理，既可以提高经营效益，又可以规避风险。总杠杆系数就可用于评价公司的整体风险水平。在总杠杆一定的情况下，公司要维持一定的总杠杆系数，经营杠杆和财务杠杆之间可以有不同的组合：对于固定资产比重较大的资本密集性公司而言，经营杠杆系数高，经营风险大，公司融资主要依靠权益资本，以保持较小的财务杠杆系数和财务风险；对于变动成本比重较大的劳动密集型公司而言，经营杠杆系数低，经营风险小，公司融资主要依靠债务资本，以保持较大的财务杠杆系数和财务风险。

（四）资本结构与财务杠杆原理

通过杠杆分析可知，公司资本结构与财务杠杆、融资风险有着密切的联系，财务杠杆效应的强弱取决于资本结构中的债务比重。负债比例越高，财务杠杆效应越强，公司融资风险就越大；反之亦然。公司在安排资本结构时，一方面要充分利用财务杠杆效应，通过提高产品销售量使息税前利润上升，进而为公司股东创造更大的价值；另一方面还必须运用财务杠杆的比较分析，根据公司的收益状况合理控制风险，使公司承担适度的负债和风险，实现风险与收益均衡，进而达到利用财务杠杆优化资本结构的目的。

资本结构与财务杠杆的关系不仅体现在负债水平与盈利能力之间存在关系，还揭示了权益资本收益率与公司总资本收益率之间的关系。由于负债和权益资本之和构成公司的资本总额，通过权益资本收益率与总资本收益率之间的关系，来进一步阐述财务杠杆原理模型。

公司资本总额（或称为公司总价值，用 V 表示），则：$V=S+D$。

公司总资本报酬率（ROA）表示为：

$$ROA=\frac{EBIT}{S+D} \tag{7-21}$$

公司权益资本报酬率（ROE）可以表示为：

$$ROE=\frac{EBIT-I}{S}=\frac{EBIT(S+D)}{S(S+D)}-\frac{I}{S} \tag{7-22}$$

把式（7-21）代入式（7-22），整理后可得：

$$ROE=\frac{EBIT}{S+D}+\frac{D}{S}\left(\frac{EBIT}{S+D}-i\right)=ROA+\frac{D}{S}(ROA-i) \tag{7-23}$$

其中，D 表示负债市场价值；S 表示权益市场价值；D/S 表示负债权益比；$i=I/D$ 表示负债利息率。

公式（7-23）表明：

（1）权益资本报酬率的大小来自两个方面：资本报酬率（ROA）和财务杠杆效应。其中 ROA 是正向指标；后者则需要衡量是财务杠杆收益还是财务杠杆损失。

（2）该公式体现了财务杠杆原理，反映出财务杠杆发挥效应的条件：当公司总资本收益率（ROA）大于负债利息率（i）时，负债权益比（D/S）越大，权益资本收益率（ROE）就越高，财务杠杆发挥正效应；反之是负效应。

当公司无负债时，不存在财务杠杆效应，总资本收益率与权益资本收益率一致，即 $ROE=ROA$；当公司负债经营，并且 $ROA=i$ 时，负债经营并不能发挥财务杠杆效应，则 $ROE=ROA$；公司负债经营，当 $ROA>i$ 时，则 $ROE>ROA$，表明公司资本结构合理，负债比例得当，财务杠杆发挥了正向效应；公司负债经营，当 $ROA<i$ 时，表示

公司经营状况恶化，负债将会加剧财务风险甚至导致财务危机发生，权益资本收益率随着负债比率的上升而下降，即 ROE < ROA。因此，公司要想获得较好的财务杠杆利益，就必须合理控制负债权益比。

如图 7－1 所示，假定 i＝10%时。

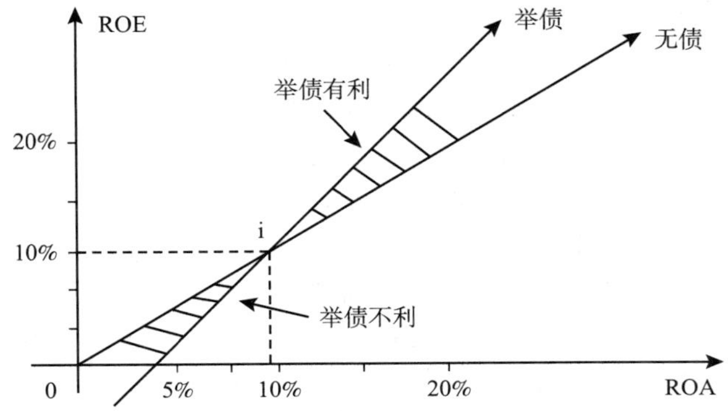

图 7－1　财务杠杆：ROA 与 ROE

根据式（7－23）可以推导出负债权益比的估量模型：

$$\frac{D}{S}=\frac{ROE-ROA}{ROA-i} \tag{7－24}$$

财务杠杆原理从另一个侧面说明了财务杠杆效应，只要能够控制负债的程度，使债务成本被约束在一定水平（至少低于总资本收益率 ROA）时，公司负债经营或提高负债比例会增加权益资本收益率，使普通股股东的税后净收益相应增加。

第三节　资本结构理论

资本结构与资本结构理论

一、资本结构、公司价值与资本成本

资本结构是指公司资本来源的构成及其比例关系。在公司融资管理活动中，资本结构有广义和狭义之分。广义的资本结构是指公司全部资本（包括长期资本和短期资本）的构成及其比例关系；狭义的资本结构是指公司各种长期资本的构成及其比例关系，长期资本主要权益资本与长期债务资本。本节阐述狭义资本结构的范畴，而短期资

本在本书中作为营运资本管理在后面进行阐述。

在公司的资本结构中，长期债务资本的构成和占比非常重要。由财务杠杆原理可知，债务资本占比越多，运用财务杠杆发挥的效应越大。因此，财务杠杆是与资本结构相关联的概念，它表明了公司对债务的依赖程度。通常，我们将无负债公司称为无财务杠杆公司，而将有负债公司称为财务杠杆公司。

在实际中，公司有众多的财务杠杆比例可供选择。这就涉及资本结构的两个重要问题：①公司能否通过改变负债与权益的比例来影响公司价值；②如果资本结构确实可以改变公司价值，那么是否存在可以使公司价值最大化的资本结构呢?

在没有公司所得税的情况下，公司价值就是公司资产产生的所有现金流通过相应的贴现率贴现得到的现值。由公司运作资产产生的现金流，就要分配给公司的两类投资者：债权人和股东，由他们共同享有公司资产所产生的所有现金收益。而公司债务和权益的价值就是债权人获得的利息和本金，以及股东获得的股利通过相应的贴现率贴现后的现值。所以，公司价值恒等于公司债务价值加上公司权益价值（$V=S+D$）。

当公司有所得税时，公司资产所产生的所有现金流就要向政府交税，税后收益再分配给债权人和股东。因此，公司经营所得则由政府、债权人和股东三方共同享有。

关于公司价值

公司价值的衡量公式如下：

$$V=\frac{(EBIT-I)\times(1-T)+I}{K_W}=S+D \qquad (7-25)$$

其中：

$$S=\frac{(EBIT-I)\times(1-T)}{K_S}$$

$$D=\frac{I}{K_D}$$

$$K_A=\frac{D}{V}\times K_D\times(1-T)+\frac{S}{V}\times K_S \qquad (7-26)$$

以上公式表明，最优资本结构是在公司未来资产带来的息税前利润既定的情况下，公司价值最大，公司加权平均资本成本最低时对应的资本结构。由式（7－26）可知，加权平均资本成本取决于债务和权益的单项资本成本，以及公司价值权重。无论是单项资本成本，还是平均资本成本，都是税后成本。

由此可知，资本结构与公司价值、资本成本都有着密切的关系。围绕三者之间关系提出的一系列理论统称为资本结构理论。资本结构理论的一个重要假设就是公司资产未来带来的息税前利润既定，以公司价值最大化为目标假设，以平均资本成本为分析基础。为了解决资本结构与公司价值之间的问题，学者们投入了大量精力进行研究，提出了一系列资本结构理论，随着研究的深入，这些理论还在不断改进。图 7－2 概括了资本结构理论的发展演变。

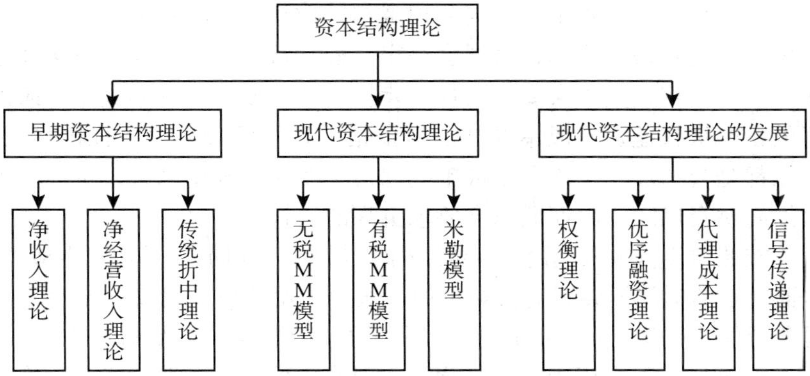

图 7－2　资本结构理论框架体系

二、早期资本结构理论

1952 年，美国经济学家大卫·杜兰特（David Durand）系统总结了早期资本结构理论，并将其进行了划分。其中，前两个理论的观点十分极端：净收入理论认为公司债务融资越多，公司价值越高；净经营收入理论认为资本结构与公司价值无关；而传统折中理论介于二者之间。

（一）净收入理论

净收入理论认为：由于债权人拥有优先求偿权，承担的风险比股东要低，所以债务资本成本低于权益资本成本，运用债务融资可以降低公司加权平均资本成本，且负债越多，加权平均资本成本越低，公司价值就越大。当负债比率达到 100% 时，公司加权平均资本成本最低，此时公司价值达到最大。该理论的假设前提是：①投资者对公司的期望报酬率 K_S（即权益资本成本）是固定不变的；②公司能以固定利率 K_B 无限额筹集债务资金。

净收入理论的假设在实际中很难成立。①债务资本增加，意味着财务风险增大，作为理性人的股东会要求增加期望报酬率；②由于债务增加，债权人的保障程度下降，风险增大，边际债务资本成本也会增加。因此，该理论对资本结构的认定缺乏说服力。

（二）净经营收入理论

净经营收入理论认为：公司价值仅仅取决于公司资产的获利能力，即息税前利润水平，而与公司资本结构和加权资本成本无关。其理由是：随着债务增加，公司会获得节税利益，而公司风险也会随之明显上升，权益资本会要求增加风险报酬率，使债务资本成本带来的好处正好被权益资本成本的增加所抵销，且不管公司财务杠杆多大，结果都是公司加权平均资本成本仍保持不变。该理论承认，负债增加会提高融资风险，因而股东会要求更高的回报。

按照净经营收入理论，资本结构不会影响公司加权平均资本成本，进而资本结构也不会影响公司价值。认为公司价值的真正决定因素就是公司的净经营收入。由此得出，公司不存在最佳资本结构问题。

与净收入理论相比，净经营收入理论是另一种极端的资本结构理论。这一理论虽然认识到债务比例的变动会影响公司财务风险，也可能影响到权益资本成本，但不承认债务应该有适度比例，因而与现实不符。

（三）传统折中理论

传统折中理论是介于以上两种极端理论之间的一种理论。该理论认为：公司的债务资本成本、权益资本成本和加权平均资本成本并不是一成不变的，在一定限度内公司使用债务融资是“合理和必要的”，低成本的债务可以降低公司的加权平均资本成本，进而增加公司价值。但是，当债务融资超过一定限度时，增加的权益成本就会抵销债务成本的好处，使加权平均资本成本上升，公司价值下降，此时公司应减少债务资本。当加权平均资本成本达到最低点时，即为公司最佳的资本结构。即可以通过利用适度的财务杠杆使公司价值达到最大。

早期资本结构理论的共同特点是：没有考虑公司所得税和个人所得税；没有经过统计数据的分析验证；没有建立在周密分析和计算的基础之上，因此早期理论没有得到理论界的认可。

三、MM 理论

MM 理论是莫迪格利安尼（Modigliani）和米勒（Miller）所建立

的资本结构模型的简称。

美国经济学家莫迪格利安尼和米勒于 1958 年在《美国经济评论》上发表了论文《资本成本、公司财务和投资理论》一文，提出了最初的 MM 理论，标志着现代资本结构理论的产生。此时的 MM 理论没有考虑所得税的影响，得出的结论为：公司价值不受资本结构的影响。这一理论以科学、严谨的方式，用统计检测模型的方法，对公司价值和资本结构的关系进行了严密的分析，奠定了现代西方资本结构理论的基础，在理论界引起了巨大反响。此后，他们又对 MM 理论做出了修正，加入了所得税因素，由此而得出的结论为：资本结构影响公司的总价值，负债经营将为公司带来节税效应。MM 理论为研究资本结构问题提供了一个有用的起点和分析框架。自 MM 理论提出后，西方财务中几乎各种资本结构理论都是围绕该模型的假设和命题进行研究。如权衡理论、代理成本理论等。

经典的 MM 理论可分为最初的 MM 理论、修正的 MM 理论和米勒模型三个阶段。

（一）最初的 MM 理论——无税资本结构理论

该理论又称为无税的 MM 定理。这一定理建立在一系列的假设前提基础上：

（1）公司在无税收的环境下运营。

（2）资本市场无摩擦。即信息充分、无交易成本、证券可以无成本地、直接地交易或买卖，没有破产成本。

（3）公司和个人可以按照同样的利率借入或借出款项，公司和个人负债均无风险。

（4）公司的经营风险可以用息税前利润的标准差来衡量。具有相同经营风险的公司处于同类风险等级。

（5）现在和未来的投资者对公司未来息税前利润具有相同的预期。

（6）没有增长，即公司各期息税前利润相同。

在上述严格的假设条件下，MM 得出了两个重要命题：

1. MM 命题一

命题一（无税）：有负债公司价值与无负债公司价值相等。用公式表示为：

$$V_L = V_U \qquad (7-27)$$

其中，$V_L = \frac{EBIT}{K_A}$；$V_U = \frac{EBIT}{K_{SU}}$。

式中，V_L 表示有负债公司的价值，V_U 表示无负债公司的价值，K_A 表示有负债公司的平均资本成本，K_{SU}表示无负债公司的权益资本成本。

该命题意味着：

（1）公司价值取决于公司资产未来带来的预期息税前收益，而与这些资产取得的形式无关。即公司价值与资本结构无关。

（2）有负债公司的平均资本成本等于与该公司具有相同风险等级的其他无负债公司的权益资本成本，即资本成本与资本结构无关。

（3）K_A 和 K_{SU}的高低视公司的经营风险而定。

根据 MM 命题一的含义，在公司无所得税的前提下，$K_A = K_{SU}$，就有如下等式成立：

$$K_{SU} = K_A = \frac{D}{D+S} \times K_D + \frac{S}{D+S} \times K_S \tag{7-28}$$

式中，D 表示负债公司的市场价值；S 表示公司权益市场价值；K_S 表示有负债公司的权益资本成本；K_A 表示负债公司的平均资本成本。

将式（7－28）的左右两端同时乘以 D＋S，移项后整理可得：

$$(D+S)K_{SU} = DK_D + SK_S$$

$$K_S = K_{SU} + \frac{D}{S}(K_{SU} - K_D) \tag{7-29}$$

式（7－29）表明，若 K_{SU}固定不变，则随着负债比率的上升，K_S 也将有所上升。也就是说，在无所得税的情况下，尽管公司负债不会改变公司的总体收益和风险，但是债务的水平还会影响公司股东得到的收益和风险。公司负债越大，股东得到的收益的波动性就越大，因此，股东就会要求较高的收益率，股权的资本成本也就越高。

由此，得到了 MM 理论的命题二。

2. MM 命题二

MM 命题二（无税）：有负债公司的权益资本成本（K_{SL}）等于处于同一风险等级中的无负债公司的权益资本成本（K_{SU}）加上风险溢价。风险溢价根据无负债公司的权益资本成本（K_{SU}）与债务资本成本（K_D）之差乘以债务权益比率（D/S_L）。用公式表示即为：

$$K_{SL} = K_{SU} + (K_{SU} - K_D) \times \frac{D}{S_L} \tag{7-30}$$

式中，D 是有负债企业的负债价值，S_L 是有负债企业的权益价值。

该命题意味着：

（1）有负债公司的权益资本成本随负债率的上升而上升。

（2）不考虑税收时，有负债公司的加权平均资本成本总是等于无负债公司的权益资本成本，即 $K_A = K_{SU}$。

这表明：有负债公司的加权平均资本成本固定不变，与资本结构无关。

这是因为：对于无负债公司而言，由于全部资产由权益资本成本形成，资产带来的收益全部由股东享有；而对于有负债公司而言，由于全部资产由权益资本和债务资本形成，从而资产带来的收益由股东和债权人享有。对于债权人而言，从资产收益中获得只有债务利息，而超过债务利息的超额部分就由股东享有，从而股东既获得了权益资本按照资产收益率计算的正常收益，还获取了债务资本带来的超额收益。即股东要求的收益率等于资产收益率加上负债带来的超额收益率。

由于投资者所要求的预期收益率对公司而言正是需要付出的资本成本，权益资本成本则随着负债率的上升而上升，债务资本给公司带来的财务杠杆收益被权益资本成本的上升所抵销，最后使有负债公司的平均资本成本等于无负债公司的权益资本成本。如图 7－3 所示。

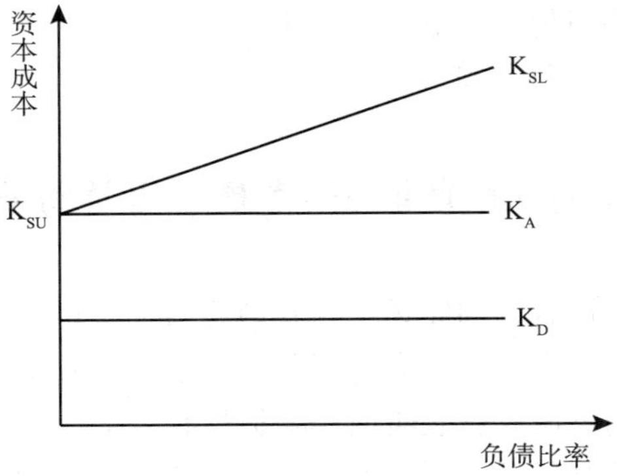

图 7－3　无税时的 MM 理论

从图 7－3 可知：K_A 是公司的加权平均资本成本，在无税时，有负债公司的 K_A 等于无负债公司的 K_{SU}。K_{SU} 是一个点，而 K_{SL}、K_D 和 K_A 是整条线；一般而言，有负债公司的权益资本成本 K_{SL} 随公司的负债比率增加而上升，而上升的幅度正好被债务资本成本带来的好处所抵销，所以公司的加权平均资本成本 K_A 与负债比率的变化无关。

3. 对无税时 MM 定理的认识

（1）MM 命题一是 MM 定理的基石，MM 命题二是在 MM 命题一的基础上得出的。

（2）在公司永续存在的假设下，决定公司价值的因素有两个：一是资产未来带来的 EBIT，二是投资者要求的预期收益率，即资本成本。

EBIT 是公司资产带来的，与资本结构无关，资本结构对 EBIT 的影响仅仅体现在对 EBIT 分配的影响，即在无负债情况下，仅有股东分享 EBIT，在有负债的情况下，股东和债权人按其投资比例分享 EBIT。

资本成本是投资者要求的预期收益率，是投资风险的函数。因此，在既定的风险等级下，投资者面临的风险相同，要求的预期收益率也相同。就处于相同经营风险等级的公司而言，无论公司有无负债，股东对经营风险都有相同的预期收益率要求。相对于无负债公司而言，有负债公司的股东增加了财务风险，其要求的预期收益率也就增加了财务风险报酬率。即权益资本成本的增加与资本结构有关。但是，股东要求的财务风险报酬等于便宜的负债带来的超额收益，最终使得公司的平均资本成本不变。可见，公司的加权平均资本成本与资本结构无关。

由此可知，EBIT 与资本结构无关，加权平均资本成本与资本结构无关，从而公司价值与资本结构无关，无所得税时，决定公司价值的核心因素是息税前利润。

（二）修正的 MM 理论——考虑公司所得税的资本结构理论

无公司所得税时的 MM 理论，其假设与现实相差甚远，由于所得税在公司是真实存在，公司支付债务利息可以抵减应纳税额，税收存在就会影响公司价值。这表明债务融资具有一个重要的优势，而现金股利和留存收益则不具有减税效果。1963 年，莫迪格里亚尼与米勒在《美国经济评论》上发表了一篇《企业所得税和资本成本：一项修正》的文章，对无公司所得税的 MM 理论进行了修正，得出了与无税时截然不同的两个命题。考虑公司所得税时 MM 定理的两个命题如下：

1. MM 命题一

MM 命题一（无税）：有负债公司的价值等于处于相同风险等级的无负债公司的价值加上负债的节税价值。用公式表示即为：

$$V_L = V_U + T_C D \tag{7-31}$$

式中，T_C 表示公司所得税税率；D 表示公司负债额；无负债公

司价值 $V_U = EBIT \times (1 - T_C) / K_{SU}$。

对于有负债公司而言，由于负债利息在税前列支，负债使得公司应纳税所得额减少，进而缴纳的所得税减少，这一现象称为“税盾效应”或“节税效应”，节税利益增加了公司的现金流量。由于这部分现金流量是债务资本带来的，用债务资本成本将其贴现为现值，即是节税价值 $T_C D$。假设公司负债是永久性的，运用永续年金计算公式，就可以得到税盾的现值，节税价值的计算公式为：

$$T_C D = D \times K_D \times \frac{T_C}{K_D} \tag{7-32}$$

有公司所得税时的 MM 命题一有如下含义：

（1）由于负债利息在税前列支，因此，负债能够带来节税利益，具有节税效应；

（2）负债带来的节税利益增加了公司价值，节税利益等于节税额的现值；

（3）负债越多，节税价值越大，公司价值越高，公司负债 100% 时资本结构最优。

下面结合例题进一步说明有公司所得税时 MM 命题一的含义。

【例 7-9】 假设有 L 和 U 两个公司，两个公司除资本结构外，其他方面均相同。L 为有负债公司，负债为 10 万元，负债利率为 8%，U 为无负债公司。假设两公司每年的 EBIT 均为 10 万元，所得税税率为 25%。有关财务数据见表 7-1，那么，公司 L 的债务能代劳多大的节税收益？

表 7-1　　U 公司和 L 公司财务数据计算表　　单位：万元

指标	U 公司（无杠杆）	L 公司（有杠杆）
息税前收益（EBIT）	10	10
利息	0	0.8
应税利润	10	9.2
所得税	2.5	2.3
净利润	7.5	6.9
来自资产的现金流量（EBIT - 税）	7.5	7.7
流向股东和债权人的现金流量	7.5	7.7
利息节税收益	0	0.2

从表 7－1 可知，资本结构对公司的影响体现在：

（1）来自资产的现金流量不同。有负债公司的现金流量大于无负债公司的现金流量，其差额为 0.2 万元，这 0.2 万元正好是有负债公司相对于无负债公司少交的所得税，即利息节税收益。

（2）流向投资者的现金流量不同。有负债公司股东和债权人获得的现金流量的和为 7.7 万元（6.9＋0.8），高于无负债公司股东获得的现金流量 7.5 万元，两者之差的 0.2 万元就是负债的节税收益。

假设债务是永续的，相同的 0.2 万元节税收益每年都会发生；由于节税收益是因支付利息所产生，所以其风险和债务相同，则可以使用债务成本来进行折现。债务节税收益的现值为：

$$PV=\frac{I}{K_D}=\frac{0.2}{8\%}=2.5$$

（3）公司的价值不同。假设公司 U 的资本成本为 10%，那么，公司 U 的价值为：

$$V_U=\frac{EBIT(1-T_C)}{K_{SU}}=\frac{10\times(1-25\%)}{10\%}=75$$

有负债公司通过节税收益增加公司价值，只需要将这部分节税收益加到无负债公司的价值上，就可以得到有负债公司的价值：

$$V_L=V_U+T_CD=75+2.5=77.5$$

有负债公司的价值是 77.5 万元，高于无负债公司的价值（75 万元），因此，债务的利用增加了公司的价值。MM 命题一可用图 7－4 表示如下：

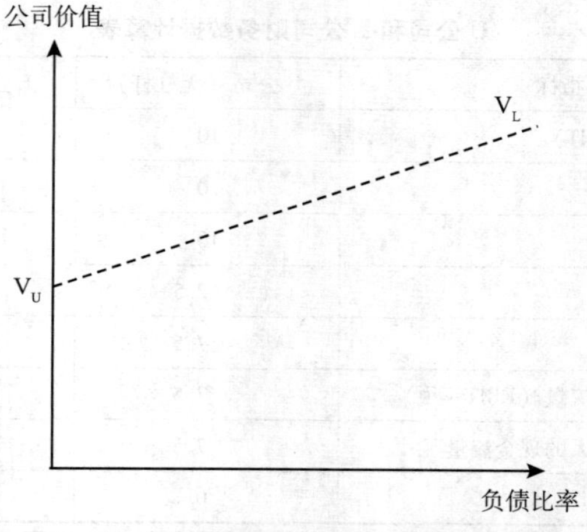

图 7－4　有所得税时负债对公司价值的影响

2. MM 命题二

MM 命题二（有税）：有负债公司的权益资本成本（K_{SL}）等于处于同一风险等级的无负债公司的权益资本成本（K_{SU}）加上一定的风险报酬率。风险报酬率根据无负债公司的权益资本成本（K_{SU}）与债务资本成本（K_D）之差、债务权益比（D/S_L）和所得税率（T_C）所确定。用公式表示即为：

$$K_{SL} = K_{SU} + (K_{SU} - K_D) \times (1 - T_C) \times \frac{D}{S_L} \tag{7-33}$$

MM 命题二（有税）的含义与 MM 命题二（无税）的含义基本相同，只是在数值上变小了。因为式（7－33）与式（7－31）相比，风险报酬乘以了（$1 - T_C$），由于（$1 - T_C$）<1，因此，考虑有税时的风险报酬率低于无税时的风险报酬，从而有税时的权益资本成本小于无税时的权益资本成本。事实上，债务资本成本 K_D 的乘数因子是（$1 - T_C$），正是由于公司支付的利息具有抵税的作用，才降低了有负债公司的债务资本成本和权益资本成本，才导致了负债公司的价值增加。

考虑公司所得税后，有负债公司的加权平均资本成本为：

$$K_A = K_{SL} \times \frac{S_L}{V_L} + K_D \times (1 - T_C) \times \frac{D}{V_L} \tag{7-34}$$

从式（7－34）可知，在有公司所得税情况下，债务相对权益而言具有抵税的优惠，所以 K_A 随着负债率的提高而降低。而在不考虑税收时，债务的财务杠杆不影响加权平均资本成本，所以加权平均资本成本高于考虑所得税时的水平。

MM 命题二（有税）可以用图 7－5 表示。

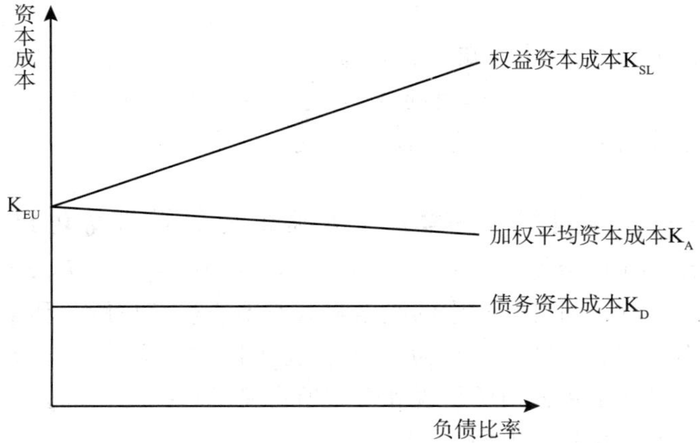

图 7－5　考虑所得税时，负债对资本成本的影响

【例 7 – 10】 在【例 7 – 9】中，假设 U 公司的权益资本成本 $K_{SU}=15\%$，那么计算 U 公司和 L 公司的价值和资本成本。

U 公司的价值：$V_U=\dfrac{EBIT(1-T_C)}{K_{SU}}=\dfrac{10\times(1-25\%)}{15\%}=50$

L 公司的价值：$V_L=V_U+T_CD=50+10\times25\%=52.5$

由于：$V_L=D+S$，所以：

L 公司权益的价值 $S_L=V_L-D=52.5-10=42.5$

L 公司的权益资本成本：

$$K_{SL}=K_{SU}+(K_{SU}-K_D)(1-T_C)\times\frac{D}{S_L}=15\%+(15\%-8\%)(1-25\%)\times\frac{10}{42.5}=16.24\%$$

则，L 公司的加权平均资本成本：

$$K_A=K_{SL}\times\frac{S_L}{V_L}+K_D\times(1-T_C)\times\frac{D}{V_L}$$
$$=16.24\%\times\frac{42.5}{52.5}+8\%\times(1-25\%)\times\frac{10}{52.5}$$
$$=14.29\%$$

在已知权益的期望收益率（资本成本），也可以用另一种方法确定有负债公司的权益价值，计算如下：

$$S_L=\frac{(EBIT-K_D\times D)(1-T_C)}{K_{SL}}=\frac{(10-8\%\times10)\times(1-25\%)}{16.24\%}=42.5$$

而有负债公司的价值也可用另一种方法计算出来：

$$V_L=\frac{EBIT(1-T_C)}{K_A}=\frac{10\times(1-25\%)}{14.29\%}=52.5$$

从以上计算结果可知，有负债公司的加权平均资本成本（即 14.29%）低于无负债公司的加权平均资本成本（即 15%），从而使得有负债公司 L 的价值大于无负债公司 U 的价值。

（三）米勒模型——考虑个人所得税的资本结构理论

尽管 MM 理论修正后考虑了公司所得税的影响，但仍未考虑个人所得税的影响，而且实际中的股票收益所得税税率与债券利息所得税税率又不一致。为此，1976 年，米勒在美国财务联合会上所做的一次报告中提出了将公司所得税和个人所得税都包括在内的公司价值估算模型，这就是米勒模型。

假设：股东个人所得税率为 T_S（股票收益包括股利和资本利得

两部分，此处的股东个人所得税率为加权平均的股利和资本利得税率)，债权人的个人税率 T_D，公司所得税税率为 T_C，无负债公司的价值为 V_U，有负债公司的价值为 V_L。

在同时考虑公司所得税和个人所得税的情况下，假若前述 MM 定理的所有假设不变，则无负债公司价值的估值模型为：

$$V_U = \frac{EBIT \times (1 - T_C) \times (1 - T_S)}{K_{SU}} \quad (7-35)$$

式（7－35）表明，由于 T_S 的存在，会降低无负债公司的价值。

有负债公司的公司价值可以表述为：

$$V_L = V_U + D \times \left[1 - \frac{(1 - T_C) \times (1 - T_S)}{(1 - T_D)}\right] \quad (7-36)$$

这就是考虑公司税和个人税的米勒模型。从中可以看出：个人所得税会在某种程度上抵销利息的节税收益。

式中，$D \times \left[1 - \frac{(1 - T_C) \times (1 - T_S)}{(1 - T_D)}\right]$代表负债的节税价值，它相当于有公司所得税时的 T_CD，但在数值的程度上，低于 T_CD 的水平。

（1）如果 $T_S = T_D = T_C = 0$，那么，$V_L = V_U$，这就是无公司所得税时的 MM 命题一。

（2）如果 $T_C \neq 0$，$T_S = T_D = 0$，或者 $T_S = T_D$，那么，$V_L = V_U + D \times T_C$，这就是有公司所得税时的 MM 命题一。

（3）如果 $(1 - T_C) \times (1 - T_S) = (1 - T_D)$，那么，$V_L = V_U$，有负债公司的价值等于无负债公司的价值，这意味着负债的节税效应正好被个人所得税所抵销，财务杠杆不发挥任何效应。

（4）如果 $T_S < T_D$，来自债务的节税收益就会减少。如果 $T_S > T_D$，来自债务的节税收益就会增加。

从修正的米勒模型可以看出，资本结构的变动会影响公司的价值，同时负债经营会带来节税利益，从而米勒模型和考虑公司所得税的 MM 模型的结论基本一致。

【例 7－11】仍用【例 7－9】【例 7－10】的数据，假设公司 U 和公司 L 都将所有的净利润作为股利支付给股东，两公司息税前利润仍为 10 万元，公司税率为 25%，投资者对公司税后收益要求的报酬率是 15%，个人权益收益税率为 18%，个人利息税率为 6%。公司 U 和公司 L 的现金流量如表 7－2 所示。

表 7－2　　　　公司 U 和公司 L 现金流量对比　　　　单位：万元

项目	公司 U（无负债）	公司 L（有负债）
息税前利润	10	10
利息	0	0.8
税前利润	10	9.2
公司所得税（$T_C=25\%$）	2.5	2.3
净利润	7.5	6.9
股东和债权人的总现金流量	7.5	7.7
股利	7.5	6.9
股东的个人税收（$T_S=18\%$）	1.35	1.24
个人税后的股利	6.15	5.66
利息	0	0.8
利息的个人税收（$T_D=6\%$）	0	0.05
个人税后利息	0	0.75
个人税后的股东和债权人的总现金流量	6.15	6.41

表 7－2 计算结果表明，在只考虑公司所得税时，投资者获取的现金流量在有负债时为 7.7 万元，在无负债时为 7.5 万元，前者高出后者 0.2 万元，这 0.2 万元正好是 0.8 万元利息税前列支而少交的所得税。

两家公司缴纳的总税收计算结果为：

公司 U：$T=T_S+T_D+T_C=1.35+2.5+0=3.85$（万元）

公司 L：$T=T_S+T_D+T_C=1.24+2.3+0.05=3.59$（万元）

由表 7－2 可知，有负债公司 L 的所有投资者的个人税后总现金流量比无负债公司 U 更大些，为 0.26 万元（6.41－6.15），这一差异正好等于两家公司在税收上的差异 0.26 万元（3.85－3.59），表明公司 U 在税收上正好比公司 L 的多了这 0.26 万元。可见，税收完全解释了公司负债的财务杠杆对现金流量的影响。

两家公司的个人税收对公司价值的影响，计算如下：

无负债公司 U 的公司价值为：

$$V_U=\frac{EBIT\times(1-T_C)\times(1-T_S)}{K_{SU}}=\frac{10\times(1-25\%)(1-18\%)}{15\%}=41$$

有负债公司 L 的公司价值为：

$$V_L=41+\left[1-\frac{(1-25\%)(1-18\%)}{(1-6\%)}\right]\times 10=44.45$$

以上计算表明，在同时考虑公司所得税和个人所得税时，有负债公司的价值为44.45万元，无负债公司的价值为41万元，二者的差额为3.45万元，这正是考虑个人税收后的节税效应。

前述，仅考虑公司所得税时，有负债公司的价值为52.5万元，无负债公司的价值是50万元，2.5万元的差异就是负债公司的节税收益，比考虑全部税收的差额3.45万元要低。这说明，在个人权益收益税率高于个人利息税率时，负债带来的财务杠杆利益能增强有负债公司的价值。

在实际中，要明确债务的税收优势，公司就需要掌握股东和债权人所需对应的税率大小，而这加大了准确估计税收优势的难度。此外，计算债务的节税收益时还需要假设公司有足够的利润可以享受节税的好处。但实际上，几乎没有公司能够确保自身未来一定能获取应税利润。如果公司出现亏损，而且无法用亏损来抵扣过去的税额，那么节税收益就只能往后递延。但资金的时间价值就会逐渐减少，甚至节税收益会彻底消失。

另外，租赁、折旧、摊销等事项也具有节税效应，这使得债务的节税效应可能被大打折扣。因为，对于一些拥有大量非利息节税收益、未来前景尚不明朗的公司，应该会较少地利用债务的节税效应。如果这些公司累积了大量的递延损失，也不应该再进行债务融资。所有这些都表明：公司债务具有一定的税收优势，至少对那些确信自己能够使用节税收益的公司更是如此，但对于那些完全不可能利用节税优势的公司，债务只会给他们带来一定的税收劣势。

四、权衡理论

MM理论推出之后，学者们不断放宽假设，从不同视角对资本结构进行了大量的研究，当把债务的财务困境成本和代理成本引入MM理论后，出现了与之前大为不同的结论。这就是理论界所称的权衡理论模型。

前已述及，公司负债后能够带来税收优惠。但是由于向债权人支付债务利息和本金是负债公司的责任，所以当公司借入资金后就有可能面临违约风险，最终可能出现导致破产清算的结果，即存在财务困境成本；又由于股权投资者和债权人之间存在着利益冲突，由此将带来代理成本。同时，负债的存在还会降低公司经营上的灵活性，从而在一定程度上抑制了债务融资的优势。因此，权衡理论认为，最佳资本结构是平衡税收优惠利益与财务困境风险、代理成本。

(一)财务困境成本

当公司未来现金流量不稳定以及对经济冲击高度敏感的公司，如果过多地使用债务就会导致陷入财务困境，出现财务危机甚至破产，所以债务会增加公司财务困境的风险。相反，权益融资则不会出现公司破产的风险，因为当一家公司的盈利状况不佳时，可以选择不发放股利，而且股本也不用归还。公司在选择权益融资还是债务融资时，必须把债务增加的财务困境成本纳入考虑。

当有负债公司一旦破产，各式各样的费用就会发生。即使公司还没有破产，但在履行还本付息义务出现严重问题时，与财务拮据相关的财务困境成本就会发生。财务困境成本大体可分为以下种类：

1. 财务困境的直接成本

财务困境的直接成本一般指破产成本，包括破产过程中发生的与清偿或重组相关的法律、会计和管理费用，以及公司破产引发的无形资产损失。由于这些成本费用的存在，公司资产的一定比例就会在破产的法律过程中“消失”，从而债权人不会得到所有被欠的款项。

2. 财务困境的间接成本

间接成本则指财务困境对企业经营能力的伤害，包括公司在处于财务困境但尚未破产时在经营管理方面遇到的各种困难和麻烦，比如融资困难，还包括由于债权人的介入导致的管理决策权部分丧失、投资决策行为的偏离所造成的公司价值的降低。

3. 代理成本

此处的代理成本是指债权人为保护自身利益，防止公司股东的利己策略，对公司经营做出的种种限制或者提高利率，由此给公司增加的费用或机会成本。

对于陷入财务困境的公司来说，股东和债权人的行为动机是不同的。从股东的角度来看，一旦公司发生破产，股东就会丧失对公司的控制权，因此，当公司陷入财务困境时，股东可能会采取三种损害债权人的利己策略：①冒高风险的动机：以牺牲债权人利益的方式投资高风险项目，争取公司生存下来，避免破产；②倾向于投资不足的动机：如果不能阻止破产，即使项目的净现值大于零，股东也没有投资的动力；③在财务困境时期支付额外股利或者其他分配项目，剩余给债务人的较少。从债权人的角度来看，他们关心的是如何保护公司资产的价值，并试图从股东手中拿到控制权，因此，他们有强烈的动机寻求通过破产来保护他们的利益，防止股东再浪费公司的资产。股东和债权人之间的抗争是旷日持久的，特别是在公司出现财务困境时期，并且潜藏着相当昂贵的法律较量。这些都会形成公司的代理成本，从而提高负债成本，降低负债收益。

（二）权衡理论模型

根据MM理论，负债具有节税效应，能增加公司价值，这是负债所具有的正效应。同时也应看到，负债还有可能使公司发生财务拮据，产生财务困境成本，这是负债所具有的负效应。在较低的债务水平下，发生财务困境和破产的概率较低，债务带来的节税价值高于它的破产成本；在较高的债务水平下，公司发生财务困境和破产的概率就会提高，债务带来的节税价值可能不足以抵销财务困境成本。因此，最优的负债水平是负债的边际节税效应等于负债的边际财务困境成本。公司的资本结构可以看成是税收利益与财务困境成本的权衡，这种收益与成本的权衡导致最优资本结构，这就是权衡理论的主要思想。

根据有公司税时的MM模型，将财务困境成本考虑进来，负债公司的价值估价模型可修正为：

$$V_L' = Vu + T_C D - FPV \quad (7-37)$$

式中，V_L'为考虑财务困境成本的公司价值，FPV为预期财务困境成本的现值。

式（7-37）即是权衡模型。该模型可以用图7-6表述。

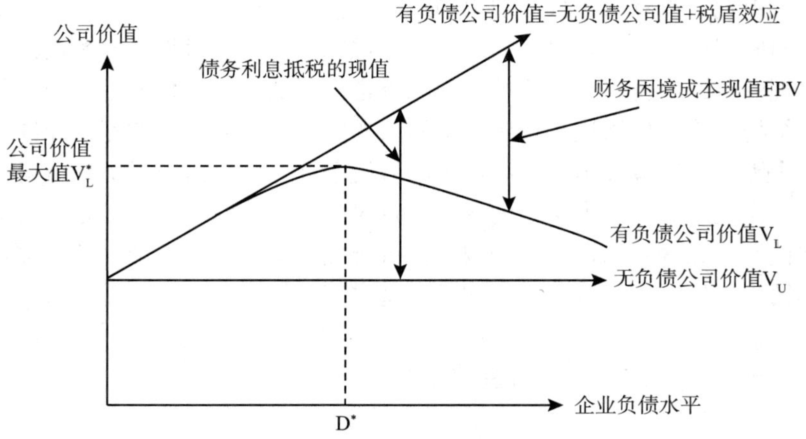

图7-6　权衡理论模型的最优资本结构

从图7-6可知当公司负债额达到D^*点时，负债的边际利益与负债边际成本达到均衡，负债的净利益达到最大，公司价值达到最大值

V_L^*，因此，D^* 点即为最优负债金额，与 D^* 点相对应的资本结构（D^*/S^*）就是最优的资本结构，具体参见图 7－7 所示。

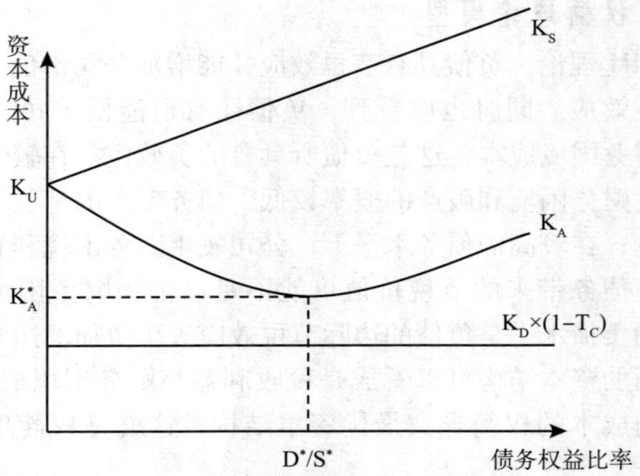

图 7－7　最优资本结构和资本成本

需要说明的是，在债务权益比率在达到 D^*/S^* 之前，由于税后债务成本比权益成本便宜，所以平均资本成本是下降的；当债务权益比率在达到 D^*/S^* 后，虽然债务成本比权益成本便宜，但是，财务困境成本会随之增加，对较低的债务起到抵销作用，加权平均资本成本会逐步提高。

由此可以看出，权衡理论描述了负债的节税效应与财务困境成本之间的权衡，这一理论认为存在着最优资本结构。可见，权衡理论在合理的范围内将 MM 理论的假设条件进行了放宽，更深入地探讨了资本结构理论，使该理论得到了更深入的发展。权衡理论放宽了 MM 理论中无财务困境成本、无所得税的假设条件，深入研究了引入所得税和破产成本后，资本结构的变化以及对公司价值的影响，但是，权衡理论始终无法精确地对破产成本进行合理计量，因此理论上的最佳资本结构仍然无法通过准确的数学模型进行运算得出。

五、资本结构的其他理论

20 世纪 70 年代以后，随着信息经济学的迅速发展，资本结构理论的研究进入了一个新的阶段。这些理论研究不仅延续了之前的只注重税收、破产等外部因素的影响，而且试图通过企业内部因素分析，通过内外结合的方式，为资本结构理论的研究提供新的研究方向。

该时期有代表性的资本结构理论主要有优序融资理论、委托代理理论、信息传递理论等。

（一）优序融资理论

1. 基本理论的含义

一般而言，公司管理者比外部投资者更了解公司的发展前景分析和公司价值，这表明管理者与投资者之间存在着明显的信息不对称问题。信息不对称会影响公司的融资选择，也会影响公司发行新债或者发行新股的选择，由此产生了融资的先后顺序。

梅耶斯（Myes）和梅吉拉夫（Majiluf）认为：资本结构的确定，就是为了缓和由于信息不对称而导致的公司投资决策的无效率。公司的资本结构是在公司新项目融资愿望的驱使下形成的，公司在筹集项目所需投资资金时，首选内部资金，主要是留存收益；其次选择低风险的债务融资，如银行借款或者发行公司债券；最后才采用发行股票融资，而发行股票是公司负债信用额度用完时才不得不利用的一种融资方式。

优序融资理论是在信息不对称框架下研究资本结构问题。这里的信息不对称，是指公司内部管理层要比外部投资者拥有更多、更准的关于公司的信息。在这种情况下，管理层的许多决策，如筹资方式、股利分配决策等不仅具有财务上的意义，而且向市场和外部投资者传递着信号。外部投资者只能通过管理层的这些决策所传递出的信息，了解公司未来收益预期和投资风险，间接地评价公司价值或者资本结构。在信息不对称情况下，如果外部投资者掌握的信息比管理层要少，那么公司权益的市场价值就可能被错误地定价：当公司股票价值被低估，管理层将避免增发新股，而采用其他融资方式筹集资金，如内源融资或者发行债券；而在股票价值被高估时，管理层将尽量通过增发新股为新项目筹资，让新的股东分担投资风险。这一结论可通过下面的例子加以证明：

A 公司与 B 公司是经营很成功的两家公司，都有很好的成长机会，也都存在风险。现在，这两家公司打算进行项目投资，且都需要筹集资金，融资方案中可以发行股票，也可以发行债券。如果 A 公司发行债券，B 公司发行股票，那么在信息不对称情况下，理性的投资者将会认为 A 公司的前景很不错；但 B 公司的前景不太好，而且股票价格已经被市场高估。最终，两家公司都会选择发行债券。A 公司发行债券是因为公司的前景很好，发行股票会导致股价被低估；而 B 公司最终发行债券却是因为其管理者已经预料到发行股票将使股价下跌，从而使发行股票失去了好处。显然，信息不对称不利于股票发行而利于债券分析。如果管理者比投资者得到的信息更多，而双方都很理性，那么任何公司都更愿意进行债务融资，而不会以股票融资。

但这并不完全正确。因为融资决策中除了信息不对称，还有其他因素在起作用，比如：如果公司已经有很多负债，再举债就有可能陷入财务困境，在这种情况下，宣布发行股票并不完全是坏消息。另外，高科技、高成长性的公司也可以是普通股的合理发行者，这些公司的资产大多是无形资产，过多的负债会带来较高的破产成本或财务困境成本，这就决定了他们需要保守的融资政策，但既要追求高速成长，又要保守负债比率，唯一的办法就是发行股票融资。

上述分析表明：信息不对称可以解释为什么债务融资实际上优于股票发行，但这并不意味着公司都应该努力追求高负债比率。事实上，能产生大量内部现金流的公司，根本不需要发行任何种类的债券，因而也就完全避免了发行成本和信息问题。

2. 优序融资理论的推论

优序融资理论包含以下几个重要的推论：

（1）公司更愿意内部融资。由于信息不对称，公司首先愿意从留存收益中筹措项目资金，这可能会降低资本结构中债务的比率，增加权益资本的账面价值与市场价值。但由于内部融资的低风险和低成本，所以内部融资是投资项目资金的首选。

（2）如果需要外部融资，公司首先应该发行最安全的证券。盈利的公司有丰富的现金流，公司需要投资资金时，可以依靠内部融资，因而较少依靠债务，确需外部资金时，才选择债务融资。因而，优序融资理论解释了为什么效益好的公司通常负债更少的现象。而盈利较差的公司大多以发行债券融资，根本原因是他们没有足够的内部资金去进行项目投资。因而在外部融资中，低风险的债务融资方式位居第一。

（3）公司偏好闲置财务资源。一般而言，公司有融资需求，首先要依赖内部融资。因此，公司倾向于先准备好现金，在将来的某个时期为净现值为正的项目筹措资金，当项目出现时，就不必求助于资本市场从外部融资。即公司拥有大量的、自由现金流量，管理者就可能会增加自己的特权，享受在职消费，即闲置财务资源的存在使代理问题变得更加严重。

（二）代理成本理论

詹森（Jensen）和麦克林（Meekling）是代理成本理论的创始

人。代理成本说是其代表性理论，主要研究公司增加债务融资是否能降低代理成本问题。在詹森和麦克林之后，代理成本说分为两个主要分支：一是财务契约理论，另一个是公司治理结构学派。此处仅就代理成本说作简单介绍。资本结构的代理成本理论认为：在资本结构的决策中，由于不完全契约、信息不对称等存在，在股东与经营者、股东与外部债权人之间存在着委托代理关系，则会导致代理成本的发生。詹森和麦克林认为，债权融资和股权融资都存在代理成本，最优资本结构取决于“所有者愿意承担的总代理成本”，包括债务融资和新股融资的代理成本。

根据詹森和麦克林的理论，公司所有者之所以要进行负债融资，是因为自身资源有限，无法获得潜在的有利可图的投资机会，但是，负债融资在债权人和所有者之间形成一种代理关系，从而形成代理成本。公司进行的新股融资等于现有所有者以股权换取新所有者的资金，新旧所有者之间不可避免地会引发利益冲突，这样，新的所有者为保证他们的利益不受原所有者的损害，也必须付出监督费用等代理成本。

巴纳、郝根和森伯特（1985）认为，由公司融资中产生的委托代理关系所导致的代理成本包括以下四个方面：

（1）股东与经营管理者之间的代理关系所产生的经营管理者的非生产性消费和过度投资（进行净现值为负值的投资）；

（2）股东与债权人之间的代理关系所产生的资产替代（改变资金用途，将借入资金投入高风险项目）和投资不足（放弃净现值为正值的投资）；

（3）新旧股东之间信息不对称产生的投资不足；

（4）股东和债权人之间的代理关系所产生的债权人的过度清算和企业破产等。

上述代理成本的存在必然影响公司的融资决策，进而影响投资项目的选择。特别是公司陷入财务困境时，更容易引起过度投资和投资不足问题，导致发生债务代理成本。债务代理成本损害了债权人的利益，降低了公司价值，最终将由股东承担这种损失。

代理成本理论在对权益与债务代理成本分析的基础上，提出由于债务代理成本和权益代理成本的存在及其与公司融资结构的关系，有可能形成总代理成本最小的债务与权益的最优组合，由此决定的公司资本结构也是最优资本结构。

代理成本为资本结构如何影响公司价值的主要因素以及内在逻辑关系提供了一个基本分析框架。但是这些结论并非与公司的实际做法完全一致。如同投资等其他财务决策一样，资本结构决策通常是由管理层在符合自身基本动机的基础上并综合考虑其他因素做出的。

（三）信号传递模型

信号传递模型是探讨在信息不对称条件下，公司如何以适当的方式向市场传递有关公司价值的信号，以此来影响投资者的决策。信号传递模型认为：信息不对称会扭曲公司的市场价值，从而导致市场投资决策无效率。公司选择不同的资本结构可以向市场传递不同的公司价值信号。为此，在信息不对称条件下，公司内部人应当尽量选择适宜的资本结构向市场传递正面的信号，来表明公司的真实价值。而外部人应理性地接受和分析这种信号，从而做出投资决策，通过市场将其行为信息传递给内部人，使博弈双方在信号的引导下实现动态博弈均衡，消除信息不对称现象。在信号均衡条件下，公司内部管理者可以根据外部投资者对其发行证券支付的价格，选择新的融资政策，实现公司价值最大化。

信号模型在资本结构方面的研究，最有影响的有四个：即利兰—派尔模型、罗斯模型、塔莫模型和汉克尔米模型。后两个模型可以看作是对前两个模型的修正和扩展，因此，人们提及较多的是前两个模型。

利兰—派尔模型是在 1977 年提出的。该模型认为，在信息不对称情况下，为了使投资项目的融资活动能够顺利进行，借贷双方就必须通过信号的传递来交流信息，譬如掌握内幕信息的公司管理者本身对投资项目进行投资，以此来向贷方传递一个好的信号，这样贷方就会根据信号做出新的价值判断，决定对公司投资的数额，这一数额即是公司的最优负债水平点，这一最优负债水平点本身就是反映投资项目风险大小的一种信号。

20 世纪 70 年代，罗斯首次系统地把不对称信息理论引入公司资本结构的研究中，并借助于现代数学工具的迅速发展，建立起不对称信息的资本结构理论。罗斯认为，当公司为实施某一确定的投资项目而对外筹集资金时，融资契约的事前信息不对称性可能导致公司内部经营管理者在公司现有资产价值，以及公司投资项目预期收益流等方面拥有正确而足够的信息，而外部投资者缺乏这些信息，内部管理者和外部投资者之间存在着信息不对称状况，外部投资者往往根据管理者的融资决策来判断公司的经营状况。

罗斯提出，资本结构（负债比率）是管理者向投资者传递公司价值的一个重要指标。投资者根据该指标来评价公司，并决定是否进行投资，高负债比率经常被认为是高质量公司的表现。按照资本结构的信号传递理论，公司价值被低估时会增加债务资本，反之公司价值被高估时，会增加股权资本。由于不同的资本结构会传递有关公司真实价值的不同信号，为了增强正面信号效应，避免负面信号的影响，公司管理者将通过策略性行为选择合适的资本结构，以此来影响资本市场外部投资者的决策。

当然，罗斯的分析只根据管理者传递的公司资本结构信号来测定公司市场价值，在模型中，并没有一个防止管理者向外传递错误信号的内在约束机制，这也是信号传递理论的缺陷。

第四节 资本结构决策

资本结构理论揭示了公司资本结构与公司价值、公司资本成本的关系。现实中，公司在选择一个最优资本结构时，除了考虑理论依据外，还受到很多实际因素的影响。在此基础上，公司会选择合适的方法进行资本结构决策。

一、资本结构决策的影响因素

前已述及，制约公司资本结构的因素，除了资本成本、财务风险以外，还有很多重要因素，需要在资本结构决策中予以考虑：

（一）公司的盈利能力

公司的资本来源分为内源融资和外源融资。内源融资是指公司从内部筹集资本。与外源融资相比，内源融资具有诸多优点，因此，内源融资是公司首选的融资方式。优序融资理论从信息不对称和理性预期角度指出内源融资的优先性。内源融资主要是指保留盈余，在我国，保留盈余由两部分构成：一部分是按税后利润的一定比例提取的盈余公积金，另一部分是未分配利润。未分配利润的多少取决于公司的税后净利润以及公司的股利政策。由于盈利能力的高低直接决定着保留盈余的重要来源，因此，在既定的股利政策下，盈利水平较高的公司，其内源融资能力较强，从而对外源融资特别是负债融资的要求就较低，故可以选择较低的负债率；反之则相反。

（二）公司的资产状况

公司无论是向金融机构借款还是发行债券，通常都需要提供抵押品。可供用作抵押品的资产主要是有形资产，这是因为在公司清算或者是在资产变现时，有形资产的价值损失低于无形资产。所以，有形资产在总资产中占比较高的公司，其负债能力较强，可以采用较高的负债率；反之，有形资产在总资产中占比较低的公司，其负债能力较弱，只能采取较低的负债率。

（三）公司的规模

由于大公司倾向于多元化或纵向一体化战略，具有较稳定的现金流量，可以优先使用与公司外部资本市场所筹集资金的成本相比资金成本更为便宜的内部市场的资金，提高公司资金的使用效率，从而减少交易费用，降低资金成本。大公司可以有效分散风险，不易受财务困境的影响，因此，破产成本将随公司规模的增大而减少。

（四）公司的成长性

处于成长阶段的公司，其投资机会多，资金需求大，同时经营的稳定性也较差，因此，这类公司所需资金，应首先考虑从税后净利润来补充，不足部分可考虑通过负债方式来解决，因为发行股票的成本较债务融资要高。而成熟性公司由于缺乏投资机会，同时自由现金流较高，因此应该增加负债融资。在实践中，公司成长性对于资本结构形成的影响是复杂的、不确定的，即可能是成长性越强的公司负债率越高，原因是公司和债权人都对公司的未来利润有着充分的信心；也可能相反，即成长性越强的公司负债率越低，原因是高成长的公司可能伴随着高风险，因此，债权人鉴于公司的高风险而不愿意给予信贷的支持。

（五）公司的风险状况

公司的风险有经营风险和财务风险之分。经营风险具有行业特征，财务风险是由负债带来的，且具有财务杠杆效应。因此，公司在进行资本结构决策时，应充分考虑公司经营风险的大小：即经营风险高的公司，应选择较低的负债率，以降低财务杠杆的负效应；反之，经营风险低的公司，可选择较高的负债率，充分发挥财务杠杆正效应。

（六）公司的控制权

发行新股融资会增加公司股份总数，削弱原有股东对公司的控制权，因此，现有股东持股比例较高的公司，发行新股带来的股权稀释效应较弱，可以发行新股来融资；相反，现有股东持股比例较低的公司，发行新股带来的股权稀释效应较大，则应选择负债来融资。

（七）公司的信用等级

无论是向金融机构借款还是发行债券，公司的信用等级是重要的影响因素。信用等级较高的公司，能够较容易地从债权人手中借到资金，而且还能享受较低的借款利率，这类公司可选择负债融资，保持较高的负债率；反之，信用等级较低的公司，只能选择权益融资，保持较低的负债率。

（八）行业因素

资本结构实证研究的结果显示，资本结构具有典型的行业特征，即不同行业的资本结构具有明显的差异，同一行业具有相似的资本结构。究其原因，主要是不同行业的经营风险不同、资产状况不同。因此，公司在进行资本结构决策时，应参照行业的平均水平，分析本公司与同行业其他公司之间的差别，然后确定合适的资本结构。

二、资本结构决策的方法

公司资本结构的决策方法，实质上就是最优资本结构的确定方法。所谓最优资本结构是指在一定条件下，使公司加权平均资本成本最低、公司价值最高时的资本结构。具体而言，有如下几种方法：

（一）每股收益无差异点分析法

每股收益
无差异点法

资本结构决策的核心就是确定最优资本结构。最优资本结构意味着在公司适度风险的条件下，公司的综合资本成本最低，公司价值最大。公司价值最大化的本质是股东价值最大化，在既定的风险等级下，股东价值最大化就是要每股收益（EPS）最大化，因此，可以用每股收益代表股东价值或公司价值。一般来说，能使每股收益提高的资本结构就是合理的资本结构，反之就是不合理的资本结构。

每股收益是指公司税后净利润按照发行在外的普通股股数折算后的金额。决定每股收益的因素有三个：一是息税前盈余（EBIT）；二是债务利息（I）；三是流通在外的普通股股数。

根据财务杠杆原理，当公司存在负债，固定利息费用的存在，使每股收益（EPS）随息税前收益（EBIT）的变动而同比例变动，当息税前收益（EBIT）上升，每股收益以更大的幅度增加，从而产生财务杠杆正效应，使股东获得更大的额外收益；当息税前收益（EBIT）下降，每股收益（EPS）随息税前收益（EBIT）的变动以更大的幅度降低，即发挥财务杠杆负效应，使股东收益显著降低。财务杠杆效应与财务风险正相关，因此，就需要确定在特定的息税前利润水平下，如何进行选择负债融资才能获得财务杠杆收益，才能构建最优资本结构。

每股收益无差异点分析法就是通过寻找使不同融资方案下公司的每股收益（EPS）相等时所对应的息税前利润（EBIT）水平。通过比较权益融资方式下的每股收益与债务融资方式下的每股收益，选择使每股收益最大的融资方案，进而确定资本结构的一种决策方法。每股收益无差异点分析法又称为 EBIT－EPS 分析法，也称为融资无差别点，即权益融资与债务融资都能产生同样大小每股收益时的息税前收益水平，当现实中的息税前收益超过无差异点时，负债融资会提高每股收益；反之，则会降低每股收益。

每股收益的计算公式为：

$$EPS = \frac{(EBIT - I)(1 - T) - D_p}{N} \tag{7-38}$$

式中，N 为流通在外的普通股股数；D_p 为优先股股利。

根据每股收益无差异点分析法的概念，在不同的资本结构下应有以下等式成立：

$$EPS_1 = EPS_2$$

$$\frac{(EBIT^* - I_1) \times (1 - T_C) - D_{P1}}{N_1} = \frac{(EBIT^* - I_2) \times (1 - T_C) - D_{P2}}{N_2} \tag{7-39}$$

式中，$EBIT^*$ 表示处于均衡点的息税前收益；I_1、I_2 分别表示融资方案 1、方案 2 的债务利息；D_{P1}、D_{P2} 分别表示融资方案 1、方案 2 的优先股股息；N_1、N_2 分别表示融资方案 1、方案 2 的普通股股数。

【例 7－12】假设某公司原有资本总额为 700 万元，其中，权益资本为 500 万元（普通股股数为 10 万股，每股价格为 50 元），债务资本为 200 万元，利率为 12%。现因生产发展需要，需要追加融资 300 万元。有两个可供选择的融资方案：方案 1 是按照 50 元的价格发行 6 万股普通股；方案 2 是按照 12% 的利率发行 300 万元的长期债券。假设公司的所得税税率为 25%。

该公司增资前后资本结构情况见表 7－3。

表 7－3　**两种增资方案的资本结构比较**　单位：万元

项目	原资本结构	增资后的资本结构	
		发行普通股	发行债券
权益资本	500	800	500
债务资本（12%）	200	200	500
资本总额	700	1 000	1 000
普通股股数	10 万股	16 万股	10 万股

根据题意，下列等式成立：

$$\frac{(EBIT^{*}-200\times12\%)\times(1-30\%)}{16}=\frac{(EBIT^{*}-500\times12\%)\times(1-30\%)}{10}$$

经计算得：$EBIT^{*}=120$（万元）

把上述计算结果代入 EPS 的计算公式中，则：$EPS_1 = EPS_2 = 4.02$（元/股）

以上结果可以用 EBIT－EPS 分析图表示，如图 7－8 所示。

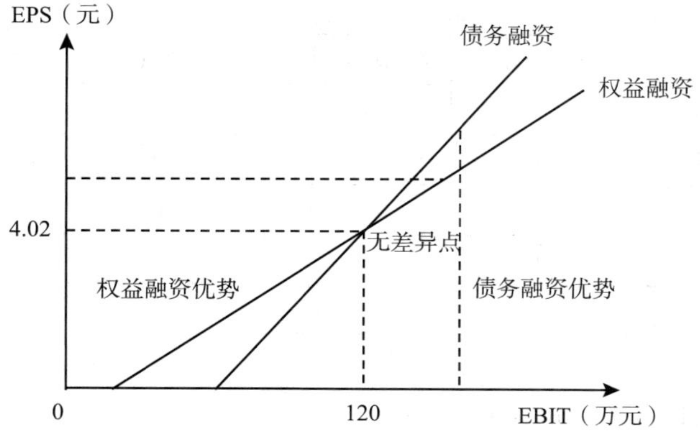

图 7－8　EBIT－EPS 分析图

由图 7－8 可知，对该公司而言，如果预测的息税前收益大于 120 万元，则债务融资更为有利；反之权益融资更为有利。当息税前收益正好在每股收益无差异点上，股票融资与债务融资方案对每股收益的影响相同。

（二）资本成本比较法

所谓资本成本比较法是指在不考虑各种融资方式在数量与比例上的约束以及财务风险差异时，通过计算各种基于市场价值的长期融资组合方案的加权平均资本成本，并根据计算结果比较各个融资方案下的平均资本成本，从中选择平均资本成本最小的融资方案作为最优融资方案的一种资本结构决策方法。

比较资本成本法有边际资本成本比较法和平均资本成本比较法两种方法，具体介绍如下：

1. 边际资本成本比较法

边际资本成本是指公司增加融资后，与增量资金相对应的资本成本。所谓边际资本成本比较法就是通过比较各种备选融资方案的边际资本成本，从中选择最优融资方案的一种分析方法。这种方法可以用于项目融资决策，也可用于经营过程的融资决策。

【例 7－13】某公司拟新增融资 1 000 万元，现有两个融资方案可供选择，如表 7－4 所示。假设公司所得税税率为 25%。试根据相关资料分析计算最优融资方案。

表 7－4　　两种融资方案比较

项目	方案 1		方案 2	
	融资金额（万元）	资本成本（%）	融资金额（万元）	资本成本（%）
长期借款	100	6.5	80	6.5
发行债券	300	8	200	8
发行优先股	200	12	120	12
发行普通股	400	15	600	15
合计	1 000		1 000	

方案 1 的边际资本成本为：

$$K_{1R}=6.5\%\times(1-25\%)\times\frac{100}{1\ 000}+8\%\times(1-25\%)\times\frac{300}{1\ 000}+12\%\times\frac{200}{1\ 000}+15\%\times\frac{400}{1\ 000}=10.69\%$$

方案 2 的边际资本成本为：

$$K_{2R}=6.5\%\times(1-25\%)\times\frac{80}{1\ 000}+8\%\times(1-25\%)\times\frac{200}{1\ 000}+12\%\times$$

$$\frac{120}{1\ 000}+15\%\times\frac{600}{1\ 000}=12.03\%$$

计算结果表明，融资方案1与融资方案2相比，方案1的边际资本成本最低，为可选方案。

2. 平均资本成本比较法

所谓平均资本成本比较法就是将备选融资方案与原有资本结构汇总，计算在新增融资条件下的汇总资本结构的平均资本成本，从中选择最优融资方案的一种方法。

在【例7－13】中，假设该公司原有资本结构如表7－5所示，计算融资后的平均资本成本。

表7－5　　某公司融资前的资本结构

项目	资金额（万元）	资本成本（%）
长期借款	500	7
发行债券	700	8
普通股票	800	14
合计	2 000	

根据题意，计算加权平均资本成本时，需要将原有资本结构和新增融资后的资本结构汇总，通过计算各单项资本成本，再计算汇总后的加权平均资本成本。

（1）计算各融资方案下的单项资本成本。

方案1：

银行借款资本成本为：

$$K_{1DL}=6.5\%\times\frac{100}{100+500}+7\%\times\frac{500}{500+100}=6.92\%$$

债券资本成本为：

$$K_{1DB}=8\%\times\frac{300}{700+300}+8\%\times\frac{700}{700+300}=8\%$$

普通股资本成本为：

$$K_{1E}=15\%\times\frac{400}{800+400}+14\%\times\frac{800}{800+400}=14.33\%$$

方案2：

银行借款的资本成本为：

$$K_{1DL}=6.5\%\times\frac{80}{80+500}+7\%\times\frac{500}{500+80}=6.93\%$$

债券资本成本为：

$$K_{1DB}=8\%\times\frac{200}{700+200}+8\%\times\frac{700}{700+200}=8\%$$

普通股资本成本为：

$$K_{1E}=15\%\times\frac{600}{800+600}+14\%\times\frac{800}{800+600}=14.43\%$$

注意：原有资本结构中没有优先股。

（2）计算各融资方案的平均资本成本。

方案1：

$$\begin{aligned}K_{1A}&=6.92\%\times(1-25\%)\times\frac{600}{3\ 000}+8\%\times(1-25\%)\times\frac{1\ 000}{3\ 000}\\&\quad+12\%\times\frac{200}{3\ 000}+14.33\%\times\frac{1\ 200}{3\ 000}\\&=9.57\%\end{aligned}$$

方案2：

$$\begin{aligned}K_{2A}&=6.93\%\times(1-25\%)\times\frac{580}{3\ 000}+8\%\times(1-25\%)\times\frac{900}{3\ 000}\\&\quad+12\%\times\frac{120}{3\ 000}+14.43\%\times\frac{1\ 400}{3\ 000}\\&=9.97\%\end{aligned}$$

计算结果表明，融资方案1的加权平均资本成本低于融资方案2，所以融资方案1为可选融资方案，与此对应形成的资本结构也是相对最优的资本结构。

资本成本比较法仅以资本成本最低为选择标准，测算过程简单易懂，是一种比较便捷的方法。但这种方法只是比较了各种融资组合方案的资本成本，难以区别不同融资方案之间的财务风险因素差异，在实际计算中有时也难以确定各种融资方式的资本成本。

（三）公司价值比较法

上述每股收益无差异点法中以每股收益作为衡量标准对资本结构决策，其缺点在于没有考虑风险因素。从根本上讲，公司金融管理的目标在于追求股东价值最大化。但是，只有在风险不变的情况下，每股收益的增长才会导致股东财富上升。在实践中，风险是随着每股收益的增长而不断加大，如果每股收益的增长不足以补偿风险增加所需的报酬率时，尽管风险增加，股东价值却是会下降。所以，公司最佳的资本结构应当是使公司价值最高，而不一定是每股收益最大的资本结构。同时，在该资本结构下，公司的加权平均资本成本也是最低的。

公司价值比较法就是在反映财务风险的条件下，以公司价值的大小为标准，预测公司最优的资本结构。公司金融的目标是公司价值最大化，能够使公司价值最大的方案才是最优方案。

衡量不同资本结构下的公司价值时，使用长期债务的市场价值与股票价值之和的计算方法，即：

$$V = D + S$$

式中，V 为公司价值；D 为长期债务价值；S 为公司股票价值。

为使计算简便，假定公司长期债务（长期借款与公司债券）的现值等于账面价值，且长期债务的账面价值等于面值；假定公司无优先股；假定股票价值等于未来净利润按照股东要求的报酬率折现，且公司处于零增长、持续经营状态，运用永续年金的公式计算如下：

$$S = \frac{(EBIT - I) \times (1 - T)}{K_S} \qquad (7-40)$$

其中，EBIT 为息税前利润；I 为年债务利息额；T 为公司所得税税率；K_S 为普通股资本成本，采用资本资产定价模型计算，计算公式为：

$$K_S = R_f + \beta(R_m - R_f) \qquad (7-41)$$

通过上述公式计算出公司的总价值，并测算公司综合资本成本，它等于按照市场价值权重计算的加权平均资本成本，计算公式如下：

$$K_A = K_{SL} \times \frac{S_L}{V_L} + K_D \times (1 - T_C) \times \frac{D}{V_L} \qquad (7-42)$$

在以公司价值最大化为标准确定最佳资本结构的决策方法中，公司价值最大的方案就是最佳方案，此时对应的加权平均资本成本最小。

【例 7-14】某公司的资本全部由普通股构成，无长期债务资本和优先股资本。股票的账面价值为 2 000 万元，预计未来每年的息税前利润为 500 万元，年税后利润均以股利发放给股东，公司所得税税率为 25%。该公司认为目前的资本结构不合理，准备通过发行债券购回部分股票以调整资本结构，提高公司价值。假设公司长期债务利率等于债务税前资本成本，债务市场价值等于债务面值。经过测算，公司目前的长期债务利率和权益资本的情况如表 7-6 所示。

表 7-6　不同债务融资规模下的债务利率和普通股成本

债券市场价值 D（万元）	税前债务资本成本 K_D（%）	股票 β 系数	无风险报酬率 R_f（%）	平均组合风险报酬率 R_m（%）	股票资本成本 K_s（%）
0		1.2	10	14	14.8
200	10	1.25	10	14	15
400	10	1.3	10	14	15.2
600	12	1.4	10	14	15.6
800	14	1.55	10	14	16.2
1 000	16	2.1	10	14	18.4

要求：根据表 7-6 的资料，利用比较公司价值法分析计算不同债务融资规模下的公司价值，并据以确定公司最佳资本结构。

经分析计算，整理后计算结果参见表 7-7。

表 7-7　不同债务融资规模下的公司价值和加权平均资本成本

债务市场价值 D（万元）	股票市场价值 S（万元）	公司价值 V（万元）	税前债务资本成本 K_D（%）	股票资本成本 K_s（%）	加权平均资本成本 K_A（%）	负债比率（%）
0	2 534	2 534	0	14.8	14.8	0
200	2 400	2 600	10	15.0	14.4	10
400	2 270	2 670	10	15.2	14.0	20
600	2 058	2 658	12	15.6	14.1	30
800	1 796	2 596	14	16.2	14.4	40
1 000	1 386	2 386	16	18.4	15.7	50

由表 7-7 可知，初始时，公司没有长期债务，公司价值为 2 534 万元，加权平均资本成本为 14.8%。随着公司以发行公司债券回购股票，公司价值开始上升，加权平均资本成本降低，直到长期债务置换到 400 万元，股票为 1 600 万元的资本结构时，公司价值达到最大值 2 670 万元，加权平均资本成本降到最低值 14% 为止。此后，随着公司继续负债数额增加，公司价值便开始下降，加权平均资本成本则开始上升。因此，长期债务为 400 万元时的资本结构为该公司的最优资本结构。

本章小结

1. 资本成本是指公司为筹集和使用资金而付出的代价。从投资者的角度来看：资本成本是一种典型的、面向未来的机会成本，它是投资者进行投资所要求的必要报酬率，也即预期收益率；从资本成本的实质来看：资金的本质是具有时间价值和风险价值，资本成本由无风险报酬和风险报酬所构成，所以，资本成本既包括资金的时间价值，又包含了投资风险报酬。

2. 由于公司融资活动在市场经济环境下进行，资本成本的大小受诸多因素的影响。资本成本发挥着重要作用，体现为在资本预算决策中，资本成本是公司评价和选择投资项目的重要标准；在资本结构决策中，资本成本是公司融资决策的重要依据；在公司绩效评估中，资本成本是衡量公司整体业绩评价的标准。

3. 单项资本成本的估算按照不同的融资方式进行，包括债务资本成本、权益资本成本，以及加权平均资本成本等。其中：债务资本成本包括长期借款和长期债券的资本成本；权益资本成本包括普通股、优先股和留存收益的资本成本；加权平均资本成本估算时需要考虑两个关键因素：单项资本成本和资本权重。公司在追加筹资和追加投资的决策中，还必须考虑边际资本成本的高低和相应的变动趋势。

4. 杠杆分析是公司选择融资方式、确定资本结构、进行风险分析时常用的分析工具。公司因融资方式和资本结构不同，易产生经营风险和融资风险，二者并存时的风险称为综合风险，即公司总风险。影响风险的因素有很多，通常认为，固定费用（包括生产中的固定成本和融资中的固定费用）是影响风险的一个重要因素，由于固定费用存在而产生的杠杆效应有助于衡量公司风险的大小。常见的杠杆有经营杠杆、财务杠杆和综合杠杆。经营杠杆用来衡量经营风险的大小；财务杠杆用来衡量融资风险的大小；当两种杠杆共同发挥作用时，可以用来衡量公司综合风险的大小。

5. 公司资本结构与财务杠杆、融资风险有着密切的联系，财务杠杆效应的强弱取决于资本结构中的债务比重。资本结构与财务杠杆的关系不仅体现在负债水平与盈利能力之间存在关系，还揭示了权益资本收益率与公司总资本收益率之间的关系。

6. 早期的资本结构理论包括三种有代表性的理论：净收入理论、净经营收入理论和传统理论，它们分别对资本结构与公司价值之间的关系提出了不同的观点。

7. MM 定理（无税）的结论是：在满足前提假设时，资本结构与公司价值无关，但权益的期望收益率会随着财务杠杆的上升而提高。MM定理（有税）的结论是：由于债务利息具有抵税功能，杠杆公司的价值会大于无杠杆公司的价值。

8. 米勒模型中加入了个人所得税，由于股东个人税率与债权人的个人税率之间的差异，杠杆公司价值与无杠杆公司价值之间可能存在几种不同的情况。

9. 财务困境成本包括直接成本、间接成本和代理成本。公司负债越多，财务困境成本越大，因此权衡模型认为：最优资本结构可以看成是税收利益与财务困境成本的权衡。

10. 公司进行资本结构决策时，首先要了解影响资本结构的因素，然后通过每股收益无差异点分析法、资本成本比较法，以及公司价值比较法等决策方法进行最优资本结构选择。

思考与练习

1. 资本成本的内涵是什么？有哪些作用？
2. 权益资本成本的估算方式有哪些？
3. 资本权重是什么？有哪些方式？
4. 如何理解杠杆原理？有哪些杠杆类别？
5. 财务杠杆与资本结构、公司价值有什么关系？
6. MM理论的基本假设和主要观点有哪些？
7. 不考虑公司税的MM命题是什么？
8. 考虑公司税的MM命题是什么？
9. 公司所得税会对公司资本结构的选择产生什么影响？
10. 米勒模型的内容是什么？
11. 影响资本结构决策的因素有哪些？
12. 试分析新优序融资理论中融资顺序安排的主要思路。
13. 某公司生产A产品，固定成本60万元，变动成本率40%，当公司销售额分别为400万元、200万元、100万元时，计算经营杠杆系数，并说明其含义。
14. 某公司全部资本为150万美元，负债比率为45%，债务利率12%，当销售额为100万美元，息税前利润为20万美元时，财务杠杆系数为多少？（该公司没有优先股）
15. 某公司销售额为280万元，息税前利润为80万元，固定成本为32万元，变动成本率为60%，资本总额为200万元，债务比率为40%，债务利率为12%。试分别计算该公司的经营杠杆系数、财务杠杆系数和综合杠杆系数，并说明其含义。

16. 某公司长期资本的账面价值为 1 000 万元，若长期借款的市场价值为 150 万元，债券融资的市场价值为 180 万元，优先股融资的市场价值为 75 万元，普通股融资的市场价值为 645 万元，留存收益的市场价值为 450 万元，如果各种资本成本分别为 5.64%、6.25%、10.5%、15.7%和 15%，公司适用的所得税税率为 25%，试计算加权平均资本成本。

17. 某公司从银行取得一笔借款，年利率为 5%，期限 3 年，每年结息一次，到期一次还本，若公司所得税税率为 25%，这笔借款的资本成本是多少?

18. 某公司发行长期债券 1 000 万元，年利率为 8%，筹资费用为 10 万元，若公司所得税税率为 25%，该公司发行长期债券的资本成本是多少?

19. 某公司普通股现行市场价值为 20 元，先准备增发普通股 5 万股，预计筹资费用率为 5%，第一年发放的现金股利为每股 2.5 元，以后每年的增长率为 6%，试计算增发普通股的资本成本是多少。

20. 资料：某公司原有资本 2 000 万元，其中债务资本 800 万元(每年负担利息 56 万元)，普通股资本 1 200 万元，发行在外的普通股有 24 万股，每股面值 50 元，目前普通股的股价是 60 元，公司所得税税率为 25%。目前，公司由于扩大业务需要追加筹资 1 000 万元，其融资方式有两种：

方案 1：全部发行普通股，增发 20 万股，每股面值 50 元；

方案 2：全部发行公司债券，债务利率 8%，利息 80 万元。

要求：根据上述资料，试计算：

(1) 计算每股收益无差异点；

(2) 假定公司当年预计实现 EBIT 为 300 万元，分析判断采用何种资本结构最优?

21. 某公司拟向银行筹资 2 000 万元，经与贷款银行协商，贷款银行提出的放款条件是，若借款 1 000 万元以下，年利息率 8%；若借款金额在 1 000 万元到 2 000 万元之间，银行认为财务风险加大，需按照 9% 的年利率支付利息。若公司的所得税税率为 25%，试计算该笔长期借款的边际资本成本。

第八章

股利与股利决策

本章要点

- ✧ 利润分配程序与原则
- ✧ 股利及相关概念
- ✧ 股利发放的形式
- ✧ 股利政策理论
- ✧ 股利政策的含义与类型
- ✧ 影响股利政策的因素

股利政策所涉及的主要是公司对其收益进行分配还是留存用以再投资的决策问题。本章主要介绍股利政策的含义和衡量指标、公司利润分配的原则与程序、公司股利发放的基本形式、股利政策理论，以及在探讨股利政策影响因素的基础上，分析实际中的股利政策类型及其特点。

股利政策决策是关于公司是否发放股利、发放多少股利以及何时发放股利等方面的方针和策略，所涉及的内容主要是公司对其收益是进行分配还是留存盈余用于再投资的决策问题。公司当期支付较高的股利，能够提高股东的短期收益率，但这会使公司只能留存较少的资金用于再投资，显然，这又会限制公司的增长速度，降低公司股票的市场价格，进而影响公司的市场价值。股利政策的变化对股票价格有着相互矛盾的双重影响，因此，公司在制定股利政策时，应当兼顾股东对本期收益的报酬要求和公司自身未来发展的需要，选择适合于本公司的股利政策，以实现其股东价值最大化。

综上所述，恰当的股利决策对公司而言是非常重要的，它不仅关系到股东的当期收益，而且关系到公司投资活动所需资金的筹集和融资活动最优融资结构的确定，甚至关系到公司股票价格的稳定以及整个资本市场的稳健运行。但在实务中，如何决策股利政策并没有一个标准的答案，对股利决策的研究还在探索中。本章仅就以获得广泛认可的股利决策的相关内容进行介绍。

第一节 股利概述

一、利润及利润分配

（一）利润的构成

利润是公司在一定会计期间的经营成果，反映了公司经济效益的高低。一般而言，公司实现了利润，表明公司的所有者权益增加，业绩得到提升，反之，公司发生了亏损，业绩下滑。利润是评价公司管理层经营业绩的一项重要指标，也是关于公司利益相关者进行决策时的重要参考。公司的利润由营业利润、直接计入当期利润的利得和损失、扣掉所得税后的净利润等构成。

（二）利润分配原则

利润分配是公司的一项重要工作，它关系到公司、投资者和其他利益相关者的利益，涉及公司的生存与发展。因此，在利润分配过程中，应遵循以下原则：

1. 依法分配原则

公司利润分配的对象是公司缴纳所得税后的净利润，这些利润是公司的权益，公司有权自主分配。国家有关利润分配的法律、法规主要有公司法、外商投资企业法等，公司在利润分配中必须切实执行上述法律、法规。利润分配在公司内部属于重大事项，公司的章程必须在不违背国家有关规定的前提下，对本公司利润分配的原则、方法、决策程序等内容做出具体而又明确的规定，公司在利润分配中也必须按规定办事。

2. 资本保全原则

资本保全是责任有限的现代企业制度的基础性原则之一，公司在分配中不能侵蚀资本。利润的分配是经营中资本增值额的分配，不是对资本金的返还。按照这一原则，一般情况下，公司如果存在尚未弥补的亏损，应首先补亏，再进行其他分配。

3. 充分保护债权人利益

债权人利益按照风险承担的顺序和合同契约的规定，公司必须在利润分配之前偿清所有债权人到期债务，否则不能进行利润分配。同时，在利润分配之后，公司还应保持一定的偿债能力，以免产生财务危机，危及公司生存。此外，公司在与债权人签订有关长期债务契约的情况下，其利润分配政策还得征得债权人的同意或者审核方能执行。

4. 多方及长短期利益兼顾原则

利益机制是制约机制的核心，而利润分配的合理与否是利益机制最终能否持续发挥作用的关键。利润分配涉及投资者、经营者、职工等多方面的利益，公司必须兼顾，并尽可能地保持稳定的利润分配。在公司获得稳定增长的利润后，应增加利润分配的数额或者百分比。同时，由于发展及优化资本结构的需要，除依法必须留用的利润外，公司仍可以出于长远发展的考虑，合理留用利润，在积累与消费关系的处理上，公司应贯彻累计优先的原则，合理确定提取盈余公积金和分配给投资者利润的比例，使利润分配真正成为促进公司发展的有效手段。

（三）利润分配程序

公司的股利分配问题是和公司的税后利润分配问题密切相关的。由于股利分配隶属于税后利润分配过程，因此，研究股利分配就必须理清利润、利润分配的程序、内容以及和它们之间千丝万缕的关系，从中进一步认识股利分配政策在公司经营中的重要性。

利润分配是公司按照国家有关法律、法规及公司章程的规定，在兼顾股东和债权人及其他利益相关者的利益的基础上，将实现的利润在公司和公司所有者之间、公司内部的有关项目之间、公司所有者之间进行分配的活动。利润分配决策是股东当前利益与公司未来发展之间权衡的结果，将引起公司的资金存量与股东权益规模及结构的变化，也将对公司内部的筹资活动和投资活动产生影响。

公司税后利润的分配程序受到国家有关法律法规的制约。我国《公司法》规定，公司利润分配应遵循如下程序：

1. 计算可供分配的利润

将本年净利润（或亏损）与年初未分配利润（或亏损）合并，

计算出可供分配的利润。如果可供分配的利润为负数（即亏损），则不能进行后续分配；如果可供分配的利润为正数（即本年累计利润盈利），则进行后续分配。

2. 计提法定公积金

法定公积金是从净利润提取形成，用于弥补公司亏损、扩大公司生产经营或者转为增加资本。公司分配当年税后利润时，应当按照10%的比例提取法定公积金；当法定公积金累计达到公司注册资本的50%后，可不再继续提取。提取公积金的基数，不一定是可供分配的利润，也不一定是本年的税后利润。只有不存在年初累计亏损时，才能按照本年税后利润计算应提取数。这种“补亏”是按照账面数字进行的，与所得税法的亏损后转无关，关键在于不能用资本发放股利，也不能在没有累计盈余的情况下提取公积金。

3. 计提任意公积金

任意公积金的提取有股东大会根据需要确定。

4. 向股东（投资者）支付股利（分配利润）

公司向股东（投资者）支付股利（分配利润），要在提取公积金之后。股利（利润）的分配应以股东（投资者）持有股份（投资额）的数额为依据，每一股东（投资者）取得的股利（分得的利润）与其持有的股份数（投资额）成正比。股份公司原则上应从累计盈余中分派股利，无盈利不得支付股利，即所谓的“无利不分”的原则。但若公司用公积金抵补亏损后，为维护股票声誉，经股东大会特别决议，也可用公积金支付股利。

中国证券监督管理委员会于2008年颁布实施的《关于修改上市公司现金分行若干规定的决定》强调了股利分配中现金股利分配的重要性，要求上市公司应当在章程中明确现金股利分配政策，利润分配政策应当保持连续性和稳定性。此外，作为上市公司申请公开增发或配股的重要前提条件，还强调公司最近三年以现金方式累计分配的利润不少于最近三年实现的年均可分配利润的30%。

从上述利润分配的程序和内容中可以看到，股利分配和利润分配之间的关系是既有共同点又有差异点。从共同点看，股利分配是利润分配的核心内容，股利分配的比例占利润分配的百分比最大；从差异点看，利润分配的其他环节都属于法定的硬性分配，只有股利分配的环节公司才有自主权，才有可能研究其分配方案。股利分配和利润分配之间的关系可用利润分配表（见表8－1）表示。

表 8-1　　利润及利润分配表的程序和内容

项目	分配规则和内容
净利润	
加：年初未分配利润	
可供分配利润	利润分配数额
减：提取法定盈余公积金	按税后利润的 10% 硬性提取；当累计提取数额超过注册资本的 50% 以后，可不在提取
提取法定公益金	按税后利润的 5% 硬性提取
可供股东分配利润	
减：优先股股利	按优先股发行合同规定的股利率硬性分配
可供普通股股东分配利润	股利分配政策
减：提取任意盈余公积金	根据股东大会的决定自主弹性提取
发放普通股股利	根据股东大会的决定自主弹性分配
年末未分配利润	根据股东大会的决定自主留存

从表 8-1 可以看出，公司利润分配时有硬性的法定分配、合同分配与弹性的股利分配两部分内容所构成，其中，股利分配的内容就是将可供普通股股东分配的利润分解为任意盈余公积金、普通股股利和未分配利润这样三个部分。这三部分在利润分配总额中占到将近 80% 的比例，是利润分配的最核心内容。正因如此，在多数人的观念中，甚至在一些教科书里，都将股利分配等同于利润分配。

从利润分配表构成项目的性质划分，它大体分为归股东所有的部分和归公司留存的两大部分。归股东所有的包括优先股股利和普通股股利两项；归公司留存的包括盈余公积金、公益金和未分配利润等项目，习惯上把这几项统称为留存收益。在可供分配利润额既定的前提下，这两大部分之间存在此消彼长的关系。即公司留存收益过多，股利支付必然减少；反之亦然。

公司的留存收益是公司内源融资的主要增量资金，它也是公司下一年度投资资金的主要来源之一。在一定的投资水平下，公司股利支付越多，留存收益越少，公司对外部融资的需求就越大，其结果不但会增加融资成本（因留存收益的资本成本低于外部债务资本成本和股权资本成本），而且还会提高公司经营风险或者导致原有股东权益稀释。当公司融资能力既定时，留存收益的多少将直接关系到公司能否完成预定的投资计划，进而关系到公司增长目标的实现。因此，协调处理留存收益和股利分配的关系对公司而言至关重要，从这层含义上讲，股利政策与公司的两大金融决策——融资决策、投资决策密不可分、互为影响。

二、股利及其相关概念

股利基本知识

（一）股利的概念

股利（dividend）是指公司将税后收益分派给股东的那部分报酬，通常是以股东投资额为分配的依据。在实际中，经常容易把股利与红利、股息混用，严格说来它们是有一定区别的。红利是指普通股股东从公司税后利润中提取的不定期收益。股息是指优先股股东按照事先约定的比率提取的公司经营收益。红利和股息都是股东投资的收益报酬，统称为股利。或者说，公司直接支付给股东的任何支出都可以被认为是股利的一部分。

（二）与股利相关的其他概念

公司股利支付的多少，不是直接用股利数值的大小反映的，通常会用到一些财务指标，通过对这些财务指标的计算和分析，一方面反映股东投资于公司股票的收益情况，另一方面反映公司的经营状况和收益水平。衡量股利支付的主要财务指标有：

1. 每股股利

每股股利（dividend per share）是指公司当年支付给普通股股东的每股股票的股利金额。它反映每一股份的股利收益。计算公式如下：

$$每股股利=分配股利总额\div发行在外普通股股票数$$

2. 股利支付率

股利支付率（payout ratio），是指在一定期间内普通股股利占公司当期净收益的比例。它主要反映公司的股利分配政策和股利支付能力。股利支付率可以用于比较不同时期、不同行业公司股利的支付情况。计算公式如下：

$$股利支付率=(普通股每股股利\div普通股每股净收益)\times100\%$$

或者：$股利支付率=(普通股股利\div普通股净收益)\times100\%$

3. 股票收益率

股票收益率（dividend yield），是指公司每股股利与每股股价的比值。它主要反映股东单位投资的获利能力。计算公式如下：

股票收益率 =（普通股每股股利 ÷ 普通股每股市价）×100%

下面通过举例说明这三个财务指标的运用情况：

【例 8－1】 甲公司 2019 年年末实现净利润 20 000 万元，经公司董事会决定向股东支付现金股利 5 000 万元。该公司 2019 年年末发行在外的普通股共计 25 000 万股，该公司股票年末收盘价为 10.5 元。

有关计算如下：

每股股利 = 5 000 ÷ 25 000 = 0.2（元）

股利支付率 =（5 000 ÷ 20 000）×100% = 0.25%

股票收益率 =（0.2 ÷ 10.5）×100% = 1.9%

三、股利支付的程序

股利是否支付是由股份公司董事会决定的。公司对外发放股利，应遵循相关规定，按照一定的程序进行。

（一）决策程序

上市公司股利分配的基本决策程序是：首先由公司董事会分解公司盈利水平和股利政策，制定股利分配方案，提交股东大会审议，通过后方能生效。然后，由董事会依据股利分配方案向股东宣布，并在规定的股利发放日以约定的支付方式派发。在经过上述决策程序之后，公司方可对外公布股利分配公告、具体实施分配方案。我国股利分配决策权属于股东大会。我国上市公司的现金股利分配是一般按年度进行，也可以进行中期股利分配。

（二）分配信息程序

根据有关公告，股份公司利润分配方案、公积金转增股本方案须经股东大会批准，董事会应当在股东大会召开两个月后完成股利派发或股份转增事项。在此期间，董事会必须对外发布股利分配方案公告，以确定分配的具体程序和时间安排。

股利分配公告一般在股权登记前三个工作日发布。如果公司股东较少，股票交易又不活跃，公告日可以与股利支付日在同一天。此外，为提高上市公司现金股利分配的透明度，《关于修改上市公司现金分红若干规定的决定》要求上市公司在年度报告、半年度报告中分别披露利润分配预案，在报告期实施的利润分配方案执行情况的基础上，还要求在年度报告、半年度报告以及季度报告中分别披露现金分红政策在本报告期的执行情况。同时要求上市公司以列表方式明确披露三年现金分红的数额与净利润的比率。如果本报告期内盈利但公司年度报告中未提出现金分红预案，应详细说明未分红的原因、未用于分红的资金留存公司的用途。

（三）分配程序

以深圳证券交易所的规定为例：对于流通股份，其现金股利由上市公司于股份登记日前划入深交所账户，再由深交所于登记日后第三个工作日划入各托管经营机构账户，托管证券经营机构于登记日后第五个工作日划入股东资本账户。红利则于股权登记日后第三个工作日直接计入股东的证券账户，并自即日开始上市交易。

（四）股利支付过程中的重要日期

在股利支付过程中，主要涉及股利公布日、股利宣告日、股权登记日、除息日、送股交易日、股利支付日等几个概念。

1. 股利公布日

股利公布日是指股份公司分配股利时，首先应由董事会制定分配预案，具体确定本次分配的数量、分配方式。安排召开股东大会或临时股东大会的时间、地点及表决方式，并由董事会向社会公开发布以上内容。

2. 股利宣告日

股利宣告日是指公司将股利分配情况予以公告的日期。董事会制定的分配预案必须经过公司董事会或股东大会的讨论。如果讨论通过获得批准，应对社会公布分配方案及实施时间。如分配预案未获得通过，则需要重新修改。按规定，公司召开股东大会讨论分配预案，公司股票应停止交易一天，公司公布分配方案，公司股票应停止交易半天。

3. 股权登记日

股权登记日，即有权领取本期股利的股东资格登记的截止日期，是由公司董事会在分配时确定的一个具体日期。只有在股权登记日前在公司股东名册上有名字记录的股东，才有权分享股利。

4. 除息日（或除权日）

除息日是指领取股利的权利与股票相互分离的日期。股份公司的股票，在分配之前，其股价中包含着股利因素，因此叫作含息股票或含权股票。在公司分配时，应采取一定的技术处理将股票中的股利因素排除掉，这种技术处理叫作除权或除息。公司分配现金股利时，要进行除息处理，送红股时要进行除权处理。股票进行除权或除息处理一般是在股权登记日的下一个交易日进行。股票进行除权或除息的这一天就叫作除权日或除息日。根据《上海、深圳交易所交易规则》第95条的规定：上市证券发生权益分派、公积金转赠股本、配股等情况，交易所在股权（债权）登记日（B股为最后交易日）次一交易日对该证券做除权除息处理。

5. 送股交易日

沪、深两市的A股所送红股在登记日的第二日即可上市交易。

6. 股利支付日

股利支付日是指股利正式发放给股东的日期。在此日期，证券交易所会将公司分派的完税后的现金红利记入股东账户。

【例8-2】2019年7月6日，某上市公司在公告中宣布了具体的分红方案："公司2018年度利润分配及资本公积转增股本方案已经于2019年6月22日召开的股东大会审议通过，于6月23日予以正式刊登。2018年度利润分配方案为：以公司2018年末的样本股本797 648 282股为基数，每股送0.2股派0.05元（含税），每10股送2股派0.5元（含税），共分派199 412 070.50元，剩余利润结转下一年度。分派对象为截至2019年7月9日下午上海证券交易所收市后，在中国证券登记结算有限责任公司上海分公司登记在册的全体股东。"

该上市公司的股利支付程序如下：

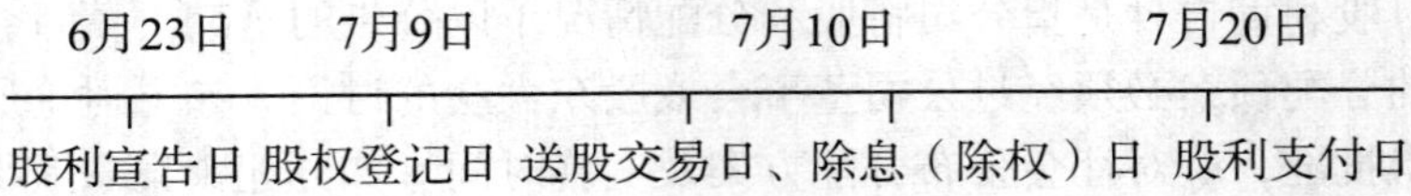

四、股利发放的形式及其特点

通常，公司采取不同的股利分配形式反映了不同的经营方略，对投资者、资本市场也会产生不同的影响。股利发放的形式主要有现金股利、股票股利、股票回购、财产股利、债券股利等形式。

股利支付方式

（一）现金股利

现金股利（cash dividend），是指上市公司利润分配时向股东分配的现金红利。这种股利支付形式可以使股东获得直接的现金收益，是股利支付最常见及主要的形式。现金股利的最大优点是操作简单。

但公司确定股利分配政策时，通常要考虑许多影响因素。大比例分配现金股利会减少公司资产负债表上的现金流量和留存收益的数量。现金股利分配过多会影响公司在扩大生产过程中的资金的使用，甚至会影响公司未来的发展。现金股利分配过少，公司虽然可以有更多的资金投入到扩大再生产中，但是股东的近期利益可能会受到影响，从而会影响公司股票的市场价格。因此，这种分配方式只有公司在有累计盈余并确有充足的现金流的前提下才能使用。

公司制定的现金股利政策还受到公司税收政策以及个人税收政策的影响。实际中，在大部分国家的税收政策里，资本利得的税率会低于个人股利所得税率。而且资本利得税可以延迟到股票出售时再缴纳，考虑到货币的时间价值因素，资本利得税会更低。在此情况下，公司少支付现金股利，将发放现金股利的资金用于再投资，可以进一步增加资本回报。比如在我国，税法规定个人取得的股息、红利收入适用于比例税率缴纳税款，适用税率为 20%；公司对外投资、参股分得的股息、红利作为公司的收入入账，公司所得税率通常为 33%。公司所得的股息、红利收入在缴纳所得税时是将股息、红利先并入收入中，与成本费用配比后，按收支相抵的差额缴纳税款，实际缴纳税款将低于 33% 的税率。这与资本利得税相比仍旧较高，因我国目前资本利得税尚未开征。

现金股利按发放的时间间隔可分为以下四种：

1. 正常现金股利

正常现金股利一般为每季度、每半年或每一年发放一次，这种股利发放意味着公司以后能够保持同一频率、按时发放现金股利。

2. 正常现金加额外股利

这种方法主要是年利润波动比较大的公司采用，公司每期支付数额较少的股利，只有在本期收益超过正常年份时才分配额外股利。这样做就可以保证期望稳定收益的投资者每期获得固定的收益，同时，也可将公司经营效益好的年份的收益分配给投资者。

3. 特别股利

这是一种一次性发放的股利，未来将不会再发生。

4. 清偿股利

这是一种特殊形式的股利，当公司的某些或全部业务被清算，也就是被出售时所发放的股利，是破产公司以消耗储备金的形式来分配股利，用来退还或减少已经缴纳的股本。

（二）股票股利

股票股利（stock dividend），是指上市公司以本公司的股票代替现金向股东支付股利的一种形式。在具体操作中，股票股利通常由资本公积转增资本或红利转增资本，属于无偿增资发行股票，俗称“送股”。由于所送红股是按股东所持股票的比例分派的，因此每位股东在公司拥有的股权比例不会发生变化。同时，这种分红方式只是使公司账上的资本公积、留存收益转化为股本，公司的资产负债总额并未受到影响。这种分配形式的优点在于不会因为分配股利增加公司的现金流出量，而且在一些国家股票股利还可以获得免税的优惠。

股票股利虽然不影响公司现金流出量，不改变所有者权益总额，但由于增加了股本数量，会引起所有者权益构成项目的内部结构发生变化，对公司股票的每股收益情况及公司股价都会带来一定的影响。

现举例说明某公司在发放股票股利前后公司股权结构变化情况。

【例8－3】假定某公司发行在外的普通股股数为50万股，每股面值为1元，现宣告发放20%的股票股利，现有股东每持有10股就可收到2股的新发行股票，即增加10万股的普通股股票。若当时每股市价为4元，公司发放股票股利前后的股权资本结构状况见表8－2。

表8－2　某公司股权资本结构变动情况

项目	发放股票股利前	发放股票股利后
发行股数（面值1元）	50万股	60万股
股本（面值数）	50	60
资本公积（万元）	10	40
留存收益（万元）	200	160
股东权益总计（万元）	260	260
每股账面价值（元）	5.2	4.33

从表8－2可以看出，随着的股票股利的发放，有40万元（10万股×4元）的账款发生了转移：留存收益项目中有10万元（10万股×1元）转入普通股股本，另30万元（40万元－10万元）转入资本公积金账户。但该公司的股东权益总额并未发生变化。

从【例8－3】的分析中，可以看到股票股利具有如下作用：首先，对股份公司而言，股票股利的发放，缓减了公司现金紧张的状况。发放股利不用支付现金，又在心理上给股东以投资回报的感觉，使公司留存了大量的现金，这对于那些账面盈利较高，但大多是应收账款收益的公司尤为重要。但是，股票股利的发放增加了普通股的流通股数，引起每股收益的下降，进而导致每股市价按比例下降，因而，股票股利没有增加公司的市场价值。相反，在有些情形下，股票股利往往向投资者传递公司资金周转不灵的信息，会动摇投资者对公司的信心，从而加剧股价的下跌，给公司带来负面的影响。其次，对股东而言，股票股利发放后，股票价格一般会随股东所持股份的增加而成比例地降低。但实际上，股价下跌的幅度取决于市场的反应程度，并不与股数的增加成正比。如果股价下跌的幅度小于股数增加的幅度，股东便可以得到来自股价相对上升的好处。如果股票股利传递的是公司发展的积极信号，股价还会继续稳步上扬，股东可从中获得更多的资本利得。当股东需要现金时，还可以将分得的股票股利出售，由于资本利得税和所得税的差别，股东将得到避税的好处，这样，股票股利间接地增加了股东财富。

（三）股票回购

股票回购（stock repurchase），是指股份公司按照一定的程序购回发行或流通在外的本公司普通股股票的行为。公司支付现金在资本市场上购买本公司股票，必然使流通在外的股票数量减少，每股收益相应提高，市盈率降低，从而推动股价上升或维持合理的价格水平。这种行为在国外上市公司中非常普遍。

在成熟资本市场中，股票回购已经成为一项非常重要的金融活动。金融业务比较发达的国家对股票回购业务都有比较具体的规定。在各国政府的规定中，美国对股票回购业务规定相对宽松，英国、德国包括我国台湾地区对股票回购的规定相对较严。我国股票回购业务发展时间较短，应用范围较窄，相对于资本市场的发展而言相对滞后。我国《公司法》规定：公司不得收购本公司的股票，但为减少公司资本而注销股份或者与持有本公司股票的其他公司股票合并时除外。公司收购本公司的股票后，必须在 10 日内注销该部分股份，依照法律、行政法规办理变更登记。

1. 股票回购的方式

公司股票回购方式主要有以下几种：

（1）公开市场回购。

公开市场回购，是指公司在股票市场以等同于任何潜在投资者的地位，按照公司股票当前市场价格回购。公司通常采用此方式在股票市场表现欠佳时，小规模回购特殊用途（如股票期权、雇员福利计划和可转化证券执行转权）所需的股票。这种股票回购方式由于要支付佣金及手续费等，成本较高。在美国股票回购多数采用此种方式。

（2）要约回购。

要约回购，也叫招标收购股权。具体又分为固定价格要约回购和荷兰式拍卖回购。

固定价格要约回购是指公司在特定时间发出的以某一高出股票当前市场价格的价格水平，回购既定数量的股票的要约。股东有权决定是以固定价格出售股票还是继续持有，通常认购期为2~3周。如果股东提供的股票超出了公司最初欲回购的股票数量，公司有权决定购买部分还是全部的超额供给。一般而论，固定价格要约回购的成本高于公开市价收购。

荷兰式拍卖回购是由公司详细说明愿意购买的股票数量，以及愿意支付的最低价格和最高价格。一般最低价格要稍高于现行市场价格。然后由股东进行投标，说明愿意出售的设定价格范围和出售股票的数量，公司接到报价汇总后，再次确认股票回购的价格和数量，进行股票回购。荷兰式拍卖回购与固定价格要约回购相比，在回购价格和回购数量方面具有更大的灵活性。在西方，大公司比小公司更愿意使用这种回购方式。

（3）协议回购。

协议回购是指公司以协议价格直接向一个或几个主要股东购回股票。协议购买的价格通常低于市场价格，尤其是买方首先提出的情况下。但有时，公司会以超常溢价向喜好生事或潜在威胁的非控股股东批量购买股票。由于回购不是面向全体股东，价格如果定得不合理可能会损害一部分未出售股票股东的利益。

（4）可转让出售权。

可转让出售权是实施股票回购的公司赋予股东在一定期限内以特定价格向公司出售其持有股票的权利。之所以称为“可转让”，是指此权力一旦形成，就可以同依附的股票分离，而且分离后股票可以在市场上自由买卖。从而使那些不愿意出售股票的股东可以单独出售该权利，以满足各类股东的需求。

（5）交换要约。

交换要约是使用现金回购股票的替代方案。公司向股东发出交换债券或优先股的要约，往往需要支付较高的溢价，这是为补偿交换证券缺乏流动性而付出的代价。因而，这种回购方式成本较高，现实中很少采用，绝大多数股票回购都采用现金形式进行。

2. 股票回购的作用

（1）可以提高每股收益。

公司进行股票回购后，流通在外的普通股股票数量减少，可能会带来每股收益的上升。这是因为当公司用自有资金进行股票回购时，确实会带来每股收益的增加；当用借入资金进行股票回购时，借款费用的增加可能会抵销股票数量减少带来的每股盈余增加的数值。

（2）可以调整公司的资本结构，发挥财务杠杆的作用。

股票回购直接减少了股权资本的数量，从而改变了公司的股权结构。当公司的投资报酬率高于债务资本成本而公司的负债比率又不是很高时，公司存有很大的融资空间。如果此时回购股票，无论采用现金回购还是采用负债回购，都会导致股权资本比重的下降。公司如果能够适度举债，充分利用负债的税盾作用，必将提高公司的股权收益率，更好地发挥财务杠杆效应。

（3）便于股东选择股利支付方式，并为股东提供避税优惠。

公司通过股票回购进行股利分配，股东具有选择权。需要现金的股东，可以选择参加股票回购，而不需要现金的股东可以选择继续持有股票。这对于那些对税款考虑较多的股东来说，无疑是一种比较有诱惑力的股利分配形式。

（4）可以提升公司股票价值。

过低的股价会对公司的经营造成一系列不良的影响，降低投资者对公司的信心，使公司很难从证券市场上进一步融资。而股票回购所引起的每股收益的增加，会直接导致公司股价上升，恢复投资者对公司的信任，并使股东从上升的股价中获得资本利得。因此，公司的股票回购政策，常常会被理解为公司在向市场传递其股票被市场低估的信号，市场会因此做出积极反应，股价也会随之上升。

（5）为上市公司资本运营提供一条新渠道。

公司股票在不同的、被分割的市场中进行交易，如果不同的市场存在较大的价差，公司进行股票回购可以实现在不同市场中的套利。

但是，股票回购也可能对上市公司的资本运营造成负面影响。公司回购股票，除无偿收购外，都无异于股东退股和公司资本的减少，从根本上动摇了公司的资本基础，削弱了公司对债权人的财产保护。同时，回购股票需要大量资金用于支付回购的成本，若公司自有资金不足，资产负债率又较高，再举债进行回购，不仅降低了公司资产的流动性，而且将背负巨大的偿债压力，加剧了对债权人的权益损害。

此外，股票回购容易导致内幕操纵股价。上市公司回购本公司股票时，由于掌握的信息充分，极易导致其利用内幕消息进行炒作，或对一系列财务指标进行人为操纵，致使公司行为的非规范化，使投资者蒙受损失。

（四）财产股利

财产股利（property dividend），是指公司以现金以外的其他资产支付股利的形式。这些资产包括实物股利，如实物资产或实物产品等；证券股利，如公司所拥有的其他公司的股票、债券等。其中，实物股利形式并不增加公司的现金流出，适用于公司现金能力较低的时期。证券股利形式既保留了公司对其他公司的控制权，又不增加公司的现金流出，且由于证券具有流动性，容易被股东所接受。

（五）负债股利

负债股利（bond dividend），是指以负债的形式支付的股利。这是公司增加其负债经营时所采取的一种股利形式。通常公司以应付票据如本票的形式支付给股东，约定在未来某一时日偿还的该项票款；有时也以公司自身债券作为股利支付给股东，这样可以使现金在公司多停留一段时间。财产股利和负债股利实际上是现金股利的替代。这两种股利支付方式目前在各国实务中很少被采用，但并非是法律所禁止的，我国也是如此。我国上市公司只有在不得已的情况下，才会征得股东大会的同意，经国务院证券管理部门批准后发行债券，并以长期债券来抵付股利。

（六）股票分割

股票分割是指将面额较高的股票换成面额较低的股票的行为。例如，将原来的一股股票交换成两股股票。股票分割时，发行在外的股数增加，使得每股面额降低。如果盈利总额和市盈率不变，则每股收益下降，但公司价值不变，股东权益总额、权益各项目的金额及其相互间的比例也不会改变。这与发放股票股利时的情况既有相似之处，也有不同之处。

【例 8-4】某公司原发行面额 2 元的普通股 200 000 股，若按 1 股换成 2 股的比例进行股票分割，若公司本年净利润 440 000 元，分割前、后的每股收益计算如表 8-3 所示。

表 8 – 3　　　　　股票分割前、后的股东权益

股票分割前的股东权益		股票分割后的股东权益	
项目	金额	项目	金额
普通股（面额 2 元，已发行 200 000 股）	400 000	普通股（面额 2 元，已发行 200 000 股）	400 000
资本公积（元）	8 400 000	资本公积（元）	800 000
未分配利润（元）	4 000 000	未分配利润（元）	4 000 000
股东权益总计（元）	5 200 000	股东权益总计（元）	5 200 000
每股收益（元/股）	2. 2	每股收益（元/股）	1. 1

从表 8 – 3 可知，股票分割前的每股收益为 2. 2 元/股。若股票分割后公司净利润不变，分割后的每股收益则为 1. 1 元/股。假定公司股票市盈率不变，每股市价也会因此而下降。

从实践效果来看，股票分割不属于某种股利支付方式，但其产生的效果与发放股票股利非常近似，所以一般要根据证券管理部门的具体规定对两者加以区分。例如，有的国家证券交易机构规定，发放 25% 以上的股票股利即属于股票分割。对于公司而言，实现股票分割的主要目的在于通过增加股票数额降低每股市价，从而吸引更多的投资者。此外，股票分割往往是成长中公司的行为，所以宣布股票分割后给人一种“公司处于发展中”的印象，这种利好消息会在短时间内提高股价。从纯粹经济的角度看，股票分割与股票股利没有什么区别。

尽管股票分割与股票股利都能达到降低公司股价的目的，但一般来说，只有在公司股价暴涨且预期难以下降时，才会采取股票分割的办法降低股价；而在公司股价上涨乏力时，往往通过发放股票股利将股价维持在理想的范围之内。

第二节　股利理论与政策

股利政策理论

股利理论的重点，主要是探讨股利政策是否影响公司价值。围绕这个重点，西方经济学家很早就开始了研究，但并未取得很大进展，也未引起人们对股利政策重要性的普遍关注。1956 年，哈佛大学教授约翰·林特纳（John Lintner）首次提出了股利政策行为的理论模型，而直到 1961 年由莫迪格利亚尼（Modigliani）和米勒（Miller）两位教授在出版的《股利政策、增长和股利估价》一书中，提出“股利政策无关论”后，股利政策才引起人们的重视，并奠定了股利政策研究的理论基石，完成了对股利政策的研究从传统股利理论到现代股利理论转变。在此后的 40 多年里，股利理论得到了进一步的丰富和发展，并逐渐成为公司金融学的重要内容之一。

一、传统股利理论

传统股利理论的研究，最早是和证券估价模型结合在一起的，很少作为专门的领域来进行研究。传统股利理论认为，投资者更喜欢现金股利，而不大喜欢将利润留在公司。这种研究是从投资者的心理喜好角度进行分析的。对投资者而言，现金股利是确定已实现的，是“抓在手中的鸟”，而公司留存收益再投资产生的资本利得是不确定的，是“躲在林中的鸟”，随时可能飞走。既然现在的留利不一定能转化为未来的股利，那么，在投资者看来，公司分配的现金股利越多，公司价值也就越大。这种观点被形象地称之为“一鸟在手”理论。

从“一鸟在手”理论关于投资者对股利的偏好胜过资本利得的观点出发，形成了“股利重要理论”。该理论认为，当公司提高其股利支付水平时，证券投资的风险水平降低，根据收益与风险的相关性原则，投资者投资所要求的必要报酬率降低，这意味着公司股权资本成本下降，公司价值增大，进而带来股票价格上升；反之，当公司消减或停发股利时，投资者投资风险加大，所要求的风险报酬率提高，最终导致股票价格下降。因此，股利政策和公司价值是相关的，且股利支付水平与股价呈正相关关系。由此得出结论，公司要追求股票价格最大化，则必须保持高水平股利支付政策。

传统股利理论是通过一些估价模型得出上述观点的，具有代表性的模型有：威廉斯模型（1938）、华特模型（1956）以及戈登模型（1963）等。

二、现代股利理论

（一）股利政策无关论

股利政策无关论，又称为 MM 股利无关论，是莫迪格利亚尼和米勒继 1958 年发表资本结构无关论，即 MM 定理后，又一次于 1961 年出版了《股利政策、增长和股利估价》一书，提出了关于股利政策与公司价值关系的理论。

股利政策无关论认为，无论公司采用何种股利政策都不会影响公司的市场价值，公司价值是由公司的盈利能力决定的。因此，单就股利政策而言，无所谓最佳，也无所谓最次，它与公司价值毫不相关。即一个公司的股利完全是由其投资决策所决定的获利能力所影响的，而非决定于公司的利润分配政策。

股利政策无关论是建立在一系列假设前提下展开研究的，并认为投资者对公司未来的发展有完全的把握，所有的投资者都是理性的。这些假设主要包括以下几个方面的内容：

（1）不存在赋税。即市场中不存在个人所得税和公司所得税，股利和资本利得之间不存在税收差异。

（2）不存在交易成本。即资本市场是完美的，没有佣金、交易费和转让费等相关费用。

（3）信息是对称的。即所有参加交易的人和公司都可平等且无成本地获得相同的信息。

（4）公司的股利决策不影响公司的投资决策。公司的投资决策事先已经确定，不会随着股利政策的改变而改变。

（5）所有投资者对于未来投资、利润和股利具有相同的信念。

以上假设说明：公司无论支付股利与否，无论支付多少，都不会影响公司的市场价值。公司的市场价值仅取决于公司的盈利状况，公司可以无成本地获取市场的支持，因此只要公司接受投资回报率为正的投资项目，那么，公司就可以给股东支付任何水平的股利，也可以不支付股利。

在完全资本市场中，公司支付股利主要有三种情况：

（1）公司拥有足够的留存收益，现金流量足以支付股东的股利，公司可以用留存收益的一部分，也可以全部以股利形式支付给股东。股利支付后，当公司需要资金时，由于市场不存在交易成本，公司可以通过发行新股或债券筹得资金。

（2）公司没有足够的现金流支付股利，必须发行部分新股或债券筹集资金来支付股利。

（3）公司决定不发放股利，投资者需要现金时，需将自己拥有的一部分股份让渡给新的投资者。由于市场不存在交易成本，新老股东之间的转让不存在收益，也不存在损失，只是股票的持有人发生了变化，这种情况也称为“自制股利”。

MM 的股利政策无关论是建立在完美的资本市场条件下，与现实世界不相吻合。在现实世界中，这些假设条件几乎不存在，因此，自该理论诞生之日起，经济界就对这一理论存在着许多争议。但正是这些严格的假设条件成为现代股利理论研究的主要内容和出发点，使后来的理论，如税收理论、信号理论等的研究重点，都建立在放松这些假设条件后的不完善资本市场中。MM 的股利政策无关论开创了股利政策研究的新局面，为以后股利政策的研究奠定了坚实的理论基础。

（二）税收差异理论

MM 理论出现以后，学者针对其结论与客观现实不符的情况，着手进行放宽各种假设条件的研究。首先放宽的是无税收的假设条件。代表人物是埃尔顿（Elton E. J.）和格鲁勃（Gruber M. J.），他们于1970 年提出了“税收差异理论”，该理论认为：在不存在税收因素的情况下，公司选择何种股利支付方式并不重要。但是，如果对现金股利和资本利得课以不同税赋（一般现金股利的税赋高于资本利得的税赋），在公司及投资者看来，支付现金股利就不再是最优的股利政策。由此可见，在存在差别税赋的前提下，公司选择不同的股利支付方式，不仅会对公司价值产生不同的影响，而且也会使公司（及个人）的税收负担出现差异。即使在税率相同的情况下，股东在支付税金的时间上也是存在差异的。股利收益纳税是在收取股利的当时，而资本利得只有在股票出售时才发生，显然继续持有股票来延迟资本利得的纳税时间，相对于现金股利课税而言，可以体现延迟纳税的时间价值。从逻辑上讲，考虑个人偏好的股利政策除了应使交易成本和代理成本最小化之外，还应使税收成本最小化。

因此，税差理论认为，如果不考虑股票交易成本，分配股利的比率越高，股东的股利收益纳税负担会明显高于资本利得的纳税负担，公司应该采取低现金股利比率的分配政策，以提高留存收益再投资的比率，使股东在实现未来的资本利得中享有税收节省。税差理论说明了当股利收益税和资本利得税存在差异时，将使股东在继续持有股票以期取得预期资本利得与立即实现股利收益之间进行权衡。尤其是那些实行高额累进税率的国家，股东可能更倾向于从股票升值产生的资本利得中获得收益。如美国 1986 年税法改革之前，股利边际税率最高到了 70%。而资本利得通常只相当于股利税率的 40%。我国的税率也有类似的情况。同时，股东还可以采取一些其他的措施合理避税，如股东身故后将股票传给继承人，继承人就不需缴纳资本利得税了。因此，在存在税收差异的背景下，个人股东可能更倾向于资本利得收入，而欢迎公司的低股利政策。

（三）客户效应理论

客户效应（clientele effect）也译为追随者效应，理论应该说是对税收差异理论的进一步发展，也可以说是广义的税收差异理论。该理论从股东边际所得税出发，认为每个投资者所处的税收等级不同，有的边际税率高，如富有的投资者；而有的边际税率低，如养老基金等，由此会影响投资者对股利的偏好。前者偏好低股利支付率或股票股利，后者则偏好高股利支付率。据此，公司应相应调整其股利政策，使股利政策符合股东的愿望。股票交易成本的高低也会影响投资者对股利的选择，如果股票交易成本很高，则投资者可能会偏好发放现金股利的公司。因此如果公司股利支付的水平能与投资者对股利的偏好相吻合，该公司就会将偏好该股利政策的投资者吸引过来。这种股东聚集于满足各自偏好的股利政策的现象，就叫作“客户效应”。

按照该理论，公司的任何股利政策都不可能满足所有股东对股利的要求，公司股利政策的变化，只是吸引了偏好这一股利政策变化的投资者前来购买公司股票，而另一些不喜欢新股利政策的投资者则会卖出股票。因此，当市场上偏好高股利的投资者的比例大于发放高股利公司的比例时，则支付高股利的股票处于短缺状况，按照供求理论，这些公司的股价就会上扬，直到二者比例相等达到均衡为止。而一旦市场处于均衡状态，则没有公司能够通过改变股利政策来影响股票价格。这实际上是从另一个角度证明了股利无关论。

因此，客户效应理论认为，公司在制定或调整股利政策时，不应该忽视股东对股利政策的需求；公司应该根据投资者的不同需求，对投资者分门别类地制定股利政策；对于低收入阶层和风险厌恶型的投资者，由于其税负低，并且偏好现金股利，他们希望公司多发放现金股利，所以公司应该实行高现金分行比例的政策；对于高收入阶层和风险偏好型的投资者，由于其税负高，并且偏好资本增长，他们希望公司少发放现金股利，并希望通过获得资本利得适当避税，因此，公司应实行低现金分行比例，甚至不分红的股利政策。总之，顾客效应理论的实质是使人相信股利政策的重要性，它起到的作用仅仅是警告公司不要频繁改变其股利政策。如果公司的投资决策已定，股利支付水平的高低是无所谓的，只有当股利政策会导致其股东转向投资其他公司股票时才彰显其重要性。

（四）代理成本理论

代理成本说（agency cost hypothesis）是20世纪80年代兴起的关于探讨股利政策的新理论。该理论放松了“MM股利无关论”关于“公司管理者与股东之间的利益完全一致，管理者致力于股东财富最大化”这一假设，认为现代企业两权分离后，委托—代理关系引发了代理成本，而股利的支付能够有效降低代理成本。代理理论的代表人物是詹森和麦克林（Jensen and Meckling），他们于1976年在《金融经济学杂志》（*Journal of Financial Economics*）第十期上发表了题为《企业理论：管理行为、代理成本和所有权结构》一文，首次阐述了公司中普遍存在的委托—代理关系，奠定了代理理论的基础。该理论认为：当管理者本身是公司资源的所有者时，他们拥有对公司的全部剩余索取权，不存在代理成本问题；但当管理者通过发放股票从外部吸收新的经济资源时，管理者就有动机去提高在职消费、自我放松并降低工作强度。显然，若公司管理者是理性经济人，他的行为与原先自己拥有公司全部股权时将有显著差别。若公司不是通过发行股票，而是通过举债融资，也同样存在代理问题，只是表现形式略有不同。代理理论还认为代理人拥有的信息比委托人多，并且这种信息不对称会逆向影响委托人有效地监控代理人是否适当地为委托人的利益服务。

最早将代理理论应用于股利政策研究的也是詹森和麦克林，在他们关于代理成本的经典论述中，分析了公司股东与管理者、债权人之间的代理冲突及解决措施，从代理关系角度对困扰公司的融资问题做了新的解释：股东和管理者的利益冲突主要通过股利政策的选择表现出来，由管理者控制的公司倾向于支付较低的股利，并将现金流投入风险较高的项目或盲目扩大组织规模；而由股东控制的公司更倾向于执行较高的股利支付率，并适时根据未来发展调整股利政策。随着股东控制力的增强，公司会拿出更多的现金流选择更高支付率的股利政策，并通过更有力的投资决策实现股东价值最大化。因此，詹森认为股利政策有助于缓解利益相关者之间的代理冲突，进而能够降低代理成本。根据该理论，可将代理成本理论与股利政策之间关系描述为三种具体形式：股东与管理者之间、股东与债权人之间、控股股东与中小股东之间等。

1. 股东与管理者之间的代理冲突

当公司拥有多余自由现金流量时，而这部分资金通常是管理者增加在职消费的主要渠道，或者可能将这部分资金用于低回报项目等。

因此，高股利政策与管理者的控制行为、偷懒行为以及保守行为等相冲突，股利支付成为一种间接约束管理者的监督机制，它既有利于抑制管理者随意支配自由现金流的代理成本，也有利于满足股东取得股利收益的愿望。

2. 股东与债权人之间的代理冲突

股东和债权人之间的代理冲突表现在：一是股东通过公司管理者在原有负债的基础上发行大量债券融资，由于风险增大，新债权人要求的报酬增加，公司的资本成本上升，公司价值下降，老债权人承担了债务的风险；二是公司选取风险较大的投资方案，在极端情况下，甚至会采用净现值为负的高风险性投资项目，即所谓“过度投资”，如果投资额中债权投资比例大，公司就暴露在破产风险的危机中，“过度投资”的可能利益由股东享有，而债权人的利益有限但风险承担无限，债权人的损失最大。在股东与债权人之间存在代理冲突时，债权人为保护自身利益，希望公司采取低股利支付率，通过多留存少分配的股利政策以保证有较为充裕的现金留在公司以防发生债务支付困难。因此，债权人在与公司制定借款合同时，习惯于制定约束性条款对公司发放现金股利的水平进行制约。

3. 控股股东与中小股东之间的代理冲突

早期代理理论研究把焦点集中在管理者与外部股东之间的利益冲突上，其分析的对象主要是美国的上市公司，美国公司股权高度分散，管理者几乎完全控制了公司的经营决策权，而股东没有积极性监督管理者，从而代理成本很大。近年来，一些研究发现世界上大部分国家的企业股权不是高度分散而是相当集中的。由于股权集中在大股东手中，大股东有足够的权力控制上市公司，并通过影响上市公司的各种决策来为其谋取私利。因此，现代企业的主要代理问题不是管理者与外部股东之间的利益冲突，而是控股股东与小股东之间的利益冲突，这种冲突也会在股利政策上有所体现。

由于所有权集中，控股股东有可能也有能力通过各种手段侵害中小股东的利益，控股股东为取得控制权私利而产生的与中小股东之间的代理冲突使公司股利政策也呈现出冒险的特征。当法律制度较为健全时，外部投资者保护受到重视时，有效地降低了大股东的代理成本，可以促使公司实施较为合理的股利分配政策。反之，法律制度建设滞后，外部投资者保护程度较低时，如果控股股东通过利益侵占取得的控制权私利机会较多，会使其忽视基于所有权的正常股利收益分配，甚至因过多的利益侵占而缺乏可供分配的现金。因此，对处于外部投资者保护程度较弱环境的中小股东希望公司采用多分配少留存的股利政策，以防止控股股东的利益侵害。正因为如此，有些公司为了向外部中小投资者表明自身盈利前景与公司治理良好的状况，则通过多分配少留存的股利政策向外界传递了声誉信息。

股利政策代理理论的分析视角为研究与解释处于特定治理环境中的公司股利分配行为提供了一个基本分析逻辑。如果在公司进行股利分配决策过程中，同时伴随着其他公司财务决策，并处于不同的公司治理机制条件下（如所有权结构、管理层持股、董事会结构特征等），基于代理理论对股利政策选择的分析将是多种因素权衡的复杂过程。

（五）信息效应理论

在完美的资本市场中，投资者和管理者在信息的拥有上是对称的。但在实际生活中，信息不对称的现象却大量存在。当市场中存在信息不对称现象时，管理当局通常会比投资者拥有更多的关于公司发展的信息，比如拥有公司发展方向、投资能力、盈利能力、未来现金流等的信息。而投资者对上述信息的了解远不及管理者及时、全面。因此，公司管理者所采取的所有行动都会被投资者理解为带有一定的经济含义。

股利政策的信息效应理论认为，在信息不对称的情况下，公司可以通过不同的股利政策，向市场传递公司经营状况、未来盈利能力的信息，以此来影响公司的股票价值。一般说来，高质量的公司往往愿意通过相对较高的股利支付率把自己同低质量的公司区别开来，以吸引更多的投资者。对市场的投资者而言，股利政策的差异或许是反映公司质量差异的极有价值的信号。如果公司连续保持较为稳定的股利支付率，就是在向市场传递公司未来经营状况良好的信息，投资者会对公司的前景充满信心，公司的股票会因此得到市场的追捧，股价也会因此升高；相反，如果公司实施低股利政策，市场就会认为公司在未来的经营中可能遇到资金困难，可能没有适宜的投资项目取得良好的投资回报支持高股利发放，从而对公司的经营状况产生怀疑，进而对公司股票失去兴趣。公司公布不同股利政策所引起的市场反应结果，说明高股利政策是对公司有利的。因为，市场承认维持高股利政策，需要公司拥有较强的资金、资本实力。这就是说，稳定的高股利政策，通常也要付出较高的成本代价，这些代价包括：（1）较高的所得税负担；（2）分配现金股利后现金流量的短缺，可能需要再融资，从而增加新的交易成本；（3）因分配现金股利造成投资不足，进而丧失有利的投资机会，由此会产生一定的机会成本。可见，尽管公司以派现方式向市场传递利好信息需要付出很高的代价，但为什么公司还是选择高现金股利的支付政策呢？这个难以破解的理论问题被布莱克（Black，1976）称之为“股利分配之谜”。

当然，增发股利是否一定向股东与投资者传递了好消息，对这一点还有不同的认识。如果公司是处于成熟期，其盈利能力相对稳定，此时公司宣布增发股利特别是发放高额股利，可能意味着公司目前缺乏新的前景很好的投资项目，预示着公司成长性趋缓甚至下降，此时，随着股利支付率提高，股票价格应该是下降的；当宣布减少股利时，则意味着公司需要通过增加留存收益为新增投资项目提供融资，预示着未来前景较好，显然，随着股利支付率的下降，股票价格应该是上升的。

股利政策的信息传递效应，最早是由林特勒提出的。后来莫迪格利安尼和米勒、尤金·法玛等进一步对这一理论进行了补充和实证研究，从而发展起来。股利政策信息效应发展到今天，产生了很多实证模型，主要有米勒—罗克模型、约翰—朗模型及约翰—威廉斯模型等。股利信息效应理论为解释股利是否具有信息含量提供了一个基本分析逻辑，鉴于股东与投资者对股利信号的理解不同，所做出的对公司价值的判断也不同。

（六）股东构成理论

股东构成理论是在群落效应理论或称为追随者效应理论的基础上建立起来的。群落效应理论认为，投资者之所以钟情于某公司股票的部分原因，是该公司实施的股利政策。面对公司公布的股利政策，投资者的态度有很大的区别，有人欢迎高股利政策，有人欢迎低股利政策，一些不分配股利的公司也能获得一些投资者的青睐。也就是说，不同的股利政策会吸引不同的投资者进行投资。公司在制定股利政策时，不可能满足所有投资者的需求，而只能针对那些特定的顾客群体。之所以会产生股利的群落效应现象，主要有两个方面的原因，一方面是由于税赋差异，另一方面是由于股东构成的不同。

股利收入税和资本利得税的差异在不少国家都存在。如在美国，税法构成特别复杂，股利收入和资本利得收入通常被看作是两种不同的收入。资本利得税率一般低于股利所得应纳税率。美国在 1986 年税法改革之前，股利边际税率最高可达 70%，而资本利得税率较低，通常只相当于股利税率的 40%。虽然 1986 年美国的《税收改革法案》简化了纳税方法，将资本利得和股利收入征收相同税率的税款。但这种情况并未维持太久，在以后的税收征收法案变动中，资本利得税低于股利所得税的现象一直没有消失。前已述及，在我国，同样存在资本利得税和股利所得税的差别（目前我国对股利所得征收20%的所得税，而资本利得还没有进行征税）。因此，在存在税收差别的情况下，股东可能更倾向于从股票升值产生的资本利得中获得投资收益，尤其是那些实行高额累进税率的国家，投资者可能更倾向于资本利得收入，欢迎公司的低股利政策。

从投资者构成来看，有个人投资者、公司投资者和免税投资者等。不同的投资者对于股利政策的态度是有很大区别的。对于个人投资者，通常存在两种情况：那些适用于较高税率的投资者，考虑到税收损失，往往偏爱低股利政策；而那些适用于较低税率的投资者，如依靠固定收入者、退休者、孤儿等低收入人群往往希望得到现金股利，偏好高股利分配政策。此外，部分青睐高股利政策的投资者是风险的规避者，由于考虑到未来收益的不确定性，出于避险的目的，也认为现金股利政策是最佳的。与个人投资者相比，公司投资者的情况有所不同，由于公司投资于其他公司的股票，如在美国其股利所得的70%可以减免所得税，而资本利得却不能享受此待遇。因此这些公司欢迎高股利政策，愿意持有高股利、低资本利得公司的股票。另一些机构投资者，如养老基金、信托基金等基金机构，热衷于高股利政策的原因一方面是这些机构投资者的投资收益可以免税；另一方面法律通常规定不允许动用基金本金，因此他们通常乐于投资那些派发高股利公司的股票以获取可用资金。

三、股利政策

（一）股利政策的含义

无论不同的股利政策理论如何认识股利的作用，但在现实中，公司的经理们和股东都十分关心公司的股利政策。因为，股利政策不仅会影响股东的收益，还会影响公司的正常运营和未来发展，以及影响公司股权结构和管理机构的稳定，甚至会影响整个证券市场的健康运行。因此，正确理解和合理地制定股利政策就显得尤为重要。

股利政策是指公司管理当局对股利分配有关事项所采取的方针与决策。股利政策有广义和狭义之分。广义的股利政策包括：（1）股利发放形式的选择；（2）股利发放比例的确定；（3）股利的宣布日、股权登记日和发放日的选择；（4）发放现金股利所需资金的筹集；等等。狭义的股利政策仅指股利发放比例的确定。具体说来，股利发放比例就是指在公司的当期累计盈余中向股东支付股利占多大比例，在累计盈余中留存收益占多大比例的问题。

（二）制定股利政策的原则

介于股利政策在实际中的重要性，公司制定股利政策时，必须遵循以下原则：

1. 有利于股东财富最大化目标的实现

股利政策是公司的一项基本政策，由于公司经营管理的目标是股东财富最大化，股利政策的目标必须与公司目标相一致，这是制定股利政策的前提条件和基本出发点。

当公司经营稳定、规模适当、资本结构合理、盈利状况较为良好时，应该向股东发放现金股利，若此时现金流充足，预期未来收入稳定，则应采取高现金股利政策；若未来现金流不稳定，则因采取低股利政策。但要在实施中注意不同投资者的不同需求，否则，不同的信息传递效应，可能会影响公司的股票价格，进而影响公司的市场价值。

公司发放股票股利应该谨慎选择恰当的时机，只有公司有良好的投资机会及经营效率时，才可以采取股票鼓励政策，将更多的留存收益用于再投资；如果公司投资项目的预期报酬率低于股东以现金股利用于其他投资所得的报酬率，则股票股利政策对股东而言就较为不利。

2. 有利于兼顾股东利益与公司的长远发展

股利政策的实质是决定公司税后利润中留存收益和股利的分配比例问题。满足了股东利益最大化，就意味着公司留存收益的减少。公司为了发展就需要再融资，而任何一项融资方式的资本成本都大于留存收益的成本，这样，公司可能会因此丧失好的投资机会。反之，公司提高留存收益比例，意味着股利支付率的降低，这将减少股东的现实受益，从而影响股东对公司的信心，增大再融资的难度，甚至使公司股票价值下降。因此，股利政策的基本任务之一就是权衡公司股利支付和留存收益的关系，平衡公司和股东当前利益与未来利益、短期利益与长期利益、分配和增长之间的矛盾，有效激励股东对公司的信心，促进公司的持续稳定发展。

3. 有利于资本结构的调整

股利发放形式对公司资本结构有直接的影响。如果公司的资产负债比例高，则应考虑将股利留在公司或采取配股增资，以改善资本结构，降低财务风险；反之，公司资产负债率较低，则应多发放现金股利，同时考虑负债融资，以提高财务杠杆利益。良好的股利政策有助于改善资本结构，使之趋于合理。

4. 有利于股价的合理定位

股利政策的信息效应往往会直接影响公司的股票价格。通常高股利政策往往会被投资者理解为传递着有关公司经营的好的信息，这时，股票价格就会上升；反之，低股利政策往往导致股票价格的下降，但是，公司为维持稳定的股利政策要付出较高的成本代价，所以就需要公司做出权衡，按照稳定股价的原则制定相应的股利政策。

5. 保持股利政策的连续性和稳定性

一般说来，给股东带来重大影响的股利政策的调整涉及两个方面：其一，股利政策的波动或不稳定，会给股东带来经营状况不稳定的印象，从而导致股票价格下跌；其二，股利的突然减少给那些偏好股利的投资者以打击，他们会放弃该种股票，进而也导致股价下跌。所以，公司应尽量避免消减股利，尽量保持股利政策的连续性和稳定性，只有在确信未来能够维持新的股利水平时才提高股利支付率。

（三）股利政策的类型

股利政策的类型

在实际中，虽然各个公司的股利政策千差万别，但至少有一点是相同的，即公司都不愿意消减股利，表现为公司股利有的是稳中有升，有的是保持不变。这种现象的原因应归于公司出于稳定股东进而稳定股价的考虑而实施的。按照这种思路归纳起来，公司的实际股利政策有以下几种：

1. 剩余股利政策

剩余股利政策是指公司生产经营所得的盈余首先用于有利可图的投资项目资金需要，如有剩余，再将剩余部分作为股利发放给股东；如没有剩余，则不发放股利。该股利政策的重点是确定满足投资需要后的盈余剩余额。其具体确定步骤如下：

（1）将所有投资项目按内部收益率高低排序，并计算满足所有投资项目需要的加权平均资本成本，再根据成本最低受益最大的原理，确定最佳的投资规模；

（2）按照最优资本结构的原理，确定股权资本占投资总额的比重，计算投资所需要的股权资本数额；

（3）按照留存收益成本最低的原理，首先使用内部资金。只有当内部资金充分利用后，才考虑使用外部融资；

（4）当留存收益满足所有投资需要后还有剩余，则应将剩余额用于支付股利。

现举例说明投资额与盈利额的确定。

【例 8－5】某公司本年盈利 6 000 万元，按规定提取 10% 的法定盈余公积和 5% 的法定公益金后，采用剩余股利政策分配股利。根据预算，该公司本年最佳投资规模为 8 000 万元，最优资本结构为负债比例 40%，股权比例 60%，问该公司本年股利支付额和股利支付率各为多少？

根据题意，计算如下：

可供分配利润 = 6 000 ×（1 － 10% － 5%）= 5 100（万元）

投资所需股权资本数额 = 5 100 × 60% = 3 060（万元）

股利支付额 = 5 100 － 3 060 = 2 040（万元）

股利支付率 = 2 040/6 000 = 34%

从本质上讲，剩余股利政策实质上是公司的一个融资决策，现金股利仅仅是一个被动的剩余额。从理论角度看，剩余股利政策是 MM 理论在股利分配实务中的具体应用，是一种投资优先的股利分配政策。这种政策的优点是公司能够保持理想的资本结构，有助于降低资本成本，实现公司价值的最大化和长期性；其缺点是股利的多少与公司盈利水平脱节，导致股利支付不稳定，损害了那些偏好现金股利的股东的利益，从而有可能影响股东对公司的信心。

2. 固定股利支付率政策

固定股利支付率政策是指公司确定将某一固定比例作为股利支付率，并长期按此比例从当年盈余中支付股利的政策。在这一政策下，股利支付率一经确定一般不再随意变更，股东获得的股利随公司各年盈余的变动而变动，从而使股利支付和公司盈余紧密地联系在一起，真正体现了风险投资和风险收益对等的原则。

但是，如果公司各年的盈利波动较大，由于股利随公司盈余的变化而变化，极易给投资者造成公司盈余不稳的印象，不利于树立公司形象，从而影响公司股票的价格稳定。因此，这一政策并不为大多数公司所采用。

3. 稳定股利政策

稳定股利政策是指公司将每年配发的股利固定在某一特定的水平上，不论经济情况如何，也不论公司经营状况和盈利状况如何，公司每年都向股东支付固定数额的股利。除非公司认为公司盈余确已增加，且未来的盈余足以支付更多的股利时，才会提高股利支付额。

稳定股利政策是实施广泛的一种股利政策。因为当公司盈余下降时，股利并不减少，投资者会认为公司盈余的下降是暂时的，未来情况会好转，所以，对公司的经营能力充满信心，有利于保持公司股票价格的稳定；同时，这种政策还有助于消除投资者心中的不确定感，从而受到那些期望每期有固定数额收入的投资者的青睐，能够较好地保护投资者的利益。但是，这种股利政策不能完全反映公司当期的经营业绩，使得股利支付与盈余相脱节，表现在公司盈余降低时也支付固定不变的股利，有可能会加剧公司的财务困难，不利于公司的长远发展。

4. 阶梯式股利政策

阶梯式股利政策是指公司将每年支付的股利固定在一个较低的水平，这个较低水平的股利成为正常股利；当公司盈余增长时，再加付额外股利的政策，所以又称为低正常股利加额外股利政策。

这种政策介于固定股利政策和稳定股利政策之间，即分阶段采用稳定股利政策。其特征是该股利政策兼有固定股利政策和稳定股利政策的优点，既能保证股利的稳定性，又做到股利与盈余的较好结合，有利于保持公司股票价格的稳定。但也仍有不足，一是该政策稳定性较差；二是当公司持续的支付额外股利时，容易使股东造成额外股利是正常股利的印象，而一旦减少额外股利，就会造成公司财务状况恶化的错觉，进而使得股价下跌。

第三节　影响股利政策的因素

在现实生活中，公司进行股利分配并不是无所限制，总要受到一些因素的影响。一般来说，影响公司股利政策的因素主要有以下几个方面：

一、法律性限制

一般说来，法律并不要求公司一定要分配股利，但出于保护投资者和债权人的利益考虑，许多国家的法律都明确规定了公司在何种情况下不能发放股利。这些限制主要表现在：

（一）防止资本侵蚀的规定

这一规定要求公司不能因支付股利而引起资本减少。如果一个公司的资本已经减少或是因支付股利而引起资本减少，则不能支付股利。这一规定其目的在于保证公司有完整的资本基础，从而保护债权人的权益。

（二）留存盈余的规定

这是从维护公司持续性发展的需求而规定的。公司必须按照一定的比例提取留存收益。只有公司当期利润及以前提取的留存收益才可以用于发放股利，当公司当年无利润时，原则上不发放股利，如果派发股利应在弥补亏损后，如果有剩余经股东大会批准后才可以发放股利。

（三）无力偿付债务的规定

这一规定要求公司不能因支付股利而影响偿付到期债务的能力，即当公司已经无力偿付到期债务或因支付股利而失去偿付能力，则公司不能支付股利。

（四）超额累积利润的规定

由于股东接受股利所缴纳的所得税高于其进行股票交易的资本利得税，于是许多国家规定公司不得超额累积利润，一旦公司的保留盈余超过法律认可的水平，将被加征额外税额。我国法律尚未对公司累积利润做出限制性规定。

二、契约性限制

当公司以负债方式对外融资时，通常要受到债务合同的约束，这些限制性条款主要包括：除非公司的盈利达到某一水平，否则公司不能发放现金股利；或将股利发放额限制在某一盈利额或盈利百分比上。其目的在于促使公司将盈利的一部分按有关条款的要求以某种形式（如偿债基金准备等）进行再投资，扩大公司的经济实力，从而保障债务的到期偿还，维护债权人的利益。

三、公司内部因素

公司内部因素是影响股利政策的重要因素，这些因素包括：

（一）现金流量

公司股利分配应以不危及公司经营所需的流动性为前提。在公司盈利水平既定的情况下，现金流量充足，股利支付能力就强；反之，现金流量不足，股利支付能力就弱。由此可见，公司的股利支付能力在很大程度上受现金流量的制约。

（二）投资需求

公司股利分配与投资对资金的需求有直接的关系。如果公司有有利可图的投资机会，它往往采取低股利支付率的政策，对于成长初期的公司尤其如此。少支付股利而将较大比率的盈余用于再投资，不仅可以缓解资金紧张局面，而且可以降低融资成本；同时，增加的留存收益还可以扩充权益资本基础，改善资本结构，增强对外负债的能力。相反，如果公司投资机会较少，它就可以采取较高的股利支付比率和较低的留存收益比率。

（三）融资能力

公司融资能力直接关系到公司所采取的股利政策。公司为筹集经营所需资金通常有三种融资渠道：内部融资、对外债务融资和股权融资。公司内部融资的前提条件是有留存收益，但留存收益大量用于再生产需获得股东的同意。因为内部融资的大量采用会减少股利分配，直接影响股东的现时收益量。所以，实际生活中，多数公司将不同的融资方式与公司股利政策结合起来进行全盘考虑，决定公司的融资政策和股利政策。而通过市场进行对外融资已经成为越来越多公司的主要渠道。公司对外融资能力的大小受许多因素的影响，但总的来讲，一方面取决于公司财务状况及经营情况的好坏，另一方面也取决于金融市场的发达程度。

（四）资本成本和融资风险

公司无论利用债务融资还是通过资本市场进行股权融资，都是需要付出成本的。这些成本包括利息费用、佣金支出、税款支出等。当公司融资成本较高，融资渠道不是很畅通时，如果过高派发股利，势必会影响资金的正常运用。如果公司此时需要大量的资金进行投资，多数情况下，公司会采取改变高股利分配政策，节省出资金以满足投资需要。公司在进行融资决策时除考虑融资成本，还应重点考虑融资风险。如果公司大量利用财务杠杆，则会增加利息费用。虽然利息费用具有抵税作用，但也增加了公司偿还债务的压力。因此，融资风险的增加促使公司在进行股利决策时需要权衡股权、债权融资与内部融资的比例关系，不能简单地全部依赖债务融资，而将盈余全部用于股利分配；也不能全部依赖内部融资而放弃对外融资的某些优越条件。

（五）盈余的稳定性

公司的股利支付通常会随收入的变化而变化。但大多数公司并不愿意经常改变股利分配政策。公司保持股利政策稳定的前提条件是具有稳定的收入。公司能否保持稳定收入，除受行业发展、宏观经济状况影响外，公司采用的财务政策，如公司运用财务杠杆情况，也会直接影响公司的股利分配。通常，财务杠杆率越高，公司股利分配会越少。同时，公司发展的周期性在一定程度上也会影响公司股利政策的运用。在公司发展初期，由于需要大量的资金投入，通常支付较低的股利；在公司发展的鼎盛时期，由于已进入良性运转时期，经营平稳，收益稳定，因此通常采用高股利分配政策。但由于股利政策具有黏性，公司一旦采用高股利政策，在以后一个相当长的时间内，维持股利政策的平稳就需要有持续稳定的现金流入量，从而需要公司具有持续发展的实力。

四、各利益相关者的偏好

股东在税负、投资机会、股权稀释等方面的意愿也会在很大程度上影响公司的股利政策。由于股东之间对股利政策的偏好有差别，因此，公司股利政策要根据大多数股东的意愿做出。股东意愿对公司股利政策的影响体现在：

（一）税收偏好

税赋对公司股利政策的影响体现在股东要对不同收入税赋的权衡。如果一个公司的绝大多数股东或对公司拥有控制权的股东是富有股东，因边际资本利得税率低于边际股利收入税率，他们将倾向于多保留盈余而少派发现金股利，这样可以使这些股东少纳所得税，获得更多的收入；相反，如果一个公司的绝大多数股东是低收入阶层，其所适用的所得税税率较低，这些股东就会倾向于更高的股利支付比率，提高当期的收入水平。

（二）投资偏好

如果公司将盈余留存下来用于再投资所获得的报酬高于股东个人将股利收入进行再投资所获得的报酬，股东将倾向于多保留盈余，少支付现金股利；相反，公司将盈余留存下来用于再投资所获得的报酬低于股东个人将股利收入进行再投资所获得的报酬，股东将倾向于少保留盈余、多支付现金股利。

（三）股权稀释

当公司面对有利可图的投资机会需要筹措资金时，股东往往倾向于少支付现金股利，多保留盈余，从内部留存收益中取得所需资金。因为如果公司支付大量股利，然后再发行新股筹措资金，现有股东对公司的股权和盈利将被稀释，对股东利益构成侵蚀。此外，随着流通在外的普通股股数的增加，股票的每股收益和市价将下降，对现有股东产生不利影响。

本章小结

1. 股利决策是关于公司是否发放股利、发放多少股利以及何时发放股利等方面的方针和策略，所涉及的内容主要是公司对其收益是进行分配还是留存盈余用于再投资的决策问题。它与公司投资决策、融资决策密不可分，互为影响，进而影响公司控制权的稳定和公司增长目标的实现。

2. 利润是公司在一定会计期间的经营成果，反映了公司经济效益的高低。利润分配是公司的一项重要工作，它关系到公司、投资者和其他利益相关者的利益，涉及公司的生存与发展。因此，在利润分配过程中，应遵循依法分配原则、资本保全原则、充分保护债权人利益、多方及长短期利益兼顾原则等。

3. 股利是指公司将税后收益分派给股东的那部分报酬，通常是以股东投资额为分配的依据。衡量股利支付的主要财务指标有每股收益、股利支付率和股票收益率等。股利的发放需要遵循一定的程序。股利发放的形式主要有现金股利、股票股利、股票回购、财产股利、债券股利和股票分割等形式。

4. 股利政策理论的重点，主要是探讨股利政策是否影响公司价值。围绕这个研究重点，产生了传统股利理论和现代股利理论，但对股利理论的研究还在深入进行中。

5. MM 的股利政策无关论是股利理论发展的基石，它是建立在一系列假设基础上，是在完美资本市场下的理论。这一理论主要观点为：公司的价值是由公司的未来盈利能力决定的，公司采取的股利政策不会影响公司的市场价值。在此后发展起来的一系列股利理论都是对 MM 的股利政策无关论的补充和发展。这些理论主要有税收差异理论、客户效应理论、代理理论、信息传递理论以及股东构成理论等。

6. 公司在制定股利政策时，应从各方面进行考虑。既要满足公司发展的需求，也要考虑适当保护股东的利益。在不损害股东利益的前提下，充分考虑公司的投资机会、投资回报率的高低、公司未来盈利状况，以及股东偏好和法律限制等条件，尽量制定出稳定、连续的符合公司发展状况的股利政策。

7. 股利政策是指公司管理当局对股利分配有关事项所采取的方针与决策。介于股利政策在实际中的重要性，公司制定股利政策时，必须遵循有利于股东财富最大化目标的实现、有利于兼顾股东利益与公司的长远发展等原则。在实际中，虽然各个公司的股利政策千差万别，但至少有一点是相同的，即公司都不愿意消减股利，表现为公司股利有的是稳中有升，有的是保持不变。实际股利政策有剩余股利政策、固定股利支付率政策、稳定股利政策、阶梯式股利政策四种类型。

思考与练习

1. 如何正确理解股利决策的含义？
2. 试述股利分配的形式及其特点。
3. 如何理解不同股利政策理论的含义和优缺点？
4. 简述 MM 股利无关论的基本假设和主要观点。
5. 公司股利政策有哪些类型？试比较各类型的特点。
6. 试分析影响股利政策的因素有哪些？
7. 现金股利有哪些类型？
8. 与现金股利相比，股票股利与股票回购的优点是什么？
9. AB 公司按照市场价值计算的资产负债表如表 8－4 所示。目前公司已宣布发放 20% 的股票股利，股票将在明天除息（股票股利发放的时间顺序同现金股利类似）。流通在外的股票为 5 000 股。问股票的除息价格是多少？

表 8－4　　　　AB 公司资产负债表　　　　单位：元

现金	90 000	负债	100 000
固定资产	100 000	股权	150 000
总资产	250 000	总计	250 000

10. 某股份公司有普通股 20 万股，每股面值 2 元，无优先股。该公司每年的计划投资总额为 80 万元，今年的预计税后利润为 200

万元，假定该公司明年投资计划的资金来源完全以今年的留存收益内部融资完成（盈余公积与公益金合计按20提留）。试计算：

（1）今年以剩余资金发放股利所能达到的每股收益是多少？

（2）今年的股利发放率是多少？

第九章
短期融资与营运资本管理

本章要点

- ✧ 营运资本投资的含义与作用
- ✧ 最佳现金持有量的确定
- ✧ 应收账款的控制与管理
- ✧ 短期融资方式与管理
- ✧ 营运资本投资的概念及特征
- ✧ 存货成本与持有量管理

营运资本管理包括投资管理和筹资管理两部分，都属于短期财务计划的制定范畴。本章主要讲授：营运资本投资的概念及特征、现金来源及持有现金的意义；短期财务政策的确定、短期融资方式及管理内容、最佳现金持有量的确定与管理、应收账款持有量的控制与管理，以及存货成本与持有量管理等内容。

短期融资计划主要涉及一年或一年之内的现金流入和现金流出。营运资本管理属于短期财务计划和管理的范畴。营运资本管理建立在营运资本投资和营运资本融资之上。由于竞争加剧和环境动荡，营运资本管理对于公司盈利能力和生存能力的影响越来越大。营运资本管理的目的就是要在满足日常经营需求的同时，缩短现金转换周期，提高经营效率。本章将着重讨论短期融资计划、营运资本的投资政策和融资政策等内容。

第一节　短期融资概述

一、短期融资的特点

当公司运用内部现金来源无法满足资金需求时，公司就会面临短期融资问题。公司如何筹集短期资金，取决于公司的短期财务政策。公司融资短期资金基本是通过短期负债方式筹集，所以，短期融资就是短期负债融资。

短期融资具有使用时间短，一般不超过一年，到期需要本息全部归还的特点。具体来说，短期融资具有如下特点。

1. 融资速度快，容易获取

长期负债的债权人为了保护自身利益，往往要对债务人进行全面财务调查，因而融资所需时间一般较长，且不易获得。而短期负债在较短时间内即可归还，所以债权人对违约风险顾虑较少，容易取得资金。

2. 融资具有灵活性

短期负债与长期负债相比，债权人提出的限定性条件较少，管理相对宽松，资金使用较为灵活，富有弹性。

3. 融资成本较低

一般而言，短期负债的利率低于长期负债利率，因而短期负债的融资成本相对较低。

4. 融资风险高

短期负债要在短期内（不超过一年）偿还，因而要求债务人要在短期内拿出足够的资金偿还债务。若举债公司届时资金安排不当，就会陷入财务危机。此外，短期负债利率的波动性较大，有时可能会高于长期负债的水平，因此，短期负债的存在对公司保持流动性和支付能力具有约束。

公司当遇现金短缺时，使用短期融资的方式主要有商业信用融资、银行短期借款融资和应收账款融资等融资方法。

二、商业信用短期融资

（一）应计项目

观察公司资产负债表的流动负债部分，有许多来自非供应商或银行等金融机构的债务。有的在公司经营过程中自发形成，例如，应付工资、应付福利费和应交税金等项目；有的产生自公司制定的分配政策，如：应付股利、应付利润和应付奖金等项目。前者是管理人员无法控制的，数额多少取决于经济发展状况、行业惯例和税法的规定等；后者是公司管理人员可以控制的。这些负债的共同特点是：当这种负债能够按照正常的到期日偿还时，它们是没有融资成本的。

（二）应付账款

商业信用是最常见的一种短期融资方式，是在商品交易中由于延期支付或预付货款所形成的公司间的借贷关系。它存在于商品交换中，是所谓的“自发性融资”。商业信用融资最大的优点是容易取得。

应付账款是公司购买货物暂未付款而欠对方的款项，即卖方允许买方在购货后一定时期内支付货款的一种形式。卖方利用这种方式促销，而对买方来说延期付款则等于向卖方借用资金购进商品，可以满足短期的资金需要。

与应收账款相对应，应付账款也有付款期、折扣等信用条件。应付账款可以分为：免费信用，即买方公司在规定的折扣期内享受折扣而获得的信用；有代价信用，即买方公司放弃折扣付出代价而获得的信用；展期信用，即买方公司超过规定的付款期推迟付款而强制获得的信用。

当公司的生产和相应的采购增加时，应付账款也会增加并为生产的增加融通部分所需资金。比如，某一家公司按照“n/60”销售条件平均每天从供应商处得到价值 1 万元的货物，同时，公司的还款习惯是在第 30 天付款，于是公司相当于获得期限为 30 天、额度为 1 万元的商业信用，并且，无须承担资金使用成本，或者称融资成本。

当购货公司面对有折扣的信用条件下，就必须考虑融资成本。如一家公司按照“2/10，n/60”这样的销售条件从供应商处得到价值 1 万元的货物，此时，购货方就有两种选择：一是为了获得 2% 的折扣而在 10 天付款；二是为了多获得更长时间的商业信用而在第 11 天至第 60 天付款。如果在此期间选择 60 天付款，则它的机会成本是放弃了享受2%的折扣的成本，折扣成本率为：

$$放弃现金折扣成本=\frac{折扣百分比}{1-折扣百分比}\times\frac{360}{信用期-折扣期} \quad (9-1)$$

运用式（9-1）计算如下：

$$放弃现金折扣成本=\frac{2\%}{1-2\%}\times\frac{360}{60-10}=14.7\%$$

该结果意味着，公司在第60天付款相当于向银行按年利率14.7%借入期限为50天的金额为0.98万元的短期借款，其放弃折扣的代价是很高的。

当购货方推迟付款，即在最后的信用付款日之后付款，也将承担相应的成本。公司过度的推迟支付应付账款的记录还将使公司的信用等级下降，为此，该公司在商业信用的使用上，无论是信用限额，还是信用条件，都将面临不利的境地。

（三）应付票据

应付票据是公司进行延期付款商品交易时开具的反映债权债务关系的票据。根据承兑人的不同，应付票据分为商业承兑汇票和银行承兑汇票两种。支付期最长不超过6个月。应付票据可以带息，也可以不带息。应付票据的利率一般比银行借款的利率低，且不用保持相应的补偿余额和支付协议费，所以应付票据的融资成本低于银行借款成本。但是应付票据到期必须归还，如若延期便要交付罚金，因而风险较大。

（四）预收账款

预收账款是卖方公司在交付货物之前向买方预先收取部分或全部货款的信用形式。对于卖方来讲，预收账款相当于向买方借用资金后用货物抵偿。预收账款一般用于生产周期长、资金需要量大的货物销售。

三、银行短期借款融资

短期借款是指公司向银行和其他非银行金融机构借入的期限在1年以内的借款。在短期负债融资中，短期借款的重要性仅次于商业信用。短期借款可以随公司的需要安排，便宜于灵活使用，且取得亦较简便。但其突出的缺点是短期内要归还，特别是在带有诸多附加条件的情况下更使风险加剧。

1. 短期借款的种类

我国目前的短期借款按照目的和用途分为若干种，主要有生产周转借款、临时借款、结算借款等；按照国际通行做法，按其偿还方式的不同，分为一次性偿还借款和分期偿还借款；以利息支付方法的不同，分为收款法借款、贴现法借款和加息法借款；依照有无担保，分为抵押借款和信用借款等。公司在申请借款时应根据各种借款的条件和需要加以选择。

2. 短期借款的信用条件

银行发放短期借款往往带有一定的信用条件，主要包括：

（1）信贷限额。这是银行对借款人规定的无担保贷款的最高额。信贷限额的有效期限通常为 1 年，但根据情况也可延期 1 年。一般来讲，公司在批准的信贷限额内，可随时使用银行借款，但银行并不承担必须提供全部信贷限额的义务。如果公司信誉恶化，即使银行曾同意过按信贷限额提供贷款，公司也可能得不到借款，这时，银行不会承担法律责任。

（2）周转信贷协定。这是银行具有法律义务地承担提供不超过某一最高限额的贷款协定。在协定的有效期内，只要公司的借款总额未超过最高限额，银行必须满足公司任何时候提出的借款要求。为此，公司通常要向银行按照贷款限额的未使用部分付给银行一笔承诺费。周转信贷协定的有效期限通常超过 1 年，但实际上银行通常每几个月就发放一次贷款，所以这种信贷具有短期和长期借款的双重特点。

（3）补偿性余额。这是银行要求借款公司在银行保持按贷款限额或实际借用额一定百分比（一般为 10% ~20%）的最低存款余额。从银行的角度讲，补偿性余额可降低贷款风险，补偿遭受的贷款损失。对于借款公司而言，补偿性余额则提高了借款的有效年利率。

（4）借款抵押。银行向财务风险较大或者对其信誉不甚有把握的公司发放贷款，有时需要有抵押物担保，以减少资金蒙受损失的风险。借款的抵押品经常是借款公司的股票、债券和房屋等。抵押借款的成本通常高于非抵押借款，这是因为银行通常向信誉好的公司发放非抵押借款，而将抵押贷款看成是风险投资，故而收取较高的利率；同时银行管理抵押贷款要比管理非抵押贷款困难，为此往往另外收取手续费。公司向银行提供抵押品后，会限制其财产的使用和将来的借款能力。

（5）偿还条件。借款的偿还分为到期一次性偿还和在贷款期内分期偿还两种方式。一般来说，公司不希望采用后一种偿还方式，因为这会提高借款的有效年利率；而银行不希望采用前一种方式，这是因为这会加重借款公司的财务负担，增加公司的拒付风险，同时降低实际贷款利率。

（6）其他承诺。银行有时会要求公司为取得贷款而做出其他承诺，如及时提供财务报表、保证适当的财务水平等。如公司违背所做出的承诺，银行可要求公司立即偿还全部贷款。

3. 短期借款的利率及支付

短期借款的成本有利息费用、承诺费和补偿性余额等构成。就利息而言，大多数商业借款的票面利率由借贷双方协商确定。利率的高低通常取决于借款者的信用和货币市场的状况。承诺费不具有普遍性，周转信贷协定有此要求，如果发生承诺费，将提高实际的借款成本。补偿性余额减少了借款人的可用资金，但并没有减少借款人的利息负担，因此，也增加了借款公司的实际借款成本。

四、应收账款融资

应收账款融资是指通过应收账款抵押、让售、证券化等方式来获取短期融资。公司将因赊销而形成的应收账款可有条件地转让给专门的融资机构，以获取短期所需资金。通过应收账款融资，公司能够在应收账款到期前取得现金资产，不仅为正常的生产运营提供现金支持，而且能够改善公司资本结构，提升公司价值和竞争能力。同时，应收账款融资如果采取无追索权的保理融资模式，保理商将买断公司应收账款，收款风险也将极大降低。因此，应收账款融资具有改善公司资产负债率、财务弹性高、成本较低、融资时间短、效率高、促进管理与决策科学化等优点。

应收账款融资主要有三种融资方式：

1. 应收账款抵押

应收账款抵押融资是指供货公司（销售方）以应收账款债权作为抵押品向融资机构融资，融资机构在向供货公司融通资金后，若购货公司（购货方）拒绝付款或无力付款，融资机构具有向供货公司要求偿还融通资金的追索权。

2. 应收账款让售

应收账款让售融资，又称为保理融资，是指供货公司将应收账款债权出售给融资机构后，同时通知购买方直接付款给融资机构的融资方式。该项融资意味着供货公司将收账风险也转移给了融资机构，融资机构要承担所有收款风险并吸收信用损失，若购买方拒付或无力支付时，融资机构不具有向融资人追偿的权力。

3. 应收账款证券化

应收账款证券化是资产证券化的一部分，它是指将公司那些缺乏流动性但又在可预见的未来能够产生稳定现金流量的应收账款，转化为金融市场上可以出售和流通的有价证券的融资方式。国际上应收账款证券化有着广泛的应用领域，它不仅有利于加速应收账款变现、规避坏账风险，还为公司提供了一个以低成本筹集资金的融资渠道。

第二节　营运资本概述

一、营运资本的概念

公司的营运状况通常使用营运资本指标来判断。营运资本是用以维持公司日常经营活动所需要的资金，也是公司经营活动中占用在短期资产上的资金。营运资本与现金是资金的两个重要的概念，营运资本中不仅有现金，还应包括应收账款、存货和其他流动资产等项目。

营运资本有广义和狭义之分：广义的营运资本是指一个公司在流动资产上的总投资额；狭义的营运资本又称为净营运资本，是指流动资产减去流动负债后的余额。在公司金融的概念中，常用后者，即净营运资本。营运资本是公司流动资产的主要资金来源，是公司开展日常经营活动的资金保证。

根据概念，营运资本的计算公式表示为：

$$营运资本=流动资产-流动负债 \tag{9-2}$$

当流动资产大于流动负债时，营运资本是正值，表示流动负债提供了部分流动资产的资金来源，另外的部分是由长期资金来提供支持的，这部分金额就是营运资本。营运资本也可以理解为长期融资来源用于流动资产的部分，即长期资金净值：

由于：流动资产+长期资产=权益+长期负债+流动负债

所以：流动资产-流动负债=(权益+长期负债)-长期资产

营运资本=长期融资-长期资产=长期融资净值

流动资产=流动负债+长期融资净值

可以用表 9 – 1 表示出来。

表 9 – 1　　　　净营运资本

资产	负债 + 所有者权益
流动资产	流动负债
营运资本净额	权益 + 长期负债（长期融资）
长期资产	

由此可见，流动资产所需资金的一部分是由流动负债支持，另一部分由长期融资支持。尽管流动资产和流动负债都属于短期项目，但是绝大多数健康运转的公司营运资本都是正值。所以，长期财务和短期财务有着内在的联系。

二、营运资本与现金周期

营运资本的水平反映了从生产开始时现金流出公司到流回公司的时间长度。公司首先从供应商处购买存货，这些存货可以是原材料或产成品。公司一般通过商业信用赊账购买存货，这意味着公司在购买时无须立即支付现金，这个滞后的时间就是应付账款周期。公司加工原材料并销售产成品。开始存货投资和最后销售之间的时间为存货周期。公司在销售产品时，通常使用信用赊销方式。这意味着公司销售产品一段时间后，客户才会支付账单，销售日和收到账款之间的时间为应收账款周期。公司从购买存货实际支出现金到销售利用存货生产出的产成品而收回现金，这期间的时间长度被称为公司的现金周期。

从短期看，公司必须保持足够的现金以提供充足的流动性，满足经营活动的需求。短期财务涉及的短期经营活动的现金流入和现金流出，通常不在同一个时间发生，这就会导致现金流入与流出不同步，如图 9 – 1 所示。

如图 9 – 1 显示了一家制造企业的经营周期和现金周期。经营周期是从购买存货到销售产品实现现金收入为止这段时间。经营周期等于存货周转期和应收账款周期长度之和。存货周转期是从购买存货到销售产品所需的时间。应收账款周期是回收应收账款所需时间的长度。

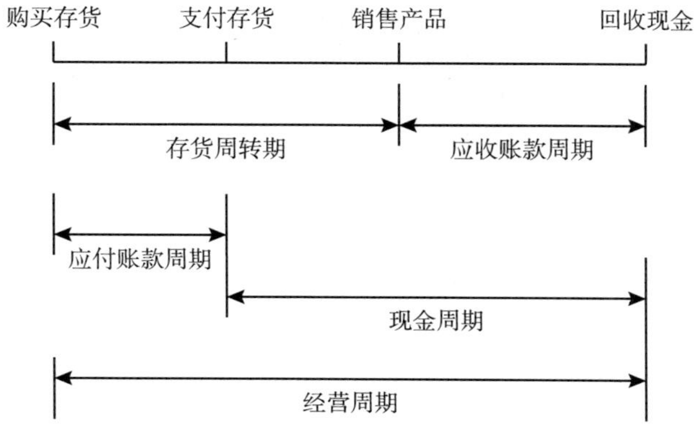

图 9－1 经营周期与现金周期示意图

$$经营周期 = 存货周转期 + 应收账款周期 \tag{9－3}$$

$$存货周转期 = \frac{平均存货}{\frac{销售成本}{365}} = \frac{365}{存货周转率} \tag{9－4}$$

$$应收账款周期 = \frac{平均应收账款}{\frac{销售收入}{365}} = \frac{365}{应收账款周转率} \tag{9－5}$$

现金周期，又称现金周转期，是从购买存货支付现金到从应收账款上收回现金这一期间的长度。应付账款周期是公司在购买各种资源的过程中延期支付的时间长度。

$$\begin{aligned} 现金周期 &= 经营周期 - 应付账款周期 \\ &= 存货周转期 + 应收账款周期 - 应付账款周期 \end{aligned} \tag{9－6}$$

$$应付账款周期 = \frac{平均应付账款}{\frac{销售成本}{365}} = \frac{365}{应付账款周转率} \tag{9－7}$$

在实际中，存货周转期、应收账款周期、应付账款周期等分别用存货天数、应收账款天数和应付账款天数来衡量。

【例 9－1】 A 公司是一家生产吊绳、轮滑等体育器材的公司，2019 年的销售收入为 400 万元，销售成本为 320 万元，存货为 66 万元，应收账款为 50 万元，应付账款为 20 万元。试计算该公司的经营周期和现金周期。

根据题意计算如下：

$$存货周转率 = \frac{销售成本}{存货} = \frac{320}{66} = 4.85\ (次)$$

$$应收账款周转率 = \frac{销售收入}{应收账款} = \frac{400}{50} = 8（次）$$

$$应付账款周转率 = \frac{销售成本}{应收账款} = \frac{320}{20} = 16（次）$$

$$存货周转期 = \frac{365}{4.85} = 74.95（天）$$

$$应收账款周期 = \frac{365}{8} = 45.93（天）$$

$$应付账款周期 = \frac{365}{16} = 22.81（天）$$

经营周期 = 存货周转期 + 应收账款周期 = 74.95 + 45.9 = 120.85（天）

现金周期 = 经营周期 - 应付账款周期 = 120.85 - 22.81 = 98.04（天）

则：该公司的经营周期为120.85天，现金周期为98.04天。

由此可见，公司现金周期越短，在存货和应收账款上的投资就越少；反之，公司的现金周期越长，占用的营运资本越多，就需要越多的现金维持其日常运营。

三、营运资本投资策略

（一）营运资本投资的概念与特征

营运资本投资，是指公司为保证经营活动的正常进行而用于劳动对象上的投资，是公司的一项经常性投资活动。营运资本投资形成的资产有三种形态：现金（包括库存现金和银行存款）、应收账款和存货（主要包括原材料、在产品和产成品）。与上述资产占用形态相对应，营运资本可分为五种形态：货币资金、储备资金、生产资金、成品资金和结算资金。营运资本投资管理是公司流动资金管理的一个重要方面。

公司营运资本投资具有以下特征：

1. 投资与收回的连续性

营运资本投资体现为公司对生产经营过程中劳动对象的投入。由于公司生产经营过程是投入、产出、再投入、再产出的不断循环往复的过程，因此，营运资本投资及其收回也是不断连续进行的。为了保证投资能够及时收回，从而保证生产经营活动的连续进行，营运资本投资决策必须充分考虑产品的市场销售情况，做到以销定产。

2. 资金占用具有空间上的并存性和时间上的继起性

营运资本投资所形成的资产，在供、产、销三个阶段的物质形态分别表现为现金、存货和应收账款，其资金形态分别表现为货币资金、储备资金、生产资金、成品资金和结算资金。从空间上看，上述资产的物质形态和资金形态是同时存在的。从时间上看，上述资产的物质形态和资金形态是依次继起的，即表现为：现金→存货→应收账款→现金……或者表现为：货币资金→储备资金→生产资金→成品资金→结算资金→货币资金……

3. 价值周转中的增值性

营运资本投资所形成的资产，经过供、产、销三个阶段，即完成一次周转，进而形成了价值增值。体现为资产的周转期与生产经营周期一致，在供应阶段，公司用现金购买原材料；在生产阶段，生产部门领用原材料，将原材料加工成半成品，半成品经过进一步加工成为产成品；在销售阶段，销售部门将产成品卖出，取得销售收入。

（二）营运资本投资管理的重要性

营运资本投资的重要性主要体现在以下几个方面。

1. 营运资本投资是股东价值的重要驱动因素

营运资本投资是公司的一项经常性投资，投资形成的营业利润是公司总利润的重要组成部分，因此，加强营运资本投资管理，提高资产在周转中的价值增值程度，是公司实现盈利目标的保证，也是实现股东价值最大化目标的重要保证。

2. 营运资本周转是公司资本周转的依托

营运资本投资是公司项目投资借以实现的载体，没有营运资本投资，项目投资将成为空中楼阁；同时，营运资本投资所形成的资产的价值周转是项目投资所形成的资产的价值周转借以实现的条件。因此，营运资本投资管理是保证项目投资正常运转的前提。

3. 营运资本投资增值是提高公司支付能力的保证

公司经过良好的营运资本投资运作，必然形成价值增值，这部分增值应首先用于补偿投资过程中的资金耗费，以便开始下一轮的营运资本投资活动。通常，营运资本越多，意味着支付到期债务的能力越强，风险越小。因此，公司营运资本投资的安排以及资产变现能力将直接关系到公司支付能力的提高。

综上所述，公司的正常运营活动需要足够的营运资本来配合。一般而言，一个公司营运资本占全部资产的比例过多，将增加公司的财务负担，影响公司利润的实现。因为，在某一特定的生产水平下，营运资本的收益性一般低于固定资产，所以，营运资本所占比例越大，公司的营利性越低；反之，如果营运资本占全部资产的比例过少，公司的营利性将增强，但易使公司的资本周转不灵，偿债能力与采购的支付能力将大大下降，进而影响公司的声誉和地位。因此，公司营运资本投资管理的目的在于确定一个既能维持公司的正常经营活动，又能在减少或不增加风险的前提下，给公司带来尽可能多的利润的营运水平。也就是说，公司在决定营运资本投资的适当数量或水平时，必须在营利性和风险性之间进行全面的权衡，并做出合理的选择。

（三）营运资本的投资策略

营运资本投资策略，就是在总资产水平既定的情况下，流动资产与固定资产以及无形资产等长期资产之间的比例关系安排以及流动资产内部各项目之间的比例关系的安排。不同行业、不同经营规模、不同的利率水平下，公司流动资产的占有水平各不相同。图 9 - 2 显示了三种不同的营运资本投资策略。

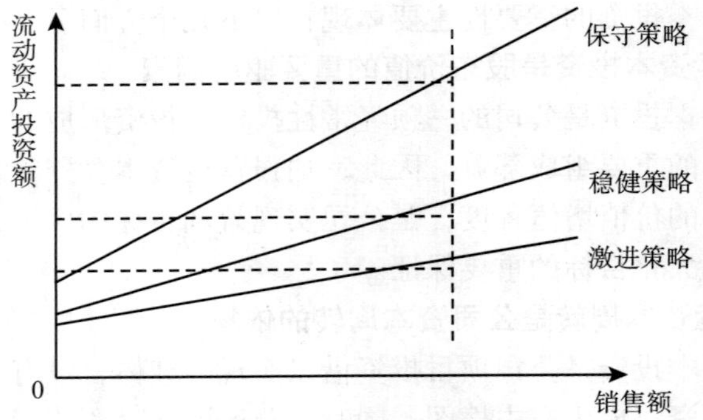

图 9 - 2　营运资本投资策略

如图 9 - 2 可知，销售量越大，为支持这一销售量的流动资产投资也越大。在同一销售量水平下，不同投资战略所对应的流动资产投资额时不同的，流动资产投资额越高，流动资产资产周转速度越慢。不过，流动资产投资额与销售量之间并非呈线性关系，而是以递减的比率随产销量的增加而增加。这是因为，其一，由于在公司流动资产的持有中，存在着规模经济，随着公司规模的增大，流动资产比例可能会下降；其二，流动资产内部各项目之间相互调剂使用的可能性增大，导致流动资产使用效率提高，从而减少流动资产需要量。

营运资本的投资策略可归纳为以下三种：

1. 激进的营运资本投资策略

激进的营运资本投资策略，是指营运资本投资所形成的流动资产一般只保证生产经营的正常需要，不安排或只安排很少的保险储备。在这一投资策略下，由于流动资产比例压到最低，因此，公司流动资产的利用效率提高，获利能力增强，但是，低流动资产比例使公司资产的流动性降低，偿付风险增加。

2. 保守的营运资本投资策略

保守的营运资本投资策略，是指营运资本投资所形成的流动资产除满足生产经营正常需要和保险储备需要外，再增加一部分额外储备量。在这一投资策略下，由于流动资产的比例较高，因此，公司流动资产的利用效率降低，获利能力降低，但是，高流动资产比例使公司资产的流动性提高，变现能力增强，偿付风险降低。

3. 稳健的营运资本投资策略

稳健的营运资本投资策略，是指营运资本投资所形成的流动资产在保证正常生产经营需要的情况下，再适当增加一部分保险储备。

在预计销售和生产稳定的情况下，公司安排较少的流动资产投资，可以缩短流动资产周转天数，节约投资成本。但是，投资不足可能会引发生产中断，增加短缺成本，给公司带来损失。公司为了减少经营中断的风险，在销售不变的情况下安排较多的营运资本投资，会延长流动资产周转天数。而投资过量又会出现闲置的流动资产，浪费了投资，增加了持有成本。因此，该投资策略需要权衡得失，确定其最佳投资需要量，也就是短期成本和持有成本之和最小化的投资额。

（1）短缺成本。短缺成本是随流动资产投资水平降低而增加的成本。如因投资不足发生现金短缺，需要出售有价证券并承担交易成本；出售有价证券不足以解决问题时，需要紧急借款并承担较高的利息；借不到足够的款项就要违约并承担违约成本，或者被迫紧急抛售存货并承担低价出售损失。

（2）持有成本。投资过度就要承担额外的持有成本。流动资产持有成本是随着流动资产投资上升而增加的成本，主要是与流动资产相关的机会成本。这些投资如果不用于流动资产，可用于其他投资机会并赚取收益。这些失去的风险投资的期望收益，就是流动资产投资的持有成本。持有成本低于公司的加权平均成本，也低于总资产的平均收益率，因为流动性越高的资产收益率越低。流动资产的流动性强，必然收益率低，通常不会高于短期借款的利息。

（3）最优投资规模。流动资产最优的投资规模，取决于持有成本和短缺成本总计的最小化。公司的持有成本随投资规模而增加，短缺成本随投资规模而减少，在两者相等时达到最佳的投资规模（见图9－3）。

稳健的营运成本投资政策，就是按照预期的流动资产周转天数、销售额及其增长、成本水平和通货膨胀等因素确定的最优投资规模，安排流动资产投资。

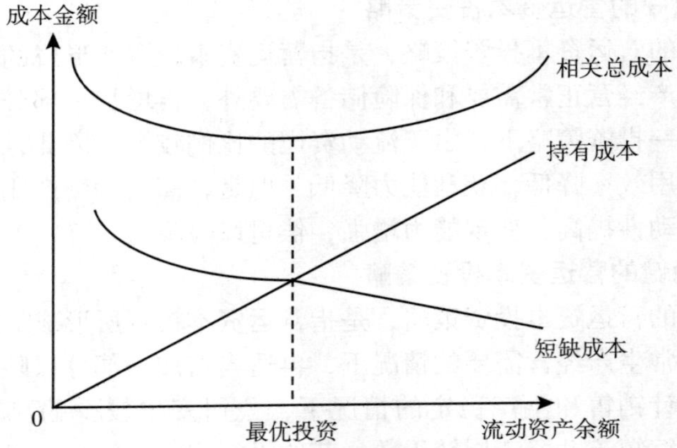

图9－3　最优投资规模

四、营运资本融资组合策略

短期财务政策反映流动资产的规模以及为流动资产融资的选择，而该政策受制于公司的营运资本融资策略。营运资本融资策略将对流动资产融资行为产生重要的影响。

制定营运资本的融资政策，就是确定融资的来源结构，即确定流动资产所需资金短期来源和长期来源的比例。流动资产的投资政策决定了投资的总量，这也就是需要融资的总量。

流动资产的资金来源，一部分是短期来源，另一部分是长期来源，而后者是长期资金来源购买长期资产后的剩余部分。流动资产的融资结构，可以用经营流动资产中长期融资来源的比重来衡量，该比率成为易变现率。

$$易变现率=\frac{（权益+长期债务+经营性流动负债）-长期资产}{经营流动资产} \quad (9-8)$$

易变现率高，资金来源的持续性强，偿债压力小，称为宽松的融资政策。易变现率低，资金来源的持续性弱，偿债压力大，称为严格的融资政策。从最宽松的政策到最严格的政策之间，分布着一系列宽严程度不同的融资政策。它们大体上分为三类：适中型融资政策、激进型融资政策和保守型融资政策，如图 9－4 所示。

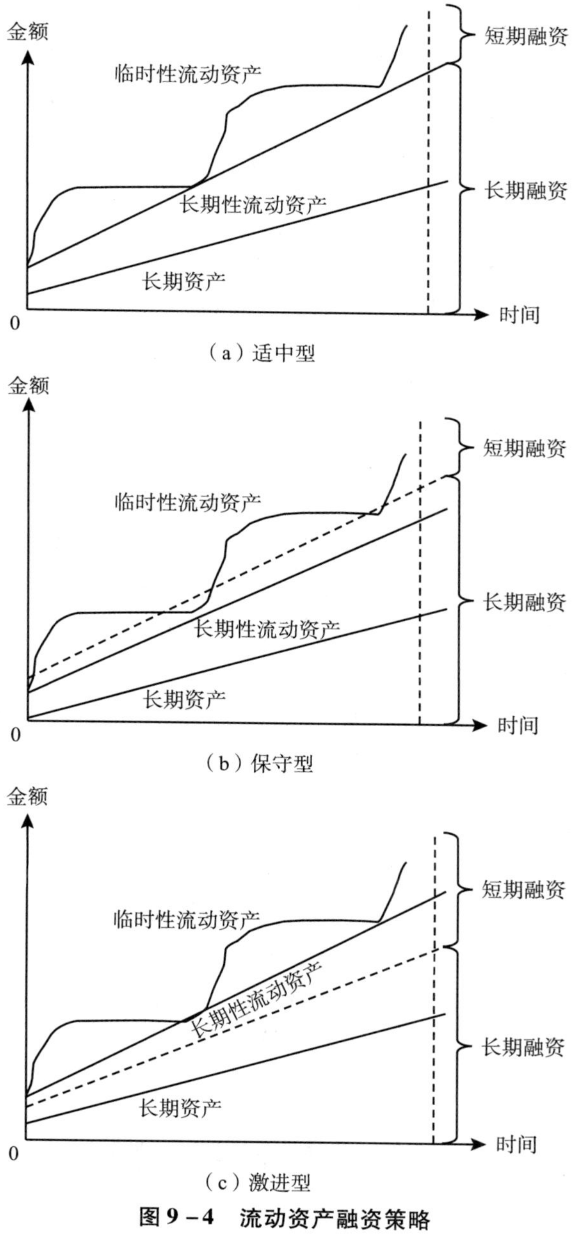

图 9－4　流动资产融资策略

1. 适中型融资策略

流动资产按照投资需求的时间分为长期性流动资产和临时性流动

资产。前者是指那些即使公司处于经营淡季也仍然需要保留的，用于满足公司长期、稳定运行的流动资产所需的资金，也被称为永久性流动资产。后者是那些受季节性、周期性影响的流动资产需要的资金，如季节性存货、销售旺季的应收账款等。从投资需求看，长期性流动资产是长期需求，应当用长期资金支持。只有季节性变化引起的资金需求才是真正的短期需求，可以用短期资金来支持。因此，适中型融资策略的特点是：尽可能使长期投资由长期资金支持，短期投资由短期资金支持，如图9－4（a）所示。在这一融资策略下，短期融资在季节性的低点时数额为零。

2. 激进型融资政策

由于短期资金的成本一般低于长期负债和权益资本的资本成本，而激进型融资政策下短期资金所占比重较大，所以该政策下公司的资本成本较低。激进型融资政策要求公司尽量寻求流动负债融资来源，除了季节性流动资产外，一部分长期占用的流动资产也依赖于短期负债，如图9－4（c）所示。在该政策下，为了满足长期投资的资金需要，公司必然要在短期负债资金到期后重新举债或者申请债务展期，从而增加了公司融资的困难和风险；还可能面临由于短期负债利率的变动而增加公司资本成本的风险。这种融资策略主要适用于长期资金来源不足，或短期融资成本较低的公司。

3. 保守型融资政策

保守型融资政策的特点是：短期金融负债只融通部分临时性流动资产的资金需要，另一部分临时性流动资产和长期性流动资产则由长期资金来源支持，如图9－4（b）所示。极端保守的融资政策完全不用短期借款，全部资金来自长期资金。在该政策下，由于短期金融负债所占比重较小，所以无法偿还到期债务的风险较低，同时蒙受短期利率变动损失的风险也较低。然而，由于长期负债资本成本高于短期金融负债的资本成本，以及经营淡季时资金有剩余但仍需要负担长期负债利息，从而减低了公司的收益。因此，保守型融资政策是一种风险和收益都较低的流动资产融资政策。

第三节　营运资本管理

公司营运资本管理最关键的问题是确定各项营运资金的最佳持有水平，并保证在这一水平下，营运资本既有良好的流动性，同时又能够获得合理的收益。但在公司实际经营运作中，由于许多不确定因素的存在，使得各营运资本最佳持有量的确定较难估算，因此，公司应制定适宜的营运资本投资管理制度，合理配置营运资金，以促进公司的正常经营。

营运资本的主要管理项目有现金管理、应收账款管理、存货管理等内容。

一、现金管理

现金是流动资产的一个重要组成部分。现金有狭义现金和广义现金之分。此处指的是广义现金含义，即：占用在各种货币形态上的资产，包括库存现金、银行存款和在途资金等所有可以即时使用的支付手段。从严格意义上讲，现金不属于投资。因为所谓投资就是要将现金转换为非现金资产。但从持有现金就会丧失投资机会的角度看，也可以将现金作为一种机会性的投资损失来看待。所以，在公司金融中也将现金纳入投资研究的范畴。

现金管理

（一）公司持有现金的动机

现金是公司资产中流动性最强的资产，可用来满足生产经营开支的各种需要，也是还本付息、履行纳税义务的保证，因此，公司拥有足够的现金对降低公司的财务风险、增加公司资金的流动性具有重要意义。一般而言，公司持有现金的动机有以下几项：

1. 投资动机

投资动机是指公司持有现金可以抓住可能存在的潜在获利机会。如在原材料降价时购入原材料、在适当的时机购入价格有利的股票或其他有价证券等。

2. 预防动机

预防动机是指公司持有现金可以应付突发事件对现金的不时之需。如发生生产或安全事故时，公司正常的现金开支将会被打乱，而一定的现金储备可预防这种情况，以维护公司的信誉。

3. 交易动机

交易动机是指公司持有现金可以应付日常事务的开支，如采购原材料、日常经营开支等。

4. 偿付动机

即公司持有现金可以满足到期债务本息的偿付和股票股息的支付需要。

5. 其他动机

如有时公司为了获取现金折扣或较高的信用等级，而需要持有的充足的现金数额。

需要指出的是，为满足以上各种对现金持有量的需求，现金持有量是可以相互调剂的，因此，计算公司的现金持有量时，无须分别计算出满足各种目的所需的现金余额，更不用将几种需求量简单相加。

但是，由于现金是一种非营利性资产，不能或很少给公司提供收益，同时，公司持有现金还将负担高昂的机会成本，从而造成公司获利能力降低。因此，现金在满足资产流动性和营利性方面存在矛盾。现金持有量高，可以满足资产的流动性需求，但却不能满足资产营利性的需求；现金持有量低，可以提高资产的盈利能力，但却导致资产流动性减弱。因此，现金管理的目的就是要在现金的流动性和营利性之间进行权衡，寻求一个使两者实现最佳组合的结合点，这个结合点就是最佳现金持有量。

（二）最佳现金持有量的确定

确定最佳现金持有量，通常是借助于现金管理模型分析来进行的。常用的现金管理模型有成本分析模型、存货模型和随机模型。

1. 成本分析模型

成本分析模型是通过分析持有现金的有关成本，求得总成本最低的现金额度，以此作为最佳现金持有额。持有现金的有关成本包括：

（1）机会成本。机会成本是指公司将资金投在现金资产上而放弃投资在其他资产上所能获得的收益。衡量机会成本可考虑用资本成本率、资产收益率和证券投资收益率等指标表示。机会成本与现金持有量成正比，即现金持有量越高，机会成本越高；反之亦然。

（2）管理成本。管理成本是指由于持有现金而发生的有关管理费用，如安全设施支出、管理人员的工资等。在现金持有量的一定范围内，管理成本通常是固定的，不随现金持有量的增加而增加。

（3）短缺成本。短缺成本是指由于现金持有量不足，不能满足生产经营正常需要而遭受的损失或付出的代价。短缺成本可通过估计损失额来确定。短缺成本与现金持有量成反比，即现金持有量越高，短缺成本越低；反之亦然。

在实际工作中，最佳现金持有量的计算很简单。计算步骤是：先计算出机会成本、管理成本和短缺成本以及总成本，然后找出总成本最低的现金持有量，这个现金持有量就是最佳现金持有量，如图 9－5 所示。

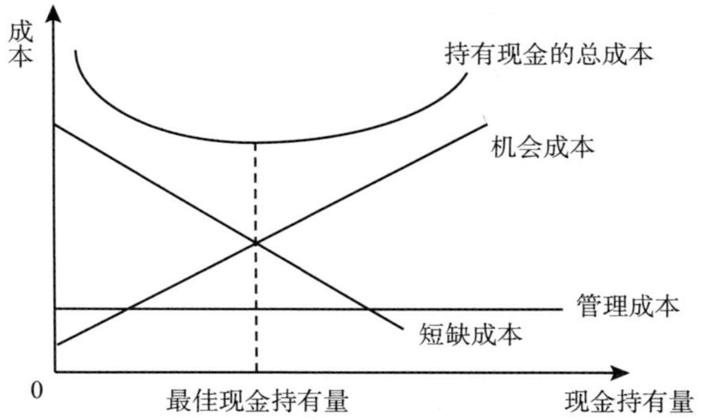

图 9－5　成本分析模型

从图 9－5 可知，持有现金的机会成本线是向右上方倾斜的；持有现金不足的短缺成本线是向右下方倾斜的；持有现金的管理成本线是一条平行线。由此，持有现金的总成本线便是一条向下凹的抛物线，该抛物线的最低点即为持有现金的最低总成本。超过这一点，机会成本上升的代价就会大于短缺成本下降的好处。在这一点之前，短缺成本上升的代价又会大于机会成本下降的好处。这一点在横轴上的量，即是最佳现金持有量。

2. 存货模型

在成本分析模型中，公司如果持有现金增加，会在降低现金短缺成本的同时提高持有现金机会成本。存货模型引入了有价证券，通过有价证券和现金之间的相互转换，公司可以持有较少的库存现金。当有额外现金需要时，公司可出售有价证券来获得流动性；当现金出现盈余时，又可以购入有价证券获得收益，减少持有现金。这里有价证券的作用类似于存货，因此，这个模型被称为存货模型。

存货模型是借鉴存货的经济批量模型建立的，它最早由威廉·鲍莫（William Baumol）于 1952 年提出，所以又将其称为鲍莫模型。该模型的基本原理是：一个公司的现金余额可以看作是一种存货，当库存下降到某一预先制定的水平时，公司就可以销售有价证券以换取所需现金；当现金余额较大时，又购买证券以获得最大的投资收益。

由于该模型引入了有价证券，公司不再有现金短缺，因而该模型中不包括短缺成本。但包括持有现金的机会成本和出售证券时的交易成本，如经纪人报酬、捐税等，存货模型忽略了管理成本（因为它是持有现金的固定成本，不是最佳现金持有量的决策变量）。交易成本与交易次数成正相关，与现金余额成反相关。持有现金的机会成本通常表现为有价证券的利率，与现金余额成正相关。存货模型的各种成本如图 9－6 所示，图中使持有现金机会成本和交易成本相等的现金余额 C^* 为最佳现金余额，此时，总成本达到最小。

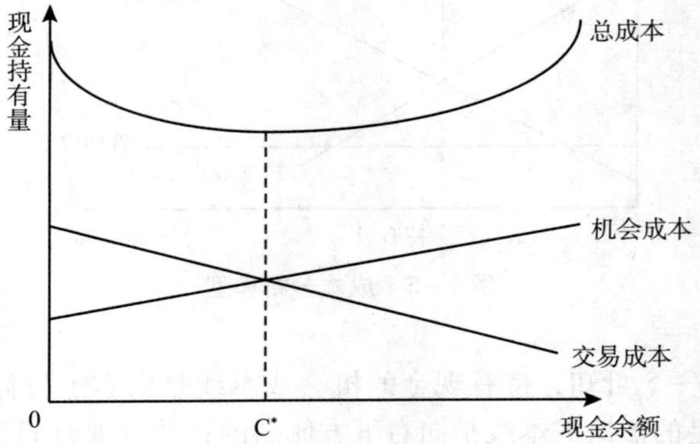

图 9－6　存货模型

存货模型需要具备一定的条件，即需要假设前提：公司一定期间内的现金支出是持续均衡的，现金的需要量是可以预测的，在这个期限内，短期有价证券可以随时转换为现金 C^*；随着时间的推移，现金余额会逐渐减少至零，然后公司出售有价证券换取同样数量的现金，因此，公司平均的现金余额为 $C^*/2$，如图 9－7 所示。

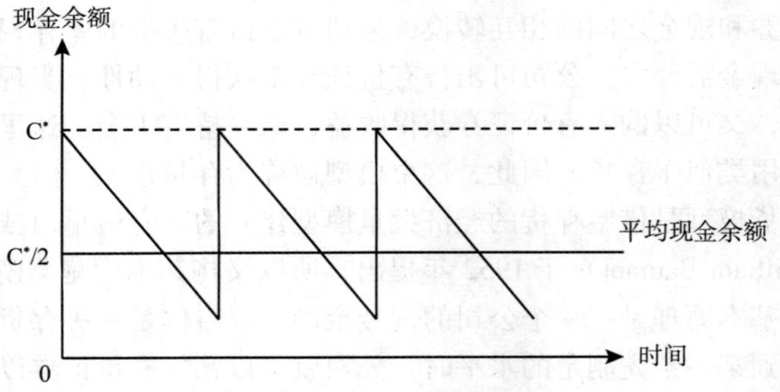

图 9－7　存货模型中的现金余额

下面计算存货模型中的最佳现金余额 C^*：由于持有现金机会成本是持现所放弃的证券收益，它等于平均现金余额 $C^*/2$ 和有价证券收益率 K 的乘积；交易成本是交易次数和交易费用 b 的乘积。

持现机会成本＝交易成本，所以：

$$\frac{C^*}{2} \times K = \frac{T}{C^*} \times b \qquad (9-9)$$

将式（9－9）推导后，则得：

$$C^* = \sqrt{\frac{2T \times b}{K}} \qquad (9-10)$$

式中：C^* 表示最佳现金余额；b 表示每次有价证券的固定转换成本；T 表示一定期间内的现金总需求量；K 表示该期内有价证券的收益率。

【例 9－2】 甲公司一年的现金需求量为 20 万元，每次出售有价证券转换先进所需的交易成本为 100 万元，同期市场借款利率为 10%，问该公司持有多少现金量是最佳的？

解：$C^* = \sqrt{\frac{2T \times b}{K}} = \sqrt{\frac{2 \times 100 \times 200\ 000}{10\%}} = 20\ 000$（元）

则：甲公司的最佳现金持有量是 20 000 元。

3. 随机模型

随机模型，又称米勒—奥尔模型，其应用条件是：①每天现金流入量和现金流出量的变化是随机的和不确定的；②现金净流量即现金余额的变化呈正态分布；③最佳现金持有量就处于正态分布之间。

按照此模型，公司需设置现金余额的上下控制限。上限代表现金持有量的最高点，下限代表现金持有量的最低点。当现金余额达到上限时则将现金转换成短期有价证券；当现金余额下降到下限时。则将短期有价证券转换成现金，从而使现金余额经常地处在上限和下限之间，如图 9－8 所示。

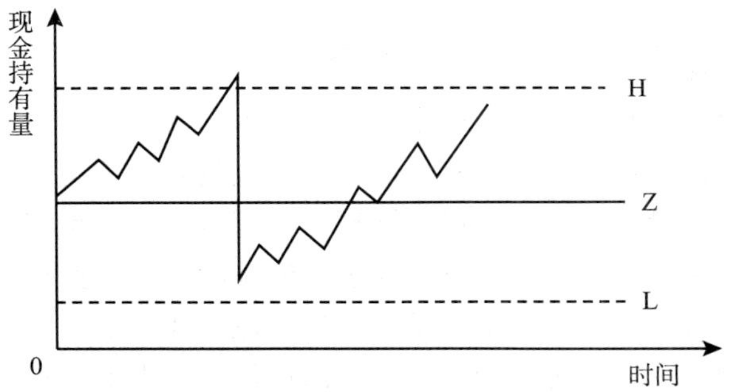

图 9－8　随机模型

根据随机模型原理，现金持有量应控制在 L～H 这个区间内。L 为现金持有量的下限，H 为现金持有量的上限，Z 为最佳现金持有量。当现金持有量上升至 H，则购进（H－Z）的有价证券，使现金持有量回落至 Z；当现金持有量下降至 L 时，卖出（Z－L）的有价证券，使现金持有量恢复至 Z；当现金持有量在 L～H 之间波动时，则无须购进或卖出有价证券。

最佳现金持有量的计算公式是：

$$Z=\sqrt[3]{\frac{3F\delta^2}{4K}}+L \tag{9-11}$$

$$H=3Z-2L \tag{9-12}$$

$$\text{平均现金持有量}=\frac{4Z-L}{3} \tag{9-13}$$

式中，Z 表示最佳现金持有量；F 表示每次变现有价证券的固定成本；K 表示持有现金的日机会成本（证券日利率）；L 表示现金持有量的控制下限；H 表示现金持有量的控制上限；δ 表示日现金净流量的方差。

【例 9－3】某公司有价证券的年利率为 9%，每次转换有价证券的固定成本为 50 元，公司认为现金最低持有量不能低于 1 000 元，经测算日现金净流量的标准差为 800 元。此时，最佳现金持有量 Z、现金控制上限 H 和平均现金持有量的计算如下：

证券日利率 $K=9\%\div360=0.0003$

$$Z=\sqrt[3]{\frac{3F\delta^2}{4K}}+L=\sqrt[3]{\frac{3\times50\times(800)^2}{4\times0.025\%}}+1\ 000=5\ 579\text{（元）}$$

$$H=3Z-2L=3\times5\ 579-2\times1\ 000=14\ 737\text{（元）}$$

$$\text{平均现金持有量}=\frac{4Z-L}{3}=\frac{4\times5\ 579-1\ 000}{3}=7\ 105.33\text{（元）}$$

（三）现金持有量的管理方法

在公司生产经营活动过程中，现金流入和现金流出是非常频繁发生的活动。在一定时期内，有可能出现现金流入大于现金流出，即形成当期现金流量的结余，使得实际现金持有量上升；也有可能出现现金流出大于现金流入，即形成当期现金流量的赤字，使得实际现金持有量降低。由于公司现金持有量不能过高也不能过低，过高则会降低资金使用效率，导致盈利能力下降，而过低则会影响公司的短期支付能力，此时，适宜的现金持有量就是最佳现金持有量。当实际现金持有量超过或低于最佳现金持有量时，必须及时予以压缩或补足，通常，压缩或补足现金持有量的操作方法是买进或卖出有价证券。

具体来说，现金持有量的管理方法是：

1. 编制现金预算

现金预算是预测公司未来一定时期内现金流入量和现金流出量的书面文件，是公司现金管理的重要手段之一，也是公司现金管理的基础环节。现金预算是短期财务计划的基本工具，它为预测未来现金余缺提供了一个标准，通过现金预算，可以预测公司月度或季度现金余额以及现金短缺金额，为提高现金使用效率提供了依据。

现金预算预计和汇总了计划期内的现金流入量和流出量，通过现金预算，可以掌握未来现金收支情况，明确现金出现结余或短缺的时间以及金额，为现金管理提供依据。

公司不论实行何种营运资本政策，最终的目标都是通过对营运资本的有效管理获得充足而且使用效率高的现金，一方面满足经营需要，另一方面为公司带来最大化利润。公司通过编制定期的现金预算，了解公司未来期间的现金需求和现金供给，根据现金的余缺状况，事先做好投资和融资安排，以保证正常经济活动的有序进行。

（1）现金流入。

由于许多现金流量都与销售有关，所以大多数现金预算都以销售预算为基础。从销售取得的现金流量取决于销售收入和现金销售与信用销售的比例，而信用销售中的现金回收时间由信用条件和支付方式决定。

（2）现金流出。

公司在正常生产经营过程中，经营活动、投资活动和筹资活动等各个环节都需要发生现金流出，现金预算中的现金流出涉及以下项目：

①应付账款的支付。公司需要偿付商品交易中的赊购原材料、零部件的货款。延期付款是短期资金的来源之一，但却是昂贵的一项来源，因为延期可能使公司失去及时偿付时所能得到的价格折扣。

②工资、管理费及其他费用。这部分也包括所有其他定期偿付的其他费用。

③资本支出。即为购买长期资产的现金支付。

④税金、利息和现金股利。包括尚未偿付的长期负债的利息以及支付给股东的股利。

（3）编制现金预算的步骤。

编制现金预算最常用的方法是现金收支法。其主要步骤包括：

①预测公司现金流入量。现金流入量包括销售收入、投资收入和其他收入。

②预测公司现金流出量。现金流出量包括购货支出、营业费用支出、利息支出、税金支出、股利或股息支出以及偿还债务本金支出等。

③预测公司现金净流量并做出规划。当现金流入量大于现金流出量，即出现现金结余时，需要对结余现金的利用进行规划；当现金流入量小于现金流出量，即出现现金不足时，需要对补足现金的筹集进行规划。

2. 加速现金流入和减缓现金流出

编制好了现金预算之后，接下来要做的工作就是执行现金预算。执行现金预算的基本要求就是加速现金流转，提高现金的使用效率，其具体做法有以下几种：

①加速收款。加速收款就是及时收回现金，避免现金被他人无偿占用。可考虑的措施有：尽量采取现款销售方式，少采用赊销销售方式。如有可能，尽量采用现金折扣，加速货款回收；加强对应收账款回收的管理，避免应收账款出现逾期或坏账；选择安全、快速的结算方式，加速货款的回收速度；收到结算凭证或结算凭证到期，及时送交开户银行，办理款项结算。

②控制付款。控制付款就是尽可能地延缓现金支出的速度，达到提高现金使用效率的目的，因而控制付款与加速收款有着相同的功效。可考虑的措施有：尽量选择赊购，少采用现购，延缓现金流出的时间；选用汇票结算方式，延缓现金的划出时间，充分利用汇票结算在资金占用上的时间差；合理使用现金浮游量。浮游量是指公司开出的支票金额超过其在银行存款余额的差额。由于公司开出支票的时间和客户将支票存入银行由银行从其账户上划出资金的时间存在时间差。在这个时间差内，如果公司也有款项入账的话，则可以开出高于在银行存款余额的支票，待银行实际划出资金时，正好有款项入账，抵补支票金额与银行存款余额的差额。因此，如果公司能准确地预测浮游金额，则可以相应地减少银行存款余额，提高银行存款的利用率。

③使现金流量同步。现金流量同步就是要做到现金流入量和现金流出量在时间和金额上做到一致，使现金流入量正好满足现金流出量。如果能做到这一点，公司可将交易性现金需求降到最低，从而提高现金的利用效率。要做到这一点，公司必须科学地编制现金预算，有效组织现金流入，合理安排现金流出，使现金流入与现金流出在时间和金额上趋于一致。

3. 适时调节现金持有量

在现金预算执行过程中，一方面现金预算本身的现金流入量和现金流出量是不等的，另一方面实际的现金流入量和现金流出量也会出现与现金预算中的预期现金流入量和现金流出量不相等的情况，从而导致现金实际持有量高于或低于最佳现金持有量，因此，这就需要适时地调节现金持有量。当实际现金持有量低于最佳现金持有量时，应及时筹措资金补足这一差额，可选择的措施或者是变卖有价证券，或者是借入短期资金；当实际现金持有量高于最佳现金持有量时，应及时安排资金运用，可选择的措施是：如果现金只是短期闲置，可进行短期有价证券投资；如果现金有可能长期闲置，可进行长期有价证券投资。

二、应收账款管理

应收账款是指公司采取商业信用形式对外赊销商品或劳务所形成的应收但尚未收回的款项。在现代市场经济条件下，商业信用是公司商品交易采取的一种极为普遍的形式。应收账款是公司营运资本的重要构成项目，应收账款管理也是公司营运资本投资管理的一项重要内容。

应收账款管理

（一）应收账款投资的利弊分析

应收账款是公司向客户提供的商业信用，即赊销，赊销给公司带来的好处表现在：

（1）赊销是提高市场竞争能力、促进销售的重要手段。在激烈的市场竞争中，公司除了以优质的产品质量、优惠的销售价格和优良的售后服务来吸引客户增强竞争力外，赊销也日益成为公司促进销售、提高竞争力的重要手段。因为赊销相当于在向客户提供商品或劳务的同时，也向客户提供了一笔无息贷款。

（2）赊销有助于降低存货占用，加速资本周转。公司持有商品存货需要支付与之有关的费用，如管理费、仓储费和保险费等。因此，赊销在促进商品销售的同时，也减少了产成品库存，节约各项费用支出，加速了资本周转。

但是，公司在向客户提供商业信用的同时，也带来了应收账款的相应增加，并必须为此付出一定的成本代价：

（1）机会成本，即公司持有应收账款而放弃的等量资金投资于其他项目上可能获取的收益。

（2）管理成本，即公司从应收账款发生到收回期间，为维持应收账款管理系统正常运行所发生的费用，如客户信用状况调查费用、信息收集费用、收账费用等。

（3）坏账成本，即应收账款发生坏账而带来的无法收回的损失。

由此可见，应收账款的管理目标就是要在扩大销售与增加成本之间进行权衡，力求以比较低的投资成本，最大限度地获取应收账款的投资收益，进而确定应收账款的合理持有量。

（二）信用政策及其确定

信用政策是应收账款管理的核心，是指导公司应收账款投资和应收账款日常管理的规则。信用政策的主要内容包括信用条件、信用分析和收账政策等。

1. 信用条件

信用条件又称为销售条件，是指公司要求客户支付赊销款项的条件，一般包括信用期限和现金折扣等条件。信用条件一般可表述为“2/10、1/20、n/30”等，后者也可表述为“净 30”。信用条件可以理解为：如果客户在 10 天的折扣期内付款，可享受 2% 的现金折扣优惠；在 20 天内付款，可享受 1% 的现金折扣优惠；在 30 天的信用期限内付款，不享受任何现金折扣；超过 30 天的信用期限，则属于违约。在这里，30 天为信用期限；10 天、20 天为信用折扣期限；2%、1% 为现金折扣。

（1）信用期限。

信用期限是指公司允许客户从购货到支付货款的时间限定。信用期限定得过短，不足以吸引客户，会造成销售额下降；信用期限定得过长，虽然可以刺激销售额增长，但应收账款占用的资金在时间和数额上都会相应增长，从而机会成本和坏账成本增加。因此，信用期限的确定需要在延长信用期限所带来的边际收益和边际成本之间进行权衡。信用期限为 30～120 天。信用期间的开始日一般是发票日，即运送商品的日期，或者是寄发账单的日期。如果提供现金折扣，那么，信用期间又包括两个要素：净信用期间和现金折扣期间。其中，净信用期间是指客户必须付款的时间长度；现金折扣期间是指折扣的有效期间。如在“2/10、n/30”下，净信用期间是 30 天，现金折扣期间是 10 天。

【例 9－4】某公司现行信用期限为 20 天，年销售额（指赊销净额）为 400 万元，应收账款管理费为 2 万元，坏账损失率为 1%。为扩大销售额，公司打算将信用期限延长至 30 天，年销售额将增至 500 万元，应收账款管理费增加到 4 万元，坏账损失率提高到 1.5%。假设公司的边际利润率为 20%，应收账款的机会成本为 10%。试问：公司可否将信用期限延长？

首先，计算现行信用期限下的应收账款投资净收益：

赊销利润 $= 400 \times 20\% = 80$（万元）

应收账款成本 = 机会成本 + 坏账成本 + 管理成本

$$= \frac{400 \times (1 - 20\%) \times 20}{360} \times 10\% + 400 \times 1\% + 2$$

$$\approx 7.78 \text{（万元）}$$

应收账款投资净收益 = 赊销利润 − 应收账款成本 = 80 − 7.78 = 72.22（万元）

其次，计算延长信用期限下的投资净收益：

赊销利润 = 500 × 20% = 100（万元）

应收账款成本 = 机会成本 + 坏账成本 + 管理成本

$$= \frac{500 \times (1 - 20\%) \times 30}{360} \times 10\% + 500 \times 1.5\% + 4$$

$$\approx 15.83 \text{（万元）}$$

应收账款投资净收益 = 赊销利润 − 应收账款成本 = 100 − 15.83 = 84.17（万元）

延长信用期限后的净利润 = 84.17 − 72.22 = 11.95（万元）

以上计算表明，公司延长信用期限使净利润增加了，因此，公司延长信用期限是可行的。

（2）现金折扣。

现金折扣是指公司为促使客户提早付款而给予的价格优惠，一般用销售收入的百分比来表示。现金折扣的主要目的在于吸引客户提前付款，以缩短公司的平均收款期。通常，公司现金折扣定的高，可以加速资金周转，减少应收账款占用的资金和坏账损失，减少管理费支出，但是，折扣也会带来销售收入的减少。因此，现金折扣的确定也需要权衡边际成本和边际收益。

由于现金折扣是和信用期限结合使用的，所以确定折扣程度的方法和程序与前面信用期限的一致。

【例 9－5】某公司目前不提供现金折扣情况下的赊销期限为 30 天，销售量为 800 件，单价为 2 000 元，单位变动成本为 1 000 元，坏账损失率为 4%。为加快资金周转，决定给予客户现金折扣，信用条件规定为“5/10、n/30”，采取这一措施后，估计销售量会增加 300 件，坏账损失率下降为 2.5%。假定客户要求获得现金折扣。试问：该公司可否采取这一措施？

销售增加额 = (800 + 300) × 2 000 × (1 − 5%) − 800 × 2 000 = 490 000（元）

成本增加额 = 300 × 1 000 = 300 000（元）

坏账增加额 $=(800+300)\times 2\ 000\times 2.5\%-800\times 2\ 000\times 4\%=-9\ 000$（元）

利润的净变动额 $=490\ 000-300\ 000+9\ 000=199\ 000$（元）

计算结果表明，公司放宽信用期到30天后，能增加199 000元的收益，因此应采取30天的信用期，提供现金折扣。

2. 信用分析

信用分析是公司向客户提供商业信用时要求客户所应具备的基本信用条件。如果客户达不到信用标准，便不能享受商业信用优惠或只能享受较低的商业信用优惠。对提供商业信用的公司而言，信用标准定得过高，能够获得商业信用的只能是信誉良好的客户。这样，应收账款出现逾期和坏账的可能性降低，从而机会成本和坏账成本降低。但是，符合条件的客户减少，由此造成销售量下降，库存增加，市场竞争力减弱；反之，信用标准定得过低，能够获得商业信用的客户增加，销售量增加，市场占有率提高，但同时由于客户的信誉降低，应收账款出现逾期和坏账的可能性增加，机会成本和坏账成本也随之增加。可见，信用分析标准的确定需要考虑信用的边际收益和边际成本，只有在边际收益大于边际成本时，信用标准才是可取的。

信用分析一般用预期的坏账损失率作为判断标准，进而将客户进行信用等级划分。信用等级高，坏账损失率低；信用等级低，坏账损失率高。公司在制定信用等级时通常应考虑三个基本因素：同行业竞争对手的情况；公司承担违约风险的能力；客户的资信程度。

传统的信用分析标准等级评估的方法主要有以下两种：

（1）“5C”分析法。

“5C”分析法是信用评估的定性分析法。分析的内容是：其一，信用品质，即客户履行偿债义务的态度，这是评价客户信用的首要因素。它可以从客户以往的偿债记录上反映出来。其二，偿债能力，它可以通过经营者的管理能力，流动资产的数量、质量以及流动比例等指标反映出来。其三，资本，即客户所拥有的资本实力，它可以反映客户的财务实力以及可能偿还债务的背景。其四，担保，即客户提供的为其信用作担保的资产。抵押品的质量越高、价值越大，信用保障程度越高。其五，经济状况，是指目前的社会经济环境状况。社会经济环境稳定，对客户经营状况和偿债能力的影响越小。

通过这五个方面的分析，基本上能够判断客户的信用状况。这就为是否向客户提供商业信用做好了准备。

（2）信用评分法。

信用评分法是信用评估的定量分析方法，它是对反映客户信用情况的有关财务指标进行评分，然后根据这些财务指标对客户信用状况影响程度的大小分别确定一定的权数，进而通过加权平均的方法求得客户的综合信用分值，并以此作为信用等级划分的依据，确定客户信用等级。其计算公式是：

$$Y = A_1X_1 + A_2X_2 + \cdots + A_nX_n = \sum_{i=1}^{n} A_iX_i \qquad (9-14)$$

式（9－14）中，Y 表示信用分数；A_i 表示对第 i 种信用分析指标进行加权的权重系数；X_i 表示第 i 种信用分析指标的评分。

信用分析指标可以选择流动比率、速动比率、已获利息倍数等多种财务指标，再用相应的权重系数换算后，计算信用分数，并划分一定的信用等级分数，表明信用风险的大小。

3. 收账政策

收账政策是指公司在信用条件未被遵守时，为催收逾期的应收账款所采取的程序和方法。一旦客户违反信用条件，拖欠或者拒付账款时，公司就必须制定有效的收账方案，促使账款的回收，最大限度地减少坏账损失。

为保证收账效果，公司收账政策应制定得宽严适度。如果收账政策制定得过于宽松，可能会使逾期应收账款的拖欠时间更长，应收账款的机会成本和坏账损失将会提高；反之，收账政策制定得过于严格，虽然可以使应收账款的机会成本和坏账损失降低，但收账费用也会相应提高，而且可能得罪客户，影响将来业务的开展。例如，某公司规定的收账政策如下：对逾期不足 10 天的客户不予过多打扰；对逾期超过 10 天的客户可以通过书信催收；对逾期 30 天以上的客户除以措辞严厉的书信催收外，还要打电话催收；对于逾期 90 天以上的客户则可移交专门的收账机构或诉诸法律来解决。

一般情况下，公司花费的收款费用越多，坏账损失会越少，平均收账期也会缩短，公司利润就会提高。可见，收账费用与坏账损失之间存在一定关系，但不一定呈线性关系。这种关系可大致描述为：开始增加一些收账费用，坏账损失降低，但不明显；收账费用继续增加，坏账损失明显降低；收账费用增加到一定程度后，坏账损失降低就变得不甚明显甚至不再下降。这一限度一般称作“饱和点”。

（三）应收账款控制

应收账款监控包括两个方面的内容：一是信用额度监控；二是应收账款日常监控。

1. 信用额度监控

信用额度又称信用限额，包括总体上的信用额度和对每一客户的信用额度。总体信用额度是指公司根据自身具体情况和外部经济环境而确定的赊销总规模，是指导和控制日常赊销规模的依据。对每一客户的信用额度是指对符合信用标准的客户给予的最大信用限额。通常，商业信用投向的客户越是集中，商业信用风险越大，应收账款发生坏账的可能性越大，因此，公司必须控制对每一客户的信用额度，避免商业信用过于集中。

2. 应收账款日常监控

应收账款日常监控要做的工作包括两个方面：①进行应收账款的账龄分析。通过账龄分析，了解有多少应收账款尚处于信用期限内，有多少应收账款超过了信用期限，对超过信用期限的应收账款按拖欠时间的长短进行分类分析。②监控应收账款周转天数。即公司收回销售款的平均天数，公司可通过应收账款周转天数与销售条件中规定的信用期限进行比较，以判断信用管理的有效性。如公司计算出的应收账款周转天数为40天，而销售条件规定“净30”，那么就可以断定，该客户逾期付款达10天。公司还应关注应收账款周转天数的长期变化。若平均收账期间变长，要么是客户的付款时间总体上变长了，要么就是有些应收账款严重逾期了。此外，针对不同拖欠时间的应收账款，还可以通过成本效益分析，确定不同的收账政策。

公司在实际管理中，应把信用政策和应收账款控制策略结合起来，综合考虑信用标准、信用期限、现金折扣与坏账准备、收账政策的变动和相互影响，以及对销售额、销售利润、收账费用等的影响。

三、存货管理

存货是指公司在生产经营过程中为销售或者生产耗用而储备的各种流动资产，就生产性公司而言，一般包括原材料、燃料、低值易耗品、在产品、半成品和产成品等。存货占流动资金比重的大小，取决于公司所处行业的性质。一般情况下，制造业和零售业的存货比重较大，其他行业所占的比重相对小一些。公司直接参与存货管理的部门有供应、生产、销售和财务等部门，其中前三个部门主要从数量上对存货进行管理，而财务部门主要从存货价值方面进行管理。与现金、应收账款的管理相比，存货管理要复杂得多。

（一）存货投资的利弊分析

存货是公司流动资产项目中收益率最高而且是风险最大的资产，又是公司从事生产经营活动不可或缺的物质基础。公司进行存货投资，主要是由存货所具备的以下功能所决定的：

1. 保证公司经营的正常进行

必要的原材料、在产品和产成品是公司正常生产经营的前提和保障。尽管有些公司自动化程度较高，并借助于信息化管理提出了零存货目标，但要实现这一目标并非易事，而公司保证每天采购存货既不现实也不合算。因此，为防止停工待料现象的发生，储备适当的存货是必要的。

2. 满足市场销售的需要

必要的存货储备可以增强公司销售的机动性，特别是对于销售季节性很强的商品，更应储存足够的存货，避免因存货不足而错失良机。

3. 有利于实现均衡生产

存货在生产不均衡和商品供求波动较大时，可起到缓冲矛盾的作用，使生产经营活动正常进行。如公司根据需求状况时高时低的生产时，有时生产能力可能得不到充分利用，有时又会出现超负荷生产，这往往会使生产成本提高，此时储备一定数量的存货，能够保证实现均衡生产，从而降低生产成本。

4. 保险储备

在市场经济条件下，由于公司面临的不确定因素较多，为防止意外发生，必须保持必要的存货保险储备，以避免或减少损失。

5. 出于优惠价格的考虑

一般来讲，零购价格往往比较高，而批量购买物资在价格上常有优惠。有时，公司当预测某种原材料价格可能会上涨，也会提前购入一定量的存货，以获得价格上的优惠。

由此可见，进行存货投资是能够给公司带来效益的，但公司持有存货也是有成本的，如储存成本。因此，公司持有的存货既不能过高也不能过低，过高会导致储存成本（包括机会成本）增加，而过低则难以保障生产经营活动的正常进行，形成缺货成本。也就是说，存货投资持有量的确定需要在存货效益和存货成本之间进行权衡，进而实现两者的最佳组合。

（二）存货的成本

公司进行存货投资的成本主要包括以下几项：

1. 取得成本

取得成本是指公司为取得存货而付出的成本，包括订货成本和购买成本。

（1）订货成本。订货成本是指取得存货订单的成本，包括订货手续费、差旅费和邮电费等。订货成本包括固定成本和变动成本。订货成本与订货数量无关，而与订货次数成正比例变动，即在存货需求既定的情况下，订货次数越多，订货总成本越高。存货的订货成本用公式表示为：

$$\text{订货成本} = F_1 + \frac{D}{Q}K \tag{9-15}$$

式（9-15）中，F_1 表示订货成本的固定成本；K 表示订货成本的变动成本；Q 表示存货每次定购量；D 表示存货年需要量。

（2）购买成本。购买成本是指存货本身的价值，包括买价、运杂费等。购买成本与购买数量成正比，与订货次数无关。存货的购买成本用 DV 表示。用公式表示为：

$$TC_a = F_1 + \frac{D}{Q} \cdot K + D \cdot V \tag{9-16}$$

式（9-16）中，TC_a 表示存货取得成本；D 表示存货年需要量；V 表示存货单价。

2. 储存成本

储存成本是指公司为保持存货而发生的成本，包括仓储费、管理人员工资、存货损耗、保险费以及存货占用资金需支付的利息等，用 TC_c 表示。储存成本也分为包括固定成本和变动成本。固定成本与存货数量无关，如仓储费、管理人员的工资等。变动成本与存货数量成正比，如存货损耗、保险费以及存货占用资金需支付的利息等，即在存货需求既定的情况下，订货次数越多，存货存量越少，变动成本越低；反之亦然。存货储存成本用公式表示为：

$$TC_c = F_2 + K_c \cdot \frac{Q}{2} \tag{9-17}$$

式（9-17）中，TC_c 表示存货储存总成本；F_2 表示存货储存固定成本；K_c 表示单位储存变动成本。

3. 缺货成本

缺货成本是指由于存货储备不足而造成的损失，如停工损失、紧急采购的额外开支、延期交货的罚金以及公司信誉损失等。缺货成本用 TC_s 表示。

4. 存货总成本

存货总成本是存货取得成本、储存成本和缺货成本之和。用 TC

表示存货总成本，则有：

$$TC = TC_a + TC_c + TC_s = F_1 + \frac{D}{Q} \cdot K + D \cdot V + F_2 + K_c \frac{Q}{2} + TC_s \quad (9-18)$$

（三）经济批量模型及其扩展

存货投资管理的目标就是要在权衡存货成本和存货收益，确定最佳存货持有量，使公司在保持必要存货储备的同时最小化存货总成本。确定最佳存货水平的常用计量模型是经济批量模型（又称经济订货量模型）。下面对这一模型做简要介绍。

1. 基本经济批量模型

经济批量模型的假设条件是：①公司在需要进货时可以及时取得存货；②存货集中到货，一次入库，存货耗用均衡稳定；③存货年需求确定且单价不变，不考虑现金折扣；④公司现金充足，不存在因现金不足而影响进货的问题；⑤所需存货市场供应充足，无缺货成本。

在上述假设条件下，存货成本计量模型中的 F、DV 为已知常量，缺货成本 $TC_s = 0$，存货总成本完全由订货成本和储存变动成本决定，式（9-18）可改写为：

$$TC = K \cdot \frac{D}{Q} + K_c \cdot \frac{Q}{2} \quad (9-19)$$

在 D、K、K_c、F 已知为常数时，TC 的大小仅取决于 Q。故对 TC 求导可求得 TC 最小时的经济批量 Q^*。其计算公式为：

$$Q^* = \sqrt{\frac{2KD}{K_c}} \quad (9-20)$$

式（9-20）被称为经济批量模型的基本模型。存货成本与经济批量之间的关系见图 9-9。

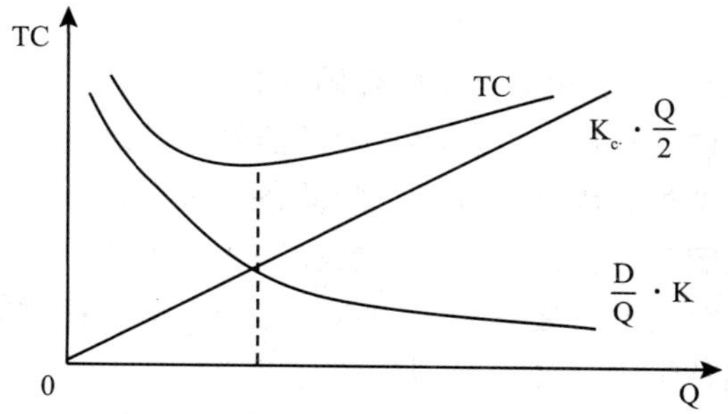

图 9-9　经济批量与存货成本

根据经济批量 Q^*，还可以推导出以下公式：

①每年最佳订货次数：$N^* = \frac{D}{Q^*} = \sqrt{\frac{DK_c}{2K}}$ (9－21)

②最佳存货总成本：$TC^* = \sqrt{2KDK_c}$ (9－22)

③最佳订货周期：$T^* = \frac{360}{N^*} = 360 \cdot \sqrt{\frac{2K}{DK_c}}$ (9－23)

2. 经济批量模型的扩展

经济批量基本模型的各种假设在实际工作中并不多见，为使模型更接近于公司的实际情况，下面注意放宽假设条件，在更现实的情况下计算最佳存货持有量。

（1）再订货点与保险储备。

一般情况下，公司要做到存货库存到零时及时补充到需要量几乎是不可能的，因为公司从发出订单到实际收到存货存在运输、结算过程。因此，公司需要在存货尚未用完时就开始订货，这样，公司在再次发出订单时事实上尚持有一定存货，这时的库存称为再订货点。

再订货点的计算公式为：

$$R = L \cdot D \quad (9-24)$$

式（9－24）中，R 表示再订货点；L 表示订货提前期，也即交货时间；D 表示平均日需要量。

在提前订货期条件下，当存货库存达到 R 时，就应组织再次订货。此时，有关存货的经济订货批量、订货次数、订货周期等并无变化，变化的只是订货的时间。

上述基本经济批量模型假设存货的供需稳定且确知，但实际情况却并非如此。公司对存货的需求经常会发生波动，交货时间也会延迟，因此，公司应持有一定量的保险储备，以防供应延误造成存货短缺损失。这样，再订货点就变为：

$$R = L \cdot D + B \quad (9-25)$$

式（9－25）中，B 为存货的保险储备量。

建立保险储备可以避免因存货短缺而带来的缺货成本，但却使存货的储存成本增加，因此，存货保险储备量也存在一个最佳持有量的确定问题。确定最佳保险储备量需要在缺货成本和储存成本之间进行权衡，寻求一个使两者之和最小的点。这一点上的存货保险储备量就是最佳保险储备量。其计量模型为：

$$TC(S, B) = C_s + C_b = K_u \cdot S \cdot N + B \cdot K_c \quad (9-26)$$

式（9－26）中，TC(S，B) 表示保险储备总成本；C_s 表示存货短缺成本；C_b 表示存货保险储备成本；K_u 表示单位缺货成本；S 表示缺货量；N 表示年订货次数；B 表示保险储备量；K_c 表示单位储存成本。

在交货间隔期内，存货的需求变化具有一定的概率分布，其概率可根据历史经验得出，根据在不同概率下的存货需求，可计算出存货需求的期望值，即再订货点。在再订货点确定的条件下，存货短缺量随存货需求量的变化而变化，且具有相同的概率分布。据此，可以计算出不同保险储备量下的缺货量的期望值，进而计算出不同保险储备量下的保险储备总成本，通过比较，保险储备总成本最小时的保险储备量即为最佳保险储备量。

【例 9－6】某公司对某种原材料的年需求量为 3 600 吨，该原材料的单位储存变动成本为 20 元，一次订货成本为 25 元，单位缺货成本是 100 元。交货间隔期内的原材料需求变化情况及其概率分布如表 9－2 所示。可供选择的保险储备方案有三个：①保险储备为 0 吨；②保险储备为 10 吨；③保险储备为 20 吨。

表 9－2　　原材料需要量及其概率分布

存货需要量（吨）	50	60	70	80	90
概率	0.1	0.2	0.4	0.2	0.1

根据以上公式，可进行如下计算：

经济订货批量 $Q^*=\sqrt{\dfrac{2\times25\times3\ 600}{20}}\approx95$（吨）

年订货次数 $=\dfrac{3\ 600}{95}\approx38$（次）

存货平均需求量 $=50\times0.10+60\times0.20+70\times0.40+80\times0.20+90\times0.10=70$（吨）

当 B＝0、10、20 时，不同保险储备量下的缺货量 S 和总成本 TC(Q) 的计算如表 9－3 所示。

表 9－3　　不同保险储备量时的缺货量和总成本计算

保险储备 B（吨）	缺货量 S（吨）	总成本 TC(Q)（元）
0	4	15 200
10	1	4 000
20	0	400

计算结果表明，最佳保险储备量是 20 吨，此时的再订货点为 70 + 20 = 90（吨）。

（2）存货的陆续供应和使用。

基本模型中假定存货是集中到货的，但在实际工作中，有时存货可能陆续到货，而且是边送边用，如产成品入库和在产品转移。此时，存货的相关总成本依然等于进货成本和储存成本之和，但平均储存量随着每批进货数、每日耗用量的变化而发生变化。

在存货陆续到货的情况下，假设公司存货年需用量为 D，单价为 U，一次订货成本为 K，单位储货成本为 K_c，每日到货量为 P，每日耗用量为 d，则到货间隔期为 Q/P，到货期内的存货耗用总量为 $\frac{Q}{P}d$，每批存货送完时，最高库存量 E 为 $Q-\frac{Q}{P}d$；平均库存量（E /2）为 $\frac{1}{2}\left(Q-\frac{Q}{p}\cdot d\right)=\frac{Q}{2}\left(1-\frac{d}{p}\right)$。存货数量变动如图 9－11 所示。

那么，与批量有关的存货储备总成本为：

$$TC(Q)=TC_a+TC_c=\frac{D}{Q}\cdot K+K_c\cdot\frac{Q}{2}\left(1-\frac{d}{p}\right) \quad (9-27)$$

同样，当 $\frac{D}{Q}K=\frac{Q}{2}\left(1-\frac{d}{p}\right)K_C$ 时，变动储备成本和变动订货成本相等，此时的订货量 Q^* 为最佳存货定购量。用公式表示为：

$$Q^*=\sqrt{\frac{2KD}{K_c}\left(\frac{p}{p-d}\right)} \quad (9-28)$$

进一步推算，最佳存货储备总成本为：

$$TC(Q^*)=\sqrt{2KDK_c\cdot\left(1-\frac{d}{p}\right)} \quad (9-29)$$

此时的存货流转过程见图 9－10。

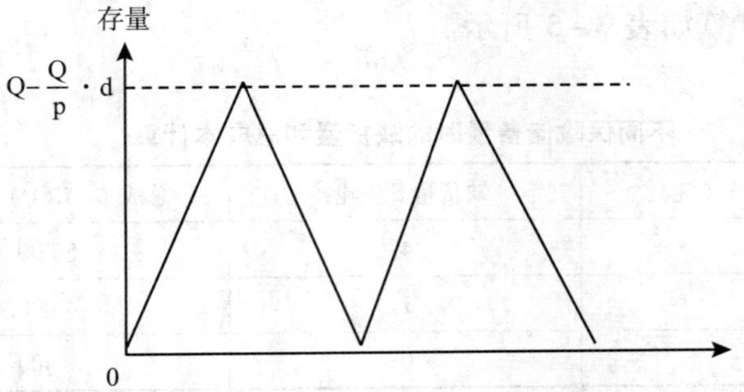

图 9－10　存货陆续供应和使用下的流转过程

【例9－7】甲公司某元件年需要量D为5 000件，每日送货量p为40件，每日耗用量d为20件，单价U为20元，以次订货成本K为30元，单位储货成本K_c为5元，问，最佳存货定购量Q^*和最佳存货储备总成本TC(Q)是多少？

$$解：Q^* = \sqrt{\frac{2KD}{K_c}\left(\frac{p}{p-d}\right)} = \sqrt{\frac{2 \times 30 \times 5\,000}{5}\left(\frac{40}{40-20}\right)} \approx 347\ （元）$$

$$TC(Q^*) = \sqrt{2KDK_c \cdot \left(1-\frac{d}{p}\right)} = \sqrt{2 \times 30 \times 5\,000 \times 5 \times \left(1-\frac{20}{40}\right)} \approx$$

865（元）

则，存货的最佳定购量为347元，最佳存货储备总成本是865元。

本章小结

1. 公司对营运资本的投资管理包含在流动资产投资管理的范畴中。有效管理营运资本投资可以提高公司资金的利用效率，增加公司的净现金流入量，从而提高公司价值。

2. 经营周期是从购买存货到销售产品实现现金收入为止这段时间。经营周期等于存货周转期和应收账款周期长度之和。现金周期，是从购买存货支付现金到从应收账款上收回现金这一期间的长度。应付账款周期是公司在购买各种资源的过程中延期支付的时间长度。

3. 短期财务政策反映流动资产的规模以及为流动资产融资的选择，而该政策受制于公司的营运资本政策。营运资本政策将对公司流动资产投资和流动资产融资行为产生重要的影响。流动资产投资时可以选择适中型、宽松型和紧缩型三种投资策略。流动资产融资也是遵循适中型、激进型的和保守型三种策略融资资金。公司可以通过应计项目、商业信用和短期借款等主要方式融资短期资金。

4. 营运资本投资是公司为保证经营活动的正常进行而用于劳动对象上的投资，是公司的一项经常性投资活动。营运资本投资形成的资产有三种形态：现金（包括库存现金和银行存款）、应收账款和存货（主要包括原材料、在产品和产成品）。

5. 公司营运资本投资管理的目的在于：确定一个既能维持公司的正常经营活动，又能在减少或不增加风险的前提下，给公司带来尽可能多的利润的营运水平。

6. 营运资本的投资策略可归纳为激进型投资策略、保守型投资策略和稳健型投资策略。

7. 现金管理的目的就是通过对持有现金的流动性和营利性的权衡，寻求一个使两者实现最佳组合的结合点，即最佳现金持有量。常用的现金管理模型有成本分析模型、存货模型和随机模型。

8. 应收账款持有量控制就是通过应收账款带来的收益与成本的权衡，进而确定一个合理的持有量。信用政策是应收账款管理的核心，是指导公司应收账款投资和应收账款日常管理的规则。信用政策的主要内容包括信用标准、信用条件和收账政策等。

9. 存货持有量控制就是通过对存货效益与成本的权衡，确定一个最佳的持有量，使公司在保持必要存货储备的同时最小化存货总成本。确定最佳存货水平的常用计量模型是经济批量模型。

思考与练习

1. 什么是营运资本投资？试解释营运资本投资特征和管理原则。
2. 试解释公司为什么持有现金？现金管理的目的是什么？
3. 公司进行营运资本投资有哪些策略？
4. 比较现金管理三种模型的异同。
5. 如何用存货模型来确定最佳现金余额？
6. 简述应收账款的信用政策有哪些。
7. 存货投资有哪些功能？存货成本有哪些形式？
8. 如何运用经济批量模型及其扩展模型来计算最佳存货量水平？
9. 短期财务政策的内容有哪些？
10. 短期融资的渠道有哪些？各有什么优缺点？
11. 案例资料：东方公司是一家商业企业。其现金收支状况比较平稳，预计全年现金需用量为250 000元，现金与有价证券的转换成本为每次500元，有价证券年利率为10%。现根据公司资金使用情况，拟测算现金最佳持有量及其成本，为此需要计算如下项目：

(1) 计算最佳现金持有量。

(2) 计算最佳现金持有量下的全年现金管理总成本、全年现金交易成本和现金持有的机会成本。

(3) 计算最佳现金持有量下的全年有价证券交易次数和交易间隔期。

12. 案例资料：光华公司是一家商品流通企业。现行的信用政策是40天内全额付款，赊销额平均占销售额的75%，其余部分为立即付款购买。目前的应收账款周转天数为45天（假设一年为360天）。总经理今年一月提出，将信用政策改为50天全额付款，改变信用政策后，预计总销售额可增加20%，赊销比例增加到90%，其余部分为立即付现购买，预计应收账款周转天数延长到60天。

改变信用政策预计不会影响存货周转率和销售总成本率（目前

销货成本占销售额的70%)。存货占销售额的70%，周转天数为60天，工资由目前的每年200万元，增加到380万元。去除工资外的营业费用和管理费用目前为每年300万元，预计不会因信用政策改变而变化。公司上年末的资产负债表如表9-4所示。

表9-4　资产负债表

20××年12月31日　单位：万元

资产	金额	负债及所有者权益	金额
现金	200	应付账款	100
应收账款	450	银行借款	600
存货	560	实收资本	1 500
固定资产	1 000	未分配利润	10
资产总计	2 210	负债及所有者权益合计	2 210

根据上述资料，假设该投资者要求的必要报酬率为9%，试分析公司是否应该改变信用政策。

第十章

财务困境预测管理

本章要点

- ✧ 财务困境的概念及产生原因
- ✧ 财务困境的特征
- ✧ 委托代理理论中关于企业财务困境的论述
- ✧ 财务困境的表现形式
- ✧ 财务危机预警的概念及作用
- ✧ 财务危机预警的特征
- ✧ 财务危机预警系统运行机制的构成
- ✧ 财务危机预警的单变量模型内容
- ✧ 财务预警模型的多变量模型内容
- ✧ 解决企业财务困境的途径与方法

本章首先分析企业财务困境的概念及其相关理论基础，着重介绍企业财务困境产生的原因及其形式特征，然后阐述企业建立财务危机预警模型的作用、特征以及财务危机预警系统运行机制的构成，重点介绍了衡量企业财务困境的单变量模型和多变量模型，最后提出了企业摆脱财务困境的途径及方法。本章内容主要围绕企业财务困境的形成、衡量及解困办法这一条主线展开，即企业陷入财务困境后要分析其产生的原因，建立并使用合理的财务危机预警模型分析财务指标，寻求最适合的解困途径和方法，帮助企业及早脱离财务危机。

第一节　公司财务困境分析

一、财务困境概述

随着社会经济形势的快速发展，企业间竞争在不断加剧，处于弱势竞争地位的企业将会面临财务困境。从本质上看，财务困境是企业某个时段所经历的一个复杂的、特殊的财务状况，最初表现为企业现金流不足以偿付到期债务，如不及时调整企业经营战略或补充现金流，则会产生财务危机，直到企业破产倒闭。所以，财务困境作为企业的核心问题之一，在企业经营治理中起着至关重要的作用，一直受到利益相关各方的密切关注。

（一）财务困境的概念

目前国内外学者对财务困境的概念看法不一，并无完全一致的界定，没有严格地区分财务困境、财务危机、经营困境及破产等概念。国外学者在20世纪60年代即开始从审计报告、现金流、公司治理等多个角度研究企业的财务困境。概括地讲，国外学者普遍认为：财务困境的概念包含着资金流匮乏、无法按时还清债务或应付款项，以及企业流动资产小于流动负债情况等。破产通常被视为公司处于财务困境的迹象。在我国，通常对于财务困境（财务危机）的定义有两种：一种是以法律为标准定义的企业破产。亦即我们通常所说的企业破产倒闭，是衡量企业财务危机最常用的标准。另一种则以证券交易所给予特别处理（special treatment，ST）或退市警告为标准。但需要指出的是，在我国股票市场上，上市公司退市制度并不完善，在被ST阶段，上市公司资格仍然是一个较为稀缺的壳资源，公司申请破产不太可能发生。特别处理只是一种可衡量的客观事件。

综上所述，国内外学者对企业财务困境的界定有一定的差别，但也存在着共同之处。概括而言，我们认为财务困境指企业财务状况恶化，盈利能力明显并持续下降，持有的现金流量难以偿还到期应付债务，最终可能致使企业破产的现象。

（二）财务困境产生的原因

造成企业财务困境的原因有多个方面，就整体而言，可大致分成外部原因和内部原因。

1. 外部原因

引发企业财务困境的外部原因主要是指宏观经济形势或政策的变化导致企业经营困难，逐渐陷入财务困境，如宏观经济政策变化、产业或行业周期不景气、市场需求变化及竞争激烈、经济法律制度缺陷等。对于上述外部原因，企业一般无法改变，只能被动地适应或预防。

（1）宏观经济政策变化。货币政策和财政政策是政府掌握并频繁使用的两大宏观经济政策，政策根据宏观经济发展趋势，通过对两大经济政策的调整如利率升降、公开市场操作、发行国债、调整税种或税率变更等对宏观市场进行调控，这可能会对企业的生产和销售产生一定程度上的不好的影响，企业利润遭受损失，使企业处于财务危机之中。

（2）产业或行业周期处于不景气时期。经济发展不可能始终处于高速增长时期，而是存在着一定的经济周期。当某一产业或行业发展周期处于缓慢发展、停滞甚至下滑阶段时，企业销售量减少，库存增加，利润率降低，资金周转速度减慢，生产陷于停顿，亏损增加。若是不景气时期过长则会让企业陷入财务困境之中。

（3）市场需求变化及竞争激烈。市场经济条件下供求总量或供求结构始终是处于不断变化之中，当某一时期供求状况失衡，则会直接影响企业的财务状况。尤其是处于买方市场时需求的总量及结构决定了供给的总量与结构，企业作为供给方在很大程度上需要适应需求的变化，否则就会形成产销脱节、产品积压、市场份额减少、竞争力下降，甚至会被排挤出原有市场，由此将引发企业的财务困境。

2. 内部原因

造成财务困境的内在原因是企业能够控制并主动调整的，是应该提防、引起重视的。主要有以下几个方面：

（1）缺乏核心竞争力的多元化投资。一个企业如果拥有核心竞争力，那么这个企业的竞争优势才能持久。由此看来，企业生存持续的第一步是要拥有一个有核心竞争力的产品，然后再根据这一产品以及拥有的竞争力来考虑能否实施多元化投资战略。一般而言，出于减轻运营风险、使用闲置资源和获得协同效益的动机，企业倾向于进行多元化投资经营。但由于多数企业对自身条件和市场环境没有达到较为充分的认识，对新行业缺乏足够的了解，多元化经营战略会导致企业经营业绩有一定程度的下降。而且如果企业多元化经营没有围绕于其主要产品，又无法另外培养新的核心产品，最终会导致企业内部整体资金的匮乏。

（2）过度投资。当企业将有限的资源投入投资回报低的项目、投入未知领域、与企业核心业务没有关联的行业或产品，以达到扩宽投资领域的目的的投资行为就属于投资过度行为。引起过度投资的原因很多，包括公司股权结构集中度、投资项目评估优劣、市场预测合理程度、管理者自信心理等因素都可能导致公司投资过度。控股股东为谋求控制权私利往往会进行过度投资，扩大公司业务规模。投资项目评估过度剔除合理估值要素，扩大盈利范围。市场预测视野狭窄，调研肤浅，远景预测缺乏合理数据支撑。管理者过度自信可能带领公司进行过度投资，使得企业投资决策效率低下。以上种种都将对企业财务状况方面存在负面消极的影响。过度投资产生的消极影响是极为深远的，过度投资会导致公司违规担保、追求单一的资本运作投资、资金周转压力过大等，从而使公司财务处于困境之中，最终破产。

（3）公司内部控制能力弱化。企业要有完整有效的内部控制体系则必须要合情合理地设置职能部门，分好每个部门的责任，各部门、各职位之间形成相互牵制、相互监管的形势，这就要求企业有合理的治理机制。公司最标准的管理形式是总经理和公司的董事会、监事会之间的制衡，但是一股独大、控股股东掌权等情况在我国上市公司中屡见不鲜。“一股独大”这一问题是公司的管理结构完善过程中的一个大的障碍。上市公司的资产监管、业务经营等均由公司大股东一致安排，由此可能出现一个严重的问题，即大股东占用上市公司资金的情况屡见不鲜。一些大股东为了自己的个人利益，大量挪用、侵占公司资金或资产，使公司资金周转压力过大，资金周转速度慢，影响了公司的生产经营，使公司财务情况恶化。

（4）资产质量差。应收账款是评价公司资产质量优劣的一个关键指标。公司应收账款账面价值为正则表明公司内部可能有资金被侵占的情况，应收账款账面价值太高且时间久，则表明公司的资金被大范围地恶意侵占，这样便容易使公司资金周转压力过大，将极大程度地影响公司资产的质量，致使公司处于财务困境之中。有的上市公司为了提高经营收入，提高市场占有率，通常会采用大额赊销方式售出公司的产品，进而导致应收账款账面价值过高，使公司资产质量遭受巨大的损失，会将公司置于财务困境中或最终破产重组。如果在向外赊账销售过程中，公司不能够清楚地获知客户的信用等级，为求收入不顾后果地赊销，使得应收账款科目的账面价值上涨，资产负债表中坏账准备就会增加，那么应收账款坏账增长的概率就会加大，公司资金周转速度缓慢，而上市公司由于自有资本的短缺，公司会将短期可用资金投入长期计划之中，这种以短期负债支持回报速度慢的长期投资的行为使得公司流动负债账面价值将远大于流动资产的账面价值，债务比率将严重失调。

（三）财务困境的特征

公司发生财务困境，并不是偶然性的，一般有迹可循。一般情况下，公司出现财务困境，其财务特征必然会随之发生变化。

1. 财务困境企业的报表特征

（1）资产负债表特征。

在资产方面，当一个企业面临财务困境时，其货币资金必然减少。通常而言，货币资金作为企业的重要资产，具备强大的流动性。公司需要依赖充足的货币资金来维持其正常的生产经营。一旦公司货币资金准备不足，将直接影响其短期偿债能力。

在负债方面，企业一旦发生财务困境，就会出现相应的不良特征，如短期借款增加、负债多等。一般困境公司都会面临着严重的资金缺口，其资金来源呈现单一性。同时，以短期借款为主，无形中加剧了公司的偿债压力。

（2）利润表的特征。

公司财务困境指标一般都是通过利润表加以体现，如财务费用、管理费用均呈现较高的状态、盈利能力差等。通常而言，公司在开展盈利分析过程中，会对公司的盈利状况进行考察，也会对其盈利结构的合理性作出分析。公司的盈利能力直接关系到公司是否出现财务困境。如果公司的盈利能力不足，那么公司极有可能发生财务困境。

2. 财务困境企业的财务指标特征

（1）偿债能力。

公司短期偿债能力通常可以借助分析其流动比率与速动比率来加以掌握。对公司偿还债务能力进行判断应当参考其负债量与变现偿还债务资金的总量。对公司的长期偿债能力进行分析的过程中需要参考资产负债率与利息保障倍数。

公司发生财务困境后，其众多指标会出现异常，其利息保障倍数、速动比率等将出现异常，远远低于正常公司的指标，因此，无力偿还到期债务被视为评断企业是否已经进入困境的关键性因素。

（2）营运能力。

公司的营运能力一般以应收账款周转率与总资产周转率作为评断的指标。一个公司的总资产周转率不高，就代表其周转速度慢，那么公司可以被使用的资产效率越也较低。应收账款周转率越高就代表公司能够快速地收回应收账款，也就拥有了足够的短期偿债能力。公司一旦面临财务困境，其总资产周转率也会发生变化，包括应收账款周转率均远远比正常生产经营的公司要弱得多。

（3）盈利能力。

盈利能力指标主要包括净资产收益率、营业毛利率等。通常情况下，企业的净资产收益率越高，则自有资本就可以获得更多的利益；企业运营效果显著，则代表投资人与债权人的利益可以得到有效的保证。困境企业缺乏足够的盈利能力，则无法保证股东的正常回报。

二、财务困境的基本理论基础

要解决财务困境的各种问题，首先需要分析的是企业为什么会陷入财务困境，或者需要解释企业陷入财务困境的理论有哪些。这里我们用委托代理理论、企业战略学理论、破产成本理论和内部人控制理论加以考察企业陷入财务困境的基本情况。

（一）委托代理理论

委托代理理论是由美国经济学家伯利和米恩斯基于企业所有者和经营者非对称信息博弈理论提出的，委托代理理论认为：由于代理者和委托者它们之间的效用函数不具有一致性，委托者自始至终的要求是自己拥有的资产最多，然而代理者的最终要求是获得更多的空闲时间、工资补贴和豪华消费，其中这些相互对峙的因素必然会导致委托者和代理者的利益互相冲突。委托代理理论强调企业应把所有权和经营权分开，企业的所有者应该把企业的经营权转让给其代理人即经营者。因此，在委托代理关系中，当委托人强烈依靠代理人来经营企业时，这段关系中就会产生道德风险。当企业同时存在股权融资和债权融资时，企业价值上升，债权人和股东则共享利益，但是债权人具有固定和优先获得收益的权利，因此，如果股东在承担最终风险的情况下没有获得对等的收益时，就会拒绝投入资金到项目中去；在企业面对财务困境状况的时候，股东会优先考虑个人利益，不会再对企业投入资金，风险偏好型的股东则会违反和债权人的协议将企业现有资金投进更高收益但同时风险也更高的项目中去，而保守型的股东则可能转移企业资产以保障自身的投资没有损失。如果高风险的股东成功则可能帮助企业摆脱困境，如果失败，那么企业的财务困境将日益加深。

（二）企业战略学理论

企业战略学理论是在企业战略方面讨论企业财务状态产生困境的成因。而在这一方面，已有的研究主要是以波特的竞争优势理论为研究理论基础，该理论内容主要包括行业内竞争者进来和替代商品的威胁以及与客户或供应商讨价还价能力等，分析这些因素后就能确定企业具有哪些优势，进而可以找出企业发生财务困境的原因。波特将导致企业产生财务困境的原因分为四点：商业环境的变动、宏观环境的变动、公司快速发展而导致的自由资金量不足，以及公司管理的失误等。

（三）破产成本理论

破产成本理论认为：破产成本（财务成本）是企业为应对金融危机必须支付的费用之和。财务限制通常发生在负债率相对较高的公司。负债率相对越高，就为实现财务上的稳定制造了越多的阻碍，企业出现财务危机的风险就越大。假如公司负债率相对较高，就极有可能会使得公司出现破产的问题，则需要消耗比较大的法律清算以及诉讼费用。如果没有破产问题，企业债务过多也会影响资金的使用。

（四）内部人控制理论

内部人控制是指在当代企业中形成所有权和经营权（控制权）的剥离。募集资金、投资权和人事权属于公司的经营者，即内部人员，股东难以有效监控其行为。由于权力过于集中，股东和其他利益将受到不同程度的伤害。目前，人们普遍认为主要的内部控制问题是：过分的在职消费；短期行为；过度投资和耗用资产；工资和奖金等收入增长过快，利润受到侵害；转移国有资产；置小股东利益和声誉于不顾；大量拖欠债务，甚至严重亏损；等等。内部人控制问题的形成实则是公司治理中“所有权缺失”的问题以及控制权和剩余索取权之间的不匹配。

三、财务困境的表现形式

企业财务困境主要表现为不能够偿付债务；主业萎靡，企业亏损；现金流量入不敷出；等等。

（一）无力偿付债务

当企业经营状况恶化、投资收益持续下降时，所拥有的现金流量能够抵减所有债务本息的概率很小，清偿到期债务的能力随之下降，企业还债压力增大，以致企业难以对外获得融资以维持日常支出或基本偿债需求，从而使得企业处于财务困境之中。企业陷入财务困境后债权人通常会采取措施以保障自己的利益，比如缩短信用期限、提高借款利率、要求企业提供担保、要求立即偿付债务等。如果公司资金使用不合理，致使公司无法按时偿还借款本息，则会加重公司的财务困境，甚至最后处于破产清算的处境。

（二）主业萎靡，企业亏损

一般而言，企业的核心资产是企业稳定、持续经营的关键要素，核心业务的营运状况决定着企业整体的经营状况，如来自核心业务的利润占比一般都较高。当核心业务出现萎缩也即意味着企业经营状况出现了较大问题，如利润水平的下降甚至为负值等，在其他条件不变的情况下，企业财务状况将处于困境之中。

（三）现金流量入不敷出

现金流量表是评价企业运营状态是否健康、企业能够无压力地清偿所有负债和企业资源变现能力的一个重要指标。当现金流量小于或等于零即意味着现金不断流出，企业自己产生的现金不够的时候，就会被迫出卖资产，如果这种抛售资产的行为持续的时间长了，就会引起资产负债表的失衡，也可以称为流动性危机。2008 年世界性的金融危机首先即反映为流动性危机。发生财务困境的企业通常表现为资金短缺、资金周转压力大、现金流入不敷出。

第二节 财务危机预警分析

一、财务危机预警概述

企业在生产经营过程中将会面临许多的内外部风险，这些风险的不断累积将使得企业面临越来越大的压力，甚至可能导致企业生产经营的不可持续性或破产。我国《破产法》自 1986 年生效以来，每年企业的破产数目都在不断增加。另外，中国国家统计局的相关数据表明：我国民营企业的平均寿命只有 2.9 年，每年民营企业破产的数目约有 100 万家。因此，企业破产也是一种常态化的经济现象，而财务困境或财务危机则是企业破产的直接反映。正常的财务活动是企业的命脉，是企业赖以生存的根本与保障，财务出现危机不仅会对企业经营者造成损失，也会影响投资者的利益，严重的甚至会对该产业链上下游关联企业造成一定影响。因此，对企业财务状况进行科学的财务预警、及时控制财务风险、调整企业状态是必需且十分必要的。

（一）财务危机预警的概念

所谓危机预警，是对危机情况发生的警示与预测，一般以某种信息为标志。就财务危机预警而言，是以公开的财务会计信息为基础，其他相关信息为补充，特定的指标数值为标志，并按照其数值综合判断企业是否处于财务危机及所处危机的严重程度，以满足企业所有者、管理者、债权人及潜在投资者等诸多主体的决策需要。

（二）财务危机预警的作用

为防止财务危机，需要对企业财务状况进行科学的衡量与分析，并建立合理有效的财务危机预警模型。良好的财务危机预警模型能够发挥以下几个方面的积极作用：

（1）可以较为准确地预知企业财务危机征兆，发现引起企业财务危机的关键因素，从而及时调整企业财务计划或经营方案，减少财务损失，规避财务风险，避免财务危机。这是企业财务危机模型最重要的作用。

（2）可以防止财务危机的发生或进一步扩大。财务危机预警模型是一个综合性的检测模型，它包含着企业财务方面的几大关键指标，也包含着一些非财务指标，各个指标各有侧重，且都表达着一定的经济意义或经营状况。由于企业财务危机的发生是一个渐变的过程，在出现财务危机征兆时，可能有一个或几个指标会出现异常情况，通过财务危机预警模型的检测就能够及时找到导致企业财务状况恶化的关键性指标，从而提醒经营者采取有效措施，对症下药，遏制财务状况的进一步恶化，从而避免严重的财务危机真正发生。

（3）可以避免类似的财务危机再次发生。有效的财务危机模型可以很好地分析出此次财务危机发生的原因，从而为企业改进管理措施找到很好的应对方法做好铺垫，这样可以使企业在未来避免发生类似的财务危机。

（三）财务危机预警的特征

企业财务危机预警系统具有以下几个方面的特征：

（1）参照性。即企业财务危机预警系统能从大量的企业财务指标中筛选出能准确、及时反映企业财务状况的指标，使其成为人们认识和判断企业财务支行状况、运行规律的参照指标或指标体系。

（2）预测性。由于企业财务运行各因素相互联系、相互影响，因此根据企业财务运行状态的发展变化趋势，可以推导出与某一因素密切相关的各因素的发展变化，尤其是当影响企业财务状况的关键因素出现不良征兆时，可以及早预知可能发生的损失，并寻求相应的解决方案。

（3）预防性。即一旦企业财务预警体系中相关指标贴近警戒线，便可以及时找到导致财务运行恶化的原因来化解财务危机。

（4）灵敏性。即由于企业财务体系各因素之间密切相关，因此某一因素的变动会从另一相关因素上敏锐地反映出来，从而提供相关预警信息。

二、财务危机预警系统运行机制的构成

现实经济活动中，企业财务危机预警系统积极作用的发挥，必然依赖于高效的系统运行机制。这些运行机制主要包括财务信息收集与处理机制、财务风险分析与危机处理机制以及财务危机预测责任与激励机制。这些机制共同处于财务危机预警系统之中，相互联系、相互影响，各自在不同的领域发挥着不同的预警作用，同时又形成合力，共同维护着系统的整体运行状态。

（一）财务信息收集与处理机制

该机制主要是建立全面的财务方面各种信息的收集、传递、处理系统。基本程序是：企业财务人员或相关管理人员及时收集、汇总、统计各项具体的财务信息资料，这些资料包括企业内部的财务信息资料及各职能部门的相关信息资料，然后从这些信息资料中探寻隐含的各种情况，并将各种信息汇总后录入财务危机预警模型，由预警模型计算出非正常指标并提交给企业特设的危机预警部门。在这一过程中，各种信息资料的收集与筛选是十分重要的，信息资料的真实、及时、准确与否将直接影响着预警模型计算出的结果是否正确可信。因

此，财务信息收集与处理机制是预警模型分析的重要基础。

（二）财务风险分析及危机处理机制

该机制主要是对处理后的信息资料进行风险分析并提出危机处理预案。基本程序是：企业财务预警部门在接到处理上报的财务信息资料后，详细检查各种数据，分清主次，查找风险原因，评估可能产生的损失或危害，在此基础上提出相应的预防措施减少风险可能造成的损失，最终由企业管理层或决策层选择解决方案并具体落实到各职能部门。财务风险分析机制主要包括筹资风险分析、投资风险分析、资金回收风险分析。筹资风险分析的重点在于分析资本结构是否合理、资金调度是否有效、资金使用效益是否确定等；投资风险分析的重点在于分析投资组合是否合理、投资方案是否可行、单项投资收益或投资组合的整体收益偏离预期结果的可能性，各种因素导致的投资收益率和息税前利润再变动风险等；资金回收风险分析的重点在于分析客户的信用状况和偿债能力是否能保证资金回收，企业的信用政策是否能保证资金按时收回，是否选择了恰当的销售方式和结算方式等来分析客户按期还款的可能性。

（三）财务危机预测责任和激励机制

该机制是将企业可能发生财务危机的责任层层落实到具体的部门和个人，并实施相应的奖惩措施。基本程序是：要求每个职能部门及相关人员都能够严格按照岗位职责实施财务数据及状态监测，发现问题及时上报，尽可能将问题或潜在的风险处于萌芽阶段时即加以预防并妥善解决，避免并防止风险出现甚至扩大化。同时，在企业内部实施合理有效的奖惩制度，一切以维护企业核心利益与核心目标为中心，提高每个职能部门及相关人员参与防范财务危机的主动性和积极性，鼓励职能部门及相关人员积极为企业财务状况的安全稳定、为企业的长远发展献计献策，从而为企业构建科学合理的财务危机预警系统并有效地运转提供组织保障和人力保障。

三、基于财务报表风险的财务危机预测模型

财务困境的发展是一个财务状况由好到坏的渐进过程。从财务报表角度看，产生财务困境的公司通常表现为资产负债率过高、现金流量和净利润连续下降甚至为负、营业收入骤减等形式。现行的财务危机预警模型主要有单变量模型和多变量模型。

（一）单变量模型

企业在出现财务危机之前，总会显露出一些征兆，提前发现这些征兆就可以做到财务预警，为解决财务危机提供必要的时间缓冲及方法。单变量模型就是通过在预测模型中使用单个变量即单个财务指标来预测财务危机。该模型是由美国芝加哥大学威廉·比弗（William Beavor）于1968年通过比较研究1954～1964年期间的79个失败企业和相同数量、相同资产规模的成功企业提出的。其基本特点是：用一个财务比率（变量）预测财务失败。威廉·比弗定义的财务失败包括破产、拖欠偿还债券、透支银行账户，或无力支付优先股利。研究表明，单变量模型中使用较多的单变量指标（按照预测能力为序）有四个，即债务保障率、资产收益率、资产负债率和资产安全率。这四大指标也是企业财务常用的重要指标，其计算公式如下：

1. 债务保障率＝现金流量/债务总额

该比率反映现金流量偿还所有债务的能力。该比率值越高，企业流动性就越强。现金流量指财务活动（融资与投资活动）产生的现金流量，债务总额指包括除股东权益之外的所有“负债与权益”项目，表明现金流量对于债务偿还的保障程度。

2. 资产收益率＝净收益/资产总额

该比率也称为资产回报率，它是用来衡量每单位资产创造多少净利润的指标。资产收益率是业界应用最为广泛的衡量企业盈利能力的指标之一，该指标越高，表明企业资产利用效果越好。说明企业在增加收入和节约资金使用等方面取得了良好的效果，否则相反。

3. 资产负债率＝负债总额/资产总额

该比率是资产负债表中最常见的指标之一，反映的是企业负债与资产之间的比率。资产负债率越高，说明企业的债务负担越重，不能按时偿还的可能性也就越大。但较高的资产负债率也不一定就意味着企业面临财务危机，通过合理适当的举债也可能为投资人带来财务杠杆利益，故而不能简单地一概而论。

4. 资产安全率＝资产变现率－资产负债率

该比率主要用来衡量企业总资产变现偿还债务后剩余系数的大小。系数越大，说明企业财务状况的安全性越高；系数越小甚至为负值时，则说明企业财务状况不容乐观，甚至处于困境或危机之中。资产变现率的计算，首先应按照流动资产、固定资产、无形资产等项目逐项推算其可变现金额，然后计算合计额在资产负债表的资产合计总额中所占的比例。

综合来看，债务保障率越高、资产收益率越高、资产负债率越低、资产安全率越高，则企业的财务状况越好，发生财务危机的可能性越低。反之，债务保障率越低、资产收益率越低、资产负债率越高、资产安全率越低，则企业的财务状况越差，发生财务危机的可能性越高。

需要说明的是，以上四大指标所反映的都是企业长期财务状况的指标。威廉·比弗对此所做出的解释是：由于企业失败对于所有利害关系人来讲都是代价昂贵，故决定一个企业是否“宣告”失败的因素，主要是那些长期因素，而不是短期因素。威廉·比弗的研究还指出，失败企业在前三个主要流动资产项目分布上具有下列特点：（1）失败企业有较少的现金，但有较多的应收账款；（2）失败企业的存货一般较少；（3）当把现金和应收账款加在一起列入速动资产和流动资产中时，失败企业与成功企业之间的差异就被掩盖了。

单变量模型在使用时较为方便简单，贴近企业实际情况，实用性强，可以较为迅速地发现企业财务活动中存在的危机，便于企业及时调整或纠正偏差。一般而言，上述指标中若某一指标出现恶化，则说明企业财务状况出现了问题需要及时解决。但单变量模型也存在着一定的缺陷：即单一指标无法全面、准确地反映企业财务状况的全貌，企业财务状况的真实情况需要通过一系列指标来反映。如果用不同的指标对同一企业预测其财务状况，很可能得出不同的结论。因此，单变量模型逐渐被多变量模型所取代。

（二）多变量模型

衡量企业财务状况不能仅用单项指标，应该将若干个指标综合起来考察。多变量模型就是在单变量模型基础上并克服了其缺点发展而来的，它是通过综合运用多种财务比率加权汇总而构成线性函数来预测企业财务状况优劣的一种综合评价方法。在预测企业财务是否陷入困境时，只需将多个财务比率同时输入模型中，通过模型计算得出一个结果，依据这个结果来判定企业财务状况。其表达式为：

$$Z = aX_1 + bX_2 + cX_3 + dX_4 + eX_5 \qquad (10-1)$$

式（10－1）中，Z 为判别函数值；a，b，c，d，e 为指标权重即模型参数；X_1 为衡量净流动资产占总资产的比率，X_1 = 营运资金/总资产；X_2 为衡量期间内累计盈利能力，X_2 = 留存收益/总资产；X_3 为衡量资产的产出率，X_3 = 息税前收益/总资产；X_4 为衡量在负债超过资产和企业破产清算之前资产价值的下降程度，X_4 = 权益市价/债务总额账面价值；X_5 为衡量资产生产销售收入的能力，

X_5 = 销售额/总资产。

由式（10－1）可以看出，该模型是以5个财务比率，将反映企业偿债能力的指标（X_1，X_4）、获利能力指标（X_2，X_3）和营运能力指标（X_5）有机联系起来，各个财务指标之间是相互联系、相互影响的，共同对公司整体的财务状况风险发挥警示作用。

根据多变量模型，Z值越低，表明企业陷入财务危机的可能性就越大。通过计算一个企业连续多年的Z值，可以确定企业是否越来越接近财务危机甚至破产的边缘。

多变量模型最早是在1968年由美国学者奥尔特曼（Altman）提出的，他采用统计学中的判定分析方法构建用五项财务指标的加权平均数来计算预测破产的量化模型，最初是根据资产在100万美元至2 500万美元之间的制造企业的数据设计，所有比率均以绝对百分率表示，如销售额/总资产为100%，则取值即为100。模型参数分别被设定为1.2，1.4，3.33，0.6和0.999，则上述公式可表示为：

$$Z = 1.2X_1 + 1.4X_2 + 3.33X_3 + 0.6X_4 + 0.999X_5$$

在这一模型中，奥尔特曼（Altman）分别以1.81和2.675作为下限和上限（在对1970～1973年间相关资料进行研究时，得出的Z的判别值为2.675），当Z值低于1.81时，表明企业的财务状况恶化，存在很大风险，当Z值高于2.675时，表明企业的财务状况良好，不易发生危机；当Z值处于高于1.81且低于2.675的区间时，表明企业财务状况极不稳定，存在着潜在的破产危机。从实践运用来看，Z指标模型预测企业未来一年内破产的准确性为90%，两年内破产的准确性为80%，对于两年期以上破产预测作用不明显，也即预测提前期越长，则预测结果越差。

四、财务困境解困途径与方法

企业财务一旦陷入困境，在查找原因、分析根源的基础上，必须要有针对性地提出解决困境的建议措施，积极加以落实，以防止企业财务困境加剧甚至恶化的情况出现。

（一）化解企业财务困境的途径

财务困境是一个由量变到质变的过程，在财务困境刚刚露出征兆的时期，企业或许能够通过自身的努力克服危机，阻止财务状况下滑。在困境已变成危机之时，企业就不能单一地依靠自身的力量来解决财务问题了，因为在这一时期，企业自身的力量可能在很大程度上已经难以为继了。这时就需要从外部寻找解困的途径。一般而言，企业所能够借助的外部途径主要是向股东、债权人和政府求助等。

1. 向股东寻求帮助

企业的控股股东或大股东可以通过向企业注资的方式帮助解决企业摆脱财务困境，如注入优质资产、提供优秀管理人员、参与购买企业增发的股票、直接增持、直接拨入经营性资金等，使得企业能够获得抵御困境所需的必要的支撑力量。

2. 向债权人寻求帮助

在企业无力偿付到期债务，并向债权人寻求帮助时，债权人可以与企业签订债务重组的相关协定，如延期偿付债务、减免部分债务、降低债务利率、以非现金形式偿还债务，以及以债权转股权等形式偿还债务，如此可以减轻企业债务负担，促进企业正常的生产经营。

3. 向政府寻求帮助

企业向政府寻求帮助的范围主要集中在获取优惠政策方面，这其中涉及税收优惠、补贴优惠、行业扶持政策优惠等。各种优惠政策及其措施能够使企业获得额外的资金支持或技术支持，相应地减少了企业的多项支出费用，非常有助于企业脱困。

（二）解决财务困境的方法

在寻找到摆脱企业财务困境的途径之后，还需要具体的方法，这些方法既有企业内部自我调整的行为，也有借助外部力量改革的行为。主要包括以下几种：

1. 寻求各种融资渠道

企业财务困境突出地表现为现金流量不足，现金流如同企业的“血脉”，现金流不足即意味着企业造血功能弱化或丧失。因此，融资也就成为补充企业“血液”缺乏、短期脱困的首选方案。企业的融资活动可以分为内源融资与外源融资、直接融资与间接融资、股权融资与债权融资等多种形式。主要包括融资租赁、银行借款、不动产抵押、质押、股权出让与增发股票等方法。其中银行借款、不动产抵押、股权出让等是公司能够快速获得融资的有效方式。以上各种融资方法各有优劣，企业在选择时要注意融资成本和资产收益的比较，不能为了解决财务困境而背上沉重的债务负担，那样对企业的长远发展十分不利。

需要指出的是，融资虽然是企业应对财务困境的短期有效措施，但是对于陷入严重财务困境即财务危机的企业来说，融资只是暂时缓解企业财务压力的一种手段，并不能从根本上解决企业的财务困境状况。企业陷入严重财务困境的根本原因在于企业本身，因此，对企业财务困境长期有效的措施应该是在企业内部实施的措施，如资产重组、债务重组、变更管理层等。

2. 增加资产的变现能力

增强企业资产的变现能力可以提高企业资产的流动性、偿债能力等。资产流动性越强，资产的使用率越高，运营循环周期越小，盈利就越迅速；偿债能力的提升，让公司得到更多的投资，有利于摆脱财务困境。

3. 资产重组

资产重组是公司实现资源有效配置的运作方法之一，它是指企业资产的相关所有者和企业以外的个体或组织对有关资产实施重组和配置的过程。资产重组主要以资产出售、合并或降低企业资本支出、资产置换、租赁或托管资产、受赠资产等方式来获得现金流，补充资金需求。一般而言，对于处于财务困境中的企业来说可以采用出售资产和资产置换这两种方式进行资产重组，出售资产可以将企业闲置或劣质资产进行出售，进而获取一部分经营性资金，缓解资金短缺的压力。资产置换可以为企业注入优质资产并置换出劣质资产，改善企业资产结构，提高资产使用效率与资产质量，进而提高企业的核心竞争力，促使企业收益增加，摆脱财务困境。但需要指出，出售资产和资产置换并不是长期有效的，财务困境公司应着眼于长远发展，防范资产出售与置换等短期行为的出现。

4. 债务重组

在企业因现金流不足难以支付到期债务的情况下，可以采取与债权人协商通过债务重组的方式来缓解财务困境。债权人按照与债务人即企业达成的协议或法院的裁定做出适当的让步。这主要包括五种形式：第一，修改其他债务条件，如延长债务还款期限、延长债务还款期限并追加利息、延长债务还款期限并减少债务本金或利息等；第二，以非现金资产清偿债务；第三，以低于债务账面价值的现金清偿债务；第四，债务转化为股票；第五，以上两种或两种以上方式的组合。债务重组是企业走出财务困境的重要方法和手段，通过债务重组，可以使企业暂时缓解偿还债务方面的财务压力，从而保持生产经营活动的连续性，为走出财务困境提供条件。

其他能够帮助企业摆脱财务困境的方法还有许多，如更换管理层、增强核心资产竞争力、改变股权结构，以及加强公司内部控制、增强公司治理效益等。这里不再一一叙述。

本章小结

1. 财务困境指企业财务状况恶化，盈利能力明显并持续下降，持有的现金流量难以偿还到期应付债务，最终可能致使企业破产的现象。

2. 财务困境产生的原因可大致分成外部原因和内部原因。外部原因主要是指宏观经济形势或政策的变化导致企业经营困难，逐渐陷入财务困境，如宏观经济政策变化、产业或行业周期不景气、市场需求变化及竞争激烈等方面。内部原因主要有缺乏核心竞争力的多元化投资、过度投资、公司内部控制能力弱化以及企业资产质量差等方面。

3. 企业财务困境的特征主要体现在企业财务报表和相关的财务指标特征两个方面。从财务报表上看主要是资产负债表和利润表，从财务指标特征上看有偿债能力、营运能力和盈利能力三类指标。

4. 分析企业陷入财务困境的理论可以通过委托代理理论、企业战略学理论、破产成本理论和内部人控制理论加以考察企业陷入财务困境的基本情况。

5. 企业财务困境主要表现为不能够偿付债务；主业萎靡，企业亏损；现金流量入不敷出；等等。

6. 企业财务危机预警是指以公开的财务会计信息为基础，其他相关信息为补充，特定的指标数值为标志，并按照其数值综合判断企业是否处于财务危机及所处危机的严重程度，以满足企业所有者、管理者、债权人及潜在投资者等诸多主体的决策需要。

7. 财务危机预警的作用在于可以较为准确地预知企业财务危机征兆，防止财务危机的发生或进一步扩大，以及避免类似的财务危机再次发生。财务危机预警的特征在于参照性、预测性、预防性和灵敏性。

8. 财务危机预警系统运行机制的构成包括财务信息收集与处理机制、财务风险分析及危机处理机制以及财务危机预测责任和激励机制三个方面。

9. 基于财务报表风险的财务危机预测模型包括单变量模型和多变量模型（Z指标）两类。其中单变量模型是通过在预测模型中使用单个变量即单个财务指标来预测财务危机。在单变量模型中使用较多的单变量指标有四个，即债务保障率、资产收益率、资产负债率和资产安全率。多变量模型在单变量模型基础上并克服了其缺点发展而来的，它是通过综合运用多种财务比率加权汇总而构成线性函数来预测企业财务状况优劣的一种综合评价方法。在预测企业财务是否陷入困境时，只需将多个财务比率同时输入模型中，通过模型计算得出一个结果，依据这个结果来判定企业财务状况。其表达式为：$Z = aX_1 + bX_2 + cX_3 + dX_4 + eX_5$。

10. 企业化解企业财务困境的途径主要包括向股东、债权人和政府求助等。解决企业财务困境的方法主要有寻求各种融资渠道、增加资产的变现能力、资产重组和债务重组等。

思考与练习

1. 财务困境的概念是什么？
2. 财务困境产生的原因包括哪些？
3. 财务困境的特征是什么？
4. 简述委托代理理论中涉及企业财务困境的相关论述。
5. 财务困境有哪些表现形式？
6. 什么是财务危机预警？
7. 财务危机预警的作用包括哪些方面？
8. 简述财务危机预警的特征。
9. 试述财务危机预警系统运行机制的构成。
10. 分析财务危机预警模型中单变量模型的基本内容及局限性。
11. 分析财务危机预警模型中多变量模型即Z值模型的基本内容。
12. 试述解决企业财务困境的途径。
13. 简述解决企业财务困境的方法。
14. 根据单变量模型指标对表10－1所选取的某公司2016～2018年度资产、负债和利润表的部分报表数据进行计算，在表10－2内完成空格的填写，同时进行分析。

表10－1　　某公司2016～2018年度资产、负债和利润表部分资料　　单位：万元

指标	2016年	2017年	2018年
资产总额	3 007 715.85	3 097 471.18	3 407 526.50
负债总额	1 319 801.89	1 320 020.71	1 538 531.36
现金流量总额	297 089.12	231 219.12	399 200.84
净收益	110 569.85	138 225.56	156 101.15

表 10－2　　某公司 2016～2018 年财务危机预警单变量模型指标　　单位：%

指标	2016 年	2017 年	2018 年
债务保障率			
资产收益率			
资产负债率			

15. 表 10－3 是某公司 Z 值计算表，请填写完整。

表 10－3　　某公司 Z 值计算表

项目	2013 年	2014 年	2015 年	2016 年	2017 年	2018 年
运营资产/总资产	0.46	0.43	0.68	0.52	0.11	－0.22
留存收益/总资产	0.21	0.25	0.19	0.15	0.07	－0.17
息税前利润/总资产	0.26	0.31	0.21	0.27	－0.02	－0.16
销售额/总资产	0.59	0.83	0.50	0.76	0.35	0.24
资本市值/债务价值	74.66	35.65	40.72	366.15	3.39	2.53
Z 值						

16. 根据 15 题的计算结果，分析 Z 值预警模型可能存在的问题。

17. 什么是资产重组？它包括哪些形式？

18. 什么是债务重组？它包括哪些形式？

参考文献

［1］斯蒂芬·A. 罗斯．公司理财基础（精要版）［M］. 方红星译．北京：机械工业出版社，2008.

［2］威廉·L. 麦金森．公司财务理论［M］. 刘明辉主译．大连：东北财经大学出版社，2002.

［3］阿尔弗洛德·拉帕勃特．创造股东价值［M］. 丁世艳，郑迎旭译．昆明：云南人民出版社，2002.

［4］托马斯·E. 科普兰．财务理论与公司政策［M］. 宋献中译．大连：东北财经大学出版社，2004.

［5］冯曰欣，王俊籽．公司金融［M］. 济南：山东人民出版社，2018.

［6］朴哲范．公司金融［M］. 大连：东北财经大学出版社，2017.

［7］李曜，刘莉亚，邓辛．公司金融［M］. 北京：中国人民大学出版社，2019.

［8］魏永宏．公司理财学［M］. 北京：电子工业出版社，2019.

［9］张鸣，王蔚松．财务管理学［M］. 上海：上海财经大学出版社，2008.

［10］郭丽虹，王安兴．公司金融学［M］. 上海：上海财经大学出版社，2019.

［11］陈雨露．公司理财［M］. 北京：高等教育出版社，2013.

［12］王长江．公司金融学［M］. 北京：北京大学出版社，2018.

［13］杨丽荣．公司金融学［M］. 北京：科学出版社，2008.

［14］熊楚雄，刘传兴．公司中级理财学［M］. 北京：清华大学出版社，2005.

［15］刘淑莲．公司理财［M］. 北京：中国金融出版社，2005.

［16］黄方亮．公司上市与并购［M］. 济南：山东人民出版社，2013.

［17］丁述军，沈丽．金融学［M］. 济南：山东人民出版社，2013.

[18] 张新民. 财务报表分析 [M]. 北京：中国人民大学出版社，2015.

[19] 冯曰欣，王俊籽. 公司金融 [M]. 北京：经济科学出版社，2006.

附录

附表 1　　复利终值系数表

期数＼利率	1%	2%	3%	4%	5%	6%	7%	8%	9%	10%	11%	12%
1	1. 0100	1. 0200	1. 0300	1. 0400	1. 0500	1. 0600	1. 0700	1. 0800	1. 0900	1. 1000	1. 1100	1. 1200
2	1. 0201	1. 0404	1. 0609	1. 0816	1. 1025	1. 1236	1. 1449	1. 1664	1. 1881	1. 2100	1. 2321	1. 2544
3	1. 0303	1. 0612	1. 0927	1. 1249	1. 1576	1. 1910	1. 2250	1. 2597	1. 2950	1. 3310	1. 3676	1. 4049
4	1. 0406	1. 0824	1. 1255	1. 1699	1. 2155	1. 2625	1. 3108	1. 3605	1. 4116	1. 4641	1. 5181	1. 5735
5	1. 0510	1. 1041	1. 1593	1. 2167	1. 2763	1. 3382	1. 4026	1. 4693	1. 5386	1. 6105	1. 6851	1. 7623
6	1. 0615	1. 1262	1. 1941	1. 2653	1. 3401	1. 4185	1. 5007	1. 5869	1. 6771	1. 7716	1. 8704	1. 9738
7	1. 0721	1. 1487	1. 2299	1. 3159	1. 4071	1. 5036	1. 6058	1. 7138	1. 8280	1. 9487	2. 0762	2. 2107
8	1. 0829	1. 1717	1. 2668	1. 3686	1. 4775	1. 5938	1. 7182	1. 8509	1. 9926	2. 1436	2. 3045	2. 4760
9	1. 0937	1. 1951	1. 3048	1. 4233	1. 5513	1. 6895	1. 8385	1. 9990	2. 1719	2. 3579	2. 5580	2. 7731
10	1. 1046	1. 2190	1. 3439	1. 4802	1. 6289	1. 7908	1. 9672	2. 1589	2. 3674	2. 5937	2. 8394	3. 1058
11	1. 1157	1. 2434	1. 3842	1. 5395	1. 7103	1. 8983	2. 1049	2. 3316	2. 5804	2. 8531	3. 1518	3. 4785
12	1. 1268	1. 2682	1. 4258	1. 6010	1. 7959	2. 0122	2. 2522	2. 5182	2. 8127	3. 1384	3. 4985	3. 8960
13	1. 1381	1. 2936	1. 4685	1. 6651	1. 8856	2. 1329	2. 4098	2. 7196	3. 0658	3. 4523	3. 8833	4. 3635
14	1. 1495	1. 3195	1. 5126	1. 7317	1. 9799	2. 2609	2. 5785	2. 9372	3. 3417	3. 7975	4. 3104	4. 8871

续表

利率 期数	1%	2%	3%	4%	5%	6%	7%	8%	9%	10%	11%	12%
15	1. 1610	1. 3459	1. 5580	1. 8009	2. 0789	2. 3966	2. 7590	3. 1722	3. 6425	4. 1772	4. 7846	5. 4736
16	1. 1726	1. 3728	1. 6047	1. 8730	2. 1829	2. 5404	2. 9522	3. 4259	3. 9703	4. 5950	5. 3109	6. 1304
17	1. 1843	1. 4002	1. 6528	1. 9479	2. 2920	2. 6928	3. 1588	3. 7000	4. 3276	5. 0545	5. 8951	6. 8660
18	1. 1961	1. 4282	1. 7024	2. 0258	2. 4066	2. 8543	3. 3799	3. 9960	4. 7171	5. 5599	6. 5436	7. 6900
19	1. 2081	1. 4568	1. 7535	2. 1068	2. 5270	3. 0256	3. 6165	4. 3157	5. 1417	6. 1159	7. 2633	8. 6128
20	1. 2202	1. 4859	1. 8061	2. 1911	2. 6533	3. 2071	3. 8697	4. 6610	5. 6044	6. 7275	8. 0623	9. 6463
21	1. 2324	1. 5157	1. 8603	2. 2788	2. 7860	3. 3996	4. 1406	5. 0338	6. 1088	7. 4002	8. 9492	10. 8038
22	1. 2447	1. 5460	1. 9161	2. 3699	2. 9253	3. 6035	4. 4304	5. 4365	6. 6586	8. 1403	9. 9336	12. 1003
23	1. 2572	1. 5769	1. 9736	2. 4647	3. 0715	3. 8197	4. 7405	5. 8715	7. 2579	8. 9543	11. 0263	13. 5523
24	1. 2697	1. 6084	2. 0328	2. 5633	3. 2251	4. 0489	5. 0724	6. 3412	7. 9111	9. 8497	12. 2392	15. 1786
25	1. 2824	1. 6406	2. 0938	2. 6658	3. 3864	4. 2919	5. 4274	6. 8485	8. 6231	10. 8347	13. 5855	17. 0001
26	1. 2953	1. 6734	2. 1566	2. 7725	3. 5557	4. 5494	5. 8074	7. 3964	9. 3992	11. 9182	15. 0799	19. 0401
27	1. 3082	1. 7069	2. 2213	2. 8834	3. 7335	4. 8223	6. 2139	7. 9881	10. 2451	13. 1100	16. 7386	21. 3249
28	1. 3213	1. 7410	2. 2879	2. 9987	3. 9201	5. 1117	6. 6488	8. 6271	11. 1671	14. 4210	18. 5799	23. 8839
29	1. 3345	1. 7758	2. 3566	3. 1187	4. 1161	5. 4184	7. 1143	9. 3173	12. 1722	15. 8631	20. 6237	26. 7499
30	1. 3478	1. 8114	2. 4273	3. 2434	4. 3219	5. 7435	7. 6123	10. 0627	13. 2677	17. 4494	22. 8923	29. 9599

附表 2

复利现值系数表

利率 期数	1%	2%	3%	4%	5%	6%	7%	8%	9%	10%	11%	12%
1	0. 9901	0. 9804	0. 9709	0. 9615	0. 9524	0. 9434	0. 9346	0. 9259	0. 9174	0. 9091	0. 9009	0. 8929
2	0. 9803	0. 9612	0. 9426	0. 9246	0. 9070	0. 8900	0. 8734	0. 8573	0. 8417	0. 8264	0. 8116	0. 7972
3	0. 9706	0. 9423	0. 9151	0. 8890	0. 8638	0. 8396	0. 8163	0. 7938	0. 7722	0. 7513	0. 7312	0. 7118
4	0. 9610	0. 9238	0. 8885	0. 8548	0. 8227	0. 7921	0. 7629	0. 7350	0. 7084	0. 6830	0. 6587	0. 6355
5	0. 9515	0. 9057	0. 8626	0. 8219	0. 7835	0. 7473	0. 7130	0. 6806	0. 6499	0. 6209	0. 5935	0. 5674
6	0. 9420	0. 8880	0. 8375	0. 7903	0. 7462	0. 7050	0. 6663	0. 6302	0. 5963	0. 5645	0. 5346	0. 5066
7	0. 9327	0. 8706	0. 8131	0. 7599	0. 7107	0. 6651	0. 6227	0. 5835	0. 5470	0. 5132	0. 4817	0. 4523
8	0. 9235	0. 8535	0. 7894	0. 7307	0. 6768	0. 6274	0. 5820	0. 5403	0. 5019	0. 4665	0. 4339	0. 4039
9	0. 9143	0. 8368	0. 7664	0. 7026	0. 6446	0. 5919	0. 5439	0. 5002	0. 4604	0. 4241	0. 3909	0. 3606
10	0. 9053	0. 8203	0. 7441	0. 6756	0. 6139	0. 5584	0. 5083	0. 4632	0. 4224	0. 3855	0. 3522	0. 3220
11	0. 8963	0. 8043	0. 7224	0. 6496	0. 5847	0. 5268	0. 4751	0. 4289	0. 3875	0. 3505	0. 3173	0. 2875
12	0. 8874	0. 7885	0. 7014	0. 6246	0. 5568	0. 4970	0. 4440	0. 3971	0. 3555	0. 3186	0. 2858	0. 2567
13	0. 8787	0. 7730	0. 6810	0. 6006	0. 5303	0. 4688	0. 4150	0. 3677	0. 3262	0. 2897	0. 2575	0. 2292
14	0. 8700	0. 7579	0. 6611	0. 5775	0. 5051	0. 4423	0. 3878	0. 3405	0. 2992	0. 2633	0. 2320	0. 2046
15	0. 8613	0. 7430	0. 6419	0. 5553	0. 4810	0. 4173	0. 3624	0. 3152	0. 2745	0. 2394	0. 2090	0. 1827
16	0. 8528	0. 7284	0. 6232	0. 5339	0. 4581	0. 3936	0. 3387	0. 2919	0. 2519	0. 2176	0. 1883	0. 1631

续表

期数 \ 利率	1%	2%	3%	4%	5%	6%	7%	8%	9%	10%	11%	12%
17	0. 8444	0. 7142	0. 6050	0. 5134	0. 4363	0. 3714	0. 3166	0. 2703	0. 2311	0. 1978	0. 1696	0. 1456
18	0. 8360	0. 7002	0. 5874	0. 4936	0. 4155	0. 3503	0. 2959	0. 2502	0. 2120	0. 1799	0. 1528	0. 1300
19	0. 8277	0. 6864	0. 5703	0. 4746	0. 3957	0. 3305	0. 2765	0. 2317	0. 1945	0. 1635	0. 1377	0. 1161
20	0. 8195	0. 6730	0. 5537	0. 4564	0. 3769	0. 3118	0. 2584	0. 2145	0. 1784	0. 1486	0. 1240	0. 1037
21	0. 8114	0. 6598	0. 5375	0. 4388	0. 3589	0. 2942	0. 2415	0. 1987	0. 1637	0. 1351	0. 1117	0. 0926
22	0. 8034	0. 6468	0. 5219	0. 4220	0. 3418	0. 2775	0. 2257	0. 1839	0. 1502	0. 1228	0. 1007	0. 0826
23	0. 7954	0. 6342	0. 5067	0. 4057	0. 3256	0. 2618	0. 2109	0. 1703	0. 1378	0. 1117	0. 0907	0. 0738
24	0. 7876	0. 6217	0. 4919	0. 3901	0. 3101	0. 2470	0. 1971	0. 1577	0. 1264	0. 1015	0. 0817	0. 0659
25	0. 7798	0. 6095	0. 4776	0. 3751	0. 2953	0. 2330	0. 1842	0. 1460	0. 1160	0. 0923	0. 0736	0. 0588
26	0. 7720	0. 5976	0. 4637	0. 3607	0. 2812	0. 2198	0. 1722	0. 1352	0. 1064	0. 0839	0. 0663	0. 0525
27	0. 7644	0. 5859	0. 4502	0. 3468	0. 2678	0. 2074	0. 1609	0. 1252	0. 0976	0. 0763	0. 0597	0. 0469
28	0. 7568	0. 5744	0. 4371	0. 3335	0. 2551	0. 1956	0. 1504	0. 1159	0. 0895	0. 0693	0. 0538	0. 0419
29	0. 7493	0. 5631	0. 4243	0. 3207	0. 2429	0. 1846	0. 1406	0. 1073	0. 0822	0. 0630	0. 0485	0. 0374
30	0. 7419	0. 5521	0. 4120	0. 3083	0. 2314	0. 1741	0. 1314	0. 0994	0. 0754	0. 0573	0. 0437	0. 0334

附表 3

年金终值系数表

利率 / 期数	1%	2%	3%	4%	5%	6%	7%	8%	9%	10%	11%	12%
1	1. 0000	1. 0000	1. 0000	1. 0000	1. 0000	1. 0000	1. 0000	1. 0000	1. 0000	1. 0000	1. 0000	1. 0000
2	2. 0100	2. 0200	2. 0300	2. 0400	2. 0500	2. 0600	2. 0700	2. 0800	2. 0900	2. 1000	2. 1100	2. 1200
3	3. 0301	3. 0604	3. 0909	3. 1216	3. 1525	3. 1836	3. 2149	3. 2464	3. 2781	3. 3100	3. 3421	3. 3744
4	4. 0604	4. 1216	4. 1836	4. 2465	4. 3101	4. 3746	4. 4399	4. 5061	4. 5731	4. 6410	4. 7097	4. 7793
5	5. 1010	5. 2040	5. 3091	5. 4163	5. 5256	5. 6371	5. 7507	5. 8666	5. 9847	6. 1051	6. 2278	6. 3528
6	6. 1520	6. 3081	6. 4684	6. 6330	6. 8019	6. 9753	7. 1533	7. 3359	7. 5233	7. 7156	7. 9129	8. 1152
7	7. 2135	7. 4343	7. 6625	7. 8983	8. 1420	8. 3938	8. 6540	8. 9228	9. 2004	9. 4872	9. 7833	10. 0890
8	8. 2857	8. 5830	8. 8923	9. 2142	9. 5491	9. 8975	10. 2598	10. 6366	11. 0285	11. 4359	11. 8594	12. 2997
9	9. 3685	9. 7546	10. 1591	10. 5828	11. 0266	11. 4913	11. 9780	12. 4876	13. 0210	13. 5795	14. 1640	14. 7757
10	10. 4622	10. 9497	11. 4639	12. 0061	12. 5779	13. 1808	13. 8164	14. 4866	15. 1929	15. 9374	16. 7220	17. 5487
11	11. 5668	12. 1687	12. 8078	13. 4864	14. 2068	14. 9716	15. 7836	16. 6455	17. 5603	18. 5312	19. 5614	20. 6546
12	12. 6825	13. 4121	14. 1920	15. 0258	15. 9171	16. 8699	17. 8885	18. 9771	20. 1407	21. 3843	22. 7132	24. 1331
13	13. 8093	14. 6803	15. 6178	16. 6268	17. 7130	18. 8821	20. 1406	21. 4953	22. 9534	24. 5227	26. 2116	28. 0291
14	14. 9474	15. 9739	17. 0863	18. 2919	19. 5986	21. 0151	22. 5505	24. 2149	26. 0192	27. 9750	30. 0949	32. 3926
15	16. 0969	17. 2934	18. 5989	20. 0236	21. 5786	23. 2760	25. 1290	27. 1521	29. 3609	31. 7725	34. 4054	37. 2797
16	17. 2579	18. 6393	20. 1569	21. 8245	23. 6575	25. 6725	27. 8881	30. 3243	33. 0034	35. 9497	39. 1899	42. 7533

续表

利率 / 期数	1%	2%	3%	4%	5%	6%	7%	8%	9%	10%	11%	12%
17	18. 4304	20. 0121	21. 7616	23. 6975	25. 8404	28. 2129	30. 8402	33. 7502	36. 9737	40. 5447	44. 5008	48. 8837
18	19. 6147	21. 4123	23. 4144	25. 6454	28. 1324	30. 9057	33. 9990	37. 4502	41. 3013	45. 5992	50. 3959	55. 7497
19	20. 8109	22. 8406	25. 1169	27. 6712	30. 5390	33. 7600	37. 3790	41. 4463	46. 0185	51. 1591	56. 9395	63. 4397
20	22. 0190	24. 2974	26. 8704	29. 7781	33. 0660	36. 7856	40. 9955	45. 7620	51. 1601	57. 2750	64. 2028	72. 0524
21	23. 2392	25. 7833	28. 6765	31. 9692	35. 7193	39. 9927	44. 8652	50. 4229	56. 7645	64. 0025	72. 2651	81. 6987
22	24. 4716	27. 2990	30. 5368	34. 2480	38. 5052	43. 3923	49. 0057	55. 4568	62. 8733	71. 4027	81. 2143	92. 5026
23	25. 7163	28. 8450	32. 4529	36. 6179	41. 4305	46. 9958	53. 4361	60. 8933	69. 5319	79. 5430	91. 1479	104. 6029
24	26. 9735	30. 4219	34. 4265	39. 0826	44. 5020	50. 8156	58. 1767	66. 7648	76. 7898	88. 4973	102. 1742	118. 1552
25	28. 2432	32. 0303	36. 4593	41. 6459	47. 7271	54. 8645	63. 2490	73. 1059	84. 7009	98. 3471	114. 4133	133. 3339
26	29. 5256	33. 6709	38. 5530	44. 3117	51. 1135	59. 1564	68. 6765	79. 9544	93. 3240	109. 1818	127. 9988	150. 3339
27	30. 8209	35. 3443	40. 7096	47. 0842	54. 6691	63. 7058	74. 4838	87. 3508	102. 7231	121. 0999	143. 0786	169. 3740
28	32. 1291	37. 0512	42. 9309	49. 9676	58. 4026	68. 5281	80. 6977	95. 3388	112. 9682	134. 2099	159. 8173	190. 6989
29	33. 4504	38. 7922	45. 2189	52. 9663	62. 3227	73. 6398	87. 3465	103. 9659	124. 1354	148. 6309	178. 3972	214. 5828
30	34. 7849	40. 5681	47. 5754	56. 0849	66. 4388	79. 0582	94. 4608	113. 2832	136. 3075	164. 4940	199. 0209	241. 3327

附表 4

年金现值系数表

利率 / 期数	1%	2%	3%	4%	5%	6%	7%	8%	9%	10%	11%	12%
1	0. 9901	0. 9804	0. 9709	0. 9615	0. 9524	0. 9434	0. 9346	0. 9259	0. 9174	0. 9091	0. 9009	0. 8929
2	1. 9704	1. 9416	1. 9135	1. 8861	1. 8594	1. 8334	1. 8080	1. 7833	1. 7591	1. 7355	1. 7125	1. 6901
3	2. 9410	2. 8839	2. 8286	2. 7751	2. 7232	2. 6730	2. 6243	2. 5771	2. 5313	2. 4869	2. 4437	2. 4018
4	3. 9020	3. 8077	3. 7171	3. 6299	3. 5460	3. 4651	3. 3872	3. 3121	3. 2397	3. 1699	3. 1024	3. 0373
5	4. 8534	4. 7135	4. 5797	4. 4518	4. 3295	4. 2124	4. 1002	3. 9927	3. 8897	3. 7908	3. 6959	3. 6048
6	5. 7955	5. 6014	5. 4172	5. 2421	5. 0757	4. 9173	4. 7665	4. 6229	4. 4859	4. 3553	4. 2305	4. 1114
7	6. 7282	6. 4720	6. 2303	6. 0021	5. 7864	5. 5824	5. 3893	5. 2064	5. 0330	4. 8684	4. 7122	4. 5638
8	7. 6517	7. 3255	7. 0197	6. 7327	6. 4632	6. 2098	5. 9713	5. 7466	5. 5348	5. 3349	5. 1461	4. 9676
9	8. 5660	8. 1622	7. 7861	7. 4353	7. 1078	6. 8017	6. 5152	6. 2469	5. 9952	5. 7590	5. 5370	5. 3282
10	9. 4713	8. 9826	8. 5302	8. 1109	7. 7217	7. 3601	7. 0236	6. 7101	6. 4177	6. 1446	5. 8892	5. 6502
11	10. 3676	9. 7868	9. 2526	8. 7605	8. 3064	7. 8869	7. 4987	7. 1390	6. 8052	6. 4951	6. 2065	5. 9377
12	11. 2551	10. 5753	9. 9540	9. 3851	8. 8633	8. 3838	7. 9427	7. 5361	7. 1607	6. 8137	6. 4924	6. 1944
13	12. 1337	11. 3484	10. 6350	9. 9856	9. 3936	8. 8527	8. 3577	7. 9038	7. 4869	7. 1034	6. 7499	6. 4235
14	13. 0037	12. 1062	11. 2961	10. 5631	9. 8986	9. 2950	8. 7455	8. 2442	7. 7862	7. 3667	6. 9819	6. 6282
15	13. 8651	12. 8493	11. 9379	11. 1184	10. 3797	9. 7122	9. 1079	8. 5595	8. 0607	7. 6061	7. 1909	6. 8109
16	14. 7179	13. 5777	12. 5611	11. 6523	10. 8378	10. 1059	9. 4466	8. 8514	8. 3126	7. 8237	7. 3792	6. 9740

续表

利率/期数	1%	2%	3%	4%	5%	6%	7%	8%	9%	10%	11%	12%
17	15. 5623	14. 2919	13. 1661	12. 1657	11. 2741	10. 4773	9. 7632	9. 1216	8. 5436	8. 0216	7. 5488	7. 1196
18	16. 3983	14. 9920	13. 7535	12. 6593	11. 6896	10. 8276	10. 0591	9. 3719	8. 7556	8. 2014	7. 7016	7. 2497
19	17. 2260	15. 6785	14. 3238	13. 1339	12. 0853	11. 1581	10. 3356	9. 6036	8. 9501	8. 3649	7. 8393	7. 3658
20	18. 0456	16. 3514	14. 8775	13. 5903	12. 4622	11. 4699	10. 5940	9. 8181	9. 1285	8. 5136	7. 9633	7. 4694
21	18. 8570	17. 0112	15. 4150	14. 0292	12. 8212	11. 7641	10. 8355	10. 0168	9. 2922	8. 6487	8. 0751	7. 5620
22	19. 6604	17. 6580	15. 9369	14. 4511	13. 1630	12. 0416	11. 0612	10. 2007	9. 4424	8. 7715	8. 1757	7. 6446
23	20. 4558	18. 2922	16. 4436	14. 8568	13. 4886	12. 3034	11. 2722	10. 3711	9. 5802	8. 8832	8. 2664	7. 7184
24	21. 2434	18. 9139	16. 9355	15. 2470	13. 7986	12. 5504	11. 4693	10. 5288	9. 7066	8. 9847	8. 3481	7. 7843
25	22. 0232	19. 5235	17. 4131	15. 6221	14. 0939	12. 7834	11. 6536	10. 6748	9. 8226	9. 0770	8. 4217	7. 8431
26	22. 7952	20. 1210	17. 8768	15. 9828	14. 3752	13. 0032	11. 8258	10. 8100	9. 9290	9. 1609	8. 4881	7. 8957
27	23. 5596	20. 7069	18. 3270	16. 3296	14. 6430	13. 2105	11. 9867	10. 9352	10. 0266	9. 2372	8. 5478	7. 9426
28	24. 3164	21. 2813	18. 7641	16. 6631	14. 8981	13. 4062	12. 1371	11. 0511	10. 1161	9. 3066	8. 6016	7. 9844
29	25. 0658	21. 8444	19. 1885	16. 9837	15. 1411	13. 5907	12. 2777	11. 1584	10. 1983	9. 3696	8. 6501	8. 0218
30	25. 8077	22. 3965	19. 6004	17. 2920	15. 3725	13. 7648	12. 4090	11. 2578	10. 2737	9. 4269	8. 6938	8. 0552